Migration – Reli
Aspekte transkultureller Prozesse

Kerstin Kazzazi · Angela Treiber
Tim Wätzold
(Hrsg.)

Migration – Religion – Identität. Aspekte transkultureller Prozesse

Migration – Religion – Identity. Aspects of Transcultural Processes

Springer VS

Herausgeber
Kerstin Kazzazi
Deutsche Sprachwissenschaft
Katholische Universität Eichstätt-Ingolstadt
Eichstätt
Deutschland

Tim Wätzold
Professur für Geschichte Lateinamerikas
Katholische Universität Eichstätt-Ingolstadt
Eichstätt
Deutschland

Angela Treiber
Professur für Europäische Ethnologie/Volkskunde
Katholische Universität Eichstätt-Ingolstadt
Eichstätt
Deutschland

ISBN 978-3-658-06509-6
ISBN 978-3-658-06510-2 (eBook)
DOI 10.1007/978-3-658-06510-2

Die Deutsche Nationalbibliothek verzeichnet diese Publikation in der Deutschen Nationalbibliografie; detaillierte bibliografische Daten sind im Internet über http://dnb.d-nb.de abrufbar.

Springer VS

Springer Fachmedien Wiesbaden ist Teil der Fachverlagsgruppe Springer Science+Business Media
(www.springer.com)

Einführung

Der vorliegende Band versammelt interdisziplinäre Beiträge zum Thema „Migration, Religion, Identität: Aspekte transkultureller Prozesse", die im Rahmen der Abschlusskonferenz des 2011 gegründeten interdisziplinären Graduiertenkollegs „Migration im Kontext von Religionen und Kulturen im Rahmen der Globalisierung" an der Katholischen Universität Eichstätt-Ingolstadt vom 21.–23.11.2013 von den Kollegiat_innen erarbeitet und vorgestellt wurden. Er dokumentiert zugleich die fruchtbare Diskussion der Forschungsergebnisse mit renommierten Vertreter_innen der Migrationsforschung aus den unterschiedlichen Disziplinen. Ihre Beiträge vervollständigen den erfolgreichen Abschluss des Kollegs.

Die Komplexität der gemeinsam geteilten, sich durchdringenden oder sich abgrenzenden sozialen und gesellschaftlichen Räume durch das Zusammentreffen von Menschen mit verschiedenen sozialen, kulturellen und weltanschaulich-religiösen Prägungen und Orientierungsweisen – oft auch von sehr gegensätzlichen Erwartungshorizonten und -haltungen – ist nicht mehr nur regionale und urbane Ausnahmesituation. Zunehmende Mobilität und Migration von Menschen haben die Erfahrung sozialer und kultureller Heterogenität, die Pluralität von Lebensweisen an vielen Orten zum Normalfall werden lassen. Zusammen mit der multimedialen Präsenz äußerst heterogener Wissensbestände aus unterschiedlichen Deutungshorizonten verlangt dies von Menschen verstärkt, mit Mehrdeutigem und mit Ambiguitäten des Kulturellen, Religiösen und Weltanschaulichen zu leben. Die damit verbundenen Transformationsprozesse in gesellschaftlichen, politischen, kulturellen wie auch in individuell erfahrungs- und handlungsorientierten Zusammenhängen stehen im Zentrum des Interesses des Graduiertenkollegs.

Das Paradigma der *Transkulturalität* wurde als zentraler, übergreifender Ansatz gewählt. Ähnlich wie Hybridität (Bhabha 1994) und Kreolisierung (Hannerz 1987, 1996) für Prozesse kultureller Verflechtungen im Kontext der Globalisierung, umschreibt auch Transkulturalität ein Charakteristikum der „veränderten Verfaßtheit heutiger Kulturen“ und wurde zudem als zukunftsorientierter Gesellschaftsentwurf (Welsch 1994, 2000) entwickelt.

Die frühen Konzepte von Hybridität/ Vielstimmigkeit (Bachtin 1934/1935), von Kultur als „bricolage“/ Transformation des Bestehenden (Lévi-Strauss 1962) und vor allem das von Fernando Ortiz bereits in den 1940er Jahren entwickelte Konzept von der „transculturación“ (Ortiz 1940) verweisen jedoch auf die Anschlussfähigkeit des Paradigmas Transkulturalität auch für historische Gesellschaften. Ortiz erklärte über transformierende Aneignungs-, Verknüpfungs- und Tradierungsprozesse indigen-afro-hispanische Elemente in der kubanischen, national definierten Kultur.

Das Kolleg setzt Transkulturalität als heuristisches Instrument ein, um – jenseits reduktionistischer Konzepte zur Akkulturation von einseitiger Angleichung oder von Assimilation – den Prozesscharakter von Kulturen und die Dynamik des fortwährenden Aushandelns von Inhalten und Dingen sowie deren Bedeutungen in sozialen Prozessen erfassen zu können, d. h. um zu beschreiben, wie Menschen die Dinge (Räume, Körper, Orte), Symbole und Ereignisse beständig zu neuen Zusammenhängen organisieren.

Fokussiert werden auf diese Weise die entstehenden Verflechtungen und Verknüpfungen von der Ablehnung, Überdeckung, Mischung kultureller Wissensbestände und -praxen zu etwas Neuem, die verschiedenen Kulturen Um- und Einschließendem oder durch sie Hindurchgehendem. In Migrationsprozessen und den daraus sich ergebenden Kulturkontakten werden solche Prozesse besonders gut erkennbar.

Die immanente Dynamik und Nichtabgeschlossenheit von Kulturen kann sowohl auf makroanalytischer, globaler Ebene als auch auf mikroanalytischer, lokaler, biographischer Ebene erfasst werden. Im historischen Verlauf besehen kann Transkulturalität dann auch als beständig neu entstehende Übergangspassage in kulturellen Dynamiken interpretiert werden.

Transkulturalität bezieht sich damit primär nicht auf eine Eigenschaft gesellschaftlicher wie individueller Praxis von universaler Gültigkeit für Lebensformen (translokale und transnationale) der späten Moderne, die durch das Verschwinden traditionaler Gesellschaften gekennzeichnet ist (vgl. Antweiler 2007).

Dem Paradigma der Transkulturalität liegt ein differenziertes Kulturkonzept zugrunde. *Kultur* wird von Menschen und ihren sozialen Praktiken her gedacht. Gefragt wird, wie Menschen ihrer objektiven Wirklichkeit, ihrer Umwelt, den Dingen, Handlungsweisen, sprachlichen Ausdrucksweisen deutend Sinn abgewinnen, aushandeln und schaffen, wie sie ihre Lebenswelt gestalten. Welche Vorstellungen von sozialer Ordnung existieren beispielweise, wie wird diese organisiert, materialisiert, institutionell und normativ abgesichert, welche Handlungsspielräume ergeben sich in den einzelnen Gesellschaften? Dabei geraten die Beziehungen, Bezüge und wechselseitigen Abhängigkeiten zu gesellschaftlichen Konfigurationen und deren soziale und historische Bedingungen nicht aus dem Blick.

Die einzelnen Individuen bewegen sich in ihrem Lebensbereich in vielfältiger Weise mit und zwischen verschiedenen kulturellen Orientierungen und Positionierungen. Umrisszeichnungen und -setzungen der jeweiligen Kulturen verschwimmen dabei und formieren sich zugleich immer wieder neu in wechselseitigen Bezugnahmen auf das jeweilige different Wahrgenommene. Mit der Betonung des Prozesscharakters von Kulturen – ihrer prinzipiellen strukturellen Unabgeschlossenheit und ihrer Dynamik – wird der Gefahr kulturalistischer Erklärungsmodelle entgegengearbeitet. Denn diese konstruieren essentielle Differenzen und Fremdheit mit der Vorstellung von Kulturen als stabilen, abgeschlossenen Ganzheiten von gemeinsamer Herkunft und Homogenität der Mitglieder, sowie der Vorstellung von deren Unveränderlichkeit. Soziale, ökonomische und politische Problemlagen werden dann als ursächlich für kulturelle bzw. ethnische Konflikte interpretiert.

Längst ist der Begriff der Kultur mit dem der Ethnizität und dem oft mitgedachten der Rasse wieder zu einem „ideologischen Kampfmittel in der politischen Auseinandersetzung" um globale Migration und Konflikte und speziell Einwanderungsregime geworden (Wolf 1993; Stolcke 1995). Er dient in diesen führenden politischen Diskursen Ausschließlichkeitsansprüchen gegenüber den Anderen, Fremden, Einwanderern, Ausländern, Migranten.

Kultur wie Ethnizität sind in diesen Zusammenhängen zentrale Bestandteile von Zugehörigkeitssemantiken, sind Ausdruck von ausgeprägten Wir-Gefühlen von Gruppen, mit denen sie sich in erster Linie zu als signifikant anders erfahrbaren Gruppen abgrenzen und von jenen auch als verschieden wahrgenommen werden. „Menschen *sind* nicht einfach anders, sondern sie *tun* einiges, um sich von anderen zu unterscheiden" (Sökefeld 2007, S. 31). Das heißt, Kultur und Ethnizität sind hier empirisch als wandelbare Identifikationsformen in jeweiligen Aushandlungsprozessen zwischen Gruppen als ethnisch argumentierender „Gemeinschaftsglauben" zu beschreiben und zu analysieren. Zum anderen sind diese Wir-Gefühle, auch wenn sie einen größtenteils imaginierten oder konstruiert erfundenen Charakter besitzen sollten, wirkmächtig und schaffen mentale Dispositionen und physische Realitäten, politisches Handeln, Grenzziehungen und Grenzen, Fremd- und Eigenbilder.

Auch *Religion* hat als Topos in den populären und populistischen Debatten um Migration und gesellschaftliche Konzepte stark an Bedeutung gewonnen. Das zeigt sich u. a. in der Praxis, Religion als ideologisierende, ethnisierende Zu- und Festschreibungen in sozialen Prozessen zu gebrauchen. Als Differenzierungsmerkmal werden mit ihr die Kategorien der Rasse und Kultur inzwischen nicht selten überschrieben.

Religion wird damit in doppelter Problemstellung zu thematisieren sein: Einmal unter Berücksichtigung der Rolle und Funktion, die ihr von Akteuren – Migranten und Nichtmigranten –, Netzwerken, Institutionen, Regimen beigemessen wird mittels Eigenpositionierungen und Fremdzuschreibungen. Zum anderen gilt es, Religion jenseits geschlossener Religionsmodelle in einem weiten Verständnis als ein empirisch zu beschreibendes Sinnsystem und Bedeutungsfeld zu erfassen, das in Selektions-, Umdeutungs- und Aneignungsweisen der Individuen seine spezifisch lebensweltliche Situierung in pluralen Gesellschaften erfährt, das spirituelle Bedürfnisse befriedigen kann und als Identifikations- oder Stabilisierungsmoment der individuellen Positionierung fungiert. Formen des Wandels von Religiosität als gelebter Religion angesichts kultureller-religiöser Vielfalt werden damit thematisiert.

In Migrationsprozessen und den impliziten Differenzerfahrungen werden die „Wer bin ich/ Wer sind wir"-Fragen, die im Lebensverlauf immer wieder von Neuem aufkommen, besonders tief und bewusst erlebt. Man könnte von einem der Migration innewohnenden transformatorischen Potential bei der *Identitäten*bildung sprechen.

Als wissenschaftlicher Entwurf zielt Identität auf die Frage, wie sich Menschen kohärent und kontinuierlich (sozial)psychologisch Orientierung in ihren Lebenszusammenhängen verschaffen. Individuelle, personale Identität wird als eine Passung der Selbsterfahrung mit dem Bild verstanden, das Andere über einen haben (Erikson 1968; Straub 1998, 2004), und zeigt sich in der Selbstwahrnehmung als identische Person über alle Lebensphasen (Giddens 1991). In den interaktiven Beziehungen zu anderen Menschen, der Familie, (trans-)lokalen Gruppen und Gemeinschaften, nationalen Kollektiven wird sie permanent über Aushandlungsprozesse und diskursive Auseinandersetzungen in Wechselbeziehungen zu politischen, sozialen, ökonomischen Konstellationen hergestellt. Dabei können Brüche und Inkonsistenzen von Identitäten-Konstruktionen auftreten.

Personale Identitäten sind immer auch auf kollektive Identitäten bezogen. Diese können als jeweiliges „Bild, das eine Gruppe von sich aufbaut und mit dem sich deren Mitglieder identifizieren" (Assmann 1992, S. 132) und zu ihr bekennen, umschrieben werden. Ihre Herausbildung verläuft immer in Interaktion mit und in Abgrenzung zu anderen Gruppenbildern. Über kulturelle Formationen, Komplexe von vermittelten Gemeinsamkeiten alltäglicher sozialer Praktiken (Kleidung, Speisen, Glaubensformen, Sprache und Sprechweise, Umgangsformen, etc.) und Vorstellungen über eine gemeinsame Abstammung, Kultur oder Geschichte werden kollektive Identitäten zum Ausdruck gebracht, kommuniziert und zugleich reproduziert. Der Wandel kollektiver Identitätskonstruktionen über Gruppen, Institutionen, Organisationen und Medien folgt weitgehend anderen Logiken und Dynamiken als der Wandel individueller Identitäten. Während letztere äußerst vielschichtig, oft auch widersprüchlich und situativ sind (dezentrierte, fragmentierte, multiple Identitäten; vgl. Graumann 1983; Hall 1996, 2004; Keupp et al. 2008), werden kollektive Identitätskonzepte als „Diskursformationen" auf Dauer ausgerichtet.

Kultur und Religion werden beispielsweise in historischen wie aktuellen Migrationsdiskursen verschränkt und ethnisierend pauschal zu entscheidenden „Identitätselementen" stilisiert. Als stabile, unveränderbare kollektive Persönlichkeitselemente entworfen (u. a. „islamische Kultur" gegen „westliche Identität"; „muslimische Migranten" gegen „abendländische Kultur": Huntington; Sarrazin) schreiben sie die Andersheit von Einwanderern auch als identitätssichernde Ausgrenzungspraxis auf Dauer fest.

Die jeweils herrschenden gesellschaftlichen Machtkonstellationen entfalten in derartigen Prozessen ein Spannungsfeld, das über Formen der Identifizierungen, zugeschriebene oder frei gewählte Fremd- oder Selbstbeschreibungen bestimmend wirkt. Die Machtsituationen entscheiden, ob Identitätsangebote gesellschaftliche Beteiligung oder Benachteiligung bedeuten und in Grenzziehungen von sozialen gesellschaftlichen Räumen unterschiedlicher gesellschaftlicher Wertschätzung (Rede von Integration/ Desintegration) und faktischer sozialer und ökonomischer Verortung (Partizipation/ Isolation) sichtbar werden. Eine konsequent kritische Sicht auf Identitäts- und Ethnizitätskonzepte im öffentlichen Diskurs wie in dem der Wissenschaften ist daher notwendig.

Das Graduiertenkolleg vereint Studien zur Migration, die die skizzierten Zugänge und Problemstellungen aufgreifen und dabei unterschiedliche Regionen und Zeiträume fokussieren. Sie bilden das breite Spektrum historisch-kritischer Praxis, qualitativer Sozial- und Kulturforschung, die Bandbreite interpretativer wie quantitativ analytischer fachspezifischer Verfahrensweisen. Diese Vielfalt führte zu lebhaften und anregenden Diskussionen um Zugänge und Methoden, aber auch um den Disziplinen verpflichtete Perspektiven auf theoretische Konzepte und den fachsprachlichen Umgang mit Begriffen. Es waren differenzierte Auseinandersetzungen mit keineswegs einheitlichem Ausgang. Dies zeigt sich auch in der Zusammenschau der Texte und den unterschiedlichen Nuancen von Standpunkten oder Auffassungen der Autor_innen. Zusammenhänge, Gemeinsamkeiten und Widersprüche zwischen den Disziplinen werden sichtbar.

Die Mehrzahl der Studien setzt beim Alltag der Menschen mit Migrationserfahrung an, d. h. bei ihren Lebenswelten und Erfahrungsräumen. Subjekt- und akteurzentrierte Perspektiven wurden, soweit die Zugänge und Quellenbasis es zuließen, herausgearbeitet. Sie eröffnen einen Blick auf die variationsreichen, komplexen interaktiven Verbindungen von individuellen und gruppenspezifischen Bedürfnissen, Referenzen zum Herkunftsland und Orientierungen am neuen gesellschaftlichen Umfeld.

Besonders die historischen Studien des Bandes verweisen auf ganz unterschiedliche lokale, globale sowie transnationale An- und Verbindungen der Migrantengruppen. Von unterschiedlicher Intensität des Austausches und Bedeutung unterliegen diese Kontakte historischem Wandel. Die von den Migranten unterhaltenen, Grenzen überschreitenden sozialen, politischen und ökonomischen Beziehungen über Netzwerke, Organisationen, Institutionen ermöglichen Transfers von Wissensvorräten mit ihren Bedeutungsgeweben, von Ideen und Praktiken (Kramer; Wätzold; Wolff). Sie lassen auch erkennen, dass Gesellschaften nicht mehr als territorial klar abgeschlossene, in sich homogene Sozialgebilde ausschließlich in nationalstaatlichen Grenzen gedacht werden sollten. Vielmehr gibt eine sozialtheoretische Öffnung des Begriffs auf jeweilige gesamtheitliche Formationen von sozialen Beziehungen, Handlungsweisen und Institutionen neue Perspektiven auf sonst ausgeblendete dynamische, gesellschaftlich inhärente soziale Räume.

Für das Paradigma des *Transnationalismus* gilt demnach wie für das der Transkulturalität, dass es nicht als generelle spätmoderne migrantische Praxis diagnostiziert werden kann und nicht verabsolutiert werden darf. Die notwendige Dekonstruktion eines methodologischen Nationalismus (Wimmer und Glick Schiller 2002) – die Übernahme nationaler Identitätsdiskurse mit ihrer Annahme von organischen, kulturellen und sozialen nationalen Einheiten und Identität – durch das Transnationalismus-Konzept bedeutet nicht, faktisch bestehende nationale Räume als Bezugspunkte in Migrationsprozessen zu vernachlässigen. Nationalstaaten sind im Hinblick auf die Regulation von Migrationsbewegungen und im Hinblick auf staatliche soziale Sicherungssysteme und den damit verbundenen Zugangschancen zu Ressourcen der gesellschaftlichen Partizipation noch immer von erheblicher Bedeutung (Bommes 2003; Middell 2005).

Die kontinuierlich verlaufenden Akkulturationsprozesse in Migrationsprozessen erweisen sich als äußerst vielgestaltig. Sie können von ethnisch entworfenen Bewahrungsstrategien begleitet sein im Sinne essentialistisch gedachter Ideen-Konglomerate wie dem des ‚Deutschtums', die schließlich über kulturelle, identifikatorische Zwischenräume und/ oder Verbindungsstellen in Aushandlungsprozessen mit der ‚anderen' Umgebung langsam an Bedeutung verlieren (Kramer).

Die Beiträge offenbaren aber auch fließende ethnisierende Zuschreibungen und Selbstverständnisse, in denen unterschiedliche konkrete Herkunftsregionen und Religionen, die sonst der abgrenzenden Identifikation dienen, zu einem Gemeinsamen, Zeichenhaften ‚verschmelzen'. Sie zeigen, wie eigene Stereotypisierungen zu Strategien von Dazugehören-Wollen für die Schaffung neuer nationaler Identitätskonstruktionen entwickelt werden, die allerdings ohne die Abgrenzung von Anderen und deren Ausgrenzung ebenfalls nicht auskommen (Lesser).

Die Beiträge zeigen, wie personale Selbstethnisierung zur Herstellung eines erweiterten Handlungs- und Zugehörigkeitsraumes dienen kann, um private wie gesellschaftliche Machtverhältnisse zu verhandeln und individuell zu bewältigen (Ruokonen-Engler).

Mehrere Beiträge arbeiten Sprache als Distinktionspraxis und Ausdruck sozialer, kultureller Identitäten heraus. Sie verweisen auf die Zusammenhänge von Migrationsformen, sprachpolitischen Rahmenbedingungen des Auswanderungs- und Einwanderungslandes (Mehrsprachigkeit/Einsprachigkeit) und individuellen Positionierungen und geben Einblicke in die Variationsbreite von Identitätsbildungen über Sprache. Und sie lassen Bezüge zwischen tradierter gesellschaftlicher Mehrsprachigkeit und der Ausbildung von dezentrierten, multiplen, situationsabhängigen Identitäten vermuten.

Die Sprach-Performanzen wirken unter den anderen, veränderten Lebensbedingungen der Aufnahmegesellschaften unterstützend in der Notwendigkeit, sich existentiell und emotional zu orientieren und persönlich erneut zu „verorten". Sie können in bestimmten Konstellationen als Ausdruck einer „Veralltäglichung im Umgang mit migrationsbezogener Differenz" und „leise Normalisierung von Diversität" (Nieswand und Drotbohm 2014, S. 11) interpretiert werden (Kreher; Romić).

Die Beiträge zeigen aber auch, dass es Strategien der Selbstbestimmung im Migrationsprozess gibt, die jenseits von Alteritätsbestimmungen entworfen werden. Sie sind in autonomen Formen des Gegendiskurses zu einem eingeforderten, vorgegebenen Monolingualismus durch den bewussten, sinnfällig spielerischen polylingualen und „unautorisierten" Umgang mit der Alltagssprache des Einwanderungslandes zu erkennen (Hinnenkamp). Und sie veranschaulichen, wie Migration einen Bewusstseins- und Reflexionsraum schaffen kann für die Auseinandersetzung mit internalisierten religiösen und kulturellen Wertvorstellungen, den damit verbundenen Identitätsvorstellungen und Angeboten des neuen Umfeldes, der einen „Freiraum" eröffnet für vielfältige, differente und ganz individuelle religiöse und spirituelle Praxen (Jaciuk).

Die Schaffung eigener, identifikatorischer Bezugsräume von Menschen in Migrationsprozessen findet auch in der Aushandlung und Konstruktion personaler Identitäten in sogenannten kulturell heterogenen Stadtteilen und Quartieren als Heterotopien statt, in komplexen Zusammenhängen von physisch-materiellen und sozialen Topologien mit ihren migrationsdispositiven Kontexten (Breitung und Hopfinger).

Die Erfahrungen von zunehmender innerer Differenziertheit und Komplexität unterschiedlichster Lebens- und Glaubensformen sowie Stilen spätmoderner Gesellschaften sind von sozialen Spannungen und Reibungen begleitet. Insbesondere für Jugendliche mit Migrationsbezug bildet die Auseinandersetzung mit der tradierten Lebenswelt der migrierten Eltern und ihren Werten auf der einen Seite und der als kulturell different erlebten außerfamiliären Umwelt andererseits eine sensible Phase im Hinblick auf eine kontingente Identitätsausbildung und psychisches Wohlergehen – verlangt sie ihnen doch ab, beide konträr erfahrenen Bezugsräume in Einklang zu bringen (Thomas, Al-Dawaf und Weißmann; Kagitcibasi).

Auch das Aufeinandertreffen von „eigenen", universell verstandenen Traditionen ethisch-moralischer Normen säkularen Selbstverständnisses von Mehrheitsgesellschaften westlicher Einwanderungsstaaten und „eigenen" tradierten religiösen, letztgültig verstandenen Normen und Rechtsvorstellungen von Zuwanderergruppen führt zu konfliktreichen Prozessen. Die öffentlichen, politischen und juristischen Diskussionen und Aushandlungsprozesse um religiöse Schiedsgerichtsbarkeit (u. a. Scharia) in familienrechtlichen Angelegenheiten sind ein prominentes Beispiel (Färber). Hier gilt es in historisch konkreten, immer wieder neuen Verständigungsprozessen, im ethisch-dialogischen Umgang für ein gleichberechtigtes Zusammenleben miteinander die jeweiligen Grenzen zwischen Kollektiv- und Individualrechten auszutarieren. Kulturrelativistische Akzeptanz und Anerkennung anderer Lebensweisen findet ihre Grenzen in der menschenrechtlichen „Anerkennung der angeborenen Würde und dergleichen und unveräußerlichen Rechte aller Mitglieder der Gemeinschaft der Menschen" (AEMR), den wir für unverzichtbar halten.

Doch mit der Betonung von kulturellen Unterschieden und einer Vernachlässigung der gesellschaftlichen Gemeinsamkeiten wird der Weg einer zusammen verantworteten, offenen Gesellschaft wenig erfolgreich sein. Insofern ist auch das Aufgreifen des Diversitätsbegriffes in der Migrationsforschung kritisch diskutierbar (Glick Schiller 2008). Ein heuristisches Verständnis von Diversität als eine wandelbare, kontextuell bedingte Konfiguration von problemorientierten Differenzsetzungen eröffnet Fragen nach dem Verhältnis zu anderen Differenzkategorien, Verschränkungen und Mehrfachmarkierungen. Sie kommt damit der Forderung entgegen, Migranten, Post- und Nicht-Migranten symmetrischer zu beobachten und damit hinzuwirken auf eine Migrationsforschung als Gesellschaftsforschung, eine „Dezentrierte Migrationsforschung" (Nieswand).

Nicht nur im öffentlich-populären Diskurs, auch in der Forschung wird Diversität jedoch anhaltend als Vielfalt ethnischer Herkunft verstanden (Römhild 2014) und als Ethnizität ab- und ausgrenzend festgeschrieben. Gayatri Spivak kennzeichnete mit der Wortneuschöpfung „Othering" derartige Vorgänge, in dem „das im Machtdiskurs ausgeschlossene Andere" geschaffen wird (Spivak 1996 [1986]).

Die „Archäologie des Wissens" (Foucault 1973 [1969]) hat für Europa seit dem 17. Jahrhundert gerade für den wissenschaftlichen Erkenntnisbereich die Repräsentation als ein epistemologisches Problemfeld aufgezeigt. Die (Migrations-) Forschung als Stichwortgeber in öffentlichen politischen, machtstrategischen Auseinandersetzungen europäischer Nationalstaaten um Flüchtlings- und Asylpolitik (Radtke 1996) zeigt sich hier mit ihren erzeugten Wissensformen und Realitätsdefinitionen als ein Teil moderner Machtausübung und damit Teil eines staatlichen Migrationsdispositivs (Nieswand und Drotbohm 2014, S. 4), als ein Teil sozialer Ordnungs-, Regulierungs- und Systematisierungspraktiken, die gesellschaftliche Wirklichkeit hervorbringt.

Die in den 1990er Jahren von Ethnographen wahrgenommene Krise wissenschaftlicher Repräsentation (Berg und Fuchs 1999) bedeutet unter diesem Aspekt nicht, sich einem grenzenlosen, lähmenden Relativismus hinzugeben, sondern sie mahnt und lehrt den reflexiven und behutsamen Umgang im wissenschaftlichen Reden und Schreiben.

Dies tut umso mehr Not angesichts der diskursiven hegemonialen Strategien der Ab- und Ausgrenzung europäischer Mehrheitsgesellschaften.

Der einleitende Beitrag von Klaus Bade legt dies in seiner zeitdiagnostischen Analyse der medial wirkmächtigen, öffentlichen Debatten um das Einwanderungsland Deutschland insbesondere des letzten Jahrzehnts in der bundesdeutschen Gesellschaft offen. Er tut dies mit geradezu prognostisch warnender Sicht, in Anbetracht der jüngsten politischen Herstellung und Mobilisierung über das „Massenmedium Straße" von grundsätzlicher Differenz über essentialistische Vorstellungen und quasi-ontologische Grenzziehungen zwischen Menschen, dem Wir und den Anderen.

Abschließend gilt unser Dank der Stiftung der Katholischen Universität Eichstätt-Ingolstadt und der Pädagogischen Stiftung Cassianeum Donauwörth, die die Förderung der Doktoranden und Postdoktoranden ermöglichten sowie großzügig Kolloquien, Vortragsreihen, eine Summer-School und die Abschlusstagung unterstützten.

Die Kollegiat_innen haben bei regelmäßigen Kolloquien mit den Rahmenthemen „Transkulturalität: Kulturelle Praxen migrantischer Milieus in der Geschichte" (19.5.2011), „Migration, Identitätsbildungen und Integrationsprozesse" (30.6.2011), „Migrantische Raumpraxen: Grenzregime zwischen Imagination und Manifestation" (2.11.2010/9.11.2011), „Toleranz – Tradition – Integration" (2.12.2011) und „Migration und Religionskontroversen" (10.1.2012) und in der Summer-School „Methoden und Theorien der Migrationsforschung (12.–

14.7.2012) die Gelegenheit erhalten, ihre Forschungsaktivitäten und den Stand ihrer Forschungen mit den anderen Kollegiat_innen und Wissenschaftler_innen zu diskutieren und sich über die Fortschritte der Einzelprojekte auszutauschen. Die zustande gekommene interdisziplinäre Orientierung auf verschiedenste „Aspekte transkultureller Prozesse" scheint uns ein vielversprechender Zugang zu dem Komplex „Migration, Identität und Religion" zu sein.

Angela Treiber
Kerstin Kazzazi

Literatur

Antweiler C (2007) Grundpositionen interkultureller Ethnologie (= Interkulturelle Bibliothek 79) Bautz, Nordhausen

Assmann J (1992) Das kulturelle Gedächtnis. Schrift, Erinnerung und politische Identität in frühen Hochkulturen, C.H. Beck, München

Bachtin MM (1979 [1934/35]) Die Ästhetik des Wortes. Suhrkamp, Frankfurt am Main

Bhabha HK (1994) The Location of Culture. Routledge, London, New York

Berg E, Fuchs M (1999) Kultur, soziale Praxis, Text. Die Krise der ethnographischen Repräsentation. Suhrkamp, Frankfurt am Main

Bommes M (2003) Der Mythos des transnationalen Raumes. Oder: Worin besteht die Herausforderung des Transnationalismus für die Migrationsforschung. In: Thränhardt D, Hunger U (Hrsg) Migration im Spannungsfeld von Globalisierung und Nationalstaat. Westdeutscher Verlag, Wiesbaden, S 90–116

Erikson EH (1968) Identity, Youth and Crisis. W.W. Norton. Inc, New York

Foucault M (1973 [1963]) Archäologie des Wissens. Suhrkamp, Frankfurt am Main

Giddens A (1991) Modernity and Self-identity. Self and Society in the Late Modern Age. Polity, Cambridge

Glick Schiller N (2008) Beyond methodological ethnicity: Local and transnational pathways of immigrant incorporation (= Willy Brandt Series of Working Papers in International Migration and Ethnic Relations 2). Holmbergs, Malmö

Graumann CF (1983) On Multiple Identities. International Social Science Journal 35:309–321

Hall S (1996) Questions of cultural identity. Sage, London, Thousand Oaks

Hall S (2004) Ideologie, Identität, Repräsentation. Ausgewählte Schriften 4. Argument Verlag, Hamburg

Hannerz U (1987) The World in Creolisation. Africa. Journal of the International African Institute 57(4):546–559

Hannerz U (1996) Transnational Connections: Culture, People, Places. Routledge, London, New York

Keupp H, Ahbe T, Gmür W, Höfer R, Mitzscherlich B, Kraus W, Sraus F (2008) Identitätskonstruktionen. Das Patchwork der Identitäten in der Spätmoderne. 4. Aufl. Rowohlt, Reinbek bei Hamburg

Lévi-Strauss C (1962) La pensée sauvage. Plon, Paris
Middell M (2005) Transnationalisierung und Globalgeschichte. Traverse. Zeitschrift für Geschichte 12(1):19–48
Nieswand B, Drotbohm H (2014) Einleitung: Die reflexive Wende in der Migrationsforschung. In: Nieswand B, Drotbohm H (Hrsg) Kultur, Gesellschaft, Migration. Die reflexive Wende in der Migrationsforschung (= Studien zur Migrations- und Integrationspolitik). Springer VS, Wiesbaden, S 1–40
Ortiz F (1940) El fenómeno social de la transculturación y su importancia en Cuba. Revista Bimestre Cubana 46:273–278
Radtke F-O (1996) Fremde, Allzufremde. Zur Ausbreitung des ethnologischen Blicks in der Einwanderungsgesellschaft. In: Wicker H-R, Alber J-L, Bolzman C, Fibbi R, Imhof K, Wimmer A (Hrsg) Das Fremde in der Gesellschaft: Migration, Ethnizität und Staat. Seismo, Zürich, S 333–352
Römhild R (2014) Diversität?! Postethnische Perspektiven für eine reflexive Migrationsforschung. Migrationsforschung. In: Nieswand B, Drotbohm H (Hrsg) Kultur, Gesellschaft, Migration. Die reflexive Wende in der Migrationsforschung (= Studien zur Migrations- und Integrationspolitik). Springer VS, Wiesbaden, S 255–270
Sökefeld M (2007) Problematische Begriffe: „Ethnizität", „Rasse", „Kultur", „Minderheit". In: Schmidt-Lauber B (Hrsg) Ethnizität und Migration. Einführung in Wissenschaft und Arbeitsfelder. Reimer, Berlin, S 31–50
Stolcke V (1995) Talking Culture. New Boundaries, New Rhetorics of Exclusion in Europe. Current Anthropology 36(1):1-24
Straub J (1998) Personale und kollektive Identität. Zur Analyse eines theoretischen Begriffs. In: Assmann A, Friese H (Hrsg) Identitäten (= Erinnerungen, Geschichte, Identität 3). Suhrkamp, Frankfurt am Main, S 73–104
Straub J (2004) Identität. In: Jaeger F, Liebsch B (Hrsg) Handbuch der Kulturwissenschaften. Grundlagen und Schlüsselbegriffe. Bd 1. Metzler, Stuttgart, S 277–303
Warneken BJ (Hrsg) (1991) Massenmedium Straße: zur Kulturgeschichte der Demonstration. Campus, Frankfurt am Main
Welsch W (1994) Transkulturalität – die veränderte Verfassung heutiger Kulturen. In: Duve F (Hrsg) Sichtweisen. Die Vielheit der Einheit. Stiftung Weimarer Klassik, Weimar, S 83–122
Welsch W (2000) Transkulturalität. Zwischen Globalisierung und Partikularisierung. Jahrbuch Deutsch als Fremdsprache 26:327–353
Wimmer A, Glick Schiller N (2002) Methodological nationalism and beyond: Nationstate building, migration and the social sciences. Global Networks 2(4):301–334
Wolf E (1993) Gefährliche Ideen. Rasse, Kultur, Ethnizität. Historische Anthropologie 1:331–346

Prof. Dr. Angela Treiber ist Professorin für Europäische Ethnologie/Volkskunde an der Katholischen Universität Eichstätt-Ingolstadt. Sie war dort Sprecherin des Graduiertenkollegs „Migration". Zu ihren Forschungsschwerpunkten gehören historische und empirische Religionsforschung, Theorie- und Wissenschaftsgeschichte, Geschichte von Wissensmilieus.

PD Dr. Kerstin Kazzazi, Projektmitarbeiterin, war Sprecherin des Graduiertenkollegs „Migration" an der Katholischen Universität Eichstätt-Ingolstadt. Ein Forschungsschwerpunkt ist die Mehrsprachigkeit, speziell dreifacher Erstspracherwerb.

Inhaltsverzeichnis

Prolog
Kulturvielfalt, Kulturangst und Negative Integration in der Einwanderungsgesellschaft

Klaus J. Bade

Schlüsselwörter
Migration · ‚Negative Integration' · Einwanderungsgesellschaft · demokratisch · Kulturrassismus · Sozialrassismus · Islamkritik · Desintegrationspublizistik

Dieser Band markiert den erfolgreichen Abschluss des Graduiertenkollegs ‚Migration im Kontext von Religionen und Kulturen' der Katholischen Universität Eichstätt-Ingolstadt. Die Ergebnisse des Kollegs sind kultur- und gesellschaftswissenschaftlich, aber auch kultur- und gesellschaftspolitisch von Belang. Im Blick auf die immer wieder angesprochenen Bereiche Migration und Integration bzw. Inklusion bieten sie zugleich einen Beitrag zu Angewandter Migrationsforschung/ Applied Migration Research. Ich habe mich deshalb gerne bereit erklärt, diese Thematik, die im Mittelpunkt meines Eröffnungsvortrags zur Abschlusskonferenz stand, in einem einleitenden Beitrag zu diesem Sammelband etwas zu vertiefen.[1]

[1] Den Beitrag habe ich bewusst in der auf eine Verbindung von wissenschaftlicher Fundierung und menschenfreundlicher Prosa zielenden Sprache des Vortrags belassen, nur geringfügig aktualisiert und um Anmerkungen ergänzt.

K. J. Bade (✉)
Institut für Migrationsforschung und Interkulturelle Studien (IMIS), Universität Osnabrück, Osnabrück, Deutschland
E-Mail: kontakt@kjbade.de

K. Kazzazi et al. (Hrsg.), *Migration – Religion – Identität. Aspekte transkultureller Prozesse,* DOI 10.1007/978-3-658-06510-2_1

1 Historische und aktuelle Erfahrungen

Aus- und Einwanderungen sind grenzüberschreitende Sozial- und Kulturprozesse. Sie verändern nicht nur die Migranten selbst, sondern, bei Bewegungen in großer Zahl, auch die Gesellschaften in Ziel- und Herkunftsländern.

Das galt auch für das Wanderungsgeschehen im Europa der Frühen Neuzeit: Interregionale Arbeitswanderungen führten hier oft zu transregionalen Existenzen und tiefgreifenden Veränderungen in den Migrantenfamilien; denn während der Abwesenheit der männlichen Haupterwerbstätigen leiteten die auf Zeit alleinerziehenden Frauen auch die familiären Produktionsgemeinschaften. Sie führten während der Abwesenheit des Arbeitswanderers, Wanderarbeiters oder Wanderhändlers den heimischen, meist armbäuerlichen Familienbetrieb. Bei hausgewerblichen Familienbetrieben produzierten sie während der Abwesenheit des Mannes zum Beispiel das Leinen, die Flecht- oder Töpferwaren, die der Wanderhändler auf seinen ausgedehnten Reisen verkaufte.[2]

Nicht nur dauerhafte Aus- und Einwanderungen, sondern auch solche Arbeitswanderungen förderten transkulturelle Prozesse; denn die ‚bewanderten' Familienmitglieder brachten in die Ausgangsräume Erfahrungen und Lebensformen zurück, die sie von den Daheimgebliebenen unterschieden. Das galt zum Beispiel für die ‚Hollandgänger' in Nordwestdeutschland. Ihre Bewegung gehörte in den Zusammenhang von im europäischen Wanderungsgeschehen über Jahrhunderte hinweg stabilen Wanderungssystemen. Sie umfassten Arbeitswanderungen von großer interregionaler, im Falle der ‚Golondrinas' (Schwalben) genannten südeuropäischen Erntearbeiterkolonnen sogar von transatlantischer Reichweite.[3]

Bis ins frühe 20. Jahrhundert hinein bestimmten dann in Europa vielfach transatlantische Massenauswanderungen das Bild; mit Ausnahme von Frankreich, das Europas Einwanderungsland par excellence war, abgesehen von Ausnahmen wie dem kanadischen ‚Neufrankreich' (Québec).

Bis zum späten 20. Jahrhundert wiederum haben sich viele frühere europäische Auswanderungsländer in Einwanderungsländer verwandelt. Auch im innereuropäischen Wanderungsgeschehen gab es im späten 20. und frühen 21. Jahrhundert einen Wandel von Aus- zu Einwanderungsländern: Ehemalige Ausgangsräume von Arbeitswanderungen und Einwanderungen – in Deutschland die ‚Entsendeländer'

[2] Hierzu u.v.a. Bade 1984, 1992; Gesamtüberblick: Oltmer 2010; Fallstudie: Oberpenning 1996.

[3] Hierzu die Beiträge in: Bade et al. (Hrsg) 2007.

von ‚Gastarbeitern' – wurden selbst Zielräume von Arbeits- und Einwanderungen und damit Zu- oder Einwanderungsländer.[4]

Seit dem späten 20. Jahrhundert sind die demographisch alternden nationalen Wohlfahrtsstaaten Europas zunehmend auf Einwanderung angewiesen, die in Deutschland vorwiegend aus der EU und besonders aus den von Strukturkrisen bedrängten, vorwiegend südlichen EU-Staaten kommt. Die reduzieren dabei durch Abwanderung zwar ihre Arbeitslosenzahlen und entlasten ihre überforderten Sozialetats, verlieren aber auch einen beträchtlichen Teil ihrer jungen Eliten.

In den demographisch alternden und schrumpfenden Wohlfahrtsstaaten geht es darum, die Folgewirkungen des demographischen Wandels auf Arbeitsmarkt und Sozialsysteme durch möglichst junge und qualifizierte Einwanderer abzufedern und damit Zeit zu gewinnen für die nötigen Sozialreformen. Die aber wurden in Deutschland bislang aus Gründen politischer Opportunität – genauer gesagt aus Angst vor den Wählern – immer weiter hinaus geschoben; abgesehen von Ansätzen wie der ‚Agenda 2010' und der Erhöhung des Renteneintrittsalters, die aber alsbald wieder aufgeweicht (Agenda 2010) oder sogar ins Gegenteil verkehrt wurden (Senkung des Renteneintrittsalters 2014). Die vor dem Hintergrund des demographischen Wandels unerbittlich anstehenden Sozialreformen werden damit nur weiter vertagt und am Ende umso einschneidender sein.[5]

In den meisten modernen Einwanderungsländern Europas haben sich schrittweise Einwanderungsgesellschaften herausgebildet. Die Einwanderungsgesellschaft ist kein Zustand, sondern ein eigendynamischer Sozial- und Kulturprozess.[6] Mehrheits- und Einwandererbevölkerung wachsen zusammen und differenzieren sich dabei intern und wechselseitig weiter aus. Dieser migrationsbedingte Sozial- und Kulturprozess verursacht nicht, verstärkt aber entscheidend das, was S. Vertovec die gesellschaftliche ‚Super-Diversity' nennt.[7] Eigendynamik und Unübersichtlichkeit sind die wichtigsten Kennzeichen dieser komplexen Sozial- und Kulturprozesse.

Was für Zeitgenossen verwirrend erscheinen mag, fügt sich dereinst im Rückblick vielleicht in eine mehr oder minder klare Abfolge von Bewegungen hin zu neuen Strukturen. Sozial- und Kulturhistoriker unterscheiden sich von zeitgenössischen Beobachtern bekanntlich dadurch, dass sie bei ihren Analysen und Beschreibungen das Ende immer schon vorher kennen.

---

[4] Allg. hierzu: Bade 2000; für Deutschland im Überblick: Bade und Oltmer 2004.

[5] Vgl. hierzu schon die mahnenden Beiträge in: Bade 1994, hier bes. Miegel 1994, S. 30–34, 118–132.

[6] Wimmer 2005.

[7] Vertovec 2010, S. 83–95; Vertovec 2007, S. 1024–1054.

Die Zeitgenossen aber sind dazu verdammt, mit Deutungen von mehr oder minder begrenzter Tragfähigkeit die Unübersichtlichkeiten erträglicher zu machen. Das gilt besonders für die Herausbildung der Einwanderungsgesellschaft, die in ihrer Unübersichtlichkeit anstrengend, in ihrer Eigendynamik unheimlich wirken und deshalb auch Ängste und Aggressionen befördern kann.

Im günstigen Fall ergibt sich bei der Herausbildung der Einwanderungsgesellschaft eine neue kollektive Identität, getragen von einem solidarischen ‚Wir'. Im ungünstigen Fall ergeben sich u.U. übergangsweise Identitätskrisen, gesellschaftliche Konfliktpotentiale und Stellvertreterkonflikte zwischen ‚Wir' und ‚Ihr'. Sie reichen bis zu Formen der vordergründig identitätssichernden, mitunter kultur- und sozialrassistischen Abgrenzung von Minderheiten, die als Gegenbilder mit kulturell oder sozial fremden bzw. gefährlichen gruppenspezifischen Kollektivmentalitäten und Verhaltensdispositionen beschrieben werden.[8]

In einer schon mehrere Generationen von Einwanderern einschließenden Einwanderungsgesellschaft geht es nicht mehr um ‚Integrationspolitik für Migranten', von Starthilfen für Neuzuwanderer und Hilfestellungen im Sinne der nachholenden Integrationsförderung immer abgesehen.[9] Es geht um eine an Teilhabe orientierte Gesellschaftspolitik für Alle.

2004 habe ich zusammen mit meinem früh verstorbenen Kollegen und Freund Michael Bommes für den Sachverständigenrat der Bundesregierung für Zuwanderung und Integration (Zuwanderungsrat), dessen stellvertretender Vorsitzender ich nach Rita Süssmuth war, eine operationale Definition von Integration entwickelt.[10] Diese Definition ist auch von dem von mir 2008 angeregten und 2009–2012 geleiteten Sachverständigenrat deutscher Stiftungen für Integration und Migration (SVR) übernommen worden. Sie war ein grundlegendes Strukturprinzip auch in dessen erstem Jahresgutachten 2010 (‚Einwanderungsgesellschaft 2010').[11] Unsere Definition hat sich heute, auch in der Politik, weithin durchgesetzt. Sie ist aber nach wie vor nicht zureichend als intentionaler Appell verstanden worden.

Integration – oder wie wir hier heute sagen würden: Inklusion – ist nach unserer Definition die messbare Teilhabe an den zentralen Bereichen des gesellschaftlichen Lebens. Dies reicht, um nur einige der wichtigsten Bereiche zu nennen, von der frühkindlichen Erziehung über schulische Bildung und berufliche Ausbildung sowie die Teilhabe an Wirtschaft und Arbeitsmarkt, an den sozialen und rechtlichen Schutzsystemen bis hin zur – statusabhängigen – politischen Teilhabe.

[8] Allg. hierzu: Bade 2013a, S. 348–364.

[9] Hierzu: Bade 2006, S. 29–35; Bade 2007.

[10] Süssmuth et al. 2004.

[11] Bade (Vors) et al. 2010.

Bei dieser im Sinne unserer ursprünglichen Definition auf Zuwanderer zielenden Teilhabedefinition von Integration sollte es aber, so habe ich im SVR ergänzt, bei der sich zügig entfaltenden Einwanderungsgesellschaft um Alle gehen, ob nun mit oder ohne den sogenannten Migrationshintergrund. Der aber müsse dort, wo er klar erkennbar chancenmindernd wirke, als besonderes Förderungskriterium anerkannt bleiben.

Integrations- bzw. Inklusionsförderung ist im Sinne dieser Definition also die Förderung möglichst gleicher Teilhabechancen Aller an den zentralen Bereichen des gesellschaftlichen Lebens. Davon sind wir, trotz mancherlei Annäherungen, nach wie vor noch weit entfernt, obgleich dies im Kern dem Verfassungsgebot der „Herstellung" zwar nicht gleicher, aber doch „gleichwertiger Lebensverhältnisse" in ganz Deutschland entspricht.[12]

2 Kulturvielfalt und Kulturangst

Die Eigendynamik in der kulturellen und sozialen Entfaltung und Ausdifferenzierung der Einwanderungsgesellschaft verändert Strukturen und Lebensformen. Jüngere Menschen aus der Mehrheitsbevölkerung akzeptieren diesen alltäglichen Wandel ihrer Lebenswelt inzwischen weithin als Struktur der Normalität. Radikalisierte fremdenfeindliche und zuweilen auch gewaltbereite Gruppen unter ihnen bestätigen als Ausnahmen nur die Regel der friedlichen Akzeptanz. Bei Älteren gibt es oft eine niedrigere Schwelle zur Kulturangst, die zum Beispiel in der Rede Ausdruck findet, man fühle sich als ‚Fremder im eigenen Land'. Sie spricht auch aus der Dominanz von Älteren im Publikum einschlägiger Präsentationen. Das galt zum Beispiel für die nostalgisch-kulturpessimistischen Sarrazin-Lesungen, bei denen das Rentnerpublikum geradezu szenetypisch war.[13]

Das alles ist aber nicht nur eine Generationenfrage. Umfragen beleuchten insgesamt eine paradoxe Spannung in der Einwanderungsgesellschaft; denn mit der Akzeptanz der kulturellen Vielfalt wächst auch die Angst davor: Auf der einen Seite steht die wachsende Zahl der Kulturoptimisten oder doch Kulturpragmatiker, auf der anderen Seite die schrumpfende, aber oft umso lauter protestierende Zahl der Kulturpessimisten. Die einen reden von kultureller Bereicherung, die anderen fürchten den kulturellen Untergang der Nation und Europas.

[12] Bis zur Verfassungsreform im Zuge der deutschen Vereinigung war in Art. 72 Abs. 2 GG sogar von der „Einheitlichkeit der Lebensverhältnisse" die Rede gewesen.

[13] Gutsch 2014, S. 55; vgl. Bade 2014c.

Zu den Bemühungen um sozialwissenschaftliche, sozialphilosophische und gesellschaftspolitische Brückenschläge zählen Versuche, die sich herausbildende Einwanderungsgesellschaft ebenso auf den Begriff zu bringen wie die sich darin ausformenden neuen Identitäten. Hierher gehören auch die Diskurse um einen ideologiekritisch gegen den Strich gebürsteten, transnational und transkulturell erweiterten Heimatbegriff.

Gesucht werden Antworten auf die mentale Erfahrung von Heimat- oder Ortlosigkeit im eigenen Land, aber auch in Europa insgesamt, wozu sich ein ganzes Literaturgenre herausgebildet hat.[14] Es geht dabei darum, eine neue übergreifende und gemeinsame ‚Heimat' denken zu lernen, unter deren Dach sich die unterschiedlichsten oft mehrfach in sich gebrochenen kulturellen ‚Heimaten' (im Plural) entfalten können.[15]

Die verdrängte Selbstbeschreibung der Einwanderungsgesellschaft wird den zögerlichen Altdeutschen zunehmend von der neudeutschen Einwandererelite abgenommen. Beispiele sind Soziologen und Politologen wie Naika Foroutan[16] und Aladin El-Mafaalani[17], Dichter und Schriftsteller wie Feridun Zaimoglu[18] und Zafer Şenocak[19] oder Public Intellectuals wie der Orientalist und kulturwissenschaftliche Publizist Navid Kermani, der in seiner Rede zur Feierstunde ‚65 Jahre Grundgesetz' im deutschen Bundestag dem Einwanderungsland gedankt und dessen politischen Eliten zugleich die Leviten gelesen hat.[20]

Die Forschungsgruppe um die Migrationssoziologin Naika Foroutan an der Humboldt Universität zu Berlin spricht von ‚Heymat' und bezieht dabei als semantisches Signal das ‚Y' von kultureller ‚Hybridität' mit ein. Gedacht wird dabei besonders an Zuwanderergruppen, die in verschiedenen Kulturen beheimatet und damit die kulturellen Pioniere einer hybriden Einwanderungsgesellschaft sind.[21]

Wen der muffige Geruch des in Deutschland ideologisch-weltanschaulich aufgeladenen Heimatbegriffs verschreckt, der könnte statt an eine übergreifende gemeinsame ‚Heimat' auch an eine neue ‚solidarische kollektive Identität' denken.

---

[14] Vgl. hierzu u.v.a.: Winkler 2012; Mak 1996; Mak und Baudet 2014; vgl. Kirchner 2014.

[15] Vgl. Bade 2013b.

[16] Foroutan et al. 2010; vgl. Bade 2013a, S. 367–369.

[17] El-Mafaalani 2013, S. 9–11, 2014.

[18] Zaimoglu 2000, S. 57–63, 2011, S. 11–15.

[19] Şenocak 2006, 2011a, b; vgl. Bade 2013a, S. 122, 138, 336 f.

[20] Kermani 2002, 2005, 2009; vgl. Bade 2013a, S. 116 ff., 147, 176; Rede von Dr. Kermani 2014.

[21] Foroutan 2010, S. 9–15.

Keywords wie ‚solidarisch‘, ‚kollektiv‘ und sogar ‚Identität‘ aber pflegen bodenständige Heimatfreunde und Sozialismusallergiker nachhaltig zu irritieren.

Man könnte auch von ‚Neuen Deutschen‘ oder auch ‚DeutschPlus‘ (so der Name einer Berliner Vereinigung von im Kulturleben engagierten Einwanderern) sprechen. Das wäre als Gesamtbezeichnung aber nur dann hilfreich, wenn zum Beispiel die Rede von ‚Neuen Deutschen‘ keine Spalterformel wird – dergestalt, dass damit nur die neudeutschen Einwanderer und neudeutsch denkende Altdeutsche gemeint wären, die sich vom Rest absondern und auf dessen ideelle oder gar demographische Schrumpfung warten.

Der semantische Hürdenlauf zu einem konsensfähigen Begriff sollte aber nicht zum Selbstzweck geraten; denn Ideologiekritik kann auch sprachlos machen. Man könnte, um die schwurbeldeutschen Diskurse abzukürzen, auch schlicht von Deutschen, Einwanderern und Ausländern reden, so wie die Amerikaner von ‚Citizens‘, ‚Foreigners‘ und ‚Immigrants‘ sprechen, innerhalb derer oft auch ‚First‘ und ‚Second Generation Immigrants‘ unterschieden werden.

Damit wären wir auch die ärgerliche Rede vom ‚Migrationshintergrund‘ los. Der wird Einwanderern hierzulande angeklebt wie ein erbliches Vorstrafenregister. Er ist aber, im Gegensatz zum Begriff ‚Einwanderer‘, nicht einmal eine intentionale Kategorie. Er bescheinigt nur, dass in der jüngeren Familiengeschichte eine transnationale Verlagerung des Lebensmittelpunktes stattgefunden hat. Begriffswechsel lösen außerdem keine gesellschaftlichen Probleme. Es geht um mehr: Das Einwanderungsland braucht als Einwanderungsgesellschaft eine visionäre Selbstdeutung, die kulturelle Vielfalt nicht nur missmutig toleriert, sondern als wünschenswerte Normalität begrüßt und damit im kulturellen Wandel mentalen Zusammenhalt fördert. Nötig dazu ist ein neues kulturelles Narrativ mit einer kraftvollen Bindewirkung. Es muss stark genug sein, um unter seinem großen Schirm auch kleinere kulturelle Narrative unterschiedlicher zugewanderter und zum Teil auch erst in der Einwanderungsgesellschaft selbst entstandener Gruppen zu vereinen.[22]

Die Zeit drängt. Für Wegsehen und Aussitzen steht zu viel auf dem Spiel: Solange die Diskussion um Vielfalt und Zusammenhalt in der Einwanderungsgesellschaft als Zentralthema der Gesellschaftspolitik nicht offener und inklusiver geführt wird, solange können sich umso mehr Sündenbocktheorien, exklusive Ersatzidentitäten und Auskreisungsdiskurse entfalten. Das ist ablesbar an der nicht nur in Deutschland, sondern in ganz Europa wachsenden Attraktivität von europakritischen und integrationsskeptischen Strömungen, die sich im Vorfeld der Europawahl vom Mai 2014 in dem internationalen rechtspopulistischen Bündnis ‚Europäische Allianz für die Freiheit‘ (EAF) sammelten.

[22] Foroutan 2014, S. 176–199; vgl. Heckmann 2014, S. 39–54.

Das kann sich steigern zu kulturrassistischen Abwehrhaltungen, die ich in meinem Buch ‚Kritik und Gewalt' als ‚negative Integration' beschrieben habe: die Selbstvergewisserung kulturell verunsicherter Kreise der Mehrheit durch die Ausgrenzung von Minderheiten, die als kulturelle Gegenbilder beschrieben werden. Im Kern geht es dabei um eine Art Schulterschluss von ‚Einheimischen' gegenüber ‚Fremden' gleich welcher Einwanderergeneration als Sündenböcken für die wachsende kulturelle Vielfalt, die als kulturfremd und identitätsgefährdend empfunden wird.[23]

Im angloamerikanischen Forschungsbereich wird dergleichen ‚Alienation' oder ‚Othering' (neudeutsch ‚Anderung') genannt.[24] Solche identitätssichernden Auskreisungsdiskurse durch distanzierende Fremdheitszuschreibungen sind, mit wechselnden Feindbildern, aus der Migrations- und Integrationsgeschichte bestens bekannt.[25]

Negative Integration wird in der Regel vermittelt über Auskreisungsdiskurse. Sie stiften mithilfe von Abgrenzungen durch Fremdheitszuweisungen Scheinzusammenhalt und brüchige Ersatzidentitäten. Die Zuweisungen von angeblich fremden kollektiven Identitäten und Verhaltensdispositionen als kulturellen Gegenbildern sind oft kulturrassistisch geprägt. In Deutschland galt und gilt dies besonders für die mehr als vier Millionen zählende muslimische Bevölkerung, die zu mehr als der Hälfte deutsche Staatsbürger umfasst (s. Kap. 3).

Mit solchen kulturrassistischen Diskursen in Inhalten, Formen und Funktionen verwandt sind sozialrassistische Diskurse. Beim gefürchteten Übergang zur vollen Arbeitnehmerfreizügigkeit für die 2007 aufgenommenen EU-Mitglieder Bulgarien und Rumänien (1.1.2014) ging es dabei um das Thema ‚Armutswanderung'. Darüber wurde in vielen europäischen Staaten, in Deutschland aber besonders angstvoll und sozial aggressiv diskutiert, was weltweit Aufsehen erregte. Die dabei umlaufenden, latent bis offen antiziganistisch geprägten Fremdheitszuschreibungen vermittelten gemeinsame Abwehrhaltungen gegenüber einer angeblich von außen anwachsenden Gefahr für den Wohlfahrtsstaat durch ‚Arme', deren legale Suche nach Teilhabe als illegitim vorgestellt wurde (s. Kap. 4).

In Wahrheit handelte es sich, von vor Ort in der Tat schwerwiegenden kommunalen Sonderproblemen abgesehen, um bizarr überzeichnete Katastrophenszenarien (Kap. 5).

---

[23] S. Anm. 8.

[24] Attia 2014.

[25] Vgl. Bade 2000; Bade et al. 2007.

Kultur- und sozialrassistische Diskurse sind aber auch deswegen gefährlich, weil sie rechtspopulistischen Strömungen auf nationaler und europäischer Ebene eine gemeinsame Plattform bieten (Kap. 6).

3 Kulturrassismus und ‚Islamkritik'

Kulturangst war in der Migrations- und Integrationsgeschichte oft und ist auch heute wieder ein wesentlicher Hintergrund für Abwehrhaltungen gegenüber starker Zuwanderung aus fremden oder als fremd verstandenen Kulturen.[26] Diese Abwehrhaltungen waren dem wissenschaftlichen Rational Choice-Codex, also dem Glauben an den Menschen als rational denkendes Wesen, lange ein Rätsel. Das gilt für Deutschland ebenso wie für andere europäische Einwanderungsländer:

Eine Anfang 2012 veröffentlichte Umfrage unter 40.000 Europäern aus 21 Ländern kam u. a. zu dem Ergebnis, dass soziokulturelle Faktoren die Haltung zu Einwanderungsfragen zwei- bis fünfmal stärker bestimmen als wirtschaftliche Aspekte. Am meisten trieb die Befragten die Befürchtung um, „dass sich das gewohnte kulturelle und soziale Umfeld zu stark verändern könnte".[27]

Zu ganz ähnlichen Ergebnissen war die im Herbst 2009 vorgelegte Münsteraner religionssoziologische Studie von D. Pollack und O. Müller gekommen. Danach sahen 72 % der Westdeutschen und 69 % der Ostdeutschen „in der wachsenden Vielfalt der Religionen eine Bedrohung des sozialen Friedens" und ihrer kulturellen Identität. Das negative Bild fremder Religionen war dabei „in erster Linie durch den Islam geprägt".[28]

Der Islam aber hatte, wie eine im Frühsommer 2010 von den Münsteraner Forschern unternommene Befragung von je 1000 Menschen in Ost- und Westdeutschland, Frankreich, Dänemark, Portugal und den Niederlanden ergab, bei den Befragten aller europäischen Länder ähnlich negative Konnotationen: Alle in Europa Befragten verbanden mit dem Islam vor allem die Benachteiligung der Frau (ca. 80 %), Fanatismus (ca. 70 %), Gewaltbereitschaft (ca. 60 %) und geistige Engstirnigkeit (ca. 50 %).[29]

Solche Dispositionen erklären, warum immer wieder erbrachte Nachweise, dass eine bedarfsorientierte Beschäftigung von Zuwanderern aus anderen Kulturen auch in großer Zahl volkswirtschaftlich von Vorteil sei, keine beruhigende Wir-

---

[26] Bade 1992; Bade et al. 2007.

[27] Card et al. 2012, S. 78–119.

[28] Pollack 2010.

[29] Pollack et al. 2013.

kung haben konnte: Wesentlich soziokulturell motivierte Dispositionen, Kollektivmentalitäten und Stimmungslagen reagieren nicht auf ökonometrische Argumente, vulgo: ‚Wir haben Angst. Kommen Sie uns nicht mit Sachargumenten und schon gar nicht mit solchen aus der sogenannten Migrationsforschung!‘[30]

Dies ist der Rahmen, in dem sich Kulturrassismus entfalten kann. Damit ist heute nicht mehr der klassische biologistische Rassismusbegriff aus dem späten 19. Jahrhundert und schließlich aus der nationalsozialistischen Blut- und Bodenideologie gemeint. Er wird von Kulturrassisten für gewöhnlich sogar in exkulpativer Distanzierung ins Feld geführt (‚Ich bin doch kein Rassist!‘). In den heute expandierenden kulturrassistischen Diskursen geht es kaum mehr um diese Zuschreibung angeblich genetischer Rasse-Eigenschaften. Statt Rassen geht es heute meist um imaginierte Kulturen (und Religionen). Denen aber werden, wie erwähnt, in gleicher Weise – nur nicht mehr ‚rassisch‘, sondern ‚kulturell‘ geprägte – mehr oder minder unveränderliche, angeblich sogar ‚erbliche‘ und zusätzlich durch primäre Sozialisation bestärkte Kollektivmentalitäten und Verhaltensdispositionen zugeschrieben.

Das gilt in der vulgärrationalistischen ‚Islamkritik‘ selbsternannter ‚Islamexperten‘ wie Necla Kelek, Henryk M. Broder und auch Thilo Sarrazin (‚Wir Islamkritiker‘) zum Beispiel für die pejorativ verallgemeinernde Rede von ‚dem Islam‘, von ‚der islamischen Kultur‘ oder gar von ‚den Muslimen‘ schlechthin. Die aber gibt es allesamt in dieser Pauschalisierung nicht: ‚Der‘ Islam umschließt vielmehr eine Vielfalt von Lehrtraditionen sowie von – oft blutig verfeindeten – religiösen oder auch nur scheinreligiösen Gruppenbildungen.

Und die als ‚Umma‘ vielzitierte weltweite islamische Wertegemeinschaft ‚der‘ Muslime umfasst schon hierzulande allein die verschiedensten Gruppen: die rührige und in ihren Verbänden gut organisierte, aber relativ kleine Gruppe strenggläubig-konservativer Muslime; eine geradezu winzige, wenn auch laute und in ihrem radikalen Flügel gefährliche Gruppe von Islamisten; Anhänger eines wie auch immer verstandenen ‚Volksislam‘; Agnostiker, die sich aber nicht vom Islam lossagen, um unerfreuliche Diskussionen mit Verwandten und Bekannten zu vermeiden; und im breiten Mittelfeld schließlich die große Zahl derjenigen, die sich selbst als Muslime bezeichnen und verstehen, gelegentlich auch mal beten, aber keineswegs immer und oft nicht einmal, wie an sich vorgeschrieben, freitags in der Moschee, die viele so selten besuchen wie sogenannte Christen ihre Kirche.

[30] Die wissenschaftsferne Polemik gegen die ‚sogenannte‘ Migrationsforschung wurde durch die als Migrationssoziologin gescheiterte, aber als populärwissenschaftliche ‚islamkritische‘ Publizistin erfolgreiche türkisch-deutsche Schriftstellerin Necla Kelek begründet; über Kelek s. jetzt: Bade 2013a, S. 147–231.

Es gibt aber auch fließende Grenzen zwischen kulturrassistischen Zuschreibungen und dem klassischen, genetisch argumentierenden Rassismus. Ein nachgerade bühnenreifes Beispiel für ein argumentatives Versteckspiel mit versehentlicher Selbstentlarvung lieferte hier Thilo Sarrazin:

Er berichtete in seinem Bestseller ‚Deutschland schafft sich ab'[31], in Vorträgen und Interviews zuerst in genetischem Sinne über ‚die' Muslime und sogar über das intellektuell schwache ‚Muslim-Gen', einmal, mit devot folgender Entschuldigung, sogar über das ‚Juden-Gen'. Es ging ihm um den Nachweis einer angeblich aus der Verstärkung ungebildeter und gering qualifizierter Unterschichten durch ungebildete und unqualifizierte ‚muslimische' Zuwanderer resultierenden Volksverdummung. Nachdem mehr als eine Million Exemplare seines Bestsellers verkauft waren, ersetzte Sarrazin stillschweigend seine immer wieder angegriffenen biogenetischen durch soziokulturelle Argumente. Mit dieser semantischen Gleichsetzung von genetischen und kulturellen Aspekten demonstrierte er am eigenen Beispiel, dass Kulturalismus und Kulturrassismus eben auch Formen von Rassismus sind.[32]

Die Diskussion um den islamistischen Fundamentalismus war ausgegangen von der Iranischen Revolution 1978/1979. Die schockierende Erfahrung der Politisierung einer fundamentalistischen Bewegung hatte die in der europäischen Kulturgeschichte virulente Islamskepsis neu geweckt. Die damit verbundenen konkreten Sorgen, diffusen Ängste und Vorurteile schienen ihre welthistorische Bestätigung zu finden in dem Terroranschlag in den USA vom 11. September 2001.

Hinzu kamen seither weltweit zahlreiche andere Terrorakte, die mit dem Islam legitimiert wurden, aber die verschiedensten Hintergründe hatten und in der aufgeheizten öffentlichen Wahrnehmung oft als Zeichen einer Art islamistischen Weltverschwörung oder doch als Belege für die Richtigkeit der umlaufenden Vulgärversionen von Huntingtons These vom ‚Krieg der Zivilisationen' registriert wurden. Einschlägige Verschwörungstheorien durchzogen das frühe 21. Jahrhundert und belasteten auch das Verhältnis zu eingewanderten Muslimen.

Medien spielten dabei eine entscheidende Rolle.[33] Neben und in Überschneidung mit ihrer alarmistischen Berichterstattung arbeitete eine zunehmend weiter verzweigte ‚islamkritische' bzw. islamfeindliche Desintegrationspublizistik, die

31 Sarrazin 2010.

32 Sarrazin revidiert sich 2010; vgl. Bade 2013a, S. 65 f., 69 f., 76, 90, 97, 102, 220 f.

33 Hierzu zuletzt: Sachverständigenrat deutscher Stiftungen für Integration und Migration (SVR) 2013; Medien zeichnen ein zu negatives Bild von Muslimen 2013; Medien verstärken ‚Islamisierung der Integrationsdebatte' 2013.

sich schließlich in Deutschland im Schatten der Sarrazin-Debatte 2010/2011 gewaltig entfaltete.

Ihre Vertreter posierten gern in der Rolle uneigennütziger mutiger, angeblich von einer Allmacht von Sittenwächtern der ‚Political correctness' bedrängter Künder und Märtyrer der Wahrheit. Jüngstes Beispiel dafür ist das Pamphlet von Thilo Sarrazin ‚Der neue Tugendterror'. Darin lässt der Autor als eine Art wehleidiger Volkstribun seine umschmeichelten und in ihren Vorurteilen bestätigten Leser (‚Man wird doch wohl noch sagen dürfen…!') immer wieder erfahren, dass seinesgleichen in früheren Zeiten verfolgt, gefoltert oder gleich auf dem Scheiterhaufen verbrannt worden wäre.[34]

In Wirklichkeit betreiben die vulgärrationalistischen publizistischen ‚Islamkritiker' ein sehr risikoarmes, weil allseits beliebtes und sehr einträgliches Geschäft; denn die bald geradezu berufsmäßig etablierte ‚Islamkritik' entwickelte sich rasch zu einer Mischung von Volkssport und Veitstanz um ein Bestseller gebärendes Thema am Markt der Meinungen.[35]

Die Sarrazin-Debatte 2010/2011 hat in der millionenstarken muslimischen Einwandererbevölkerung und insbesondere bei der muslimischen neuen Elite schweren Schaden angerichtet. In durch den rasanten kulturellen Wandel in der Einwanderungsgesellschaft irritierten Kreisen der Mehrheitsbevölkerung wiederum stand am Ende vielfach negative Integration im Sinne einer tendenziell kulturrassistischen Abgrenzung von der als kulturell fremd beschriebenen und politisch-weltanschaulich zugleich unter latenten Islamismusverdacht gestellten muslimischen Bevölkerung.

Einen entscheidenden Anteil an der Herausbildung und Stabilisierung islam- und muslimfeindlicher Vorstellungen und Haltungen hatten in Deutschland, aber auch in Europa und im transatlantischen Raum digitale Netz- und Hetzwerke. Dafür stehen in Deutschland antiislamische Denunziationspranger wie ‚Politically Incorrect' oder ‚Nürnberg 2.0' und ‚Archiv Berlin', um nur drei Beispiele zu nennen.[36]

Die antiislamischen digitalen Hetzwerke werden, trotz des geradezu verhaltensauffälligen Versagens des deutschen Inlandsgeheimdienstes bei der ‚Aufklärung' des antiislamischen NSU-Terrors, vom Verfassungsschutz nach wie vor nicht systematisch beobachtet und abmildernd der „rechtspopulistischen Szene" zugewiesen, von nur wenigen Ausnahmen vorwiegend auf Länderebene abgesehen. Auch

[34] Sarrazin 2014; vgl. dazu als am Erscheinungstag des Buches (24.2.2014) veröffentlichte ausführliche kritische Stellungnahme: Bade 2014c.

[35] Bade 2013a, S. 86–231.

[36] Bade 2013a, S. 232–264.

der aktuelle Verfassungsschutzbericht, der im Juni 2014 von Bundesinnenminister Thomas de Maizière (CDU) und dem noch von seinem Amtsvorgänger Friedrich (CSU) eingesetzten neuen, aber in den alten Bahnen denkenden Präsidenten des Bundesamtes für Verfassungsschutz, Hans-Georg Maaßen, vorgestellt wurde, zeigt:

Der Verfassungsschutz operiert gegenüber selbst nur unterstellten ‚islamistischen' Inlandsaktivitäten überaus scharfäugig, tastet gegenüber der aggressiven antiislamischen Agitation aber nach wie vor halbblind mit der Stange im Nebel der Volksverhetzung. Das hat wohl auch damit zu tun, dass nach solch langer demonstrativer amtlicher Erkenntnisverweigerung diese in Teilbereichen zweifelsfrei verfassungswidrigen islam- und muslimfeindlichen Positionierungen schon längst ‚Gemeingut' in der sogenannten Mitte der Gesellschaft geworden sind – too big to fail.[37]

Die Hetzwerke im Web 2.0 sind international dicht vernetzt. Meist steht der Server im Ausland, insbesondere in den USA oder in der GUS, so dass ihnen das deutsche Medienrecht wenig anhaben kann. Das gilt von Beleidigungen, bösartigen Unterstellungen, übler Nachrede und spezifisch medienrechtlichen Straftaten wie systematischem Copyright-Missbrauch, Text- und Bildfälschungen im Internet, etwa durch das islamfeindliche Hetzwerk ‚Madrasa of Time – Time of Counterjihad', bis hin zu direkten Gewalt- und sogar Todesdrohungen gegenüber missliebigen ‚Gutmenschen' oder ‚Schönschreibern' in anderen Internetprangern.

Der Abstand zwischen Wortgewalt und Tatgewalt aber kann in der Außenwirkung gefährlich kurz sein. Das zeigte in Deutschland zum Beispiel – neben vielen anderen rechtsextremistischen, fremdenfeindlichen und insbesondere antiislamisch geprägten, aber nach wie vor unzureichend aufgeklärten oder kriminalstatistisch falsch eingruppierten Gewaltverbrechen[38] – im Juni 2009 die bestialische Abschlachtung der schwangeren ägyptischen Pharmazeutin Marwa El Sherbini im Verhandlungssaal des Dresdner Landgerichts. Sie verblutete unter den Messerhieben eines rasenden, wegen seiner antimuslimischen Ausfälle angeklagten Muslimhassers.[39] Von der fließenden Grenze zwischen Wort- und Tatgewalt zeugten auch die schon älteren, erst Ende 2011 aufgedeckten, ebenfalls antimuslimisch bzw. antitürkisch motivierten Serienmorde des ‚Nationalsozialistischen Untergrunds' (NSU).[40]

---

[37] Bundesministerium des Innern 2013, Stand: Juni 2014. Islamfeindlichkeit und antimuslimischer Rassismus 2014.

[38] Vgl. u.v.a.: Unger 2014.

[39] Bade 2013a, S. 265–270.

[40] Bade 2013a, S. 288–310.

In Norwegen galt es für den gleichermaßen antiislamisch, aber erklärtermaßen auch anti-multikulturell, anti-demokratisch, anti-liberal und anti-europäisch motivierten Massenmord des christlich-fundamentalistischen Terroristen Anders Behring Breivik. Er ermordete im Juli 2011 mit einer schweren Autobombe und anschließend mit halbautomatischen Handfeuerwaffen rund 80 Menschen und verletzte viele andere schwer.

Breivik bombte nicht in einer Moschee, sondern im Regierungsviertel von Oslo und er schoss bei seiner kaltblütigen Menschenjagd nicht auf Muslime, sondern auf Mitglieder einer sozialdemokratischen Jugendorganisation auf der vorgelagerten Ferieninsel Utöya; denn er wollte im ‚Counterjihad' nicht die seines Erachtens ohnehin nicht zu überzeugenden muslimischen Kulturfeinde Europas treffen. Er wollte vielmehr den nach seiner Vorstellung der islamischen Usurpation fahrlässig zuarbeitenden Anhängern der kulturellen Vielfalt einen blutigen Denkzettel verpassen.

Unmittelbar vor seiner Tat hatte Breivik sein aus ‚islamkritischen' Internet-Beiträgen zusammenkopiertes ‚Manifest' wie ein Politisches Testament an tausende, darunter auch einschlägige deutsche Facebook-Adressen versandt. Darin berief er sich auf antiislamische Blogs, auf denen er zum Teil auch selber geschrieben hatte. Er nannte dabei ausdrücklich auch Publizisten aus der deutschen ‚islamkritischen' Szene. Deren Vertreter distanzierten sich eilfertig von dem angeblich ‚geisteskranken', von den Behörden aber für durchaus zurechnungsfähig erklärten Täter: Er habe aus ihren richtigen Argumenten bloß die falschen Konsequenzen gezogen und damit der ‚islamkritischen' Bewegung einen Bärendienst erwiesen.[41]

Eine richtungweisende Mahnung hätte die norwegische Reaktion auf das Verbrechen des antiislamischen christlich-fundamentalistischen Terroristen Breivik sein können: in der multikulturellen Gesellschaft auf anti-multikulturelle, anti-liberale, anti-demokratische, anti-europäische und insbesondere minderheitenfeindliche Strömungen zu reagieren mit einer umso kraftvolleren Offensive für Minderheitenschutz, für Gemeinschaft in der Vielfalt, für liberale und demokratische Offenheit im eigenen Land und in Europa.

Im Gegensatz zu der norwegischen Antwort auf das Breivik-Massaker hat es in Deutschland bei den regierungsamtlichen Reaktionen auf den NSU-Schock nur zu Trauerbekundungen und zu Warnungen vor Rechtsextremismus gereicht. Selbst in der Konfrontation mit den in Reihe aufgedeckten, klar kulturrassistisch motivierten antiislamischen bzw. antitürkischen Mordtaten war die Hürde zu einem Bekenntnis zu den Grundwerten der de facto seit langem multikulturellen Einwan-

[41] Bade 2013a, S. 270–288.

derungsgesellschaft in Deutschland und zur aktiven Akzeptanz der muslimischen Einwandererbevölkerung offenkundig immer noch zu hoch.[42]

Im Hintergrund steht hier auch eine unerfüllte Bringschuld an gesellschaftspolitischen Vermittlungsaufgaben. An deren Stelle war in der Politik oft sogar fahrlässiger und im Blick auf die Stiftung und Stabilisierung von Vorurteilen gefährlicher kulturalistischer Populismus getreten. Das galt im Bereich der Bundesregierung zuletzt, weit über das Ende seiner Amtszeit hinauswirkend, für den vormaligen Bundesinnenminister Friedrich (CSU).

4 Sozialrassismus und ‚Armutswanderung'

Dem Politbarometer der Mannheimer Forschungsgruppe Wahlen im Auftrag von ZDF und Tagesspiegel von Mitte Dezember 2013 (14.12.2013) zufolge war für 72 % der befragten Bürger das zu Ende gehende Jahr 2013 ein „gutes Jahr". Allerdings sahen drei Viertel der Befragten in der wachsenden Schere zwischen Arm und Reich „ein starkes Konfliktpotential".[43]

Die Bürger hatten hier einen realitätsbezogenen und kritischen Blick; denn die Einkommensspreizung in Deutschland hat in den letzten Jahren mit jährlich 0,7 % auf der von Null bis Eins reichenden Gini-Skala innerhalb der OECD mit am stärksten zugenommen.[44] Vulgo: Die Reichen werden reicher, die Armen werden ärmer, aber notfalls von den Sozialsystemen aufgefangen; und dazwischen liegt die breite Mitte, an deren unteren Rändern soziale Abstiegsängste empfänglich machen für Abwehrhaltungen und Sündenbocktheorien.

Das war zweifelsohne mitbestimmend für das Ergebnis des Politbarometers von Mitte Januar 2014 (18.1.2014), in dem die aktuelle Zuwanderungsfrage erstmals in der Geschichte dieser Umfragen auf Platz Nr. 1 der deutschen Sorgenliste aufgerückt war, also noch vor Arbeitslosigkeit, Einkommensfragen und Alterssicherung.[45] In der Sache geht es hier einerseits um migrations- und integrationspolitische Konzeptfragen und andererseits um soziale, sozialrechtliche und sozialpolitische Probleme in Kommunen. Sie sind nicht zu bestreiten und schwer zu handhaben, insbesondere in struktur- und finanzschwachen Kommunen.

In der Diskussion geht es aber auch um die höherrangige, angesichts vollzogener Tatsachen nur mehr fiktiv-kontrafaktische Frage, ob und inwieweit hier zwi-

[42] Bade 2013a, S. 311–329.

[43] Funk 2013.

[44] Böcking 2011.

[45] Haverkamp 2014; Hildebrand 2014.

schen ‚Berlin' und ‚Brüssel' beim Thema Freizügigkeit in der EU gleichsam Verträge zu Lasten Dritter, der Kommunen nämlich, geschlossen wurden, die dann mit den nicht zu übersehenden Folgelasten zunächst allein blieben. Dahinter wiederum tauchten seit dem knapp erfolgreichen Schweizer Referendum zu Einwanderungsfragen (‚Masseneinwanderungsinitiative') zunehmend europakritische Fragen auf: Diskutiert wurde darüber, ob der nationale Souverän bei seine Identität und sein Selbstverständnis betreffenden und darum von ihm für existentiell gehaltenen Grundfragen durch achselzuckenden Verweis seiner politischen Repräsentanten auf EU-Entscheidungen hätte übergangen oder doch ohne zureichende gesellschaftspolitische Vermittlung hätte zurückgelassen werden dürfen. Viel spricht dafür, dass eine dem Schweizer Referendum entsprechende Umfrage in Deutschland durchaus Erfolgsaussichten gehabt haben könnte.[46]

In dieser gefährlichen Gemengelage von Problemen und Perspektiven wurden Sach- und Politikdiskussionen belastet durch kultur- und sozialrassistische Abwehrhaltungen aus dem Kontext der negativen Integration.[47] Sie wurden forciert durch die fahrlässige Instrumentalisierung dieser Fragen zu Wahlkampfzwecken.

Dabei geht es um die in ganz Europa laufende, in Deutschland aber besonders intensiv, zum Teil auch hysterisch geführte und in ihrer beachtlichen Außenwirkung blamable Debatte um das neue Gespenst der sogenannten Armutswanderung aus den 2007 aufgenommenen EU-Staaten Bulgarien und Rumänien, die angeblich den Sozialstaat frisst. Das neue Gespenst konkurriert mit dem von der Islamkritik beschworenen alten Monster aus dem Morgenland, das angeblich den Untergang des Abendlandes bewirkt. Beide Perspektiven sind oft von der Realität so weit entfernt wie eine Geisterbahn.

Das neue Gespenst wird mitunter in kultur- und sozialrassistischen Andeutungen aus dem Arsenal der Landplagenbekämpfung als eine Art gemeingefährlicher Sozialfraß vorgestellt. Das gilt besonders im Blick auf die meist indirekt, mitunter aber auch offen adressierten Roma und andere Gruppen von sogenannten Zigeunern und auf die ihnen zugeschriebenen Kollektivmentalitäten und Formen des Sozialverhaltens. Die mit dem Kampfbegriff ‚Armutswanderung' verbundene gruppenfeindliche Abwertung ist ein bizarres neues Kapitel in der langen Geschichte der deutschen ‚Ausländerdiskussionen'.[48]

Die Agitation gegen ‚Armutswanderung' blamiert sich vor der Geschichte der Deutschen, die, wie erwähnt, reich war an armen Arbeitswanderern, die mit ihrer interregionalen Mobilität das Überleben ihrer Familien in den Ausgangsräumen

---

[46] Pauly et al. 2014; Leber 2014; Stürmer 2014.

[47] Zum Begriff der Negativen Integration s. Bade 2013a, S. 348–364.

[48] Brücker 2013; Roser 2013; Mythos Armutsmigration 2014.

sicherten. Heute gilt das besonders für die neue international fluktuierende Arbeiterklasse der Globalwirtschaft.[49] Hinzu kommt, dass, wie wir gleich sehen werden, der diffamierende Kampfbegriff für die meisten damit adressierten Arbeitswanderer aus Bulgarien und Rumänien ohnehin sachlich unzutreffend ist.[50]

In den ab- und ausgrenzenden Diskursen zum Thema ‚Armutswanderung' zeichnete sich von Beginn zweierlei ab – negative Integration und Sozialrassismus:

Im Bereich der negativen Integration durch identitätssichernde ab- und ausgrenzende Feindbilder trat das neue Gespenst der angeblich für den Sozialstaat bedrohlichen ‚Armutswanderung' rasch gleichrangig neben das schon ältere, von der ‚Islamkritik' beschworene, angeblich für Volk, Nation und Abendland gefährliche Monster aus dem Morgenland. Zu den auf Roma und andere sogenannte Zigeuner zielenden kulturrassistischen Beschreibungen gesellte sich im Diskurs um die ‚Armutswanderung' ein Strukturmerkmal des Sozialrassismus: In prekären Soziallagen lebenden Gruppen werden ihre durch diese Lage geprägten Lebensformen abwertend als gruppenspezifische Formen des Sozialverhaltens und als selbstverschuldete Ursachen eben dieser sozialen Lage zugeschrieben: wohnräumliche Verwahrlosung, aggressives Betteln, ‚Arbeitsstrich' der Männer, Prostitution der Frauen u.a.m.[51]

Im Fall der Roma überschnitten sich dabei sozial- und kulturrassistische Zuschreibungen. Mittelständische Stammtische wissen: Die ‚Armutswanderung' aus Bulgarien und Rumänien wird den Sozialstaat fressen. Sie wurden informiert von der CSU. Die versuchte im langen Vorfeld der bayerischen Kommunalwahlen vom März 2014 und der Europa-Wahl vom Mai 2014 mit Seehofers Slogan ‚Wer betrügt, der fliegt' die NPD mit ihrer Plakat-Parole ‚Geld für die Oma, nicht für Sinti und Roma' rechts zu überholen und zugleich der Alternative für Deutschland und den Freien Wählern in Bayern rechte Stimmen abzujagen.

Die Ende 2013 geplante, fremdenfeindliche Abwehrhaltungen forcierende und bald international Aufsehen erregende CSU-Kampagne[52] stieß auf breite Ablehnung: nicht nur bei Sozialdemokraten in der neuen Bundesregierung und bei den Oppositionsparteien, sondern auch bei kirchlichen Verbänden wie der Caritas und bei um das Ansehen Deutschlands im Ausland und damit um die Konkurrenzfähig-

[49] Hierzu zuletzt die Ausstellung ‚Wanderarbeiter. Fotografien einer neuen Arbeiterklasse', Museum der Arbeit, Hamburg (15.11.2013–2.3.2014); vgl. Briegleb 2014.

[50] Hierzu und zum Folgenden vgl. Bade 2013c, d; Bade 2014a, b, d, S. 40 f.; Bade 2014f.

[51] Bade 2014e.

[52] Zuwanderungsdebatte: Wie berichten Medien in Bulgarien und Rumänien? 2014.

keit auf dem weltweiten Arbeitsmarkt besorgten Wirtschaftsverbänden.[53] Aber die CSU war dadurch nicht zu beeindrucken, weil es nicht um die Sache, sondern um Wahlkampf ging.[54]

Im Vorfeld schon hatte auf der Bundesebene der ehemalige Bundesinnenminister Friedrich (CSU) vorgearbeitet, der in seiner Amtszeit von ihrem missglückten Start bis zu ihrem unrühmlichen Ende in der weiteren Öffentlichkeit vor allem durch gesellschaftspolitische Fehltritte und populistische Redensarten bekannt geworden war. Das galt in diesem Bereich zum Beispiel für seine semantischen Ausfälle über südosteuropäische potentielle „Sozialbetrüger", die man „ohne viel Federlesen" wieder „rausschmeißen" und mit einer „Wieder-Einreisesperre" belegen müsse.[55]

Die CSU-Kampagne entsprach der alten Mahnung von Franz Josef Strauß, dass es rechts von der CSU in Bayern keine bedeutende demokratisch legitimierte Kraft mehr geben dürfe.[56] Gemeint waren mit dem CSU-Diktum ‚Wer betrügt, der fliegt' nicht etwa einschlägige Kandidaten aus der Führungsriege der bayerischen CSU, sondern die angeblichen ‚Armutswanderer' aus Bulgarien und Rumänien und unter ihnen besonders die Roma und andere Gruppen von ‚Zigeunern'.[57] Deshalb schwang von Beginn an in der diffamierenden Rede von der ‚Armutseinwanderung' aus Bulgarien und Rumänien ein mehr oder minder deutlicher antiziganistischer Unterton mit.[58]

Neben führenden Vertretern der CSU tummelten sich in dem antibulgarischen, antiromanischen und antiziganistischen Konzert sogleich auch wieder die üblichen Verdächtigen aus der ‚islamkritischen' Publizistik, die eine neue einträgliche Skan-

---

[53] Vgl. dazu u.v.a.: Roßmann 2013; Zoff um Armutszuwanderung: SPD-Minister gehen auf CSU los 2014; Zuwanderungsstreit in der Großen Koalition. Industrie warnt vor Wirtschaftsschäden 2014; Stier und Böhme 2014; Wirtschaft kritisiert Debatte über arme Migranten 2014; Kamann 2014; Wichmann 2014, S. 3; Faktencheck: Die Wahrheit über die Einwanderung von Bulgaren und Rumänen 2014; Katzenberger 2014.

[54] Vgl. Klein 2014; Position Städtetag: Einwanderungsland ohne ehrliche Debatte 2014; Präsident des Städtetages 2014.

[55] Friedrich will ausländische Sozialbetrüger „rausschmeißen" 2013.

[56] Nur folgerichtig und vernünftig wäre es dann ja vielleicht auch, die alte Drohung von FJS umzusetzen und die CSU gleich bundesweit zu etablieren, wodurch sich die liberal-konservativen Kräfte, auch in Bayern, in der CDU und die rechtskonservativen Kräfte bundesweit im Saugschwamm der CSU sammeln könnten.

[57] Hehemann 2011, S. 271–277; Bogdal 2011; Matter 2013, S. 83–88; Mappes-Niedik 2014.

[58] Diehl et al. 2014, S. 24–28. Nur beiläufig sei angemerkt, dass in Deutschland nach einschlägigen Erfahrungen in der NS-Zeit gar keine ethnischen Statistiken geführt werden und überdies die Zahl der nichtgemeldeten, also ordnungswidrigen, aber bei EU-Bürgern nicht ‚illegalen' Aufenthalte schwer übersehbar ist.

dalisierungs-Chance witterten: Thilo Sarrazin sah Ende 2013 unter der ‚Focus'-Überschrift ‚Hartz IV für die Welt' Deutschland in einer selbst gegrabenen Sozialfalle verenden.[59] Alsbald folgte die selbsternannte Islam-Expertin Necla Kelek, die in ihrer Rolle als Fachfrau für scheiternde Integration nun auch als Roma-Expertin debütierte.[60]

Sarrazin selbst polemisierte in seinem neuen Pamphlet über weite Strecken kultur- und sozialrassistisch gegen angeblichen „Tugendterror" und führte dabei als ein „Axiom des Tugendwahns im Deutschland der Gegenwart" popanztechnisch die folgende Meinungskarikatur vor: „Es mag sein, dass unser Sozialstaat viele Menschen anzieht, die ein besseres Los für sich und ihre Familien suchen. Aber was ist so schlimm daran? Lasst uns doch mal die Leistungsfähigkeit unseres Sozialstaats testen. […] Außerdem würde damit der sowieso nötige kulturelle und demographische Wandel in Deutschland beschleunigt werden, und der Zeitpunkt würde näher rücken, an dem das dumme Gerede von deutscher Identität und Eigenart endlich ganz aufhört."[61]

Mit erhobenem Zeigefinger meldete sich auch wieder der medientüchtige Bezirksbürgermeister von Berlin-Neukölln, Heinz Buschkowsky, zu Wort. Er verweigerte aber zugleich eine Stellungnahme zu peinlichen investigativen Journalistenfragen. Dabei wären Antworten zu erwarten gewesen z. B. zu der Frage, wieso in seinem Bezirk ohne Einschreiten der Bezirksverwaltung so viele arme Einwanderer doppelt ausgebeutet werden dürften: von betrügerischen Arbeitgebern als Scheinselbständige mit Billiglöhnen ohne Sozialabgaben und von nicht minder skrupellosen Vermietern durch Matratzen-Mieten in Schrottimmobilien mit verschimmelten Wohnungen ohne Toiletten in Gesellschaft von Mäusen und Kakerlaken und von Ratten in den Müllbergen vor dem Haus.[62]

Wie effektiv indirekt kultur- und sozialrassistische Gruppendenunziationen wirken, zeigte das erwähnte Politbarometer von Mitte Januar 2014: 56 % aller Wahlberechtigten hielten für Deutschlands Zukunft zwar die Zuwanderung ausländischer Arbeitskräfte für „wichtig". Aber 51 % glaubten, dass eine verstärkte Zuwanderung aus Bulgarien und Rumänien „für Deutschland hauptsächlich Nachteile" bringen würde. Anhänger von Union und AfD glaubten sogar zu 62 %, „dass viele Zuwanderer aus diesen Ländern nur nach Deutschland kommen, um hier Sozialleistungen in Anspruch zu nehmen." Auf diese Wähler aber zielte das CSU-Diktum „Wer betrügt, der fliegt!".

[59] Sarrazin 2013.

[60] Kelek 2014; vgl. dagegen: Martens 2014.

[61] Sarrazin 2014, S. 332.

[62] Wie Kommunalpolitiker die Ängste vor Rumänen und Bulgaren schüren 2014.

Im inszenierten Alarmismus gegenüber angeblich drohender Gefahr für das nationale Wohlfahrtsparadies in der Mitte Europas sah sich schließlich selbst Bundeskanzlerin Merkel genötigt, in ihre Regierungserklärung im Bundestag am 29.1.2014 die diplomatische Warnung an Europa aufzunehmen: „Angesichts völlig unterschiedlicher Sozialsysteme in den Mitgliedstaaten der Europäischen Union darf es durch das Prinzip der Freizügigkeit nicht zu einer faktischen Einwanderung in die Sozialsysteme kommen."[63]

Schon im Koalitionsvertrag der schwarz-roten Bundesregierung war unter der Überschrift „Armutswanderung innerhalb der EU" beschlossen worden: Um „die Akzeptanz für die Freizügigkeit in der EU" zu erhalten, werde man „der ungerechtfertigten Inanspruchnahme von Sozialleistungen durch EU-Bürger entgegenwirken" und dafür Sorge tragen, „dass Anreize für Migration in die sozialen Sicherheitssysteme verringert werden." Neben administrativen Defensivmaßnahmen, einer verbesserten Zusammenarbeit der Behörden und „befristeten Wiedereinreisesperren" wurde an Hilfsmaßnahmen durch Förderungsprogramme des Bundes (z. B. Soziale Stadt) für besonders „durch Armutswanderung betroffene Kommunen" gedacht. Das klang wie eine strategische Kombination von Deichbaumaßnahmen und Nothilfezusagen für Flutopfer.[64]

5 Die soziale Wirklichkeit hinter der Fassade des ‚Sozialtourismus'

Es geht nicht, wie etwa die NPD in ihrer Wahlreklame deutlich zu machen suchte, um eine „Massenzuwanderung aus Bulgarien und Rumänien" in die Sozialsysteme.[65] Es gibt sie nicht, wie zahlreiche fundierte Einschätzungen belegen – vom Sachverständigenrat deutscher Stiftungen für Integration und Migration (SVR) über das Institut für Arbeitsmarktforschung (IAB) der Bundesanstalt für Arbeit (BA) und den Vorstand der Bundesanstalt bis zum Präsidenten des Bundesamtes für Migration und Flüchtlinge (BAMF), der erklärte, ein massenhafter Missbrauch

[63] Regierungserklärung von Bundeskanzlerin Merkel im Deutschen Bundestag 2014.

[64] Deutschlands Zukunft gestalten. Koalitionsvertrag zwischen CDU, CSU und SPD 2013, S. 108.

[65] Die NPD berief sich dabei – fälschlich – auf eine grundsätzliche Warnung des Hauptgeschäftsführers des Städte- und Gemeindebundes, G. Landsberg, vor einer „ungebremsten Armutsmigration in unsere Sozialsysteme" und auf dessen Appell, eine „ungerechtfertigte Inanspruchnahme von Sozialleistungen durch EU-Bürger" sozialrechtlich zu klären: ‚Nicht die NPD, sondern die Einwanderung in den Sozialstaat muss verboten werden!', in: www.npd.de, 2.12.2013.

von Sozialleistungen sei „schlicht und ergreifend durch keine Auswertung und durch keine Zahlen belegbar.“[66] Deshalb wurde zu Recht das – angeblich aus der Führungsetage des Bundesministeriums des Innern neu in die öffentliche Diskussion geschleuste – Schandwort ‚Sozialtourismus‘ zum ‚Unwort des Jahres‘ 2013 gewählt.

Bei den alarmistisch bis hysterisch vorgeführten Skandalen mit den immer wieder gefilmten ‚Problemhäusern‘ – bei denen in Wahrheit Mieter die Opfer und Vermieter die Täter sind – geht es in Wirklichkeit um spezifische Sozialprobleme in einzelnen städtischen Distrikten vor allem struktur- und finanzschwacher Kommunen mit ohnehin stark angeschlagenen Sozialetats. Das gilt besonders für Städte des Ruhrgebiets, das der Paritätische Wohlfahrtsverband zu Recht als ‚Problemzone Nr. eins‘ in Deutschland bezeichnet hat.

Dramatische Musterbeispiele sind hier die beiden Spitzenreiter bei der Armutsgefährdung unter den 15 größten deutschen Städten: Auf Platz 1 steht Dortmund mit 26,4 % Armutsgefährdung (Zuwachs 7,8 %) und, nach Leipzig (25,9 %), auf Platz 3 Duisburg mit 25,1 % Armutsgefährdung (Zuwachs 8,1 %). In diesen beiden über ‚Armutseinwanderung‘ klagenden Großstädten lebt mithin ein Viertel der gesamten Stadtbevölkerung in der sozialen Problemkategorie ‚armutsgefährdet‘, Tendenz jährlich rasant steigend. Vor solchem Hintergrund kann jede Mehrbelastung des kommunalen Sozialetats als kleine Katastrophe wirken.

Deutlich anders sieht das z. B. in Mannheim aus, wo es auch bulgarische und rumänische Zuwanderer in prekären Soziallagen gibt. Dort hat, wie ich vor Ort von der dafür zuständigen Bürgermeisterin erfuhr, die Stadtverwaltung diskret und ohne jede Brandmarkung von Nationalitätengruppen einen zusätzlichen Sozialfonds mit der allgemeinen Zweckbestimmung ‚Zuwanderung aus Südosteuropa‘ aufgelegt. Sie regelt damit und im Bereich der zahlreichen sonstigen kommunalen Integrationsaktivitäten die anstehenden Fragen pragmatisch und unaufgeregt. Deshalb wunderte man sich bei einem Besuch des Bundespräsidenten auch über dessen Frage nach einschlägigen ‚Problemen‘ in Sachen Integration. Natürlich ist auch in Mannheim, das im Alarmruf der Städte vom Januar 2013[67] mit genannt worden war, zusätzliches Geld aus Landes- oder Bundesmitteln bzw. aus europäischen Quellen (ESF) willkommen. Aber das Interesse daran wird nicht mit skandalisierenden SOS- oder Mayday-Botschaften übermittelt.

---

[66] Langenfeld (Vors) et al. 2013; Brücker et al. 2013; Niejahr und Rudzio 2014; Kein Beleg für Missbrauch: Menschen aus Rumänien und Bulgarien nutzen Sozialsystem nicht aus 2014; vgl. DGB 2014.

[67] Deutscher Städtetag 2013; vgl. Falsche Zahlen. Keine Belege für Armutszuwanderung aus Bulgarien und Rumänien 2013.

In den Medien aber wurde allenthalben berichtet über den ‚Arbeitsstrich' der Männer, über Prostitution der Frauen, über Verunreinigungen im Umfeld elender Wohnquartiere, mitunter auch über einen Anstieg der Kleinkriminalität in deren Umfeld; denn die Kamerateams der Medien filmen nicht die normalen sauberen Bürgersteige, die es dort ja ebenfalls gibt, sondern bevorzugt die telegenen blauen Müllsäcke vor dem Haus.[68]

In Wahrheit waren 2007–2011 bundesweit bis zu 80 % der Zuwanderer aus Bulgarien und Rumänien beschäftigt. Davon waren ca. 46 % qualifiziert und ca. 22 % sogar hochqualifiziert – mehr also als bei der in Deutschland lebenden Bevölkerung, die mit ihren nur 19 % deutlich niedriger lag und heute sogar insgesamt 10 % unter den entsprechenden Werten der aktuellen Gesamtzuwanderung (29 %) liegt.[69]

Allein aus Bulgarien gab es 2011 schon rund 7000 Studierende in Deutschland. Und aus der Qualifikationsstruktur der zuwandernden Rumänen sprach annähernd die gleiche Überlegenheit gegenüber der deutschen Bevölkerung ohne Migrationshintergrund, die heute bei Zuwanderern nach Deutschland im Alter zwischen 15 und 65 Jahren allgemein zu beobachten ist: 43 % von ihnen haben einen tertiären Abschluss (Meister, Hochschul- oder Technikerabschluss), was für Deutsche ohne Migrationshintergrund nur zu 26 % gilt.[70] Das markiert einen grundlegenden Unterschied zwischen der neuen Zuwanderung und der in Deutschland lebenden Bevölkerung mit Migrationshintergrund, die in ihrem – aus den Bildungsabschlüssen abgeleiteten – Qualifikationsniveau der Bevölkerung ohne Migrationshintergrund noch immer deutlich unterlegen ist. Der Bildungsbericht 2014 zeigt zwar, dass Jugendliche mit Migrationshintergrund aufholen, diejenigen ohne Migrationshintergrund aber nicht einholen (‚Fahrstuhleffekt') und dass das Bildungssystem herkunftsbedingte soziale Startnachteile nach wie vor nicht ausgleichen kann.[71]

---

[68] Vgl. u.v.a.: Kubsova und Heiny 2014, S. 50–58.

[69] Die auf kleinen Einheiten beruhenden, anfangs insbesondere von der Duisburger ‚Informationslogistik' attackierten Ergebnisse des Mikrozensus waren zwar für Gesamtdaten über einzelne Nationalitätengruppen in der Tat nur beschränkt aussagefähig. Sie wurden aber zunehmend bestätigt durch Angaben des Instituts für Arbeitsmarkt- und Berufsforschung (IAB) der Nürnberger Bundesanstalt für Arbeit, was die ca. 46 % Qualifizierten und die ca. 22 % Hochqualifizierten angeht. Nur die Gesamtangaben über die dauerhafte Beschäftigung unter den Neuzuwanderern schwankten zwischen 60 und 80 %, was aber auch mit der Zunahme der Saisonarbeiterbeschäftigung zu tun hatte. Nach Angaben des IAB waren im Dezember 2012 auch nur 9,6 % der Bulgaren und Rumänen in Deutschland arbeitslos gemeldet. Damit lag deren Erwerbslosenquote sogar bei weitem niedriger als diejenige der Ausländer in Deutschland insgesamt, die zeitgleich 16,4 % betrug. Eine sichere Basis wird sich aber erst mithilfe der seit dem freien Arbeitsmarktzugang (1.1.2014) verfügbaren Daten ergeben; vgl. Brücker et al. 2013; vgl. Brücker 2014, S. 73–118.

[70] Huneke 2013, S. 220.

[71] Brücker 2014, S. 79 f.; Autorengruppe 2014; Woellert und Klingholz 2014.

Eine unter dem bezeichnenden Titel ‚Die Mär vom „Sozialtourismus"' Anfang 2014 vorgelegte Studie der Friedrich Ebert-Stiftung über Arbeitswanderer aus Rumänien in Deutschland und anderen EU-Mitgliedsländern kommt auf der Basis von Zahlen des IAB zu dem Ergebnis, dass Rumänen in Deutschland „gut in den Arbeitsmarkt integriert" sind.[72]

Rumänen haben in Deutschland mit 60,2 % die höchste Erwerbsquote, verglichen mit dem Durchschnitt der Zuwanderer aus den anderen östlichen (Bulgarien, Estland, Lettland, Litauen, Polen, Slowenien, Slowakei, Tschechien und Ungarn) sowie aus den südeuropäischen EU-Mitgliedsländern (Griechenland, Italien, Portugal und Spanien). Ihre Arbeitslosenquote liegt mit 5,3 % sogar unter dem Bevölkerungsdurchschnitt in Deutschland (6,7 %) und weit unter dem mehr als doppelt so hohen Durchschnitt der ausländischen Bevölkerung (14,7 %).

Verglichen mit der Ausländerbevölkerung insgesamt erhalten Rumänen in Deutschland auch nur zu 7,4 % Sozialleistungen nach SGB-II (‚Hartz IV'), zudem meist nur als erwerbstätige ‚Aufstocker'. Dieser Wert liegt sogar knapp unter der durchschnittlichen Leistungsempfängerquote in Deutschland insgesamt (7,5 %) und weit unter dem abermals mehr als doppelt so hohen Durchschnitt der Ausländerbevölkerung (16,2 %).

Falsch aber wäre es, bundesweite Gesamtzahlen über Beschäftigung, Qualifikation und Transferabhängigkeit gegen lokale Daten und Beobachtungen in den kommunalen Problemzonen in Stellung zu bringen, in denen sich gering qualifizierte Zuwanderer mit prekären Soziallagen konzentrieren. Das gilt auch für die Zuwanderung aus Bulgarien und Rumänien, die nach Qualifikations- und Sozialstruktur eine große Spreizung zeigt – mit starken Eliten- und zugleich starken Prekariatsanteilen. An der Basis der migratorischen Sozialpyramide gibt es hier in der Tat zum Teil eine transnationale Migration vom Prekariat ins Prekariat. Und im Falle der Roma sowie anderer Gruppen von ‚Zigeunern' geht es um Wege vom ethnosozialen Subproletariat in Bulgarien und Rumänien ins ethnisch heterogene, aber sozial geschlossene großstädtische Subproletariat in Deutschland.[73]

Aber auch da ist viel Hysterie im Spiel: Nach den in der FES-Studie verwendeten IAB-Daten lag zwar zuletzt „die Arbeitslosenquote der Rumänen in Duisburg bei 18,7 %, in Berlin bei 21,6 % und in Dortmund bei 19,3 %", also gut dreimal so hoch wie die Arbeitslosenquote der Rumänen im Bundesdurchschnitt. Auch das jedoch sind, so die unaufgeregte Sekundäranalyse der FES, für sich genommen

[72] Hierzu und zum Folgenden: Jobelius und Stoiciu 2014. Arbeitnehmer aus Rumänien sind allerdings offenbar besser in den Arbeitsmarkt integriert und nehmen weniger Sozialtransfers in Anspruch als Arbeitnehmer aus Bulgarien; vgl. IAB-Kurzbericht 2013 (s. Anm. 69).

[73] „Armut zu Armut". Romani Rose im Interview 2013.

„keine alarmierenden Zahlen"; denn sie liegen allen Fällen deutlich unter der Arbeitslosenquote der in diesen drei Städten lebenden Ausländer insgesamt. Sie zeigen demnach nur, „dass in diesen Gegenden die Arbeitsmarktintegration weniger gut gelingt als im Bundesdurchschnitt."[74] Allerdings zeigte Ende 2013 – bei noch vergleichsweise kleinen Fallzahlen auf der Bundesebene und deutlich klarer in den westdeutschen großstädtischen Ballungsräumen – die Kurve der durch Arbeitslosigkeit bedingten Transferabhängigkeit bei Rumänen und besonders bei Bulgaren steil in die Höhe.[75]

Richtig bleibt, dass gerade in diesen prekären Milieus, wie bei deutschen Arbeitnehmern auch, die Inanspruchnahme von Sozialtransfers stärker ausgeprägt ist. Das liegt aber nicht daran, dass die Menschen im Sinne der abschätzigen ‚Sozialtourismus'-These kämen, um sich als Faultiere in die Äste des deutschen Sozialsystems zu hängen. Ihre erste Frage heißt nicht ‚Sozialamt', sondern ‚Arbeit'. Sie sind in der Tat oft unzureichend qualifiziert, meist auch unzureichend informiert und suchen deshalb oft vergeblich nach Arbeit für sich und ihre Familien. Sie bedienen sich dann des Sozialsystems im Wohlfahrtsstaat, ganz wie Deutsche aus verwandten Milieus auch, im Unterschied zu ihnen aber oft ohne vorher in die Sozialsysteme einbezahlt zu haben und in Abhängigkeit von allerlei dubiosen und meist teuren privaten ‚Beratern' und ‚Vermittlern'.

Die Widersprüche und Schwachstellen des Sozialsystems im deutschen Wohlfahrtsstaat aber laden bekanntlich geradezu zum Missbrauch im Sinne der unter den Deutschen selbst am meisten verbreiteten ‚ausgleichenden Selbsthilfe' ein. Das galt bei Arbeitskräften aus Bulgarien und Rumänien lange eher für die Selbstausbeutung durch Scheinselbständigkeit mithilfe der Beantragung eines Gewerbescheins. Nötig dafür waren nur 26 € und die Angabe einer Wohnadresse. Damit konnten Bulgaren und Rumänen schon vor dem 1.1.2014 in Deutschland die Arbeitsmarktsperre unterlaufen und auch bei geringer Qualifikation erwerbstätig werden.

Solidität des beabsichtigten Gewerbebetriebs und Validität der Wohnadresse wurden, des damit verbundenen Verwaltungsaufwands wegen, in aller Regel nicht überprüft. Das galt im Extremfall sogar bei mehr-dutzendfachen Gewerbeanmeldungen unter einer einzigen Hostel-Adresse ebenso wie bei der Konzentration von mitunter mehr als 70 Gewerbetreibenden in einer einzigen Schrottimmobilie mit Matratzenlagern. Ein folgenloses Kavaliersdelikt blieb offenkundig lange auch die

---

[74] S. Anm. 72.; die in der FES-Studie nicht erfassten entsprechenden Werte der Zuwanderer aus dem europäischen Armenhaus Bulgarien fallen schlechter aus.

[75] Tscharnke 2014; Deutlich öfter Hartz IV für Südosteuropäer 2014; Zuwanderung: Mehr Jobs und mehr Hartz IV 2014; Mehr Hartz-IV-Hilfen für Rumänen und Bulgaren 2014.

Verbindung von Selbstausbeutung und Sozialbetrug bei offenkundiger Scheinselbständigkeit. Das galt zum Beispiel dort, wo skrupellose Arbeitgeber durch – meist von ihnen selbst vorbereitete, in immer gleicher Form an sie selber gerichtete – Rechnungen dem Finanzamt versehentlich selber nachwiesen, dass es sich hier um in abhängiger Beschäftigung erbrachte Arbeitsleistungen handelte, für die die Sozialabgaben unterschlagen wurden, was bekanntlich eine Straftat ist.

Eine verschärfte Nachweispflicht mit behördlicher Kontrolle forderten sogleich die Experten der 2013 eingesetzten Bund-Länder-Arbeitsgruppe mit dem amtlich diskriminierenden Titel ‚Armenwanderung aus Osteuropa'. Und auch der Skandal mit den Matratzenvermietungen – in Duisburg allein in rund 40 Gebäuden – wurde erst spät unter die amtliche Lupe genommen.[76]

Manches könnte sich tendenziell zum Positiven wenden: einerseits durch die kommunikativ verzögerten Auswirkungen der vollen Arbeitnehmerfreizügigkeit, von deren Rechtsvorteilen viele bulgarische und rumänische Arbeitskräfte nach Straßeninterviews lange gar nichts wussten; andererseits durch die umstrittene Mindestlohngesetzgebung – soweit diese am Ende nicht doch viele einschlägige Ausnahmen enthält. Die aber wünschen sich zum Beispiel ausgerechnet Arbeitgeber in Bayern und deren politische Interessenvertreter für Bereiche, in denen gerade die vielgeschmähten und als ‚Betrüger' verdächtigten Bulgaren und Rumänen als um angemessenen Lohn betrogene ‚Billiglöhner' beschäftigt sind, von der Landwirtschaft bis zur Fleischverarbeitung.

Für die Ausgangsräume Bulgarien und Rumänien aber ist die Arbeitswanderung wegen der Rücküberweisungen (‚remittances') ein entscheidender Beitrag zur gesamten Wirtschaftsleistung. Und sie ist zugleich ein dramatischer Brain Drain, der diese Länder bereichsweise regelrecht ausbluten lässt. Das gilt nach Gewerkschaftsangaben seit 1989 zum Beispiel für die Abwanderung von 20.000 Pflegekräften und von 30.000 Medizinern aus Rumänien, von denen derzeit mehr als 2000 als Ärzte in Deutschland tätig sind, die hier insbesondere in den ländlichen Regionen fehlen.[77] In den Kliniken der Ausgangsräume aber müssen ganze Abteilungen geschlossen werden, weil das Fachpersonal fehlt. Deshalb wird hier

[76] Vgl. u.v.a. Berger 2014; Betten im Schrotthaus 2014; Burger 2014. Dabei zeichnet sich hier eine skurrile immobiliäre Groteske ab, die zum Regelfall werden könnte: Weil den Städten gegenüber beidseitig aus freien Stücken eingegangenen zwar sittenwidrigen, aber nicht verbotenen privaten ‚Matratzenvermietungen' wenig Handhabe bleibt, werden Möglichkeiten geprüft, entsprechende Schrottimmobilien aufzukaufen und abzureißen. Listige Verkäufer aber kalkulieren den Verkehrswert ihrer jenseits vom Grundstückswert unverkäuflichen, weil regulär kaum mehr vermietbaren und nur Abrisskosten verursachenden Schrottimmobilien nach dem ‚Marktwert' der ‚Matratzenvermietung'.

[77] Bohsem 2014; Widmann 2014.

in absehbarer Zeit mit der Notwendigkeit von EU-Rettungspaketen zur Stabilisierung der immer mehr gefährdeten medizinischen Grundversorgung zu rechnen sein – Dritte Welt in der EU.

6 Kultur- und Sozialrassismus als politische Gefahr

Die aggressive fremdenfeindliche Agitation der CSU war zweifelsohne mental folgenreich und zahlte sich doch an der Urne nicht aus, im Gegenteil: Bei von zuletzt 60 auf 55 % sinkender Wahlbeteiligung sackte die erfolgsverwöhnte CSU – erstmals in den Kommunalwahlen seit 1960 – knapp unter die Marke von 40 % ab.[78] Die Alternative für Deutschland hingegen, die vor der Wahl taktisch mit rechtspopulistischen Positionen geliebäugelt hatte, erreichte bei der Europawahl auf Anhieb beachtliche 7 % und kooperierte im Vorfeld der Koalitionsverhandlungen sogleich mit dem rechtskonservativen Bündnis ‚Europäische Konservative und Reformisten' (ECR), das sich damit als drittstärkste Kraft für die Koalitionsverhandlungen positionieren konnte. Unter dem Banner der ECR aber tummeln sich neben britischen Europa-Skeptikern auch Nationalisten, Kulturrassisten, Einwanderer – und insbesondere Islam- und Muslimfeinde wie die ‚Wahren Finnen', die ‚Dänische Volkspartei' oder die ‚Kroatische Partei der Rechte'.[79]

Politik ging nach der kommunalen und europapolitischen Wahlagitation wieder pragmatisch zur Tagesordnung über, als sei nichts gewesen. Fremdenfeindliche, latent oder auch offen kultur- und sozialrassistische Parolen aber, wie sie im Wahlkampf verbreitet wurden, wirkten wie geschönte Kopien rechtspopulistischer und rechtsradikaler Pamphlete. Wer aber fahrlässig mit solchen Kopien hantiert, spielt mit der Gefahr, die Originale zu wecken. Und die können dann problemlos an die abwertend-aggressiven Redensarten anknüpfen, die in der Erinnerung ihrer Adressaten hängen bleiben und auch auf andere Aggressionsobjekte überspringen wie z. B. Flüchtlinge, Asylsuchende und Muslime bzw. auf Asylunterkünfte und Moscheen.[80]

In Sachen der sogenannten ‚Armutswanderung' ist heute deshalb nicht nur aus sozialen bzw. sozialrechtlichen, sondern auch aus politischen Gründen keine Zeit mehr zu verlieren; denn dieses sozialrassistische Reizthema ist, zusammen mit

---

78 BR Nachrichten 2014.

79 Meier 2014; Wie rechts ist die EU? 2014.

80 Effern 2014; vgl. Ramelsberger 2014; Theile 2014; Brähler und Decker 2014; vgl. Mediendienst Integration 2014; Ablehnung gegenüber Muslimen, Asylbewerbern sowie Sinti und Roma steigt dramatisch 2014; Dramatischer Anstieg von Übergriffen auf Moscheen 2014.

dem ebenso verbreiteten kulturrassistischen Schreckbild ‚Islam', das einigende Band aller rechtspopulistischen Kräfte in Deutschland und Europa.

Es geht darum, diese Kräfte zu begrenzen. Nicht weiter hilft hier die oft nur vordergründige Rede von einer ‚Willkommenskultur', die im Bereich des öffentlichen Dienstes meist über bloße Willkommenstechnik für Ausländerbehörden nicht hinauskommt und selbst dabei oft im Vorfeld stecken bleibt.[81] „Von einer Willkommenskultur sollte schweigen, wer nicht über Diskriminierung, Fremdenfeindlichkeit, Rassismus und Rechtsextremismus reden will", schreibt der Politologe Roland Roth. „Der Schock über das Totalversagen der Behörden im Kontext des NSU-Terrors bietet Anlass genug, neue Wege in der Auseinandersetzung mit dieser nicht selten gewalttätigen Opposition gegen Vielfalt und Zuwanderung zu gehen."[82]

Gelingt dieser Kurswechsel nicht, dann könnte auch Deutschland in den Weg anderer europäischer Länder einbiegen mit einem starken Wachstum völkischer, von charismatischen Demagogen geführter Strömungen und Parteien; denn Einwanderungs- und Integrationsfragen sind bewährte Gleitschienen für rechtspopulistische Strömungen und Parteien.[83] Das gilt auch hierzulande, trotz des langen Schattens einer düsteren Geschichte, die sich gerade in Minderheitenfragen deutlich von der Geschichte anderer moderner europäischer Einwanderungsländer unterscheidet.

Der Ausbreitung völkischer, kultur- und sozialrassistischer sowie neo-nationalsozialistischer Vorstellungen kann entgegengewirkt werden, wenn die demokratische Einwanderungsgesellschaft ihre Verfassung lebt und deren Feinden auf dieser Grundlage in Freiheit entschieden, mutig und wehrhaft entgegentritt. Das wäre deutlich leichter, wenn auch der Verfassungsschutz seine politisch ebenso opportunistische wie fahrlässige Erkenntnisverweigerung in dieser Hinsicht aufgäbe, bevor es, wieder einmal, zu spät ist. Spät genug ist es ohnehin und der überwältigende Sieg des völkisch-rechtsextremistischen, kultur- und sozialrassistischen, einwanderungs- und europafeindlichen Front National von Marine Le Pen hat im Nachbarland Frankreich gezeigt, wohin die Reise gehen kann.[84]

Nicht ohne Grund hat Bundespräsident Joachim Gauck am 9.11.2013 zum 75. Jahrestag der Reichspogromnacht vor „Fremdenfeindlichkeit und Rassismus in

---

[81] Wirkungsanalyse des rechtlichen Rahmens für ausländische Fachkräfte 2014; vgl. Ausländerbehörden bremsen Willkommenskultur 2014; Fallbeispiel: Amjahid 2014.

[82] Roth 2014, S. 295–354.

[83] Aus der Diskussion hierzu u.v.a.: Baureithel 2014; Heißler 2014.

[84] Hannimann 2013; hierzu zuletzt: Korn 2014. Für eine kaum verhüllte Sympathieerklärung aus Kreisen der deutschen ‚Islamkritik' an die Adresse der französischen Islamhetzerin, s. den Artikel ‚Wer ist Marine Le Pen' in der von der feministischen ‚Islamkritikerin' Schwarzer hrsg. Zeitschrift EMMA 2014.

unseren Tagen" gewarnt und ausdrücklich hinzugefügt: „Wir müssen verhindern, dass Neonazis ihr Unwesen in unseren Städten und Dörfern treiben können. [...] Wir müssen verhindern, dass Hass und Rassenwahn von Neuem die Gehirne vernebeln und die Herzen verderben. Und schließlich: Wir müssen uns selber hindern, wegzuschauen, wann immer und wo immer dies geschieht."[85]

Das klang nach nur einem Jahr schon deutlich weniger optimistisch und sicher als die rasch berühmt gewordene Botschaft des Bundespräsidenten in seiner Antrittsrede vom 23. März 2012 an die Adresse der „rechtsextremen Verächter unserer Demokratie". Er sagte damals: „Euer Hass ist unser Ansporn. Wir lassen unser Land nicht im Stich. Wir schenken Euch auch nicht unsere Angst. Ihr werdet Vergangenheit sein und unsere Demokratie wird leben!"[86]

Hoffen wir in diesem Sinne das Bestmögliche. Die Arbeiten des Graduiertenkollegs ‚Migration im Kontext von Religionen und Kulturen' und das Engagement seiner Absolventen können einen Beitrag dazu leisten.

Literatur

Ablehnung gegenüber Muslimen, Asylbewerbern sowie Sinti und Roma steigt dramatisch. Migazin, 5.6.2014. http://www.migazin.de/2014/06/05/ablehnung-sinti-roma-muslimen-asylbewerbern/. Zugegriffen: 4. Januar 2015

Amjahid M (2014) Die Akte Amjahid. Der Tagesspiegel, 17.5.2014

„Armut zu Armut". Romani Rose im Interview (Dörries B, Wiegand R). Süddeutsche Zeitung, 4.11.2013

Attia I (2014) Rassismus (nicht) beim Namen nennen. In: Rassismus und Diskriminierung. Aus Politik und Zeitgeschichte 14, 24.3.2014; auch Migazin, 18.6.2014. http://www.migazin.de/2014/06/18/rassismus-nicht-beim-namen-nennen/. Zugegriffen: 4. Januar 2015

Ausländerbehörden bremsen Willkommenskultur. Migazin, 16.6.2014

Autorengruppe Bildungsberichterstattung (2014) Bildung in Deutschland 2014. Ein indikatorengestützter Bericht mit einer Analyse zur Bildung von Menschen mit Behinderungen. Bielefeld. http://www.bildungsbericht.de/daten2014/bb_2014.pdf. Zugegriffen: 4. Januar 2015

Bade KJ (Hrsg) (1984) Auswanderer – Wanderarbeiter – Gastarbeiter: Bevölkerung, Arbeitsmarkt und Wanderung in Deutschland seit der Mitte des 19. Jahrhunderts. Mit einem Geleitwort des Präsidenten der Bundesanstalt für Arbeit, 2 Bde. Scripta Mercaturae Verlag, Ostfildern

Bade KJ (Hrsg) (1992) Deutsche im Ausland – Fremde in Deutschland: Migration in Geschichte und Gegenwart. C.H. Beck, München

---

[85] Gedenken zum 75. Jahrestag der Novemberpogrome 2013; vgl. als aktuelle Bestandsaufnahme für Westdeutschland/Berlin: Goldmann 2014; für Ostdeutschland/Hoyerswerda: Kremser 2014.

[86] Vereidigung des Bundespräsidenten 2012.

Bade KJ (1994) Das Manifest der Sechzig. C.H. Beck, München

Bade KJ (2000) Europa in Bewegung: Migration vom späten 18. Jahrhundert bis zur Gegenwart (= Reihe Europa Bauen, hg. v. J. Le Goff). C.H. Beck, München

Bade KJ (2006) Die Trias der Integrationspolitik: Präventive, begleitende und nachholende Intervention. Kulturpolitische Mitteilungen. Zeitschrift für Kulturpolitik der Kulturpolitischen Gesellschaft 112 (1):29–35

Bade KJ (2007) Versäumte Integrationschancen und nachholende Integrationspolitik. In: Bade KJ, Hiesserich HG (Hrsg) Nachholende Integrationspolitik und Gestaltungsperspektiven der Integrationspraxis. Mit einem Beitrag von Bundesinnenminister Wolfgang Schäuble (= Beiträge der Akademie für Migration und Integration 11). V&R unipress, Göttingen

Bade KJ (2013a) Kritik und Gewalt. Sarrazin-Debatte, ‚Islamkritik' und Terror in der Einwanderungsgesellschaft. Wochenschau Verlag, Schwalbach i.Ts.

Bade KJ (2013b) Heimaten in der Heimat? Schwurbeldeutsche Diskurse. Migazin, 14.1.2013. http://www.migazin.de/2013/01/14/heimaten-in-der-heimat-schwurbeldeutsche-diskurse/. Zugegriffen: 4. Januar 2015

Bade KJ (2013c) Die Angst vor den Armen. Zeit Online, 15.10.2013

Bade KJ (2013d) Angst vor Armutszuwanderung. Tagesspiegel Online, 21.12.2013

Bade KJ (2014a) Warum Einwanderer ein Segen für Deutschland sind. Die Welt Online, 5.1.2014

Bade KJ (2014b) Ansturm auf das deutsche Sozialsystem oder Einwanderung benötigter Fachkräfte? Kulturradio rbb, Reihe Wissen, 7.1.2014

Bade KJ (2014c) Die Welt ist ungerecht – und das ist auch gut so! Kulturrassismus, neokonservative Sozialphilosophie und ‚Tugendterror' bei Thilo Sarrazin. Migazin, 24.2.2014

Bade KJ (2014d) Das Gespenst der armen EU-Migranten. In: Cicero 2 (Berliner Republik: Kommentar)

Bade KJ (2014e) ‚Armutswanderung': Pragmatismus, Rassismus und Negative Integration. Migazin, 18.3.2014. http://www.migazin.de/2014/03/18/bade-armutswanderung-pragmatismus-rassismus-negative-integration/. Zugegriffen: 4. Januar 2015

Bade KJ (2014f) Sozial gefährlich sind die Populisten, nicht die Roma (Interview mit J.P. Sternberg). Leipziger Volkszeitung, 3.1.2014 u.a.a.O.

Bade KJ, Oltmer J (2004) Normalfall Migration. Deutschland vom späten 19. Jahrhundert bis zur Gegenwart. Bundeszentrale für politische Bildung, Bonn

Bade KJ, Emmer PC, Lucassen L, Oltmer J (Hrsg) (2007) Enzyklopädie Migration in Europa vom 17. Jahrhundert bis zur Gegenwart. Ferdinand Schöningh, Wilhelm Fink, Paderborn, München

Bade KJ (Vors), Bommes M et al. (2010) Einwanderungsgesellschaft 2010. Jahresgutachten 2010 mit Integrationsbarometer. Sachverständigenrat deutscher Stiftungen für Integration und Migration (SVR), Berlin

Baureithel U (2014) Ach Europa. Der Freitag, 9.1.2014

Berger P (2014) Die Grenzen Europas im Ruhrgebiet. Berliner Zeitung, 8.1.2014

Betten im Schrotthaus. Süddeutsche Zeitung, 28.1.2014

Bogdal KM (2011) Europa erfindet die Zigeuner. Eine Geschichte von Faszination und Verachtung. Suhrkamp, Berlin

Bohsem G (2014) 110 % Hausarzt. Die Medizinerverbände warnen vor einem grassierenden Nachwuchsmangel, die gesetzlichen Krankenkassen sehen dagegen nur Lücken auf dem Land. Süddeutsche Zeitung, 28.2.2014

Böcking D (2011) Soziale Ungleichheit. Deutschland wird amerikanischer. Spiegel Online, 5.12.2011
BR Nachrichten (2014) Kommunalwahl: CSU rutscht unter 40 Prozent. http://www.br.de/wahl/wahlen-kommunal-ergebnis-100.html. Zugegriffen: 4. Januar 2015
Brähler E, Decker O (2014) Die stabilisierte Mitte: Rechtsextreme Einstellung in Deutschland. Studie, Universität Leipzig. http://www.amadeu-antonio-stiftung.de/w/files/pdfs/mitte_leipzig_internet.pdf. Zugegriffen: 4. Januar 2015
Briegleb T (2014) Hoffnung ohne Heimat. Süddeutsche Zeitung, 3.1.2014
Brücker H (2013) Die falsche deutsche Einwanderungsdebatte. Zeit Online, 13.12.2013
Brücker H (2014) Auswirkungen der Einwanderung auf Arbeitsmarkt und Sozialstaat: Neue Erkenntnisse und Schlussfolgerungen für die Politik. In: Bertelsmann Stiftung (Hrsg) Vielfältiges Deutschland. Bausteine für eine zukunftsfähige Gesellschaft. Verlag Bertelsmann Stiftung, Gütersloh, S 73–118
Brücker H, Hauptmann A, Vallizadeh E (2013) Zuwanderer aus Bulgarien und Rumänien: Arbeitsmigration oder Armutsmigration? (= IAB-Kurzbericht 16/2013) Nürnberg
Bundesministerium des Innern (Hrsg) (2013) Verfassungsschutzbericht 2013, Stand: Juni 2014. http://www.verfassungsschutz.de/de/oeffentlichkeitsarbeit/publikationen/verfassungsschutzberichte. Zugegriffen: 4. Januar 2015
Burger R (2014) Der Kampf der Städte mit der Armutseinwanderung. FAZ, 3.2.2014
Card D, Dustman D, Preston I (2012) Immigration, Wages, and Compositional Amenities. Journal of the European Economic Association 10 (1):78–119
Deutlich öfter Hartz IV für Südosteuropäer. Nürnberger Zeitung, 6.2.2014
Deutscher Städtetag (2013) Positionspapier zu den Fragen der Zuwanderung aus Rumänien und Bulgarien. Berlin, 22.1.2013
Deutschlands Zukunft gestalten. Koalitionsvertrag zwischen CDU, CSU und SPD (2013). Berlin. https://www.cdu.de/sites/default/files/media/dokumente/koalitionsvertrag.pdf. Zugegriffen: 4. Januar 2015
DGB, Forum Migration, Juni 2014.
Diehl J et al. (2014) Europas unerwünschtes Volk. Der Spiegel 2:24–28
Dramatischer Anstieg von Übergriffen auf Moscheen. Migazin, 13.5.2014. http://www.migazin.de/2014/06/13/islamfeindlichkeit-dramatischer-anstieg-uebergriffen-moscheen/. Zugegriffen: 4. Januar 2015
Effern F (2014) Paradigmenwechsel bei der CSU: Aigner wirbt um Einwanderer. Süddeutsche.de, 16.5.2014
El-Mafaalani A (2013) Bleib wie Du bist und gestalte mit. Berliner Republik 6
El-Mafaalani A (2014) Migrationssensibilität. Zum Umgang mit Globalisierung vor Ort. Beltz Juventa, Weinheim
Faktencheck: Die Wahrheit über die Einwanderung von Bulgaren und Rumänen. Migazin, 13.01.2014
Falsche Zahlen. Keine Belege für Armutszuwanderung aus Bulgarien und Rumänien. Migazin, 22.01.2013
Friedrich will ausländische Sozialbetrüger „rausschmeißen". Die Welt Online, 7.6.2013. http://www.welt.de/politik/deutschland/article116913358/Friedrich-will-Armutseinwanderer-rausschmeissen.html. Zugegriffen: 4. Januar 2015
Foroutan N (2010) Neue Deutsche, Postmigranten und Bindungs-Identitäten. Wer gehört zum neuen Deutschland? Aus Politik und Zeitgeschichte 46-47:9–15
Foroutan N (2014) Narrationen von Nationen – oder: Wie erzählt man nationale Identität in Deutschland neu? In: Bertelsmann Stiftung (Hrsg) Vielfältiges Deutschland. Bausteine für eine zukünftige Gesellschaft. Verlag Bertelsmann Stiftung, Gütersloh, S 176–199

Foroutan N, Schäfer K, Canan C, Schwarze B (2010) Sarrazins Thesen auf dem Prüfstand. Ein empirischer Gegenentwurf zu Thilo Sarrazins Thesen zu Muslimen in Deutschland. Berlin. http://www.heymat.hu-berlin.de/sarrazin2010. Zugegriffen: 4. Januar 2015

Funk A (2013) Politbarometer: Mehrheit sieht Euro wieder positiv. Tagesspiegel Online, 13.12.2013. http://www.tagesspiegel.de/politik/politbarometer-mehrheit-sieht-euro-wieder-positiv/9215552.html. Zugegriffen: 4. Januar 2015

Gedenken zum 75. Jahrestag der Novemberpogrome 2013. http://www.bundespraesident.de/SharedDocs/Reden/DE/Joachim-Gauck/Reden/2013/11/131109-Gedenkkonzert-Novemberpogrome.html. Zugegriffen: 4. Januar 2015

Goldmann S (2014) Mutters Courage. Der Tagesspiegel, 2.2.2014

Gutsch HM (2014) Der dunkle Lord. In Potsdam beginnt Thilo Sarrazin seine Lesereise durch das Land des ‚Tugendterrors'. Der Spiegel 10:55

Hannimann J (2013) Aufstand der Sprachlosen. Frankreich zwischen Fremdenhass und Wutbürgertum. Süddeutsche Zeitung, 16./17.11.2013

Haverkamp L (2014) Politbarometer: Wähler sehen Zuwanderung erstmals als wichtigstes Thema. Tagesspiegel Online, 17.1.2014. http://www.tagesspiegel.de/politik/politbarometer-waehler-sehen-zuwanderung-erstmals-als-wichtigstes-thema/9347408.html. Zugegriffen: 4. Januar 2015

Heckmann F (2014) Ein neuer Ton im migrationspolitischen Diskurs. In: Bertelsmann Stiftung (Hrsg) Vielfältiges Deutschland. Bausteine für eine zukünftige Gesellschaft. Verlag Bertelsmann Stiftung, Gütersloh, S 39–54

Hehemann R (2011) „Jederzeit gottlose böse Leute". Sinti und Roma zwischen Duldung und Vernichtung. In: Bade KJ (Hrsg) Deutsche im Ausland – Fremde in Deutschland. C.H. Beck, München, S 271–277

Heißler J (2014) Zuwanderung: rechts, zwo, drei, vier. Der Freitag, 9.1.2014

Hildebrand H (2014) Stern-Umfrage: Starke Minderheit plädiert für Einschränkung der Zuwanderung aus der EU. stern news, 20.2.2014. http://www.presseportal.de/pm/6329/2668596/stern-umfrage-starke-minderheit-plaediert-fuer-einschraenkung-der-zuwanderung-aus-der-eu. Zugegriffen: 4. Januar 2015

Huneke D (Hrsg) (2013) Ziemlich deutsch. Betrachtungen aus dem Einwanderungsland Deutschland. Bundeszentrale für Politische Bildung, Bonn

Islamfeindlichkeit und antimuslimischer Rassismus. Antwort der Bundesregierung auf die kleine Anfrage der Abgeordneten Ulla Jelpke, Christine Buchholz, Annette Groth, weiterer Abgeordneter und der Fraktion DIE LINKE, Deutscher Bundestag, 18. Wahlperiode, 4.6.2014, Drucksache 18/1442. http://dip21.bundestag.de/dip21/btd/18/016/1801627.pdf. Zugegriffen: 4. Januar 2015

Jobelius M, Stoiciu V (2014) Die Mär vom ‚Sozialtourismus'. Zuwanderung rumänischer Staatsbürger nach Deutschland und in andere EU-Mitgliedsländer. Friedrich-Ebert-Stiftung, Berlin

Kamann M (2014) Katholischer Sozialverband rügt CSU im Zuwanderungsstreit. Die Welt, 8.1.2014

Katzenberger P (2014) ‚Unerträgliche und beschämende Diskussion'. Romani Rose über die Zuwanderungsdebatte. sueddeutsche.de, 21.1.2014

Kein Beleg für Missbrauch: Menschen aus Rumänien und Bulgarien nutzen Sozialsystem nicht aus. DGB Bildungswerk. Düsseldorf, 1.6.2014

Kelek N (2014) Romakinder in die Schule. Die Welt, 6.1.2014

Kermani N (2002) Dynamit des Geistes. Martyrium, Islam und Nihilismus. Wallstein, Göttingen

Kermani N (2005) Strategie der Eskalation. Der Nahe Osten und die Politik des Westens. Wallstein, Göttingen
Kermani N (2009) Wer ist Wir? Deutschland und seine Muslime. C.H. Beck, München
Kirchner T (2014) Die holländische Botschaft. Süddeutsche Zeitung, 17.2.2014
Klein S (2014) Eine Frage, Herr Seehofer. Süddeutsche Zeitung, 23.1.2014
Korn B (2014) Des Teufels Generalin. Marine Le Pen hat den Rechtsextremismus gesellschaftsfähig gemacht. Der Tagesspiegel, 15.6.2014
Kremser M (2014) Die gebrannte Stadt. Der Tagesspiegel, 2.2.2014
Kubsova J, Heiny L (2014) ‚Willst Du Sklavenhandel in Deutschland sehen, dann komm hierher'. Der Stern, 9.1.2014:50–58
Langenfeld C (Vors), Bauer TK et al. (2013) Erfolgsfall Europa? Folgen und Herausforderungen der EU-Freizügigkeit für Deutschland. Jahresgutachten 2013 mit Migrationsbarometer. Berlin
Leber F (2014) Auf dem Wohlstandsbaum. Der Tagesspiegel, 18.2.2014
Mak G (1996) Wie Gott verschwand aus Jowerd. Der Untergang des Dorfes in Europa. Siedler, Berlin
Mak G, Baudet T (2014) Thuis in de Tijd (Zuhause in der Zeit). Prometheus, Amsterdam
Mappes-Niedik N (2014) Wie wir lernten, die Roma zu hassen. Frankfurter Rundschau, 12.2.1014
Martens M (2014) Bildung, Bildung, Bildung?. FAZ, 7.1.2014
Matter M (2013) Sinti und Roma. In: Meier-Braun KH, Weber R (Hrsg) Migration und Integration in Deutschland. Begriffe – Fakten – Kontroversen. Bundeszentrale für politische Bildung, Bonn, S 83–88
Mediendienst Integration (2014) Islamfeindlichkeit und Antiziganismus stark gestiegen, 5.6.2014. http://mediendienst-integration.de/artikel/auslaenderfeindlichkeit-nimmt-ab-ablehnung-einzelner-gruppen-steigt-jedoch.html. Zugegriffen: 4. Januar 2015
Medien zeichnen ein zu negatives Bild von Muslimen. Presseinformation SVR, 12.3.2013
Medien verstärken ‚Islamisierung der Integrationsdebatte'. Migazin, 13.3.2013
Mehr Hartz-IV-Hilfen für Rumänen und Bulgaren. Süddeutsche Zeitung, 6.3.2014
Meier A (2014) AfD und Cameron-Partei kooperieren. Der Tagesspiegel, 13.6.2014
Miegel M (1994) Die Zukunft von Bevölkerung und Wirtschaft in Deutschland. In: Bade KJ (Hrsg) Das Manifest der Sechzig. C.H. Beck, München, S 30–33
Mythos Armutsmigration. Migrationsdienst Integration (mdi), 6.1.2014
„Nicht die NPD, sondern die Einwanderung in den Sozialstaat muss verboten werden!". www.npd.de, 2.12.2013. Zugegriffen: vor 22. November 2013
Niejahr E, Rudzio R (2014) Der Staat muss zahlen. Die Zeit, 16.1.2014
Oltmer J (2010) Migration im 19. und 20. Jahrhundert. Oldenbourg Verlag, München
Oberpenning H (1996) Migration und Fernhandel im ‚Tödden-System': Wanderhändler aus dem nördlichen Münsterland im mittleren und nördlichen Europa des 18. und 19. Jahrhunderts (= Studien zur Historischen Migrationsforschung 4). Universitätsverlag Rasch, Osnabrück
Pauly C, Mayr W, Rohr M, Scheuermann C, Shafy S (2014) Das Schweizer Virus. Der Spiegel, 17.2.2014
Pollack D (2010) Studie ‚Wahrnehmung und Akzeptanz religiöser Vielfalt'. Bevölkerungsumfrage des Exzellenzclusters ‚Religion und Politik' unter Leitung von D. Pollack. Münster. http://www.unimuenster.de/imperia/md/content/religion_und_politik/aktuelles/2010/12_2010/studie_wahrnehmung_und_akzeptanz_religioeser_vielfalt.pdf. Zugegriffen: 4. Januar 2015

Pollack D, Müller O, Rosta G, Friedrichs N, Yendell A (2013) Grenzen der Toleranz. Wahrnehmung und Akzeptanz religiöser Vielfalt in Europa. Springer Fachmedien, Wiesbaden
Position Städtetag (2014) Einwanderungsland ohne ehrliche Debatte. Mediendienst Integration (mdi), 6.2.2014
Präsident des Städtetages (2014) „Wir brauchen ein Konzept, keine apokalyptischen Visionen". Migazin, 17.2.2014
Ramelsberger A (2014) Wo leben wir? In Sachsen Anhalt überfallen drei Männer eine Familie, die aus Syrien fliehen musste. Es fließt viel Blut. Fast noch schockierender: das Verhalten der deutschen Behörden danach. Süddeutsche Zeitung 13.2.2014
Rede von Dr. Navid Kermani zur Feierstunde ‚65 Jahre Grundgesetz'. https://www.bundestag.de/dokumente/textarchiv/2014/-/280688. Zugegriffen: 4. Januar 2015
Regierungserklärung von Bundeskanzlerin Merkel im Deutschen Bundestag, 29.1.2014. http://www.bundesregierung.de/Content/DE/Regierungserklaerung/2014/2014-01-29-bt-merkel.html. Zugegriffen: 4. Januar 2015
Roser T (2013) Freizügigkeit in Europa? Wo ist hier die Bedrohung, Rumänien wehrt sich in der Migrationsdebatte. Zeit Online, 31.12.2013
Roßmann R (2013) Wegen Bulgarien und Rumänien: CSU plant Offensive gegen Armutsmigranten. Süddeutsche Zeitung, 28.12.2013. http://www.sueddeutsche.de/politik/wegen-bulgarien-und rumaenien-csu-plant-offensive-gegen-armutsmigranten-1.1852159. Zugegriffen: 4. Januar 2015
Roth R (2014) Willkommens- und Anerkennungskultur in Deutschland: Herausforderungen und Lösungsansätze. In: Bertelsmann Stiftung (Hrsg) Vielfältiges Deutschland. Bausteine für eine zukunftsfähige Gesellschaft. Verlag Bertelsmann Stiftung, Gütersloh, S 295–354
Sachverständigenrat deutscher Stiftungen für Integration und Migration (SVR) (2013) Muslime in der Mehrheitsgesellschaft: Medienbild und Alltagserfahrungen in Deutschland. Berlin
Sarrazin T (2010) Deutschland schafft sich ab. Wie wir unser Land aufs Spiel setzen. Deutsche Verlags-Anstalt, München
Sarrazin revidiert sich. sueddeutsche.de, 14.11.2010
Sarrazin T (2013) Hartz IV für die Welt? Focus, 9.12.2013
Sarrazin T (2014) Der neue Tugendterror. Über die Grenzen der Meinungsfreiheit in Deutschland. Deutsche Verlags-Anstalt, München
Şenocak Z (2006) Das Land hinter den Buchstaben. Deutschland und der Islam im Umbruch. Babel-Verlag, München
Şenocak Z (2011a) Deutschsein. Eine Aufklärungsschrift. Edition Körber-Stiftung, Hamburg
Şenocak Z (2011b) „Deutschland ist ein gescheiterter Staat". Interview in: Die Welt, 25.03.2011
Süssmuth R (Vors), Bade KJ et al. (2004) Jahresgutachten des Sachverständigenrates für Zuwanderung und Integration (Zuwanderungsrat) der Bundesregierung. Berlin
Stier F, Böhme C (2014) Entgegen allen Vorurteilen. Der Tagesspiegel, 4.1.2014
Stürmer M (2014) Hau die Schweiz. Die Welt, 19.2.2014
Theile C (2014) Berliner Mauer. Hellersdorf ist geteilt. Szenen aus dem kleinen Kriegsgebiet. Süddeutsche Zeitung, 26.3.2014
Tscharnke K (2014) Zuwanderung aus Südosteuropa erreicht die Jobcenter. dpa, 5.2.2014

Unger C (2014) Wie oft mordeten Rechtsextreme wirklich? Mehr als 600 nicht aufgeklärte Taten werden von der Polizei neu aufgerollt. Hamburger Abendblatt, 3.2.2014

Vertovec S (2007) Super-Diversity and its Implications. In: Ethnic and Racial Studies 30 (6) (= New Directions in the Anthropology of Migration and Multiculturalism):1024–1054

Vertovec S (2010) Towards Post-Multiculturalism? Changing Communities, Conditions and Contexts of Diversity. International Social Science Journal 61 (199):83–95

Vereidigung des Bundespräsidenten 2012. http://www.bundespraesident.de/SharedDocs/Reden/DE/Joachim-Gauck/Reden/2012/03/120323-Vereidigung-des-Bundespraesidenten.html. Zugegriffen: 4. Januar 2015

‚Wanderarbeiter. Fotografien einer neuen Arbeiterklasse', Ausstellung, Museum der Arbeit, Hamburg, 15.11.2013–2.3.2014

Wer ist Marine Le Pen. EMMA, 24.4.2014. http://www.emma.de/artikel/wer-ist-marine-le-pen-317041. Zugegriffen: 4. Januar 2015

Wichmann D (2014) Am Ende lächelt die Welt über uns. Der Stern, 9.1.2014

Widmann M (2014) Doktor Teilzeit. Norddeutsche Gemeinden locken Ärzte mit einer Festanstellung. Süddeutsche Zeitung, 22./23.2.2014

Wie Kommunalpolitiker die Ängste vor Rumänen und Bulgaren schüren 2014. http://mediathek.daserste.de/sendungen_a-z/431796_kontraste/19128960_zuwanderung-als-schreckgespenst-wie. Zugegriffen: 4. Januar 2015

Wie rechts ist die EU? Frankfurter Rundschau, 14.5.2014

Wimmer A (2005) Kultur als Prozess. Zur Dynamik des Aushandelns von Bedeutungen. Verlag für Sozialwissenschaften, Wiesbaden

Winkler W (2012) Das Prinzip Heimat. Süddeutsche Zeitung, 13./14.10.2012

Wirkungsanalyse des rechtlichen Rahmens für ausländische Fachkräfte. Studie im Auftrag des Bundesministeriums für Wirtschaft und Energie, München 2014

Wirtschaft kritisiert Debatte über arme Migranten. heute.de, 7.1.2014

Woellert F, Klingholz R (2014) Neue Potentiale. Zur Lage der Integration in Deutschland. Berlin-Institut für Bevölkerung und Entwicklung. http://www.berlin-institut.org/publikationen/studien/neue-potenziale.html. Zugegriffen: 4. Januar 2015

Zaimoglu F (2000) Deutschlandstaffelei. In: Schweeger E, Witt E (Hrsg) Ach Deutschland!. Belville, München

Zaimoglu F (2011) Es tobt in Deutschland ein Kulturkampf. In: Sezgin H (Hrsg) Manifest der Vielen. Deutschland erfindet sich neu. Blumenbar Verlag, Berlin, S 11–15

Zoff um Armutszuwanderung: SPD-Minister gehen auf CSU los. Der Stern, 2.1.2014

Zuwanderung: Mehr Jobs und mehr Hartz IV. Der Tagesspiegel, 6.2.2014

Zuwanderungsdebatte: Wie berichten Medien in Bulgarien und Rumänien? Der Tagesspiegel, 9.1.2014

Zuwanderungsstreit in der Großen Koalition. Industrie warnt vor Wirtschaftsschäden. tagesschau.de, 4.1.2014

Prof. (em.) Dr. Klaus J. Bade, Migrationsforscher, Publizist und Politikberater. Er ist Begründer des Instituts für Migrationsforschung und Interkulturelle Studien (IMIS) der Universität Osnabrück, des bundesweiten Rates für Migration und der Gesellschaft für Historische Migrationsforschung. Er hat zahlreiche Bücher zu Migration und Integration veröffentlicht.

Teil I
Mobilitäten

Das Transkulturelle im Ethnischen finden. Grenzverschiebungen arabischer und jüdischer Ethnizität in Brasilien

Jeffrey Lesser

Zusammenfassung

That Arabs and Jews are part of a single group transcending religion and region of origin is surprising at first glance. Yet in Brazil there is a deep and well developed popular and elite conception of Jews and Arabs as one „people" with a set of common characteristics, who are a single people more similar than different. This chapter treats categories like „immigrant" and „foreigner" as imbued with positive national identity characteristics that naturalize some Brazilians via their foreignness. It analyzes why Arabs and Jews (along with Japanese) are often glossed as the „best" Brazilians because of their immigrant status.

Schlüsselwörter

Jews · Arabs · Japanese · Immigrant · Foreignness · Brazilianness · Ethnicity · Whiteness · Stereotypes · Migration

J. Lesser (✉)
Department of History, Emory University, Atlanta, GA, USA
E-Mail: jlesser@emory.edu

K. Kazzazi et al. (Hrsg.), *Migration – Religion – Identität. Aspekte transkultureller Prozesse,* DOI 10.1007/978-3-658-06510-2_2

1 Einführung

Ich liebe historische „Fakten", die wahrscheinlich falsch sind. Eine meiner Lieblingsgeschichten ist unter dem Titel „Getúlio e os Dois Semitas" überliefert. Sie wurde von Aziz Maron erzählt, von 1951 bis 1959 Bundesabgeordneter und Brasilianer mit Wurzeln im Nahen Osten. In der Geschichte treffen der Abgeordnete Aziz und ein Journalist eines Tages im Jahr 1954 Präsident Getúlio Vargas im Präsidentenpalast in Rio de Janeiro. Während der Unterhaltung fragt der Abgeordnete den Präsidenten Vargas, ob es eine weise Entscheidung gewesen sei, Ricardo Jafet, Brasilianer libanesischer Abstammung und Präsident der Banco do Brasil, und Horacio Lafer, Sohn von europäisch-jüdischen Einwanderern und Finanzminister, auf zwei benachbarten und kritischen Positionen zusammenarbeiten zu lassen.[1]

Abb. 1 Deckblatt des Flugblattes „O Immigrante", das für die Einwanderung nach Brasilien wirbt (Januar 1908, 1:1)

[1] Jafet war eine der öffentlichsten Figuren unter den ca. 350.000 Menschen in Brasilien, die sich zu der Zeit als „syrisch-libanesisch" definierten. Lafer hatte eine vergleichbare Stellung unter den ca. 100.000 Juden im Land (Safa 1960, S. 54–68; Malamud 1983).

Was es sei, fragte Präsident Vargas, was an der Zusammenarbeit von Jafet und Lafer so merkwürdig sei. Der Mann antwortete: „Aber, Ihre Exzellenz, ein Araber und ein Jude. Die werden sich ständig bekriegen. Sie werden ein richtiges Palästina in Ihrer Regierung haben."

„Haben Sie keine Angst", riet Getúlio Vargas, „schließlich ist das alles das Gleiche. Beide sind Semiten, Lafer und Jafet. Araber und Juden kämpfen um die größte Beute und danach verstehen sie sich" (Júnior 1955, S. 179 [übers. aus d. Engl. KK]).

Die Implikation der Geschichte, dass Araber und Juden Teil einer einzigen, über Religion und Herkunftsregion hinausgehenden Gruppe seien, wirkt auf den ersten Blick überraschend. In den frühen fünfziger Jahren, als diese Unterhaltung angeblich stattfand, schienen die Teilung Palästinas und die Gründung des Staates Israel Juden und Araber zu ewigen Feinden zu machen. Wenn wir aber genauer hinschauen, sehen wir, dass die Antwort von Getúlio Vargas nicht an einem fernen Kampf um das Land hängt. Vielmehr zeigt sie eine weit entwickelte Vorstellung von Juden und Arabern als ein „Volk" mit gemeinsamen Eigenschaften, als ein einziges, in sich eher ähnliches als unterschiedliches Volk.

Ein Teil der Antwort des Präsidenten hatte ihren Grund in einer tief sozialisierten Vorstellung in Brasilien, dass Araber und Juden ein einziges migratorisches „Anderes" seien, dessen gemeinsames Erbe die iberische Reconquista und die Inquisition waren. Doch die Kommentare erweisen Vargas, wie so viele andere der brasilianischen Elite, auch als Erbe einer breiten lateinamerikanischen intellektuellen und politischen Tradition, die auf die Schaffung nationaler Identitäten nach dem Muster westeuropäischer wirtschaftlicher und gesellschaftlicher Grenzen zielte. Mit anderen Worten, Juden und Araber waren, wie alle anderen Einwanderungsgruppen in Lateinamerika, gleichzeitig Teil einer problematischen gesellschaftlichen Frage, deren Antwort zum Teil in Nationalismus und Fremdenfeindlichkeit lag, und Teil einer gesellschaftlichen Lösung, in der die Einwanderer die lateinamerikanischen Republiken vor ihren Bürgern afrikanischer und indigener Herkunft retten würden. Arabische und jüdische Einwanderer waren daher sowohl Insider (wegen ihres judäo-christlichen Glaubens) als auch Außenseiter (obwohl sie weder „schwarz" noch „indianisch" waren, galten sie auch nicht als „weiß"). Araber und Juden erreichten die Ziele der Elite, indem sie wirtschaftlich erfolgreich waren, erregten jedoch gleichzeitig auch deren Zorn, weil sie das Land nicht beackerten und nicht daran interessiert schienen, die euro-brasilianisch-christliche Kultur blind zu akzeptieren (Abb. 2).

Abb. 2 „Migrationsströme"; eine Briefmarke von 1974, die die Einwanderung nach Brasilien feiert

2 Entwicklung der Einwanderung aus dem Nahen Osten nach Brasilien

Dass Araber und Juden Mitglieder einer einzigen transkulturellen Gruppe sein könnten, wird deutlich, wenn wir die ersten Nichtchristen untersuchen, die en masse nach Brasilien emigrierten, eine Gruppe, die man arabische Juden nennen könnte. Die Geschichte beginnt mit dem Ausbruch des Spanisch-Marokkanischen Krieges (1859–1860). Die Unruhen führten dazu, dass viele Juden, vor allem die wirtschaftlich erfolgreichen, überlegten, ob ihre Zukunft nicht woanders liegen könnte. Migration schien eine realistische Option zu sein, da marokkanische Juden oft mehrsprachig waren; sie sprachen bei ihrer Geschäftstätigkeit Arabisch und Spanisch, Französisch und Hebräisch in der Schule und Haquitia (eine auf dem Hebräischen wie dem marokkanischen Arabisch basierende Sprache) zu Hause.

In den 80er Jahren des neunzehnten Jahrhunderts wanderten 95 % der jungen Männer, die ihren Schulabschluss an einer der jüdischen Schulen in Marokko machten, nach Südamerika aus. Ungefähr eintausend von ihnen wählten Pará als Ziel, einen Staat in der brasilianischen Amazonasregion, deren florierende Gummi-Industrie Städte wie Belém, an der Flussmündung gelegen, mit Händlern und kleinen Kaufleuten füllte. Brasilien war auch attraktiv für marokkanische Juden, weil Einbürgerungsurkunden relativ einfach zu bekommen waren. Als Brasilianer fielen sie unter Gesetze, die Ausländern in Marokko besonderen Schutz gewährten.

Für marokkanische Juden des neunzehnten Jahrhunderts spielten brasilianische Pässe dieselbe Rolle wie zweite Pässe heute für zehntausende Lateinamerikaner, die aktiv eine zweite Staatsbürgerschaft anstreben, vor allem von europäischen und nordamerikanischen Staaten.

Mimom Elbás war typisch. Er wanderte am Ende des Jahres 1892 von Tanger nach Belém aus und zog nach einem Jahr nach Rio de Janeiro. Sechs Monate später wurde er eingebürgert und kehrte nach Marokko zurück, was den brasilianischen Konsul in Tanger zu der Beschwerde veranlasste, dass Elbás „keine andere Sprache als Arabisch sprechen kann, was typisch ist für die Hebräer aus den östlichen Hafenstädten" (Colaco 1895). Diese Beschwerde war so häufig, dass Brasilien im frühen zwanzigsten Jahrhundert die diplomatischen Beziehungen zu Marokko abbrach, um nicht länger eingebürgerte Staatsbürger schützen zu müssen. Es überrascht nicht, dass im amazonischen Jargon des neunzehnten Jahrhunderts Araber „Juden" genannt wurden, während in Zentralbrasilien sowohl Juden als auch Araber als „galegos" bezeichnet wurden, ein abwertender Terminus für Menschen von der iberischen Halbinsel (Safady 1973, S. 115 f.).

Die populäre kulturelle Vorstellung, dass Araber und Juden eine Gruppe seien, fand sich nicht nur im neunzehnten Jahrhundert am Amazonas. In den 1960er Jahren teilte Brasiliens repressive Abteilung für Politische und Soziale Ordnung ihre Akten über militante Personen in zwei Kategorien ein: eine für „Brasilianer" und eine für „Nicht-Brasilianer". Die beiden Termini waren aber nicht an die Staatsbürgerschaft gekoppelt. Vielmehr schuf die Abteilung eine Kategorie für die arabischen, jüdischen und japanischen Namen, die für „nicht-brasilianisch" gehalten wurden, auch wenn die observierte Person brasilianischer Staatsbürger war. Die „brasilianische" Kategorie dagegen war voll von Einwanderern aus Portugal, Italien und Spanien, die keine Staatsbürger waren. Dies hilft uns zu verstehen, warum in zeitgenössischem Polizeislang in São Paulo die Bezeichnung Araber „dasselbe war wie Jude" (Da Silva 1974, S. 69, 107 [übers. aus d. Engl. KK]).

Es ist schwer genau zu sagen, wie viele Juden und/oder Araber sich in Brasilien ansiedelten. Wechselnde nationale Kategorien im Mittleren Osten und Europa und Veränderungen bei der Art und Weise, wie die brasilianische Regierung Einwandereinträge zählte, bedeuten, dass Statistiken aus verschiedenen Quellen selten übereinstimmen. Was die Angelegenheit noch interessanter macht, ist, dass „Araber" und „Jude" seit den 1950er Jahren Kategorien von hohem Status sind, und daher verfechten (und empfinden vielleicht mit gewisser Berechtigung) viele ihr Arabisch- oder Jüdisch-Sein, obwohl traditionelle Organisationen sie möglicherweise nicht darunter fassen würden. Was wir mit einiger Sicherheit sagen können, ist, dass Einwanderer aus dem Mittleren Osten vorwiegend melkitische Christen, maronitische Katholiken, Griechisch-Orthodoxe und Juden waren und dass mehr als neunzig Prozent bis zu den ersten Dekaden des zwanzigsten Jahrhunderts aus dem heutigen Syrien und Libanon kamen. Darauf folgte eine große Gruppe von Palästinensern, die meisten Muslime, die sich nach 1968 ansiedelten. Bei den Juden sind wir ziemlich sicher, dass die Höhepunkte der Einwanderung aus Marokko und Russland vor dem Ersten Weltkrieg lagen, aus Polen zwischen 1920 und 1940 und aus dem Nahen Osten, vornehmlich Ägypten, nach 1954.

Wie diese demographische Information deutlich macht, sind die Unterscheidungen zwischen „Araber" und „Jude" in Brasilien oft schwer zu treffen. Diese Schwierigkeit zeigt, dass es falsch ist anzunehmen, wir könnten Migration nur als ethnisch und religiös gruppenspezifisch verstehen. Tatsächlich zeichnen sich arabische und jüdische Migrationen häufig eher durch Gemeinsamkeiten denn durch Unterschiede aus. So subventionierte Brasilien etwa im späten neunzehnten Jahrhundert Millionen von Einwanderer aus Europa und Asien. Juden und Araber dagegen wurden nicht unterstützt, und so wurden sie auch nicht erwartet. Gleichzeitig hatten Araber und Juden eine besondere Stellung in der brasilianischen Elite, sowohl Freund wie Feind, exotisch anders und doch irgendwie vertraut. Manche Intellektuelle beispielsweise bestanden darauf, dass Brasiliens portugiesische Kolonisten Semiten oder heimliche Semiten gewesen und so mit Amerikas Ureinwohnern verbunden seien. Diese Wissenschaftler und Politiker behaupteten, dass ein biologisches Band portugiesische Kolonisten mit amazonischen indigenen Völkern verbinde, und zwar über Araber und Juden (Braga 1894, S. 283–293). Eine weithin akzeptierte, verrückte französische Theorie besagte, dass König Salomon der „Ahne der Syrer" gewesen sei und den Amazonasfluss hinaufsegelte, wodurch Quechua zum Ableger des Althebräischen wurde (De Thoron 1868; Correia 1948, S. 471–479). Selbst heute ist es möglich, dass manche derjenigen, die sich als jüdisch-brasilianisch oder arabisch-brasilianisch definieren, behaupten, die indigenen Völker seien ein verlorener Stamm Israels oder ein verlorener Stamm arabischer Reisender. Um nicht zurückzustehen, beanspruchten japanische Immigranten Mitte des zwanzigsten Jahrhunderts dasselbe für sich und die chinesischen Einwanderer tun es heute ebenso.

3 Transkulturalität und Identität in aktueller Migrationsforschung

Die Verbindung von Arabern und Juden im populären wie im elitären Diskurs spiegelt sich im akademischen Bereich nicht wider, denn ein großer Teil der gegenwärtigen Forschung über Migration kommt aus Diaspora-, Transkulturalismus- oder Transnationalismusstudien. Diese Studien behandeln Gruppen oft, als wären sie losgelöst von den Nationen, die manche von ihnen Heimat nennen, und somit separat voneinander. Wenn sie als nicht in die Mehrheitsgesellschaft integriert gesehen werden, werden Migranten und ihre Nachkommen oft als leidende Opfer dargestellt. Wenn sie integriert sind, werden sie häufig als nicht völlig oder authentisch „ethnisch“ definiert. Unter Lateinamerika-Forschern werden manche Gruppen (Juden, Asiaten, Osteuropäer und Araber) gleichzeitig – ohne dies zu hinterfragen – zusammen mit anderen Gruppen europäischer Herkunft in die „weiße“ Kategorie eingeordnet oder sie werden als Einwohner i n lateinamerikanischen Republiken behandelt statt als Bürger v o n lateinamerikanischen Republiken. Und doch werden diese vergleichbaren Einordnungen weithin von Forschern ignoriert, die annehmen, Migrantengruppen wären so unterschiedlich, dass sie nicht verglichen werden können.

Wie man sieht, lehne ich die rigiden geographischen, ethnischen und semantischen Definitionen ab, die oft in einem singulären ethno-religiösen Kontext entwickelt werden. Als Anhänger interdisziplinärer Ansätze stelle ich das in Frage, was ich die „Geistesnahrung des migratorischen Pluralismus“ nennen möchte, wo ethnische Unterscheidungen durch Globalisierung, Transnationalismus und Transkulturalismus verstärkt werden – als ob ethnische Etiketten auf verdrehte Art und Weise einander nicht berührende Streifen auf der pluralistischen Regenbogenflagge geworden wären. Dabei ist ethnische Ähnlichkeit ebenso wichtig wie ethnischer Unterschied und der nationale Teil (trans-)nationaler Kultur ist das, was ethnische Erfahrungen miteinander in Dialog treten lässt (Lesser 2004, S. 7–17). Die Kategorien, die wir erschaffen, um gesellschaftliche Phänomene zu verstehen, bergen Probleme, die sich daraus ergeben, dass den Geschichten von Individuen, Kulturen und Gesellschaften künstliche Taxonomien aufgezwungen werden, die notwendigerweise immer voller Widersprüche, Ambiguitäten und Unübersichtlichkeit sind. Vereinfacht ausgedrückt, müssen Forscher ein Gefühl dafür entwickeln, über Ethnizität und nationale Identitäten in einem Kontext des „und“ nachzudenken, im Gegensatz zu den Rigiditäten, die das Wort „oder“ erzwingt.

Es wurde für mich zur offensichtlichen Notwendigkeit, über Identität durch das Wort „und“ nachzudenken, als der verstorbene Albert Hourani mich einlud, einen Beitrag zu einem von ihm herausgegebenen Band über die libanesische Diaspora zu verfassen.[2] Im klassischen Ausdruck der traditionellen ethnischen Studien, die ich heute als so problematisch empfinde, lehnte ich die Einladung zunächst mit den Worten „Ich arbeite über Juden, nicht Araber.“ ab. Glücklicherweise hatte Professor Hourani kein Interesse an meinen Ausreden. „Gehen Sie nochmal an die Quellen“, sagte er, was ich natürlich tat. Was ich herausfand, war, dass so gut wie jede öffentliche Diskussion über die Ethnizität nicht-europäischer Einwande-

[2] Hourani 1981, 1991.

rer in Brasilien Araber, Juden und Japaner umfasste. Bald begann ich mich zu fragen: „Was bedeutet es, dass diese drei Gruppen, die zu verschiedenen Zeiten in Brasilien ankamen, sich in verschiedener Art in die Wirtschaft einbrachten und wenig miteinander zu tun hatten, in den Diskursen in der brasilianischen Elite miteinander verbunden werden? Warum ignoriert die traditionelle Forschung diese Gruppen, indem sie sie funktional in einer Art Ehrenkategorie „weiß“ zusammenwirft?“ Manchmal erinnert uns schon der Gebrauch der Pluralformen von Wörtern (*Religionen* und *Kulturen* statt *Religion* und *Kultur*) daran, dass ethnische Gruppen nicht ausschließlich außergewöhnliche und unvergleichbare Erfahrungen haben.

Araber und Juden waren nur zwei Migrationsgruppen, die in einen größeren Komplex von Kultur und Religion verstrickt waren, der lateinamerikanische Intellektuelle und Politiker im zwanzigsten Jahrhundert plagte und ihnen im einundzwanzigsten immer noch auf der Seele liegt. Aus meiner Perspektive ist dies ein Bereich, in dem der brasilianische Fall gut zu anderen lateinamerikanischen Beispielen passt. Debatten über Araber und Juden traten in der gesamten Region mit der Einführung von Lohnarbeit auf, als Eliten versuchten, die Einreise von „erwünschten“ Immigranten zu fördern, in der Erwartung, dass durch diese die Nationalkultur von schwarz oder indigen zu weiß transformiert werden könnte. Bis zu den 1930er Jahren war den nationalen Eliten in Mexiko, Brasilien, Argentinien, Honduras oder Kolumbien deutlich geworden, dass Einwanderer selten perfekt den Erwartungen entsprechen, und es erfolgte eine Gegenreaktion, angeheizt durch die urbane wirtschaftliche Verdrängung, die auf die weltweite Depression folgte. Während „Weiß-Sein“ immer eine entscheidende Komponente der Definition eines erwünschten Immigranten gewesen war, hatte sich bis 1930 die Definition von „Weiß-Sein“ verschoben von christlich, europäisch und bereit zur Niederlassung in ländlichen Gebieten hin zu denjenigen, die zur industriellen Wirtschaft beitragen sowie versichern konnten, dass sie nicht afrikanischer Herkunft waren.

Parallele Bilder von Arabern und Juden wurden durch Parallelen im beruflichen Bereich verstärkt. Da wenige Einwanderer mit dem für ein Geschäft oder eine Fabrik notwendigen Kapital ankamen, waren Tätigkeiten beliebt, die keine große anfängliche Investition verlangten. Viele syrische, libanesische und jüdische Einwanderer wurden wandernde Händler, und diese Gruppen wurden daher mit mobilem Kleinhandel assoziiert, nach der Abschaffung von Zwangsarbeitssystemen und der darauf folgenden Expansion der Märkte ohne Wachstum des Güterverteilungssystems (Safady 1972).[3] Hausieren war der Prototyp sowohl der jüdischen wie der syrisch/libanesischen wirtschaftlichen Integration in Brasilien und vielen anderen lateinamerikanischen Ländern. Jüdische und arabische Laden- und Fabrikbesitzer verkauften auf Kredit an die Neuankömmlinge, oft über Agenten, die

[3] S. auch Safady 1971.

Verwandte waren oder aus ihren Herkunftsstädten stammten. Andere fanden Großhändler über Anzeigen in jiddischen, arabischen, portugiesischen oder spanischen Zeitungen.

Beliebte Vorurteile verstärkten das Stereotyp des „typischen Einwanderers aus der Levante, (der) ein verarmter junger Mann war, (der) seine Karriere als Hausierer begann" (Poppino 1973, S. 194 [übers. aus d. Engl. KK]) (Abb. 3). Ein brasilianischer Wirtschaftsattaché in Alexandria, Ägypten, beschwerte sich im Jahr 1930, dass „von Jahr zu Jahr leider die Auswanderung von Syrern und Juden nach Brasilien wächst ...(und) wir können mit Stolz sagen, dass wir Brasilien bevölkern und unsere Rasse formen mit allem, was im Universum am widerwärtigsten ist".[4] Professor Everado Backheuser, technischer Berater des Nationalen Geographischen Rates, sagte in den 1940er Jahren ausdrücklich, dass die Juden „Türken sind, die auf Kredit verkaufen" (Backheuser 1944, S. 14 [übers. aus d. Engl. KK]).

Die Ambivalenz vieler Eliten bezüglich arabischer und jüdischer „Weißheit" zeigt sich in einer Serie von acht Artikeln, die 1929 für die vielgelesene Zeitung *O Estado de S. Paulo* von dem Intellektuellen Guilherme de Almeida über „Impressionen unserer verschiedenen ausländischen Wohngegenden" verfasst wur-

Abb. 3 Hausierer in São Paulo, 1928. Bild mit freundlicher Genehmigung des Arquivo Histórico Judaico Brasileiro, São Paulo

[4] Dies war repräsentativ für Kommentare zur Legitimierung von restriktiver Einwanderungspolitik auf den amerikanischen Kontinenten, s. z. B. Hu-DeHart 1982.

den. Zum größten Teil waren die „Ausländer", die er fand, in der Tat in Brasilien geboren, und seine Kommentare über die jüdischen und arabischen Gegenden in der Stadt enthielten ähnliche sprachliche Ausdrücke, um Juden und Araber in eine Gruppe zu fassen. Seine Vorstellung von nicht-europäischer „Andersartigkeit" zeigt sich in der Charakterisierung von Bom Retiro als „The Ghetto", wo er ein doppeltes Bild heraufbeschwor, welches das Konzept einer abgeschotteten zentraleuropäisch-jüdischen Wohngegend mit der Armut und Andersartigkeit verband, die Nicht-Juden oft mit dem osteuropäischen *shtetl* assoziierten.[5] Almeidas Beschreibung von São Paulos „arabischer Wohngegend" um die Marco Street 25 verwendete zwar nicht das Wort „Ghetto", aber die Ähnlichkeit des sprachlichen Ausdrucks ließ ein ghettoartiges Bild entstehen. Almeidas Darstellung von Juden und Arabern war ebenfalls vergleichbar und stellte beide als nicht vollständig menschlich dar: „Ich fand mich Angesicht zu Angesicht mit dem ersten Gesicht (das ich) im Ghetto von São Paulo (sah). Gesicht? Bart: Bart und Nase. Der erste Jude" (De Almeida 1929a, S. 4 [übers. aus d. Engl. KK]). Almeida konzentrierte sich auch auf die arabische Gesichtsbehaarung: „Schnurrbärte, nichts als Schnurrbärte. Nicht eine einzige Frau, (was mich dazu bringt), an die Existenz von Harems zu glauben." (De Almeida 1929b, S. 6 [übers. aus d. Engl. KK]).

Nur ein Jahrzehnt später verband ein Cartoon von Belmonte von 1944 nicht nur Araber und Juden, sondern Japaner, Italiener, Portugiesen und Personen afrikanischer Abstammung (Abb. 4). Man beachte jedoch die bildliche Aufteilung des in

Abb. 4 Der Text des Cartoons ist folgender: „Sage mir, welche Straße du entlanggehst, und ich sage dir, wer er ist ...". (Quelle: Folha de Manha 15. Oktober 1944, S. 15. Bild mit freundlicher Genehmigung des Arquivo Histórico Judaico Brasileiro, São Paulo)

[5] Almeidas Gebrauch des Ausdrucks „Ghetto" sollte nicht verwechselt werden mit der neueren Verwendung des Wortes zur Bezeichnung jedes Gebietes mit einer hohen Konzentration einer oder mehrerer Minderheitengruppen (Rose 1986, S. 167).

Cartoons in einer Weise, dass in gewissem Sinne der Leser Arabern dabei zusieht, wie sie zu Juden werden.

4 Stereotypen, Kategorisierung und Integration

Es überrascht nicht, dass Juden und Araber ihre brasilianische Identität in ähnlicher Weise aushandelten, die sich aber sehr von derjenigen europäischer Christen unterschied. Die selbsternannten „Anführer“ der arabischen und jüdischen Gemeinschaften spielten häufig mit den elitären Überzeugungen, dass die ursprünglichen portugiesischen Siedler und/oder die Einheimischen heimliche Semiten waren. Auf diese Weise konnten sie behaupten, dass Brasilien authentisch jüdisch oder arabisch war und nicht europäisch oder afrikanisch. Diese Strategie wird sehr deutlich während des hundertsten Jubiläums der Unabhängigkeit Brasiliens im Jahr 1922, als die Anführer der arabischen Gemeinschaft sich entschieden, der syrisch-libanesischen Gemeinschaft Brasiliens ein Denkmal zu errichten (São Paulo, Prefeitura Municipal 1987, S. 39). Der Bildhauer hätte ein unbekannter Künstler sein können und die Statue hätte am Ende einer kleinen Straße aufgestellt werden können. Aber das geschah nicht. Stattdessen beauftragten wohlhabende arabischstämmige Brasilianer Ettore Ximenes, einen bekannten italienischen Bildhauer, dessen Werk mit dem brasilianischen Nationalismus assoziiert wurde, ein Denkmal zu schaffen, welches im Dom Pedro II Park aufgestellt werden sollte, dem prestigeträchtigsten Regierungsviertel in Brasiliens größter und mächtigster Stadt, als Teil der Hundertjahrfeiern.

Ein Denkmal von Ximenes im Dom Pedro II Park bedeutete für alle Beteiligten einen Erfolg. Es trug den Namen „Amizade Syrio-Libanesa“ (Syrisch-Libanesische Freundschaft) und bestand aus einem fünfzig Fuß hohen Turm aus Bronze und Granit. Der Sockel war in vier Teile aufgeteilt. Drei Seiten enthielten jeweils Reliefs, die „syrische“ Beiträge zur Weltkultur repräsentierten, darunter das „Symbol syrischer Präsenz in Brasilien“, vertreten durch „den Handel, (der zu) großem Wohlstand (geführt hat)“. Der obere Teil des Denkmals bestand aus drei lebensgroßen Figuren. Hinten stand eine weibliche Figur als Verkörperung der Republik Brasilien, „deren Ruhm der Ruhm der brasilianischen *pátria* ist.“ Vor ihr bot eine „reine syrische Jungfrau“ ihrem „brasilianischen Bruder“ eine Gabe an, einem einheimischen Krieger, „mit derselben Liebe, mit der sie bei ihrer Ankunft in diesem von Gott gesegneten Land willkommen geheißen wurde“ (O Estado de S. Paulo 1928a [übers. aus d. Engl. KK]). Die Botschaft war klar: Uralte arabische Größe veränderte die Welt und machte so die „Entdeckung“ Brasiliens und das darauffolgende Wachstum möglich. Indem auf diese Weise die Araber als ursprüngliche Kolonisten und die drei Figuren oben auf dem Denkmal als „Brüder und Schwes-

Abb. 5 Amizade Sírio-Libanesa, São Paulo, 2011. Fotografien von Aron Shavitt Lesser

tern" dargestellt wurden, legte die syrisch-libanesische Gemeinschaft den Einheimischen nahe, sie als biologisch brasilianisch anzusehen.

Die öffentliche Einweihung der „Amizade Sírio-Libanesa" (Abb. 5) im Jahre 1928 war ein riesiges Ereignis. Es gab eine Parade mit zweitausend Soldaten und eine Rede des Bürgermeisters. Basílio Jafet, ein wohlhabender Industrieller und Präsident der Kommission, die die Gelder für die Statue beschafft hatte, wurde die Ehre zuteil, die Zeremonie im Namen des brasilianischen Präsidenten zu eröffnen. In einer bemerkenswerten Darstellung eines kollektiven ahistorischen Gedächtnisses tauschten die „Syrer und Brasilianer" in der Menge „Zeichen der uralten Freundschaft aus, die sie verbindet" (O Estado de S. Paulo 1928b [übers. aus d. Engl. KK]). Nagib Jafet, der Vizepräsident der Denkmalskommission, hielt eine Grundsatzrede, in der er behauptete, die Phönizier seien „die Väter der Kolonialisten, die später kamen, der Griechen, der Römer, der Portugiesen, der Spanier und der Engländer". Damit machte Jafet syrische und libanesische Einwanderer und ihre Nachfahren zu den Kolonisatoren Brasiliens.

5 Die Wahrnehmung von „Immigranten" in einem multiethnischen Brasilien

Für Forscher ist entscheidend, dass sie Migranten weder kulturell noch religiös essentialisieren. Zumindest in Brasilien ist „Immigrant" keine feste Kategorie, die sich nur auf Individuen bezieht, die sich zwischen verschiedenen Ländern bewegen. „Immigrant" ist eher eine nationale Identitätskategorie, die oft als ererbt angesehen wird. Daher verwenden Brasilianer selten Doppelkategorien zur Beschreibung einer Ethnizität, die auf Migrationshintergrund beruht – wenn jemand als „arabisch" oder „japanisch" beschrieben wird, ergibt sich daraus keine klare Vorstellung davon, ob die Person im Libanon, in Japan oder in Brasilien geboren wurde. Und doch sind diese Charakterisierungen nicht immer negativ. Tatsächlich besteht oft das Gefühl, dass ausländisch zu sein eine bessere brasilianische nationale Identität bedeutet. William Woo, ein Politiker aus São Paulo, fasste dies meiner Meinung nach gut zusammen, als er bemerkte: „Meine Mutter ist Japanerin, mein Vater ist Taiwanese und meine Frau ist Koreanerin – ich bin der beste Brasilianer von allen" (William Woo, Interview mit Verf., Juni 2001 [übers. aus d. Engl. KK]).

Aussagen wie die von Woo tragen dazu bei, Einwanderung elastisch zu verstehen und stellen damit diejenigen in Frage, die glauben, die einzige Definition eines Einwanderers sei ein Individuum, das aus freien Stücken von einer Nation zur anderen wechselt. In Brasilien repräsentieren Individuen sich selbst und werden in situativer Weise als Immigranten bezeichnet, etwas, das in den USA nicht in diesem Ausmaß verbreitet ist. Der Einwandererstatus verschwindet in den USA häufig nach einer Generation. In Brasilien dagegen ist die Kategorie „Immigrant" oft angestammt oder ererbt und kann auch denjenigen erhalten bleiben, die bereits im Lande geboren wurden. In Brasilien sind „Bindestrich-Kategorien" (japanisch-brasilianisch oder italienisch-brasilianisch) selten. Dagegen fokussieren Brasilianer sich auf den angestammten Geburtsort; sie nennen sich selbst und heißen Japaner oder Italiener. Die Werbung für die beliebte spätabendliche Seifenoper „Die Einwanderer" des Bandeirantes Television Network von 1981 greift diesen Punkt in einer Weise auf, die in den USA ohne Resonanz bleiben würde:

> Portugiesen, Japaner, Spanier, Italiener, Araber – verpassen Sie nicht die brasilianischste Seifenoper im Fernsehen.

Die Vorstellung, dass ausländisch und brasilianisch Teile derselben nationalen Identität sind, bedeutet, dass die Beschreibung Brasiliens als eine „Einwanderernation" etwas völlig anderes meint als der gleiche Ausdruck in den USA. In den USA suggeriert der Mythos des „Verheißenen Landes", dass Ausländer sich mit ihrer Ankunft dort verbessern, weil die Nation aus sich heraus groß ist. In Brasilien dagegen ist das Verhältnis zwischen Einwanderung und nationaler Identität anders. Viele Intellektuelle, Politiker und kulturelle und wirtschaftliche Leitfiguren sahen (und sehen) Einwanderer als Verbesserung einer nicht perfekten Nation. Einwanderer wurden als Retter willkommen geheißen, weil sie ein mit dem Makel der afrikanischen Sklaverei behaftetes Brasilien veränderten und verbesserten, und nicht, weil sie von Brasilien verbessert wurden.

Kategorien wie „Einwanderer“ und „Ausländer“ als mit positiver nationaler Identität aufgeladen zu sehen hilft zu verstehen, warum Juden und Araber immer noch oft als eine einzige Gruppe gesehen werden, als eine, deren Präsenz in ihrer Fremdheit als brasilianisch eingebürgert wurde. Araber und Juden waren in vielerlei Hinsicht (zusammen mit den Japanern) die „beste“ aller brasilianischen Einwanderungsgruppen geworden. Diese nationale Migrations-Identität zeigt sich in der Anzahl von Brasilianern, die danach streben, Juden, Araber oder Japaner zu werden, durch die Religion, durch Musik und Tanz und durch Essen. Das wird deutlich an der Art, wie ein großes Sushi-Festival dazu genutzt wird, um Werbung für ein religiöses Ritual unter orthodoxen Juden in Rio de Janeiro zu machen. Das Poster (Abb. 6) deutet an, dass in Brasilien nicht nur Araber wie Juden, sondern dass Juden wie Japaner sind.

Abb. 6 Poster, das mit einer „Sushi-Party“ für ein jüdisches religiöses Ritual wirbt. (Quelle: Rio de Janeiro 2007)

Literatur

Backheuser E (1944) Comércio Ambulante e Ocupações de Rua no Rio de Janeiro. Revista Brasileira de Geografia 6:3–24
Braga T (1894) A Pátria Portugueza. O Território e a Raça. Lello and Irmão, Porto
Colaco J (1895, 18 September) Letter to Carlos de Carvalho (Minister of Foreign Affairs). Arquivo Histórico Itamaraty, Rio de Janeiro. 02-Reparticões Consulares Brasileiras. Tangier-Ofícios-1891–1895-265/1/11
Correia V (1948) O Rei Salomão no Rio Amazonas. In: Jorge S (Hrsg) Album da Colonia Sírio Libanesa. Sociedade Impressa Brasileira, São Paulo, S 471–479
De Almeida G (1929a) Cosmópolis: O „Ghetto". O Estado de S. Paulo, 31.3.1929:4
De Almeida G (1929b) Cosmópolis: O Oriente Mais Proximo. O Estado de S. Paulo, 19.5.1929:6
Da Silva F (1974) Dicionário de Gíria. Editora Prelúdio, São Paulo
De Thoron V (1868) Voyages des Flottes de Salomon et d'Hiram en Amerique: Position Geographique de Parvaim, Ophir & Tarschisch. Imp. G. Towne, Paris
Hourani A (1981) The Emergence of the Modern Middle East. University of California Press, Berkeley
Hourani A (1991) A History of the Arab Peoples. Belknap Press of Harvard University Press, Cambridge
Hu-DeHart E (1982) Racism and Anti-Chinese Persecution in Sonora, Mexico, 1876–1932. Amerasia 9:1–28
Júnior Q (1955) Anedotas de Getúlio Vargas: Anedotário Popular, Irrevente e Potoresco. Getúlio no Inferno. Getúlio no Céu. Companhia Brasileira de Artes Gráficas, Rio de Janeiro
Lesser J (2004) How the Jews Became Japanese and Other Stories of Nation and Ethnicity. Jewish History 18:7–17
Malamud S (1983) Do Arquivo e Da Memória: Fatos, Personagens e Reflexões Sobre o Sionismo Brasileiro e Mundial. Bloch, Rio de Janeiro
O Estado de S. Paulo (1928a), 3.5.1928:1
O Estado de S. Paulo (1928b), 4.5.1928:1
Poppino R (1973) Brazil: The Land and People. Oxford University Press, New York
Rose P (1986) Ghetto. Academic American Encyclopedia, Bd. 9. Grolier Inc., Darien
Safa E (1960) L'Émigration Libanaise. Université Saint-Joseph, Beirut
Safady J (Hrsg) (1971) A Cultura Arabe no Brasil, Líbano e Síria. Editora Comercial Safady Limitada, São Paulo
Safady J (1972) A Imigração Arabe no Brasil. Dissertation, Universidade de São Paulo
Safady J (1973) O café e o mascate. Editora Safady, São Paulo
São Paulo, Prefeitura Municipal (1987) Catálago das obras de arte em logradouros públicos de São Paulo: Regional Sé. Depto. do Patrimônio Histórico, São Paulo

Prof. Dr. Jeffrey Lesser is the Samuel Candler Dobbs Professor of History and Chair, Department of History, Emory University. His newest book is Immigration, Ethnicity and National Identity in Brazil (Cambridge University Press, 2013 and forthcoming in Portuguese with Editora UNESP, São Paulo in 2015).

Als Wilna neben Buenos Aires lag: Die Transnationalität jüdischen Lebens am Rio de la Plata, 1904–1939

Frank Wolff

Zusammenfassung

After 1904 East European Jews started arriving at Rio de la Plata. Soon Argentina became the second most attractive overseas destination for Jews from Russia and Poland. With them they brought a new and rising Yiddish workers' culture. While in the 1900s this work was mostly disconnected from their khaverim back in Europe, in the following decades and in close connection to growing Polish and US-American Jewish institutions, these immigrants transferred cultural and political practices from Eastern Europe to Argentina. As an effect they created a transnational socialist and Yiddish culture with local specifics but closely related to the movement's heart in Poland. On this basis of massive migration, exchange and transatlantic contact, this article suggests understanding Buenos Aires and Vilna as two focal points of one transnational Jewish culture in the Interwar period. Generally speaking, it argues for a closer integration of European and Latin American Jewish history and for a shift from Jewish intellectuals to worker activists as the pillars of Yiddish culture.

Schlüsselwörter

Jewish history · Migration history · Argentina · Russia · Poland · Transnational history · Yiddish culture · Worker's movement

F. Wolff (✉)
Institut für Migrationsforschung und Interkulturelle Studien (IMIS), Universität Osnabrück, Osnabrück, Deutschland
E-Mail: wolff.fra@gmail.com

K. Kazzazi et al. (Hrsg.), *Migration – Religion – Identität. Aspekte transkultureller Prozesse,* DOI 10.1007/978-3-658-06510-2_3

1 Einleitung

„Die 60-jährige Geschichte des Bund“, reflektierte der führende Bundist Leon Oler 1957, „ist wie die Geschichte eines Menschen, der seine besonderen Phasen nicht nur in verschiedenen Zeiten durchlebte, sondern auch in verschiedenen Ländern – und in Anbetracht der letzten Jahrzehnte – auf verschiedenen Kontinenten“ (Oler 1973, S. 124). Diese klare Benennung der Realitäten des *Bund* (Jidd. Genitiv des *Bund*, Kurzform für Allgemeiner Jüdischer Arbeiterbund) ist überraschend, denn bislang wird der Bund und sein Erbe allein in der osteuropäischen Geschichte verhandelt (Paretzki 1932; Mendelsohn 1965; Tobias 1972; Bunzl 1975; Pickhan 2001). Einzig David Sluckis jüngste Studie untersucht die ehemals größte jüdische Partei in ihrer transnationalen Reichweite – allerdings nach dem Holocaust und damit in der letzten Phase der Existenz des *Bund* (Slucki 2009b). Die Zeit der Dominanz des *Bund* und damit die Hochphase der jiddischen Kultur lagen aber zwischen Jahrhundertwende und Zweitem Weltkrieg (Fishman 1981). Durch den deutschen Massenmord an den europäischen Juden und die massenhafte Flucht wurden der *Bund* und alle anderen auf das Jiddische setzenden Organisationen zu Schatten ihrer selbst. Sie existierten bestenfalls global zersplittert fort; zahlreiche spätere Versuche, die ehemalige Relevanz neu zu beleben, scheiterten (Slucki 2009a; so auch in Israel s. I. Artuski Bukh-Komitet 1976; Peled 2005). De facto war dies der Abgesang auf eine ehemals weithin strahlende transnationale Bewegung jiddischer Kultur, die durch die nationalen Wendungen des zwanzigstens Jahrhunderts schnell in Vergessenheit geriet oder in Musicals verzerrt und romantisiert wurde (Gechtman 2013; Whitfield 2003). Für die Mehrzahl der überlebenden europäischen Juden, darunter auch viele Bundisten, hatte der Holocaust den Glauben an eine stolze jüdische Existenz in der Diaspora zerstört (z. B. Mendel 1979).

Diese Netzwerke der jiddischen Kultur reichten bereits vor dem Holocaust über den Atlantik (Wolff 2012). Sie waren ein Bestandteil des modernen jüdischen Lebens in der russischen und polnischen Heimat der Bewegung und nicht Folge der deutschen Gräueltaten im Zweiten Weltkrieg. Diese säkulare *yidishkayt* entstand im Russland der 1890er Jahre. Im Rahmen der jüdischen Massenmigration gelangten ab ungefähr 1900 die entsprechenden Aktivisten, Unterstützer und Ideen überall dorthin, wohin die Millionen russischer Juden auswanderten. Die persönlichen und kollektiven Folgen dieser Migrationsbewegung standen den meisten Akteuren vor Augen, jedoch wurden die Facetten und Bedeutungen des damit auch stattfindenden Kulturtransfers oft marginalisiert (Fornberg 1908; Traub 1930). So wurde das revolutionäre Potential dieser Sammlungsbewegung unterdrückter und unzufriedener Juden in Russland und Polen von der Forschung grundlegend erörtert, seine transnationale Reichweite im Zeitalter der großen Migrationen ist jedoch ebenso ungeklärt, wie das der umgebenden jüdischen Parteien und Bewegungen. Dieser Aufsatz schließt darum an die jüngere Forschung an, welche die transnationale Relevanz der Überlappung von jiddischer Kulturarbeit und politisch radikalen Bewegungen am US-amerikanischen Fall betont, aber nicht über russisch/polnisch-nordamerikanische Verbindungen hinausschaut (Michels 2005, 2009; Trachtenberg 2008). Das jüdische Lateinamerika steht jedoch aufgrund der regionalen Vernetzungen und der Dominanz der Transmigration weitaus stärker für die Heterogenität der jüdischen Diaspora als das immer wieder zum Vorbild erklärte New York (Elkin 1998; Moya 2006; Lesser und Rein 2006).

Hier bietet vor allem der lokal stark aktive und eher widerwillig transnational vernetzte *Bund* ein geradezu ideales Prisma, um eine jüdische Geschichte nationaler Bewegungen anhand ihrer großenteils unreflektierten transnationalen Praktiken zu schreiben (Volkov 2006). Denn der *Bund* haderte mit seiner Präsenz in Übersee, wollte er doch vor allem das Leben der Juden in Russland und dann in Polen verbessern – und praktizierte die transnationale Vernetzung dennoch als eine Notwendigkeit der modernen Organisation. Die Beschränkung der Selbstwahrnehmung des *Bund* auf den osteuropäischen Kontext wurzelt in seiner Gründungsphase. 1897 in Wilna ins Leben gerufen, spielte die Massenemigration, die faktisch erst ab 1904 einsetzte, in der Entwicklung seiner Programmatiken keine Rolle (Gechtman 2005, 2007; Pickhan 2009). Die politischen und kulturellen Praktiken und Handlungsstrategien des *Bund* waren hingegen zugleich lokal und transnational (Wolff 2014). Der *Bund* fungierte als führender Vertreter der jüdischen Arbeiterbewegung nicht nur als Repräsentant der „Avantgarde der Armee der Arbeiter Russlands" (Georgij V. Plehanov 1896, zit. in: Tobias 1972, S. 20), die mit vereinten Kräften in nur zwölf Jahren drei Revolutionen lostrat. Er stand auch im Zentrum der jiddischen Kulturbewegung, die sich durch die Betonung jiddischer Weltlichkeit von der jüdischen Tradition ebenso lossagte wie von der Russifizierung oder dem Neo-Hebraismus der Zionisten. Der Stolz des *Bund*, so sein berühmter Slogan, kam durch den Gang „in die Gassen zu den Massen."

Diese Massen aber emigrierten um die Jahrhundertwende hunderttausendfach in die Neue Welt. Während in den letzten Dekaden die Vernetzung zwischen Juden in Osteuropa und den USA ins Zentrum moderner jüdischer Geschichte gerückt ist (Mendelsohn 1976; Cutler 1996; Morawska 1996; Katz 2011; Brinkmann 2012), mangelt es noch an Studien, die diese transatlantische Perspektive auf Lateinamerika ausweiten. Erst in jüngerer Zeit widmen neuere Publikationen sich den geographisch lokal verorteten und transnational funktionierenden jüdischen *landsmanshaftn* (Kobrin 2010; Lipphardt 2010; Nouwen 2013), wobei politische Aspekte und Organisationen jedoch keine besondere Aufmerksamkeit erfahren. In diesen formten sich aber aufgrund von Verfolgung und gegenseitigem Differenzdenken dauerhafte politische Identitäten, die den Migrations- und Integrationsprozess aufgrund der persönlichen Netzwerke maßgeblich mitprägten. Dies gilt neben dem *Bund* auch für die leider weniger erforschten Arbeiterzionisten der *Poalei Zion*, die anarchistischen Gruppen und die eher eklektisch und nationalhistorisch fokussiert untersuchten jiddischen Kommunisten (Gitelman 1972; Schatz 1991; Moya 2004; Visacovsky 2005; Moss 2009). Sie alle sind aber – schon allein wegen des häufigen Seitenwechsels ihrer Mitglieder – nur durch Wechselwirkungen und Überlappungen verstehbar. Die jiddische Kultur und Literaturlandschaft entstand in der Spannung aus Kooperation und Konkurrenz dieser Gruppierungen. Im Folgenden werde ich darum erstens anhand des jüdischen Lebens im zweitwichtigsten Emigrationshafen russländischer Juden nach New York, nämlich Buenos Aires, entlang spezifischer Zeitfenster die Entwicklung der Transnationalität der *yidishkayt* als eine Praxisgeschichte darlegen und zweitens interne Wandel und Brüche betonen (anschließend an Wolff 2013b). Abschließend ist zu erörtern, inwieweit dies im Rahmen der Transkulturalität erfasst werden kann.

2 Neue Wurzeln, 1904–1910

Die Geschichtsschreibung zur jüdischen Immigration Argentiniens folgt typischerweise zwei Modellen. Entweder wird die Geschichte als durch die jüdische Kolonisationsagentur (ICA) geleitet dargestellt, die mit großem finanziellen Aufwand und im Staatsauftrag jüdische Kolonisateure als „Gauchos Judíos“ ins Hinterland gebracht habe. Die Ansiedlung in den Städten gilt dabei eher als unerwünschter Nebeneffekt (Lewin 1971; Avni 1983; Lencinas 1994; Feierstein, 2007; vgl. auch: Freidenberg 2009). Auf der anderen Seite steht die Sicht einer atomisierten, individuellen Arbeiterimmigration nach Buenos Aires, die die jüdischen Agrareinwanderer auf einen Mythos reduziert (Sofer 1982; Mirelman 1990). Faktisch jedoch überlagerten sich organisierte Migration, individuelle Auswanderung, die russische Juden eher zufällig nach Argentinien führte und die informationsbasierte Kettenmigration (Nouwen 2013).

Dies gilt auch für jene zahlreichen Einwanderer, die sich in Buenos Aires politisch und kulturell engagierten. Wohl 1906, erinnert sich der führende Bundist Pinie Vald, kam Mendl Maler als unbescholtener aber aktiver Bundist nach Buenos Aires, ein typischer Vertreter der 1880er Generation (Vald 1929, S. 7–10). Das erwünschte Ticket in die USA erhielt er nicht, aber ein vermutlich von der ICA bestelltes führte ihn aus Russland nach Argentinien. Nach dreißig Tagen Überfahrt ging er jedoch nicht, wie von der ICA vorgesehen, in eine der jüdischen Kolonien, noch nutzte er das staatliche *hotel de inmigrantes* in Buenos Aires als Durchgangsstation ins Hinterland. Während der Passage hatte er von einer, wörtlich, *birzshe* am Plaza Lavalle, mitten im entstehenden jüdischen Viertel der Stadt erfahren. Eine *birzshe*, das war in Russland das kollektive Spazierengehen auf der Straße, in dem Revolutionäre angeblich ziellos auf der Hauptstraße im *Schtetl* flanierten und plauderten, de facto so aber die Bewegung organisierten und sich durch Zerstreuung der Überwachung entzogen (Khanin 1945; Aronson 1968). Dieses Muster der Organisation einer „gestreuten Masse" (Schrage 2006) wurde in Buenos Aires übernommen, wobei es hier jedoch der Strukturierung des Arbeitsmarktes diente. Mendl Maler strebte direkt dorthin, denn hier konnte er sich auf Jiddisch verständigen, der einzigen Sprache, die er sprach. Sein Weg führte in ein Gewerkschaftsbüro, wo er Arbeit erhielt. Der weitere Pfad war wie vorgezeichnet, er blieb in der Stadt und wurde als Arbeiter engagierter Aktivist der jüdischen Arbeiterbewegung. Bemerkenswert ist jedoch ein Banner, welches in diesem Gewerkschaftsbüro gehangen haben soll. Auf Jiddisch zitierte es Marxens „Die Befreiung der Arbeiterklasse ist die Sache der Arbeiterklasse allein" und wurde von drei Porträts umrahmt. In stiller Einigkeit hingen dort nebeneinander der Vater der kommunistischen Bewegung Karl Marx, sein wohl größter linker Gegner, der Anarchist Mikhail Bakunin, und das Idol der lateinamerikanischen Unabhängigkeitsbewegungen, José de San Martin (Vald 1929, S. 8 f.). Aus der Sicht eines Historikers der russländischen Arbeiterbewegung könnte diese Mischung kaum obskurer sein. Für Kenner der argentinischen Arbeiterbewegung ist diese Kombination aus Populärmarxismus, Anarchismus und lateinamerikanischer Freiheitsromantik von prototypischem Wert.

Jedoch erging es dem Protagonisten Maler nicht gut. Nur wenige Jahre später nahm er sich das Leben, gezeichnet durch eine Bleivergiftung, die er durch seine Berufstätigkeit erlitten hatte. Er wurde so auch zu einem traurigen Pionier, einem der ersten Bestatteten auf dem jüdischen Teil der Zentralfriedhofs Chacarita. In der Zwischenzeit aber war er politisch aktiv gewesen, ganz besonders in der Gruppe *Avangard* (Vald 1942, 1955). Diese Gruppe wurde 1906 von ankommenden Bundisten gegründet und brachte ab 1908 das hochqualitative jiddische Monatsblatt *Der avangard* heraus.[1] Zum Vergleich: Bundisten im weitaus finanzstärkeren New York versuchten 1905, den dortigen, wesentlich besser organisierten Sozialismus durch ihre eigene Zeitschrift zu ergänzen, was kläglich mit der ersten Nummer scheiterte (Tsentralfarband fun die bundistishe organisatsyonen in Amerika 1905). Optisch erinnerte der *Kemfer* eher an ein illegales Blatt des *Bund* im russischen Zarenreich, ohne jedoch die inhaltliche Qualität dieser Vorbilder zu erreichen (Wolff 2013a). *Der avangard* hingegen stand in der direkten Tradition

[1] IWO, Buenos Aires/1114 (Bund).

Abb. 1 Bislang unbekanntes und einzig erhaltenes Gruppenbild der Gründer des Avangard vor einem Porträt von Karl Marx, Buenos Aires 1907. Deutlich zu sehen ist die Dominanz von Männern (allesamt bürgerlich-säkular gekleidet), jedoch mit damals auf bemerkenswerte Weise zentral und gleichberechtigt positionierten weiblichen Aktivistinnen und einem Kind auf Männerschoß (A. Rozenblum, hinter ihm sitzend seine Frau). Bemerkenswert ist dementgegen die generationelle Einheitlichkeit, im Gegensatz zu den USA fehlten hier Veteranen der jüdischen Arbeiterbewegung. Der in Argentinien führende Bundist Pinie Vald (im schwarzen Anzug) legt in der ersten Reihe links die Hand auf Grudniks Schulter (im weißen Hemd), als einziger in Gaucho-Mode steht auffällig in der hintersten Reihe S. Valsky (mit Hut). (Quelle: IWO, Buenos Aires/1114)

europäischer sozialdemokratischer Publikationen des 19. Jahrhunderts und konnte erst durch antisozialistische Polizeiaktionen 1910 gestoppt werden (Abb. 1). Als eines der allerersten jiddischen fortlaufenden Periodika Lateinamerikas sollte diese Monatsschrift sowohl in der lateinamerikanischen Geschichte als auch den Jüdischen Studien wesentlich stärker wahrgenommen werden (Dujovne 2008).

Die Gruppe *Avangard* verstand sich als *Bund* in Argentinien (oA 1908). Die Aktivisten transferierten dabei nicht nur Organisationsmuster, sondern auch Konflikte. Der Treffpunkt jiddischer Sozialisten war die *Biblioteca rusa*, die ungeachtet des Namens primär eine jiddische Bibliothek war. Wie in vielen Einwanderungsländern stellte die Bezeichnung *ruso* ein Synonym für *judío* dar. Die Bibliothek bot nicht nur lokale Publikationen zur Lektüre, sondern hunderte importierte russische und jiddische sozialistische Bücher und Pamphlete sowie fortlaufend einige russische und jiddische Zeitschriften. Diese kamen regelmäßig aus Russland oder dem Schweizer Exil russländischer Revolutionäre an. Ergänzt wurde dies durch den aus dem habsburgischen Galizien stammenden *Sotsyal-demokrat*, den dort das spätere

Mitglied der Frankfurter Schule, Henryk Grosman, unter bundischen Vorzeichen herausgab, und natürlich auch das führende Blatt des jiddischen Sozialismus, den *Forverts* aus New York. Vor allem aber war diese Bibliothek ein Treffpunkt für politische Gruppen und Organisationen und ermöglichte zahlreiche hitzige Diskussionen. Die *biblioteca rusa* fungierte damals als die Kernzelle des entstehenden jiddischen Argentinien (Wolff 2014, S. 193, 305–308).

Unter den dortigen Aktivisten entstanden aber Konflikte über die Sprachlichkeit: War das Jiddische das Ziel der Bewegung und ein Kulturwert an sich oder nur ein Medium, um die Immigranten Spanisch zu lehren und sie so zu „argentinisieren" und letzten Endes der spanischsprachigen Arbeiterbewegung zuzuführen? Und war die jiddische Arbeiterbewegung ausreichend oder nur ein Mittel, um die Arbeiter in die *Partido Socialista* zu führen? Bereits 1909 spaltete sich der *Avangard* in die bundistische Kerngruppe und die neue *Shtime fun avangard*, die sich kurzzeitig in einem Kleinkrieg beharkten (oA 1909a, b). Im Gegensatz zu geläufigen Aussagen, dass hier Bundisten und Iskra aufeinanderträfen (Bilsky 1987, S. 37 f.; Laubstein 1997, S. 175), kann von einem argentinischen Lenin nirgendwo die Rede sein. Es stand nicht die Organisationsfrage, sondern allein die Frage der Sprachlichkeit zur Debatte.

Um dies zu verstehen, muss man sich den osteuropäischen Hintergrund der Akteure vergegenwärtigen, denn im Buenos Aires der späten 1900er Jahre wurden jene spezifischen Wilnaer Streitigkeiten aus den 1890er Jahren reproduziert, die 1897 zur Gründung des *Bund* führten. Wie zuvor die Wilnaer Opposition um Julius Martov und Avram Gordon sah die *Shtime fun avangard* es als nötig an, erst die Sprache des Landes, hier nun Spanisch statt Russisch, zu lehren, bevor man politisch agitierte (Mendelsohn 1970, S. 56–61). Dem *Bund* folgend widersprach die Gruppe *Avangard* und rief zur Aktion, ohne vorhergehende langwierige „Aufklärungsaktionen". Ganz wie das Vorbild war sie erfolgreich und konnte zahlreiche Kritiker letzten Endes auf ihre Seite ziehen. Der *Avangard* setzte sich auf allen Fronten durch und agitierte folglich für eine Kombination aus Aufbau eines säkularen jiddischen Kulturwesens und einer Arbeiterbewegung (Vald 1909).

Wilna war damals emotional und logistisch weit von Buenos Aires entfernt. Aber durch den Erfahrungstransfer durch die eingewanderten Juden war es präsent und die dortigen Entwicklungen bestimmten die Organisationsstrukturen ebenso wie Zielvorstellungen und innere Konflikte. Städte wie Wilna waren in der Erinnerung der Emigranten prototypisch präsent und bestimmten so die Organisationsmuster der jungen jüdischen Gemeinschaft auch am Rio de la Plata. Viel stärker als in der Heimat trat dabei das Religiöse zurück und die sozialen Bewegungen übernahmen die Kontrolle über die jüdische Gemeinschaft, die in Russland oft von der religiösen Gemeinde bestimmt blieb (Zadoff 1994, S. 50 f.). Diese transnationale Beziehung zwischen Herkunfts- und Lebensort fußte aber allein auf biographischen Erfahrungen, wirkte primär nur monodirektional und spiegelte sich darum nicht in struktureller Verflechtung und gegenseitigem Austausch. Keine der benannten Institutionen dachte an die Möglichkeit oder Notwendigkeit, sich zugunsten der alltäglichen Arbeit mit den Organisationen in Russland zu vernetzen oder gar Einfluss nach Osten auszuüben. Damit fungierten die russländischen Institutionen als Vorbilder, nicht aber als Bruderinstitutionen. Durch den steten Zufluss an Menschen und Ideen konsolidierte sich die Gemeinschaft vor Ort und sie wurde zu einer starken Wurzel für eine argentinische jüdische Kulturlandschaft, die parallel zu Osteuropa entstand. So wuchs die Gewissheit, dass das jüdische Leben in Argentinien sich verstetigte – und dies führte zu grundlegendem Wandel in den folgenden Dekaden.

3 Wandel und Zweifel, 1916–1921

Vom Ersten Weltkrieg war das jüdische Argentinien freilich weitaus weniger betroffen als die Juden in Osteuropa (Schuster 2004). Dennoch gibt es bemerkenswerte Parallelen. In beiden Regionen war die Arbeiterbewegung Anfang der 1910er Jahre wie paralysiert. In Russland wirkte die verlorene Revolution von 1905 nach (Tobias und Woodhouse 1977), in Argentinien die Zerschlagung der *Biblioteca rusa* 1910 (Mirelman 1990, S. 55; Dujovne 2012, S. 89). Ab Mitte des Ersten Weltkrieges erwachte die Arbeiterbewegung jedoch wieder, inklusive ihrer kulturellen Zweige. In Warschau und Wilna waren dies Suppenküchen, die zu Gewerkschaftsräumen wurden, die dann wiederum Periodika produzierten (Lifshits 1935; Medem 1948). Auch in Buenos Aires war Wohltätigkeit entscheidend, wobei sich diese aber primär auf jene Juden ausrichtete, die erst durch den Weltkrieg und dann die Bürgerkriegspogrome litten.[2] Der *Avangard* versuchte ebenfalls ab 1916 wieder auf die Beine zu kommen, jedoch war seine Kraft als Sammelbecken gebrochen. Die Neuauflagen seiner Monatsschrift erreichten weder die Qualität noch die Verbreitung der ersten Ausgaben und vor allem die 1919–1920 erscheinende dritte und letzte Folge war nur noch ein Abklatsch des einst erfolgreichen Periodikums.[3]

[2] IWO, Buenos Aires/Comite Central Pro Socorro a las victimas israelitas de la guerra y refugiados, 1916–1921; ebd./1036 (Materiales de otras organizaciones)/32 (Bericht des Centro Sionista Concordia, Concordia 29. Juli 1919), 1–21 (div. Schreiben, inkl. Avangard, Schneidergewerkschaft etc., 1919).

[3] Vgl. die Ausgaben: Der avangard, 1. Folge 1908–1910; 2. Folge 1916/17, 3. Folge 1919–1920, mit konstant fallender Qualität und Reichweite, für eine Analyse s. Wolff 2014, S. 140–152.

Denn die Oktoberrevolution spaltete nicht nur die russländische Arbeiterbewegung. Wie überall zerfiel sie auch in den USA und Argentinien nun endgültig in eine sozialistische und eine weiter links stehende Strömung. Nachdem sich ein frustrierter und der älteren Generation angehörender sozialdemokratischer Teil vom *Avangard* abgespalten hatte, schloss sich der verbleibende Rest des *Avangard* kurz darauf der jungen *Partido Communista* an. Trotz scharfer Proteste setzte die sozialdemokratische Strömung hingegen an, eine Fundraisingkampagne für den „Bund im freien Russland" in einen offiziellen Zweig des *Bund* in Argentinien auszubauen, was bis 1925 auch gelang.[4] Im Lichte der Oktoberrevolution verstärkten sich dabei zwei Tendenzen, erstens die Diffusion des vormaligen jiddisch-kulturellen Sammelbeckens in politische Parteien, allen voran Anarchisten, Poalei-Zionisten, Bundisten und Kommunisten. Zweitens belebte Konkurrenz das Geschäft. Anders als beim Streit zwischen *Avangard* und *Shtime fun avangard* 1909 hatten alle diese Strömungen ihre kritische Masse erreicht und konnten zumindest holprig mit eigener Kraft vorwärtsgehen. Wichtig war dabei, dass verstärkt durch parteiliche Netzwerke weitere Immigranten ankamen und dass in Zeiten von Revolution und Bürgerkrieg russische Debatten auch als eigene, Argentinien betreffende Themen gesehen wurden. Damit stieß in diesen von Radikalismus und Zerwürfnissen geprägten Jahren in Buenos Aires wie in Wilna yidishkayt als eine einende Klammer an ihre Grenze. Die durch Oktoberrevolution und Bürgerkrieg erzwungenen Positionen kontrastierten untereinander zu stark, als dass eine sprachbezogene Arbeiterkultur dies hätte überbrücken können.

4 Eigene Wege, 1925

In den Folgejahren prägten Risse, Fehden und Zerwürfnisse die jiddische Landschaft Argentiniens. Bis 1925 verfestigten sich daraus parteiliche Strömungen, darunter eine sehr aktive jüdische Sektion der *Partido Communista*, eine aufstrebende *Poalei Zion*, ein noch schwächelnder bundischer Klub und Vereinigungen jüdischer Anarchisten, die unter dem Einbruch des Anarchismus in Argentinien litten (Laubstein 1997, S. 186–191; Camarero 2007, S. 297–311; Suriano 2001). Sie alle funktionierten auf Jiddisch. Als neuer Dreh- und Angelpunkt dieser Strömungen bildeten sich jedoch nicht die Parteiorganisationen aus, auch nicht die früheren Abendveranstaltungen oder parteiliche Presseorgane.[5] Diese Institutionen existierten zwar, aber sie erreichten nie wieder die Relevanz, die sie vor dem Ersten Welt-

[4] IWO, Buenos Aires/1114 (Bund)/Briefwechsel Kohn – Veber, 1920.

[5] Eine wichtige Ausnahme ist die in diesen Jahren aufstrebende *Di prese*, eine gemäßigtere Form des New Yorker *Forverts*.

krieg besessen hatten. Im Zentrum des jiddischen Lebens stand nun die Bildungsfrage (Zadoff 1994, S. 67–76; Wolff 2014, S. 377–383). Die jüdische Arbeiterbewegung hatte ein Alter erreicht, in dem sie sich Gedanken um die Generationalität machte. Da sie nun die Bildung der Kinder und Jugend forcierte, entwickelten sich jiddische Schulen zum neuen Brennpunkt. Die Grundlage dafür war ein Transfer auf zwei Ebenen: Erstens löste sich hier die Arbeiterbewegung von primär politischen und ökonomischen Motiven und wendete sich kulturellen Fragen zu. Aus der Arbeiterbewegung erwuchs eine eigenständige jiddische Arbeiterkultur, die *yidishkayt* als Eigenwert betrachtete und vielerorts gar die politischen Schwerpunkte überwucherte. An der jiddischen Kultur ist jedoch zu sehen, dass damit keineswegs die Radikalität verloren ging, denn sie war kein „Als-Ob" (Hans Vaihinger), also nicht Surrogat oder Aufweichung. Vielmehr beanspruchten die jiddischen Kulturaktivisten nun die Führung über die jüdische Gemeinschaft. Sie sahen sich als die Boten der kommenden und allumfassenden, modernen jüdischen Säkularität.[6] Zweitens war dies in Argentinien entscheidend durch Entwicklungen in Osteuropa geprägt. Im unabhängigen Polen blühte die jiddische Kultur auf. Dies ging einher mit jiddisch-sprachigen Schulnetzwerken, allen voran die TSYSHO (*Tsentrale yidishe shul organisatsye*), welche in Koalition von Bundisten und Arbeiterzionisten betrieben wurde und in seiner Blütezeit ca. 25.000 Schüler ausbildete (Kazdan 1947). Als weithin sichtbares Aushängeschild der jüdischen Arbeiterbewegung wurde sie in Polen jedoch nicht das Zentrum der Bewegung, welches nach wie vor Parteiorganisationen, Kulturzentren, Tageszeitungen und allen voran Fachgewerkschaften stellten (Pickhan 2001; Jacobs 2009).

Anders in Argentinien, hier sollten die Schulen zu einer neuen Form der „shul", der ursprünglich religiösen Lern- und Gemeindezentren in den *Schtetln* werden. In traditioneller Art versuchte dabei jede Strömung, eine eigene „shul" aufzubauen (Tab. 1). 1925 dominierte in Argentinien aber der säkulare Sektor. Ähnlich wie zeitgleich in Polen konnten auch die jüdischen Parteiorganisationen in Argentinien ein deutliches Mitgliederwachstum verzeichnen, jedoch blieb der *Bund* hier am Rio de la Plata wesentlich schwächer als seine Konkurrenten. Immer stärker in den Vordergrund jüdischen Lebens trat dabei die aggressiv gegen die Sozialisten polemisierende kommunistische Bildungsorganisation, die *Arbetershulorg*. Abseits aller anderen linken Gruppierungen mobilisierte sie mit radikalen Methoden und ebensolcher Rhetorik. Dies wurde dadurch begünstigt, dass sich die anti-bolschewikischen jüdischen Sozialdemokraten Argentiniens der 1920er Jahre, anders als ihre polnischen Genossen, kaum zu tragfähigen Allianzen durchringen konnten.

[6] IWO, Buenos Aires/1111 (Educación)/Schreiben 1920er, Protokollbuch: Veltlekhe shuln 1923, diverse Unterlagen.

Tab. 1 Hauptströmungen jüdisch-säkularer Schulen in Argentinien, 1920er Jahre, eigene Erhebung

	Yidishe ratsyonalistishe gezelshaft	*Folks shul rat*/ Alianza Israelita de Beneficencia y Educación	Borochow-Schulen	*Arbetershulorg*	Freie, bundische Schule
Gegründet	1909/1917	ca. 1920	1920	1922	1925
Ausrichtung	Anarchistisch	Jiddischistisch, wachsender Hang zum Arbeiterzionismus	Angeschlossen an die Poalei Zion in Argentinien	Zunehmend kommunistisch	Angeschlossen an die 1924 gegründete *bundishe organisatsye*
Schwerpunkte	Säkular, jiddisch als Basis für Hispanisierung	Jüdische Weltlichkeit, meist zionistisch, nicht revolutionär aber zunehmend linkspolitisch	Sehr weit links stehender Arbeiterzionismus	Antizionistisch, „proletarisch", Jiddisch als Mittel, weniger als Zweck	Jiddische Kultur, jüdisches Klassenbewusstsein
Maximalanzahl an Schulen	3?	Mehrere, genaue Zahl nicht ermittelbar	5	8	1

Daten aus: IWO, Buenos Aires/1111 [Educación]; ebd./1114 [Bund]; ebd./Scholem Aleijem, Zwischo/2/100 yor Sholem Aleykhem. 25 yor Sholem Aleykhem Shuln, ([Buenos Aires] 1959): o. P.; Centro Marc Turkow, Buenos Aires/Archivo de la palabra; Zadoff 1994, S. 67–76

1925 waren Wilna und Buenos Aires durch Migrationsnetzwerke sehr eng verbunden. Nachdem die USA 1925 die Tore für osteuropäische Einwanderer verschlossen, drängten trotz des globalen Rückgangs jüdischer Emigration aus Osteuropa nahezu unvermindert jüdische Immigranten ins Land (Weill 1936). Während das berühmte, 1925 gegründete Wilnaer Jiddische Wissenschaftliche Institut (YIVO) bereits 1928 seine zweite Dependance in Buenos Aires eröffnete (nach New York) und es unter die Führung des ehemaligen Bundisten und herausragenden Yiddisten Samuel Rollanksi stellte, mangelte es den Schulen an solchen Transfers von Personen, Ideen und Organisationsmustern. Bemerkenswerterweise führten die vielen persönlichen Vernetzungen unter den Migranten nicht automatisch zu institutionellen Transfers (anders als zeitgleich in den USA). Die politischen Organisationen besaßen eine ausreichende Größe, um auf eigenen Füßen zu stehen, allerdings nicht die Schlagkraft, um mehr als das Überleben zu sichern. Gegen Ende der 1920er Jahre liefen dabei zwei Tendenzen zuwider. Zum einen stieg mit der globalen Präsenz der modernen jiddischen Kultur die Erwartung an die Schulen in Argentinien, zum anderen aber sank die finanzielle Zuverlässigkeit konstant. Zahlreiche Schulprojekte wurden aufgrund des Bedarfs zwar geplant, konnten aber wegen fehlender Ressourcen nicht umgesetzt werden oder scheiterten nach kurzer Zeit an organisatorischen Schwächen. Die Aktivisten dachten noch in Form der voluntaristischen und oft spontanen Arbeiterbewegung der 1900er Jahre, die Gelder über situative Spendensammlungen einwarb.[7] Die soliden Strukturen eines Schulwesens aber benötigten stärkere Institutionalisierungen, vor allem um die Schulen dauerhaft finanzieren zu können. Die alten Methoden des Fundraisings reichten nicht aus, und so wurden die Schulen der Arbeiterbewegung selbst Opfer von Lehrerstreiks (Zadoff 1994, S. 75). Den Aktivisten stand klar vor Augen, dass dieser Weg nicht funktionieren konnte, jedoch fand keine der Schulorganisationen aus eigener Kraft einen Ausweg.

5 Transnationalität in der Praxis, 1931–1936

Obwohl die argentinisch-jüdischen Schulen also keineswegs gesichert waren, drang die Kunde von ihrer Existenz nach Warschau zum Zentralkomitee des *Bund*. Dies lag vor allem an dessen eigener Finanznot, primär in Bezug auf das wachsende Schulnetzwerk TSYSHO. Bereits seit den 1900er Jahren griff der *Bund* konstant und sehr erfolgreich auf Fundraising in den USA zurück, und nahezu ständig befanden sich Gesandte auf Kampagnen in den USA (Wolff 2014, S. 401–454). In Argentinien arbeitete allein ein kleiner Hilfsverein, der für die von *Bund* und *Poalei Zion* gemeinsam betriebenen jiddischen Schulen in Polen Gelder sammelte. Diese Aktivität wollte das Zentralkomitee des *Bund* von Polen aus unterstützen und kündigte Anfang 1931 den Besuch eines Delegierten an. Überraschenderweise hielt sich die Euphorie der argentinischen Bundisten stark in Grenzen. Sie schrieben nach Warschau, dass sie erstens nicht über Kapazitäten dafür verfügten, und dass zweitens der Gesandte Benjamin Tabatshinksi vollkommen unbekannt sei. Dies war er in Polen und den USA keineswegs, was erneut für die zeitweilige Eigenentwicklung der argentinischen jiddisch-intellektuellen Landschaft spricht. Drittens hatte in Argentinien gerade ein erfolgreicher Militärputsch stattgefunden. Der neue Machthaber General Uriburu versuchte, die Lage im Land durch Einschränkungen des öffentlichen Lebens und mit auch anti-sozialistischen Maßnahmen zu stabilisieren. Eine sozialistische Fundraising-Kampagne erschien den Aktivisten darum als vollkommen deplatziert. Nichtsdestoweniger kam Tabatshinski im argentinischen Herbst 1931 an und blieb bis ins Frühjahr. Finanziell war der Kampagne nur mäßiger Erfolg beschieden, aber die unerwarteten Nebeneffekte

[7] IWO, Buenos Aires/Scholem Aleijem, Zwischo/Libro de Socios.

veränderten das jüdische Argentinien. Tabatshinsky erwies sich als blendender Agitator und Motivator. Er verstand es, seinen Zuhörern das Thema der jiddischen Schulen nicht nur als Parteiarbeit, sondern in erster Linie als jüdische Kulturarbeit zu vermitteln. Die Öffentlichkeit hörte zu.[8]

Zudem hinterließ er in Argentinien die Idee der in Polen aktiven TSYSHO und direkt darauf wandelte sich das Schulwesen am Rio de la Plata. Zionisten und Bundisten kamen nun auch hier trotz massiver ideologischer Differenzen in der „Gegenwartsarbeit" für die *yidishkayt* und gegen die Kommunisten zusammen. Nach dem Vorbild der TSYSHO gründeten sie zuerst die *Gezelshaft far yidish veltlekhe shuln*, die nicht mehr allein auf Geldsammlungen im eigenen Lager baute, sondern die Schulen als Zentrum moderner jüdischer Kulturarbeit darstellen konnte. Kurz danach wurde die TSVSYHO[9] (*Tsentrale veltlekhe yidishe shul organisatsye*) gegründet, die sich ähnlich aufstellte, jedoch im Laufe der Zeit stärker in Richtung Arbeiterzionismus tendierte (Tab. 2). Nichtsdestoweniger ergänzten sich *Gezelshaft* und TSVYSHO an genau jenen Stellen, an denen in die Schulnetzwerke in den 1920er Jahren noch miteinander konkurrierten. Dies betraf vor allem moderne Finanzierungsmethoden, Modelle von Mitgliedschaften und die Koppelung der Schulen an die politischen Bewegungen. Die Schulgebäude wurden zu Kulturzentren, die nicht nur Schüler beherbergten, sondern auch für Gewerkschaftstreffen, Parteizusammenkünfte und Kulturveranstaltungen zur Verfügung standen. Die Schulen wurden zu Zentren gelebter *yidishkayt*. Auch die kommunistische Bewegung folgte diesem Trend und baute ihr Schulnetzwerk entsprechend um, allerdings stand sie in den 1930er Jahren unter großem Verfolgungsdruck. Sie konnte sich zwar im Generalstreik 1934 hervortun, das Schulnetzwerk hingegen schloss der Staat nach nur wenigen Jahren. Demgegenüber existierte die bundische Peretz-Schule auf der Straße Lavalle bis 1995 weiter und die Scholem-Aleichem-Schule der TSVYSHO besteht als mittlerweile zionistische und hebraistische Schule bis heute.

Mitte der 1930er Jahre modernisierten die Aktivisten das jüdisch-säkulare Schulwesen in Argentinien durch Transfers von Ideen, Materialien und Lehrern aus Polen. Das säkulare jiddische Bildungswesen nahm durch gemeinsame Anstrengungen in den 1920er Jahren die erhoffte zentrale Position in der jüdischen Kultur vor Ort ein. Fundraising fand nun nicht mehr separat statt, sondern die Initiativen koordinierten ihre Anstrengungen und arbeiteten oft in einen gemeinsamen Topf für die polnische TSYSHO, beide sozialistische Schulnetzwerke in Argentinien und auch für einen neu entstehenden Ableger in Montevideo. Man erkannte,

[8] IWO, Buenos Aires/Comite de Ayuda a las escuelas laicas Israelita de Polonia y Argentina/17/Barikht 1931.

[9] Tsentrale veltlekhe yidishe shul organisatsye.

Tab. 2 Säkulare Schulorganisationen in Argentinien, 1930er Jahre, eigene Erhebung

	Gezelshaft far yidishe veltlekhe shuln in argentine	TSVYSHO/Sholem-Aleichem-Schule	Farband fun Yidishe folks shuln
Gegründet	1931/1933	1934	1934
Ausrichtung	Ähnlich TSYSHO, Bundisten, Poalei Zionisten, strikt sozialdemokratisch, zunehmend jiddischistisch und bundistisch	Ähnlich TSYSHO, jedoch stärkerer Einfluss der Poalei Zion – auch der Linken Poalei Zion, nur marginal Bundisten, Allianz aus Linken und jiddischistischen Kräften, faktischer Nachfolger der Borochow-Schulen	Nachfolger der *Arbetershulorg*, als kommunistische Schule vom Staate verfolgt, 1937/1938 geschlossen
Schwerpunkte	Jiddisch als Mittel und Zweck in Schule und allgemeiner Kulturarbeit, Kindergärten, Schulen, Ferienkolonie, Arbeiterkultur, klein aber möglichst umfassend; Peretz-Schule auch bundisches Versammlungszentrum	Jiddisch, zunehmende Wendung zum modernen Hebräisch als Unterrichtsbestandteil; allgemeine Kulturarbeit, Kindergärten, Schulen, später Ferienkolonie; pro-zionistische Perspektive, klein aber möglichst umfassend	Jiddisch inkl. Spanisch, Fokus auf Kommunismus und zeitweise auf die Unterstützung des kommunistischen „Zion ohne Zionismus" in Birobidžan
Größe	1934: 90 Kinder 1938: 3 Schulen, 400 Schüler, „Volksuniversität" und Kindergarten – hinzu kommt: unabh. aber ähnliche Schule *Zalmen Reizen Shul* auf Avellenada: 120 Schüler, angebundene Folgemodelle einer Schule und eines Kindergartens in Montevideo, Uruguay	1934, 2 Schulen, 4 Lehrer, 130 Schüler 1942: 29 Lehrer, 770 Schüler	1937: 7 Schulen (in Buenos Aires), 200 Schüler und unterstellte Schulen in La Plata, Rosario, Santa Fe und Bahia Blanca, jeweils ein Lehrer pro sehr heterogene Gruppe

Daten aus: IWO, Buenos Aires/1111 [Educación]; ebd./1114 [Bund]; ebd./Scholem Aleijem, Zwischo/2/100 yor Sholem Aleykhem. 25 yor Sholem Aleykhem Shuln, ([Buenos Aires] 1959): o. P.; Centro Marc Turkow, Buenos Aires/Archivo de la palabra; Zadoff 1994, S. 98

dass *yidishkayt* nicht per se transatlantisch verband, sondern dass die Aktionen sich dementsprechend ausrichten mussten.

Ezra Mendelsohn betont in seiner klassischen Studie, dass der *Bund* an der „politischen Front" wenig Langzeitwirkung erreicht habe, dass er an der „kulturellen Front" jedoch deutlich erfolgreicher gewesen sei (Mendelsohn 1970, S. 153 f.). Wie aber Ken Moss schon für 1905 in Russland zeigt, ist es für die jiddische Kultur irreführend, diese beiden Aspekte als getrennt zu betrachten (Moss 2008). Die Aktivisten sahen sie stets als zwei Seiten der gleichen Münze und dabei konnte ihnen dieser kulturelle Erfolg selbst suspekt erscheinen. Pinie Vald, der führende Bundist der Zeit, irrigerweise 1919 in der Semana Trágica als „argentinischer Lenin" verhaftet (Mirelman 1975; Godio 1985; Wald 1998), kam als konsequenter Sozialist 1936 ins Grübeln. Damals weilte der ungleich berühmtere polnisch-jüdische Journalist Barukh Shefner in Argentinien, der zweite und letzte bundische Delegat, der vor dem Holocaust im Auftrag des polnischen Bund Gelder sammelte.[10] Fast schon entsetzt stellte Vald in einem langen Artikel unter dem Titel „Voran, ein Gegner!" in der damals größten jiddischen Tageszeitung Argentiniens *Di prese* fest, dass „die jetztige Aktion [...] auf keinen Gegner traf", da „die Arbeiter und die Balebotim[11] [...], alle gesellschaftlichen Schichten [...] rechts und links der Mitte" die Sammlung für die säkularen jüdischen Schulen in Polen unterstützten. Mehrere Spalten lang listet Vald auf, warum man nur für die Aktion sein könne, „denn wer kann schon nicht für Kinderschulen sein"? Doch dies gefährde die Kraft der Gegenkultur, gerade weil dieser Konsens einfach *zu gut* sei.

> Zu gut bedeutet zufrieden zu sein, zahm, schwer zu Aktivität und Freigiebigkeit zu motivieren, schwach und faul und nachlässig. Im Leben sind scharfe Interessen nötig, heißer Glaube, Eifer, Ambition, Kampf, welcher aus Gegnerschaft erwächst, aus feindlichen Lagern, aus steinernen Wegen, aus Störungen.

Nur dies schaffe „das nötige Gegenelement [*kamfelement*], welches im Leben bekämpft werden muss." Selbstverständlich hatte Pinie Vald dabei einen altbekannten Gegner vor Augen, „die Reaktion von der jüdischen Straße", deren „Kampf es ist, jede progressive Bewegung zu stören." Vald verband damit das Fundraising für die säkularen Schulen explizit mit dem bundischen Kulturkampf der 1900er Jahre Russlands, in denen die jugendlich-bundischen Modernisten aggressiv gegen den Traditionalismus der Elterngeneration und sämtliche entsprechende Instanzen im *Schtetl* angetreten waren. Nun seien die Bedingungen jedoch deutlich besser, denn die säkularen Schulen seien selbst schon zu einer „tiefen jüdischen Tradition

[10] IWO, Argentinien,/1103 [CAEI].

[11] Pl. von jid.: balebos: Chef, Besitzer (von Gut und Grund bis zu Fabriken), von Bundisten oft als Synonym für „Ausbeuter" oder „bourgeoiser Jude" gebraucht.

geworden". So konnte Vald eine „moderne Tradition" gegen „die Reaktion" positionieren. Als Gegner identifizierte er eindeutig die religiösen Juden. „Denn was anderes ist die jetzige Kampagne für das jüdisch-weltliche Schulwesen für den religiösen Bürger, als ein direkter Angriff?" Und diesen Angriff wollte Vald vorantreiben, und so rief er auch im Kulturkampf zum letzten Gefecht: „Voran! Wie ihr seht, ist der Gegner ein sehr kräftiger und ein schädlicher." Alle Institutionen und Anhänger müssen ihn als solchen erkennen und sich vor Augen halten: „Mit der Reaktion", worunter er Religion verstand, „oder für eine progressive jüdische Gesellschaftlichkeit und ein weltliches jüdisches Bildungsleben" (sämtliche Zitate aus Vald 1936).

Osteuropa war und blieb das Zentrum der jiddischen Kultur der Zwischenkriegszeit, aber Argentinien rückte immer näher an die „*alte heym*" heran, sowohl strukturell als auch die Identität der Aktivisten betreffend. Mitte der 1930er Jahre stand ihnen klar vor Augen, dass eine transnationale jiddische Kultur in der Entwicklung begriffen war, die als Migrantenkultur Städte und Organisationen miteinander vernetzte. Diese lagen zwar tausende Kilometer voneinander entfernt, gestaltet werden konnte das alltägliche Leben aber nur im Rahmen eines steten gegenseitigen Austauschs. Wilna und Buenos Aires trugen beide auf jeweils eigene Art zur Gestaltung der selbstbewussten jiddischen Diasporakultur bei und lagen sich weitaus näher, als später in der besser technisierten, aber vom Kalten Krieg dominierten zweiten Hälfte des zwanzigsten Jahrhunderts.

6 Resümee

Zusammenfassend ist festzustellen, dass das jüdische Polen und Argentinien sich auf der Basis eigenständiger Adaptionen der 1900er Jahre in den Folgejahrzehnten eng vernetzten. Aus den kleinen und zerstrittenen aber sendungsbewussten Splittergruppen erwuchs bis Mitte der 1930er Jahre eine argentinische Strömung der transnationalen jiddischen Kultur. Sie war nach wie vor aktivistisch, jedoch ging aus dem vormaligen sozial-revolutionäre Kontext der russländischen Revolutionsbewegung weltweit eine kampfbetonte jiddische Arbeiterkultur hervor, die sich vor allem gegen den jüdischen Traditionalismus zur Wehr setzte. Dies fiel in den ohnehin neu entstehenden Einwanderergemeinden der Neuen Welt auf fruchtbareren Boden als in der weiterhin stark religiös geprägten Heimat. Dennoch blieb Polen das Zentrum der Innovation, Ideen und Publikationen und das Ziel des transatlantischen Geldflusses.[12] Lehrmaterialien und selbst Lehrer aber wanderten in die

[12] Für die jüdischen Kommunisten trat freilich die Sowjetunion an diese Stelle, allen voran die Evsekcija (Gitelman 1972; Moss 2009).

andere Richtung über den Atlantik, woraus sich transnational eine globale, modernistische jiddische Kultur ergab. Was in Wilna und Warschau geschah, wirkte sich immer direkter auf Buenos Aires und New York aus – und zunehmend auch umgekehrt.

Diese offensichtlichen transnationalen Praktiken sind jedoch nicht gleichbedeutend mit Transkulturalität. Selbstverständlich waren die Lebensrealitäten der Aktivisten in Buenos Aires transkulturell, denn dies lag im Wesen der Stadt. Durch Einwanderung aus Europa, Asien und Lateinamerika wurde Buenos Aires die erste Millionenstadt dieses Kontinents, was sich in zahlreichen miteinander verflochtenen Einwanderervierteln und intensiven Kontakten zwischen Menschen verschiedenster Herkunft niederschlug. Die jüdischen Organisationen entstanden in diesem Umfeld, blickten aber stark zurück nach Russland und Polen. Ihr Bestreben, eine differenzierbare *yidishkayt* zu schaffen, sonderte diese Bewegungen in der Zwischenkriegszeit stärker von spanisch-sprachigen Organisationen ab als noch in den 1900er Jahren. Jiddische Kultur war damit ein zweischneidiges Schwert. Einerseits sahen die Aktivisten das Schaffen einer eigenständigen jiddischen Kultur als Recht und Pflicht an. Sie wurde als das Tor zu einer nationalen Eigenständigkeit verstanden, auf der im Folgenden eine gemeinsame sozialistische Arbeiterkultur aufbauen könne. Andererseits stellte dies einen Rückschritt dar. Anfangs des Jahrhunderts waren die Praktiken der Organisationen noch von zahlreichen Inklusionsprozessen in den argentinischen Sozialismus hinein geprägt, allen voran die Funktion des *Avangard* als jiddischsprachiger Zweig der Partido Socialista. Dazu kam, dass die Praktiken von Versammlungen, Lesungen, Referaten noch diejenigen der ethnischen und sprachlichen Heterogenität des russländischen Vielvölkerreichs (Kappeler 1992) waren. Ganz natürlich funktionierte die Einwanderergemeinschaft auf Jiddisch, Russisch, Polnisch und zunehmend auch Spanisch zugleich. Es entstanden multiethnische Institutionen auf dem Hintergrund der russländischen Erfahrungen, aber in der Gegenwart der kosmopolitischen Einwanderermetropole (Vald 1929, S. 23–26, 1942).

Dies diffundierte aber dahingehend, dass einerseits zahlreiche spanischsprachige Parteien und Bruderorganisationen das Beharren auf einer jiddischen Kultur als Sektierertum verstanden und dass andererseits die jiddische Kultur weltweit immer selbstbewusster wurde. Mit der Entscheidung der jüdischen Sozialisten, sich vornehmlich der jiddischen Kultur zu widmen, setzte auch eine Neubewertung der Ethnizität ein, wobei das Jiddische zunehmend als Eigenwert betont wurde. Dies geschah zuerst in der Abwehr des Hebräischen und der forcierten Polonisierung im unabhängigen Polen, wirkte sich aber global stark auf die Kooperationen jiddischer Kulturaktivisten mit anderen Bewegungen aus. Deutlich verstärkt wurde es zudem durch den aufkommenden Faschismus und Antisemitismus, dem sich die jüdischen Sozialisten mit aller Kraft entgegenstellten. In Buenos Aires entstand vor allem in den bunten aber jüdisch geprägten Stadtteilen Once und Villa Crespo in der Zwischenkriegszeit eine jiddische Kultur, die sich transnational vernetzte und von diesem Punkt aus nur partiell den Kontakt zu den spanischsprachigen Sozialisten fand. Die Kulturvereinigungen etablierten nicht nur die oft gefeierte jüdische Kultur in Argentinien, sie forcierten auch eine separate jiddische Kultur, ohne explizit zu klären, was deren Platz in der argentinischen Gesellschaft sei. Aus der bundischen Vision der national-kulturellen Autonomie, einer Utopie, die kulturelle Diversität nur im Rahmen einer erkämpften klassenlosen Gesellschaft denken konnte, war eine verkürzte additive Sicht geworden, eine Trivialisierung der utopisch-egalitären Multikulturalität durch die Betonung von Differenz und Eigenständigkeit. In der Folge führte dies zu singularistischen Konstruktionen und exklusivistischen Perspektiven, die selbst die Forschung bis heute prägen (vgl. die luzide Kritik in: Lesser und Rein 2006; Lesser 2013).

In der Zeit steigender gesellschaftlicher Exklusion in Europa und auch in der Neuen Welt erschien diese jiddische Kultur vielen eingewanderten Juden als ein mit Stolz zu errichtendes Refugium. Allerdings verloren sie dabei sowohl in den USA als auch in Argentinien den Kontakt zur großenteils zumindest ökonomisch integrierten und spanisch- bzw. englisch sprechenden Nachfolgegeneration. Die Masse der dort geborenen Juden sah die Zukunft ihres jüdischen Lebens nicht durch polnische, sondern durch amerikanische Erfahrungen geprägt.[13] Im Moment der Konsolidierung der jiddischen Kultur in Übersee in den 1930er Jahren riss damit sofort die Kluft zum Alltag der Nachfolgegeneration auf. Jiddische Kultur war letzten Endes primär eine Migrantenkultur, deren intensive transnationale Vernetzung auf tausenden individuellen Migrationserfahrungen und einer Wertschätzung aufbaute, die ebenso hoffend wie romantisierend zurück nach Polen – und in die eigene Jugend – schaute. Für sie war die transnationale *yidishkayt* die Möglichkeit, die frühe Globalisierung nicht nur zu erleben, sondern sie auch zu gestalten. Dies war die Ambivalenz der vollen ökonomischen und politischen Integration. Sie erlaubte den freien Aufbau der Institutionen des jiddischen Kulturlebens, zugleich aber verschwand das Jiddische als Muttersprache. Die jiddische Kultur hatte Wurzeln geschlagen, die Triebe jedoch blieben aus.

Dennoch ist dies eine Geschichte, die mehr Beachtung verdient. Das jüdische Leben Argentiniens entstand weder in Nachfolge der jüdischen Gauchos, noch als urbane und kosmopolitische Vision einender Jüdischkeit. Die Konflikte zwischen

---

[13] Bund Archives, New York/RG 1400/Workmen's Circle Collection/1317/6/Report to the Annual Meeting of the National Organization Committee, Workmen's Circle, 13. Juli 1941, S. 1.

den Gruppen waren ebenso real, wie die selbstgeschaffene und ebenso progressive wie defensive Suggestion, dass das jiddische Leben in sich einen Eigenwert darstellte. Es überlagerten sich gesellschaftliche Realitäten mit politischen Utopien, kulturellen Deutungen und generationellen Schwerpunktsetzungen. Dies bedeutet, dass die Geschichte des jüdischen Argentiniens nicht weiterhin allein als Teil einer spezifischen Nationalgeschichte geschrieben werden kann, sondern dass sie als ernsthafte transatlantische Immigrationsgeschichte den „Salzwasservorhang" (Thistlewaite 1960) hinter sich lassen muss. Osteuropa war nicht nur eine ferne Herkunftsstätte, sondern die stets präsente und verflochtene aber zeitlich verschieden zu qualifizierende Gegenwart der historischen Akteure am Rio de la Plata.

Literatur

Aronson G (1968) Di birzshe un di zelbstshuts in Homel. Unzer Tsayt 10:18–20

Avni H (1983) Argentina y la historia de la inmigración judía (1810–1950). Ed. Univ. Magnes, Jerusalem

Bilsky E (Hrsg) (1987) Bibliografía temática sobre judaísmo argentino. Bd 4: El movimiento obrero judío en la Argentina. Centro de Documentación e Información sobre Judaísmo Argentino Marc Turkow, Buenos Aires

Brinkmann T (2012) Migration und Transnationalität. Schöningh, Paderborn

Bunzl J (1975) Klassenkampf in der Diaspora. Zur Geschichte der Jüdischen Arbeiterbewegung. Europaverlag, Wien

Camarero H (2007) A la conquista de la clase obrera. Los comunistas y el mundo del trabajo en la Argentina, 1920–1935. Siglo XXI, Buenos Aires

Cutler I (1996) The Jews of Chicago. From Shtetl to Suburb. University of Illinois Press, Urbana

Dujovne A (2008) Cartografía de las publicaciones periódicas judías de izquierda en Argentina, 1900–1953. Revista del Museo de Antropología 1 (1):121–138

Dujovne A (2012) Print Culture and Urban Geography: Jewish Bookstores, Libraries and Printers in Buenos Aires, 1910–1960. In: Brodsky A; Rein R (Hrsg) The New Jewish Argentina: Facets of Jewish Experiences in the Southern Cone. Brill, Leiden, S 81–108

Elkin JL (1998) The Jews of Latin America. Holmes & Meier, New York

Feierstein R (2007) Vida cotidiana de los Judíos Argentinos: Del gueto al country. Editorial Sudamericana, Buenos Aires

Fishman JA (1981) Sociology of Yiddish. In: Fishman JA (Hrsg) Never Say Die!: A Thousand Years of Yiddish in Jewish Life and Letters. Mouton, The Hague, oS

Fornberg K (1908) Evrejskaja emigracija: Opyt statističeskogo issledovanija. Kiev

Freidenberg J (2009) The Invention of the Jewish Gaucho. Villa Clara and the Construction of Argentine Identity. University of Texas Press, Austin

Gechtman R (2005) Conceptualizing National-Cultural Autonomy – From the Austro-Marxists to the Jewish Labor Bund. Simon Dubnov Institute Yearbook 4:17–49

Gechtman R (2007) National-Cultural Autonomy and ‚Neutralism': Vladimir Medem's Marxist Analysis of the National Question, 1903–1920. Socialist Studies 3 (1):69–92

Gechtman R (2013) Nationalising the Bund? Zionist Historiography and the Jewish Labour Movement. East European Jewish Affairs 43 (3):249–264
Gitelman Z (1972) Jewish Nationality and Soviet Politics: The Jewish Sections of the CPSU, 1917–1930. Princeton University Press, Princeton, NJ
Godio J (1985) La Semana Trágica de enero de 1919. Hyspamérica, Buenos Aires
I. Artuski Bukh-Komitet (Hrsg) (1976) Yid. Mentsh. Sotsysalist. I Artuski ondenk-bukh. Lebns-Fragn, Tel Aviv
Jacobs J (2009) Bundist Counterculture in Interwar Poland. Syracuse University Press, Syracuse, NY
Kappeler A (1992) Rußland als Vielvölkerreich. Entstehung – Geschichte – Zerfall. C.H. Beck, München
Katz D (2011) All Together Different: Yiddish Socialists, Garment Workers, and the Labor Roots of Multiculturalism. New York University Press, New York et al.
Kazdan KS (1947) Di geshikhte fun yidishn shulvezn in umophengikn poyln. Geselshaft „kultur un hilf", Mexiko
Khanin N (1945) Lublin. Unzer tsayt 3:63–68
Kobrin R (2010) Jewish Bialystok and Its Diaspora. Indiana University Press, Bloomington
Laubstein I (1997) Bund. Historia del Movimiento Obrero Judío. Acervo, Buenos Aires
Lencinas FV (1994) Judíos en Argentina: Aspectos desconocidos de la inmigración. Lerner, Córdoba
Lesser J (2013) Immigration, Ethnicity, and National Identity in Brazil, 1808 to the Present. Cambridge University Press, Cambridge
Lesser J, Rein R (2006) Challenging Particularity: Jews as a Lens on Latin American Ethnicity. Latin American and Carribean Ethnic Studies 1 (2):249–263
Lewin B (1971) Cómo Fue La Inmigración Judía a La Argentina. Plus Ultra, Buenos Aires
Lifshits Y (1935) A bisl zikhroynes fun far 20 yor. Naye Folkstsaytung:9
Lipphardt A (2010): Vilne: Die Juden aus Vilnius nach dem Holocaust. Eine transnationale Beziehungsgeschichte. Schöningh, Paderborn
Medem V (1948) Biografie fun di ‚lebns-fragn'. Historisher zamlbukh. Materialn un dokumentn tsutshayer tsu der geshikhte fun algemeyner yidisher arbeter-bund [Orig.: Lebns-fragn, 1919]. Ringen, Warschau, S 10 f.
Mendel H (1979) Erinnerungen eines jüdischen Revolutionärs. Rotbuch, Berlin
Mendelsohn E (1965) Worker Opposition in the Russian Jewish Socialist Movement, from the 1890's to 1903. International Review of Social History 10:268–282
Mendelsohn E (1970) Class Struggle in the Pale. The Formative Years of the Jewish Workers' Movement in Tsarist Russia. Cambridge University Press, Cambridge
Mendelsohn E (1976) The Russian Roots of the American Jewish Labor Movement. YIVO Annual of Jewish Social Science 16:150–177
Michels T (2005) A Fire in Their Hearts. Yiddish Socialists in New York. Harvard University Press, Cambridge Mass., London
Michels T (2009) Exporting Yiddish Socialism: New York's Role in the Russian Workers' Movement. Jewish Social Studies 16 (1):1–26
Mirelman VA (1975) The Semana Trágica of 1919 and the Jews in Argentina. Jewish Social Studies 37 (1):61–73
Mirelman VA (1990) Jewish Buenos Aires. In Search of an Identity. Wayne State University Press, Detroit
Morawska E (1996) Insecure Prosperity. Small-Town Jews in Industrial America, 1890–1914. Princeton University Press, Princeton, NJ

Moss KB (2008) 1905 as a Jewish Cultural Revolution? Revolutionary and Evolutionary Dynamics in the East European Jewish Central Sphere, 1900–1914. In: Hoffman S, Mendelsohn E (Hrsg) Revolution of 1905 and Russia's Jews. University of Pennsylvania Press, Philadelphia, PA, S 185–198

Moss KB (2009) Jewish Renaissance in the Russian Revolution. Harvard University Press, Cambridge Mass., London

Moya JC (2004) The Positive Side of Stereotypes: Jewish Anarchists in Early-twentieth-Century Buenos Aires. Jewish History 18 (1):19–48. doi: 10.1023/B:JEHI.0000005735.80946.27

Moya JC (2006) A Continent of Immigrants: Postcolonial Shifts in the Western Hemisphere. Hispanic American Historical Review 1:1–28

Nouwen ML (2013) Oy, my Buenos Aires: Jewish Immigrants and the Creation of Argentine National Identity. University of New Mexico Press, Albuquerque, NM

Oler L (1973) Di ‚tsveyer' in poylishn ‚bund'. In: Leon Oler. Zayn lebn un tetikeyt [Orig.: Unzer Tsayt 11–12 (1957)]. Unzer tsayt, New York, S 124–130

oA (1909a) Fun redaktsye. Di shtime fun avangard, Buenos Aires 1 (1):1

oA (1909b) Vikhtig fir arbeyter. Di shtime fun avangard, Buenos Aires 1 (2):22

oA (1908) Vos vilen mir? Der avangard, Buenos Aires 1 (1):1 f.

Paretzki E (1932) Die Entstehung der jüdischen Arbeiterbewegung in Russland. Verlag „Jurist", Riga

Peled Y (2005) Vom Bund zum Balad – Nationalkulturelle Autonomie als Kritik der zionistischen Theorie und Praxis. Tel Aviver Jahrbuch für Deutsche Geschichte 33:259–275

Pickhan G (2001) Gegen den Strom. Der Allgemeine Jüdische Arbeiterbund „Bund" in Polen 1918–1939. DVA, München

Pickhan G (2009) Yiddishkayt and Class Consciousness: The Bund and Its Minority Concept. East European Jewish Affairs 39 (2):249–263

Schatz J (1991) The Generation: The Rise and Fall of the Jewish Communists of Poland. University of California Press, Berkeley, Los Angeles, Oxford

Schrage D (2006) Von der Präsenzmasse zur statistischen Masse. Affekte und deskriptive Aspekte eines modernen Konzepts. In: Hindrichs G (Hrsg) Die Macht der Menge. Über die Aktualität einer Denkfigur Spinozas. Winter, Heidelberg, S 93–112

Schuster FM (2004) Zwischen allen Fronten. Osteuropäische Juden während des Ersten Weltkrieges (1914–1919). Böhlau, Köln

Slucki D (2009a) The Bund Abroad in the Postwar Jewish World. Jewish Social Studies 16 (1):111–144

Slucki D (2009b) The Jewish Labor Bund after the Holocaust: A Comparative History. Dissertation, Monash University Melbourne

Sofer EF (1982) From Pale to Pampa: A Social History of the Jews of Buenos Aires. Holmes & Meier, New York

Suriano J (2001) Anarquistas: Cultura y política libertaria en Buenos Aires, 1890–1910. Manantial, Buenos Aires

Thistlewaite F (1960) Migration from Europe Overseas in the Nineteenth and Twentieth Centuries. XI Congrès International des Sciences Historiques, Rapports 5:32–60

Tobias HJ (1972) The Jewish Bund in Russia from its Origins to 1905. Stanford University Press, Palo Alto

Tobias HJ, Woodhouse CE (1977) Political Reaction and Revolutionary Careers: The Jewish Bundists in Defeat 1907–1910. Comparative Studies in Society and History 19 (3):367–396

Trachtenberg B (2008) The Revolutionary Roots of Modern Yiddish. Syracuse University Press, New York
Traub M (1930) Jüdische Wanderbewegungen vor und nach dem Weltkriege. Jüdischer Verlag, Berlin
Tsentralfarband fun die bundistishe organisatsyonen in Amerika (1905) Der kemfer. Der kemfer, New York 1 (1):1
Vald P (1909) Tsum yubileum. Der avangard, Buenos Aires 2 (1):3–7
Vald P (1929) Bletlekh [Hojas. Semblanzas de mi ambiente]. Aroysgegebn fun yidishn literatn un zshurnalistn fareyn in argentine, Buenos Aires
Vald P (9. Juli 1936) Foran a kegner. Di prese, Buenos Aires:6
Vald P (1942) Yidish sotsyalistishe un arbeter-bavegung in Argentine biz 1910. In: Argetiner IWO shriftn 2:92–126
Vald P (1955) In gang fun tsaytn. Geshikhte fun sotsyalism in Argentine. Buenos Aires, oS
Visacovsky N (2005) Los judíos textiles de Villa Lynch y el I.L. Peretz. Síntesis de institución judía, club de barrio y centro cultural. Paper: Universidad Nacional de San Martín.
Volkov S (2006) Jewish History. The Nationalism of Transnationalism. In: Budde G-F, Conrad S, Janz O (Hrsg) Transnationale Geschichte: Themen, Tendenzen und Theorien. Vandenhoeck & Ruprecht, Göttingen, S 190–201
Wald P (1998) Pesadilla. Novela-crónica de la semana trágica (1919). Ameghino, Rosario
Weill S (1936) Población Israelita an la República Argentina. Conferencia pronunciada el 23 de Octubre de 1935 por el Hermano Ing. Simon Weill. Bené Berith, Buenos Aires
Whitfield SJ (2003) Fiddling with Sholem Aleichem: A History of the Fiddler on the Roof. In: Kugelmass J (Hrsg) Key Texts in American Jewish Culture. Rutgers University Press, Piscataway, NJ, S 105–128
Wolff F (2012) Eastern Europe Abroad. Exploring Actor-Network in Transnational Movements. The Case of the „Bund". International Review of Social History 57 (2):229–255
Wolff F (2013a) Revolutionary Identity and Migration: The Commemorative Transnationalism of Bundist Culture. East European Jewish Affairs 43 (3):314–331
Wolff F (2013b) The Home that Never Was: Rethinking Space and Memory in Late Nineteenth and Twentieth-Century Jewish History. Historical Social Research 38 (3):197–215
Wolff F (2014) Neue Welten in der Neuen Welt: Die transnationale Geschichte des Allgemeinen Jüdischen Arbeiterbund, 1897–1947 (= Industrielle Welt: Schriftenreihe des Arbeitskreises für moderne Sozialgeschichte). Böhlau, Köln, Weimar, Wien
Zadoff E (1994) Historia de la educación judiá en Buenos Aires (1935–1957). Milá, Buenos Aires

Dr. Frank Wolff ist wissenschaftlicher Mitarbeiter am Institut für Migrationsforschung und Interkulturelle Studien (IMIS)/Neueste Geschichte, Universität Osnabrück, mit den Arbeitsschwerpunkten jüdischer Migrationsgeschichte und der Sozialgeschichte deutsch-deutscher Beziehungen.

Transkulturelle Identität: Internationales Proletariat. Die Subjektivierung der südamerikanischen Arbeiterbewegung zur Zeit der europäischen Massenemigration

Tim Wätzold

Zusammenfassung

From 1870 to 1920, the South American multi-ethnic subaltern classes developed a distinctively international and transcultural working class identity in the context of European mass immigration, urbanization, and industrialization. The following chapter addresses the subjectivization of the International Proletariat as a transcultural, collective identity construction of the libertarian subculture, using the examples of Argentina, Brazil and Uruguay. This process was impacted by comparable transnational models of socio-cultural patterns of action and behavior, such as the formation of libertarian labor union federations, the organization of an autonomous infrastructure of community centers and schools. Within this infrastructure the movements organized theater productions, leisure time activities and political debates to mobilize the subaltern classes for the social struggle. These developments led to a parallel evolution of working class culture and class consciousness in the Atlantic World influenced by the circulation of practices and ideas. Due to conditions of life, work and political exclusion in Argentina, Brazil and Uruguay, many thousands of immigrants contributed to the evolving social struggles. Especially in the multi-ethnic countries of the Americas, the internationalist spirit gained ground. This influenced the development of the revolutionary syndicalism ideology and

T. Wätzold (✉)
Eichstätt, Deutschland
E-Mail: timwausr@hotmail.com

K. Kazzazi et al. (Hrsg.), *Migration – Religion – Identität. Aspekte transkultureller Prozesse,* DOI 10.1007/978-3-658-06510-2_4

the identity of the immigrants as international proletarians. It was a transcultural process in its inherent logic, due and in response to the development of global capitalism. This comparable evolution in South America and Europe formed the International Proletariate into a comprehensive borderless movement, based on social stratification and libertarian socialist ideology.

Schlüsselwörter

Mass migration · South America · Working class · International proletariate · Collective identity · Transcultural · Multi-ethnic · Subaltern · Libertarian Internationalism · Syndicalism

1 Europäische Massenmigration nach Südamerika

Ab der Mitte des 19. Jahrhunderts entwickelten sich ausgehend von der Industrialisierung jene Prozesse, welche die Welt bis heute prägen. Es setzte eine nachhaltige Modernisierung der industriellen Produktion, des Transportwesens in Form von Dampfschifffahrt und Eisenbahn, der Kommunikation über Telegraphenlinien und ein umfassendes globales Nachrichten- und Zeitungswesen ein. Diese Entwicklungen beschleunigten die globale Ausbreitung des modernen Kapitalismus und des aufkommenden Nationalismus, die in Form des Imperialismus nicht nur zur Katastrophe des Ersten Weltkrieges, sondern insgesamt zu einer globalen Zunahme der sozialen Konflikte und Gegensätze führten. Eine Konsequenz im Zusammenhang mit der gesellschaftlichen Entwicklung war für Europa die millionenfache Auswanderung nach Nord- und Südamerika. Die Haupteinwanderungsländer waren neben den Vereinigten Staaten von Amerika die Länder Argentinien (5,5 Mio.) und Brasilien (4,5 Mio.) sowie das geographisch in der Region liegende, jedoch verhältnismäßig kleine Uruguay (0,5 Mio.). Im Gegensatz zu der Auswanderung nach Nordamerika forcierten die Länder Südamerikas die Einwanderung vor allem aus Südeuropa, indem sie die Überfahrt subventionierten und die Immigranten in bestimmten Regionen konzentrierten. Auf diese Weise kamen im Zeitraum von 1870 bis 1930 rund 11 Mio. Menschen aus Italien (38 %), Spanien (28 %) und Portugal (11 %), jedoch auch aus Mittel- und Osteuropa nach Südamerika.[1] Das Hauptziel der auf diese Weise organisierten Einwanderung war, Arbeitskräfte für die entste-

[1] Insgesamt zur europäischen Massenmigration: Manning 2007; Hoerder 1996. Zur europäischen Auswanderung nach Südamerika: Fausto 2000; Devoto 2003; Baily und José 2003. Zu den größten Auswanderungsgruppen, zu Italien: Gabaccia und Ottanelli 2001. Zu Spanien: Sánchez-Albornoz 1988.

hende Agrarexportproduktion (Getreide/Fleisch in Argentinien/Uruguay; Kaffee in Brasilien) wie auch Fachkräfte für die Modernisierung der industriellen Produktion, zum Aufbau und Betrieb (Handwerk/Handel/Dienstleistungen) der Städte sowie des Transportwesens zu gewinnen.

So konnten Gebiete wie die Pampa Argentiniens und das Hinterland São Paulos für die Landwirtschaft nachhaltig erschlossen werden, und gleichzeitig führte die Einwanderung zu einer Urbanisierung der Metropolen Buenos Aires, Rosario, Montevideo, São Paulo und Rio de Janeiro, sowie einer Vielzahl kleinerer Städte an der Küste und im Hinterland. Während die Einwanderer in den ländlichen Gebieten eher in ethnisch homogenen Siedlungszusammenhängen lebten[2], führte die Massenmigration zur Entstehung von kosmopolitisch und multiethnisch geprägten Großstädten; so wurde Buenos Aires 1905 die erste Millionenmetropole Lateinamerikas.

Obwohl einige der Immigranten den erhofften sozialen Aufstieg erreichen konnten, litt die Masse unter den prekären Arbeits- und Lebensbedingungen, die soziale Konflikte auch in Südamerika heraufbeschworen. Die anhaltende Binnenmigration, in der die Menschen die Agrarregionen verließen und in die Städte wanderten in der Hoffnung, dort Arbeit in den Sektoren Dienstleistung, Transport, Industrie und Bau zu finden, verschärfte die soziale Situation. Da die dortigen Lebens- und Arbeitsbedingungen ebenfalls nicht besser waren, kehrten bis zu 40 % zurück nach Europa. Bei diesen hoch anmutenden Zahlen ist zu beachten, dass nicht alle Einwanderer die Überseemigration mit dauerhaften Plänen angetreten hatten und so manche von vornherein einen temporären Arbeitsaufenthalt planten. Jedoch verweisen diese Zahlen auf einen intensiven Austausch von Menschen, Erfahrungen, kulturellen Praktiken und Informationen im atlantischen Raum.

2 Soziale Organisation der Immigranten

Viele Einwanderer nahmen die Herausforderungen an und begannen, aus zahlreichen Motivationen heraus, sich zu organisieren. Bereits ab 1850 entstanden erste Vereine gegenseitiger Hilfe, vorerst meist auf Basis der gemeinsamen Herkunftsregion, wie beispielsweise 1858 der Verein *Unione e Benevolenza*, eine der ersten Organisationen italienischer Einwanderer in der argentinischen Hauptstadt, oder 1853 die *Asociación Española de Socorros Mutuos* in Montevideo. Die Anzahl solcher Vereine nahm mit der kontinuierlich steigenden Einwanderung zu, jedoch organisierten sich die Immigranten nun mehrheitlich in ihrem regionalen als auch

[2] Zur räumlichen Verteilung der Immigranten siehe insgesamt Seyferth 2000.

nationalen Herkunftszusammenhang. Diese Entwicklung ist gerade für die Hauptimmigrationsgruppen aus Italien und Spanien gut belegt.[3]

Die Übergänge der Identifizierung innerhalb der Migrationsgemeinschaften konnten aber auch fließend sein, beispielsweise in Bezug zur Region oder Nation, und manche Einwanderer gehörten verschiedenen Organisationen gleichzeitig an. Insbesondere gilt diese Wahrnehmung für die Arbeiterbewegungen, in denen sich die Menschen über ihre Berufstätigkeit, soziale Stratifizierung und politische Gesinnung identifizierten und organisierten. Dies hängt mit der Perzeption von Identität insgesamt zusammen. Menschen wechseln und kombinieren zur Identifizierung mit ihrer Umwelt verschiedene Identitäten, je nach Situation und Erfordernissen der Persönlichkeitsstabilisierung. Somit entstanden mit den Arbeiterbewegungen in den multiethnischen Einwanderungsländern soziale Organisationen, in denen Menschen aus verschiedenen Kulturen zusammenkamen und die gemeinsam eine kollektive Identität schufen, die potentiell alle Immigranten und Einheimischen als Arbeiterklasse erfasste.

Diese Entwicklung wirkte sich bei der europäischen Massenmigration mit den zeitgenössischen Transport- und Kommunikationsmöglichkeiten intensiv aus, da Menschen aus unterschiedlichen Kulturen in einer ihnen unbekannten Kultur der Aufnahmeländer aufeinandertrafen und sich somit sowohl an die südamerikanischen Kulturen als auch im Kontakt zu Migranten aus zahlreichen anderen Ländern adaptieren mussten. Sie hielten einerseits den Kontakt zu ihrer Heimat und zu Landsleuten aufrecht und schufen sich andererseits in der Fremde eine neue transkulturelle Identität[4], in dem Fall als Internationales Proletariat der eingewanderten und einheimischen Werktätigen aus unterschiedlichen Kulturen, die sich in Form einer libertär geprägten Kultur der Arbeiterklasse subjektivierte. Diese kollektive, grenzüberschreitende Identitätskonstruktion beruhte auf vergleichbaren soziokulturellen Handlungsmustern als Ausdruck einer libertär geprägten Kultur der subalternen Schichten[5] im atlantischen Raum.

[3] Hoerder 1987, S. 8–11; Otero und Pellegrino 2003, S. 87–103; Rodríguez 2008; Hoerder 1996, S. 244.

[4] In der Migrationsforschung kam hierfür der Begriff Transmigrant auf, bei dem im transnationalen Bezug zwischen Herkunfts- und Aufnahmeland die multiple Identität der Migranten betont wird (Glick Schiller et al. 1992, S. 1–5). Zum Begriff der Transkulturalität: Welsch 1999, S. 194–213.

[5] Zum Begriff „libertär" als zusammenfassender Begriff für die antiautoritären, undogmatischen Ideologien des Anarchismus, Syndikalismus: Taibo 2013. Überblickend zur historischen Entwicklung z.B.: Damier 2009. Zum Begriff „subaltern" als zusammenfassender Begriff für politisch und sozial ausgeschlossene gesellschaftliche Gruppen: Tilly und Tarrow 2006; Opp 2009.

Bald darauf fand ein Wandel statt, indem Vereine und Organisationen auf Basis einer gemeinsamen Tätigkeit entstanden, die ihren Mitgliedern im mutualistischen Sinne Hilfe versprachen, beispielsweise im Sinne einer Rente oder Lohnfortzahlung im Krankheitsfall sowie ärztlicher Versorgung. So entstand 1862 in Montevideo die Gesellschaft der gegenseitigen Hilfe der italienischen Arbeiter: *Societá di Mutuo Socorso degli Operati Italiani.* In diesen Vereinen begann zudem ein Prozess der Ausdifferenzierung nach der Herkunftsregion, wie er mit den Gründungen der *Union Calabresa* in Buenos Aires, oder dem *Centro Galego* in Rio de Janeiro sichtbar wird. Es verstärkte sich nun auch das Selbstverständnis dieser Organisationen als Teil der subalternen Schicht. Mit dem ausgeprägten Klassenbewusstsein beteiligten sich diese Organisationen und Einrichtungen an der entstehenden Arbeiterbewegung.

Im Zuge der sozialen Konflikte in Europa und der einsetzenden Repressionen, wie der Niederschlagung der Pariser Kommune 1871 oder der *Revolución Cantonal* in Spanien 1873, sowie zahlreicher weiterer Landaufstände und Streiks, kamen einige politische Aktivisten der europäischen Arbeiterbewegungen als Flüchtlinge nach Südamerika. Diese organisierten sich ebenfalls und gründeten 1872 Sektionen der Ersten Internationalen in Buenos Aires und in Montevideo, letztere hatte 1875 bereits 2000 Mitglieder. Sie gaben Zeitungen und Flugblätter heraus und begannen somit die Agitation zu sozialen Fragen in Südamerika. Diesem Beispiel sollten alsbald viele weitere folgen. 1880 gründeten exilierte deutsche Sozialdemokraten den *Club Vorwärts* und gaben eine gleichnamige Zeitung in Buenos Aires heraus. In Santos, der Einwanderungshafenstadt der Region São Paulo, entstand 1879 mit der *Sociedade Humanitária dos Empregados do Comércio* eine der ersten mutualistischen Organisationen der Einwanderer auf Basis des Beschäftigungssektors und jenseits der ethnischen Herkunft.[6]

In den 1880er Jahren folgten weitere politische Flüchtlinge, die sich in die Organisation der Werktätigen nachhaltig einbrachten. Bekanntestes Beispiel war der italienische Anarchist Enrico Malatesta[7], der 1885 nach Buenos Aires flüchtete und dort im Juli 1887 an der Gründung einer der ersten Gewerkschaften Argentiniens beteiligt war, der *Sociedad Cosmopolita de Resistencia y Colocación de Obreros Panaderos*.[8] Die bewusste Wahrnehmung der Lebensumstände und Arbeitsbedingungen führte dann zu einer zunehmenden Organisation der Arbeiter. Ende der

[6] Zur Entwicklung der kosmopolitischen Hafenstadt Santos mit einer besonders aktiven Arbeiterbewegung Gitahy 1992, S. 49; Fausto 1977, S. 13 f.

[7] U. a. zur Person Malatestas und zum Einfluss seines Aufenthalts in Argentinien u. a.: Antonioli und Masini 1999, S. 95 f.

[8] Zur „Kosmopolitischen Gesellschaft des Widerstands der Zusammenarbeit der Bäckerei Arbeiter": Suriano 2009, S. 27 f.; Buschak 1989, S. 87.

1880er Jahre kam es in Buenos Aires zu den ersten größeren, Berufsgruppen übergreifenden Streiks der Arbeiterbewegungen Südamerikas.[9]

3 Entwicklung der libertären Subkultur

Ab der Jahrhundertwende vernetzten sich Gewerkschaften und politische Gruppen zu Gewerkschaftsföderationen. Kurz vor den meisten europäischen Gewerkschaftsverbänden entstanden die Landesföderationen Südamerikas anarchosyndikalistischer Prägung, welche für viele Jahre die dominierenden und aktivsten Gewerkschaften in Südamerika stellten[10]. 1901 gründete sich die *Federación Obrera Argentina* (FOA), aus der 1904 die *Federación Obrera Regional Argentina* (FORA) hervorging, 1905 folgte die *Federación Obrera Regional Uruguaya* (FORU) und 1906 die *Confederação Operária Brasileira* (COB).

Die Regierungen Südamerikas reagierten auf das gewerkschaftliche und politische Engagement der Immigranten mit Abschiebegesetzen. Diese wurden direkt im Anschluss an die Gründung der Gewerkschaftsföderationen erlassen. Den Anfang machte Argentinien 1902, nach dem ersten Generalstreik der soeben gegründeten FOA, mit der *Ley de Residencia*[11]. Brasilien erließ im Januar 1907 das Gesetz *Lei Adolfo Gordo*[12], das ebenfalls die Abschiebung unerwünschter, politisch aktiver Ausländer vorsah; dies erfolgte im Zusammenhang mit den ersten Aktivitäten der gerade gegründeten COB. Die juristischen Grundlagen zur Abschiebung einzelner

---

[9] Gonzalo 1978, S. 16.

[10] Zur Dominanz der libertären Ideologien in den Arbeiterbewegungen Südamerikas u. a. Alexander 2009, S. 1: „The ideology that found widest acceptance in the early decades of the organized labor movement in Latin America was that of anarchism or anarchosyndicalism (we shall use the terms interchangeably.)". Dies überschnitt sich auch mit der globalen Hochphase des Anarchosyndikalismus s. u. a.: Thorpe 1989; Linden und Thorpe 1990; Linden und Rojahn 1990. Hierzu in globaler Perspektive: Hobsbawm 1977, S. 93: „Es fällt schwer sich in Erinnerung zu rufen, daß in den Jahren 1905–1914 die marxistische Linke in den meisten Ländern am Rande der revolutionären Bewegung stand und daß der größte Teil der Marxisten mit einer de facto nichtrevolutionären Sozialdemokratie gleichgesetzt wurde, während die Masse der revolutionären Linken anarchosyndikalistisch war oder zumindest den Ideen und Gefühlslage des Anarchosyndikalismus näher stand als denen des klassischen Marxismus."

[11] Rama und Cappelletti 1990, S. 25; Suriano 2001, S. 36; Ansolabehere 2011, S. 226–235. Am 31.3.1903 reagierten auch die USA auf die Gefahr unerwünschter anarchistischer Einwanderer mit dem *Anarchist Exclusion Act*. Der Bundesstaat New York erließ solch ein Gesetz bereits 1902.

[12] Samis 2002, S. 81 ff.

Aktivisten, als staatliche Repression auf die sich formierende Arbeiterbewegung als Akteur im sozialen Konflikt verdeutlicht somit ebenfalls die Bedeutung der Immigranten für die entstehenden Arbeiterbewegungen.

Während die ersten Treffen und Veranstaltungen der Gruppen und Gewerkschaften in den Räumlichkeiten der ethnisch geprägten Vereine, wie dem *Club Vorwärts* in Buenos Aires oder dem *Centro Galego* in Rio de Janeiro, stattfanden, schufen sich die Arbeiterbewegungen ab den 1890er Jahren eine autonome Infrastruktur in Form von sozialen Zentren, als institutionalisierte Treffpunkte und Räumlichkeit der Arbeiterbewegung. Eines der einflussreichsten wurde das 1897 gegründete *Centro Internacional de Estudos Sociales* in Montevideo. Das Zentrum hatte viele Jahre Bestand, wurde Sitz der uruguayischen Gewerkschaftsföderation und entwickelte sich durch die Partizipation renommierter Künstler und Dramaturgen zu einem bedeutenden kulturellen Zentrum in der La-Plata Region.[13]

Insgesamt dienten die Zentren als Sitz und Treffpunkt für die Gewerkschaften. Sie unterhielten Bibliotheken, welche die Basis der transatlantischen Kommunikation durch den kontinuierlichen internationalen Austausch von Zeitungen darstellten. Zudem wurden in ihren Räumlichkeiten Bildungseinrichtungen, in Form von Schulen für Kinder, Abendkursen für Erwachsene bis hin zu Volksuniversitäten, organisiert. In Buenos Aires betrieb das 1899 gegründete *Casa del Pueblo* sogar ein vegetarisches Restaurant, obwohl sich die meisten Einwanderer über den vergleichsweise günstigen Fleischkonsum in Argentinien wohl gefreut haben dürften. Der Aspekt des Vegetarismus war ebenfalls mit der internationalen Entwicklung der libertären Ideologien verbunden. So gab es Ansätze zur vegetarischen Ernährung innerhalb der Bewegungen in Russland, Spanien oder Kuba. In Brasilien gründeten einige wenige deutsche Einwanderer 1908 in Parana die Kolonie *Zukunft* und bezeichneten sich als Kommunisten, Nudisten und Vegetarier.[14]

In diesen unabhängigen Einrichtungen der Zentren organisierten die Arbeiterbewegungen Treffen, Veranstaltungen und Feiern als wichtige und konstante Bestandteile der libertären Subkultur[15]. Sowohl in Südamerika als auch in Europa

---

[13] Zum Zentrum u. a. Viera 2012 und zu einem der wichtigsten Aktivisten des Zentrums und anerkannten Künstler, Florencio Sanchez, s. Vidal 2010; Obregón 2010, S. 216: „Florencio Sanchez es, talvez, e lautor con la obra teatral máss obresaliente de America Latina." Siehe auch Villegas 2011, S. 127 f.

[14] S. die Beschreibung der Siedlung in den Aufzeichnungen von Friedrich Kniedstedt. Als Immigrant wohnte er mit seiner Familie in der Nachbarschaft der Siedlung und hatte mit den Bewohnern Kontakt. In seinen Memoiren beschrieb er die Kolonie im *Kapitel Zukunft am Ivahy*. Kniedstedt 2013, S. 88–96.

[15] Subkultur ist als Begrifflichkeit im Deutschen hier als ein gelebtes Gegenmodell zur vorherrschenden, bürgerlich und kapitalistisch geprägten Kultur zu verstehen, wobei vielseiti-

zeichneten sich die Veranstaltungen durch die Vermischung von politischen Debatten, indoktrinierenden und polarisierenden Theateraufführungen und anschließenden Familientanzabenden aus. Sie dienten somit der Inklusion von sozialem Umfeld, Interessierten und Sympathisanten in die libertären Bewegungen. Durch diese gemischten Veranstaltungen konnten auch Nicht-Gewerkschaftsmitglieder erreicht werden und ihnen so die Inhalte, Werte und Normen der libertären Ideologien, wie Freiheit, Gleichheit, Solidarität und Internationalismus, vermittelt werden. Schlussendlich führte diese Art der Propaganda zu einer breiten Partizipation der subalternen Schichten, jenseits ihrer Herkunft, an den sozialen Bewegungen. Mit dem Ziel, die Bevölkerung für eine Beteiligung an den sozialen Bewegungen zu motivieren, mussten auch die Menschen erreicht werden, die nicht in die Zentren der Arbeiterbewegung kamen. Hierfür war das Auftreten in der städtischen Öffentlichkeit relevant. Neben Demonstrationen und Streiks erweiterten die Arbeiterbewegungen ihr Handlungsspektrum durch die kontinuierliche Organisation von Arbeiter-Picknicks. Zu diesen riefen die Gewerkschaften, Gruppen und auch die Zeitungen selber als Organisatoren ab 1910 in ihren Medien als große Familienpicknicks, inklusive organisierten Spielen für Kinder und freien Eintritt für Familienangehörige, auf.[16] Picknicks waren ein allgemein beliebtes Freizeitprogramm und die Arbeiterbewegungen schlossen daran an. So trafen sich die Arbeiter unter-

ge Wechselwirkungen und Bezüge vorhanden sind, jedoch die grundlegenden Normen und Werte in Frage gestellt werden, beziehungsweise überwunden werden sollten, beispielsweise in Form der Freizeitgestaltungen wie Theateraufführungen oder Picknicks. Diese wurden von den Arbeiterbewegungen in vergleichbarer Form jedoch mit anderen Inhalten und Ausprägungen praktiziert. In der bürgerlichen, kapitalistischen Freizeitgestaltung musste beispielsweise alles bezahlt werden, während die Arbeiterbewegungen diese zum Selbstkostenpreis und gegen Spenden veranstalteten. Die nicht profitorientierte Ausrichtung wurde deutlich betont, obwohl die Organisatoren ebenfalls hofften, durch Veranstaltungen Gelder zu akquirieren. In den Zeitungen erfolgte im Anschluss dann häufig eine detaillierte Abrechnung, die die erwirtschafteten Gelder öffentlich darstellte sowie die geplante Verwendung. Im Englischen erfasst der Begriff *Counterculture* dieses Phänomen, im Spanischen und Portugiesischen wird der Begriff *Contracultura* verwendet.

[16] Diese Aufrufe zu Familien-Picknicks lassen sich in den verschiedenen Zeitungen der Arbeiterbewegungen finden. Zum Beispiel organisierte die anarchistische Wochenzeitung *El Hombre* aus Montevideo solche Veranstaltungen 1918 im zweiwöchigen Rhythmus und brachte die Aufrufe dazu auf den Titelseiten, inklusive detaillierter Programmangaben und Anfahrtsbeschreibungen mit öffentlichen Transportmitteln. Siehe beispielsweise *El Hombre*, 26.10.1918 oder 16.11.1918. Dabei ist der Aufruf vom November 1918 besonders interessant. Er befindet sich ganzseitig und auffällig gestaltet auf der Titelseite und wurde dabei umrahmt von einem Artikel der Zeitung mit dem Titel *Alegria universal*, der sich auf Ende des Ersten Weltkrieges bezog, jedoch im Vergleich zu dem Picknick-Aufruf optisch eher untergeht.

schiedlichster Herkunft in ihrer spärlichen Freizeit mit ihren Familien in den modernen öffentlichen Parkanlagen der Großstädte oder an vergleichbar angenehmen Orten, wie auf der Buenos Aires vorgelagerten Insel Maciel. Zu dem Programm gehörte neben Spielen, Sport, Musik, Lotterie, Theateraufführungen, inklusive der Verwendung ideologischer Symbole wie Bilder, Fahnen und Lieder, auch das gemeinschaftliche Mahl. Die Einnahmen wurden entweder gespendet oder dienten vor allem den Zeitungen als Möglichkeit, finanzielle Mittel zu erwirtschaften.

Die Ernährung ist besonders geeignet, durch das geteilte Mahl, soziale Bindungen zu schaffen und dient somit der Stärkung der kollektiven Identität.[17] Hierbei ist auch allgemein der Migrationskontext zu beachten, da sich die kulturelle Identität der Migranten nachhaltig kulinarisch ausprägt, einerseits zur Betonung und Stärkung der eigenen Identität und andererseits auch in der Außenwahrnehmung.[18] Während sich in Europa während des Ersten Weltkrieges teilweise die Angehörigen der Einwanderer gegenseitig umbrachten, speisten letztere als Mitglieder der kosmopolitischen Gewerkschaften zusammen in Südamerika mit ihren Familien.

Relativ früh konnten die libertären Bewegungen auf diese Weise eine umfassende Mobilisierung der Unterschichten in den Einwanderungsmetropolen erreichen. Ein fundamentaler Aspekt hierfür war auch die Kritik der prekären Arbeits- und Lebensbedingungen durch die libertären Bewegungen. Greifbar wurde dies durch die kontinuierlichen Proteste gegen die stetige Lebenskostensteigerung und die hohen Wohnkosten zu widrigsten Bedingungen. Ein besonders eindrucksvolles Beispiel für die breite Beteiligung der subalternen multiethnischen Bevölkerungsschichten war der Mieterstreik in Buenos Aires im Dezember 1907, als sich 120.000 Menschen an den Protesten in der argentinischen Hauptstadt beteiligten und die Bewegung auch andere Städte erfasste. Im Vorfeld hatte die libertäre Bewegung über das Beispiel des Mieterstreiks in Barcelona 1905 berichtet und die Gründung von Stadtteil-Ligen der Bewohner voran getrieben, bis schließlich eine massive Mieterhöhung das Fass zum Überlaufen brachte. Die aktive Teilnahme an sozialen, multiethnischen Protesten gegen die sozial stratifizierte Wohnsituation

[17] Umfassend zu verschiedenen Aspekten der Bedeutung der Ernährung für die Identitätsbildung: Wätzold 2011.

[18] Zum Zusammenhang Migration, Identität und Ernährung: Wätzold 2014a. Die Ernährung dient Migranten als wichtiger Faktor zur Erhaltung der Identität, so dass beispielsweise Folgegenerationen ihre „Herkunftssprache" nicht beherrschen, dagegen aber die Speisetraditionen, vor allem an Festtagen, verinnerlichen. Gleichzeitig werden bestimmte Speisen mit Migrationsgruppen assoziiert, beispielsweise Pasta und Pizza mit Italienern, oder als deutsches Beispiel Döner Kebap mit türkischen Migranten. Interessant ist hierbei dann auch, dass viele „typische" Gerichte in der Migration entstanden, so Chop Suey, der besagte Döner und die italienische Küche als Landesküche insgesamt. Die Forschung spricht in diesem Zusammenhang von Migrationsküchen.

war eine identitätsstiftende Maßnahme und bildete eine Grundlage für eine weitere, breite Mobilisierung kommender Proteste, beispielsweise für den Generalstreik im Mai 1909, an dem sich 200.000 Menschen beteiligten. Der Mieterstreik in Buenos Aires wurde international wahrgenommen, einerseits über Nachrichten in den Zeitungen und andererseits wurden Theaterstücke durch Aktivisten verfasst, die den Streik und die Organisation der Menschen thematisierten.[19]

4 Eskalation des sozialen Konflikts

Als im August 1914 der Erste Weltkrieg ausbrach, wirkte sich dies auch auf die Länder Südamerikas aus. Einerseits führte die Mobilisierung von Kriegsfreiwilligen zu antimilitaristischer Agitation der libertären Arbeiterbewegungen und andererseits beeinträchtigte der Seekrieg die Schifffahrt auf dem Atlantik und führte zum Einbruch der Im- und Exporte, was zu einer steigenden Arbeitslosigkeit und Steigerung der Lebenshaltungskosten führte. Ab 1917 beeinflusste diese Entwicklung die Eskalation des sozialen Konflikts vor allem in Brasilien. Zur Unterstützung Italiens im Krieg[20] organisierten italienischstämmige Unternehmer in São Paulo Zwangsabgaben vom Lohn ihrer Beschäftigten. Aus dem Protest gegen die Maßnahme entstand im Juli 1917 ein umfassender Generalstreik, der sich auf große Teile Brasiliens ausweitete und nur durch Zugeständnisse wie eine allgemeine 20 %ige Lohnerhöhung vorerst beigelegt werden konnte. Die Agitation hielt auch 1918 an und führte im Juli zu großen Streiks in Rio de Janeiro, bei denen sogar eine Armeeeinheit zu den Streikenden überlief. Am 18. November 1918 wurde in der brasilianischen Hauptstadt Rio de Janeiro ein revolutionärer Generalstreik organisiert. Am selben Tag wurde

[19] So verfasste der nach Brasilien eingewanderte portugiesische Aktivist Neno Vasco ein Theaterstück mit dem Titel *Greve dos Inquilinos*. Vasco kehrte 1911 nach Portugal zurück. Sein Stück wurde dort sogar als Buch veröffentlicht, herausgegeben von der libertären Zeitung *A Batalha* in Lissabon 1923. Im atlantischen Raum kam es zu dieser Zeit des Öfteren zu Mieterstreiks, die sich durchaus gegenseitig inspirierten. So erfolgten beispielsweise multiethnisch und subaltern geprägte Mieterstreiks in New York im April 1906 und ein größerer im Dezember 1907. Mieterstreiks in diesem Zeitraum sind ebenfalls erfasst in Chile, Kuba, Großbritannien, Spanien, Österreich. Linden 2008, S. 216 ff.; Schmidt und Walt 2009, S. 192.

[20] Italien trat im Mai 1915 auf Seiten der Entente in den Krieg ein und lieferte sich verlustreiche Schlachten mit Österreich-Ungarn. In der 10. von 12 Isonzoschlachten im Mai-Juni 1917 starben 175.000 italienische Soldaten. Über den Generalstreik in São Paulo und zu den Zusammenhängen und Auswirkungen des Ersten Weltkrieges auf die Arbeiterbewegungen Südamerikas detailliert mit zahlreichen Quellenangaben: Wätzold in Hohmann 2014b, S. 235–249.

auch ein revolutionärer Generalstreik in der Hauptstadt Portugals ausgerufen. Zwischen beiden Bewegungen gab es persönliche Verbindungen im Kontext der Massenmigration. So war einer der wichtigsten Arbeiterführer Portugals, Neno Vasco[21], zwischen 1905 und 1911 in Rio de Janeiro aktiv und traf auf der internationalen, libertären Friedenskonferenz in El Ferrol/Spanien im April 1915 die brasilianischen Delegierten. Ebenso nahmen portugiesische Delegierte an der hieran anschließenden, internationalen Friedenskonferenz in Rio de Janeiro im Oktober 1915 teil.[22] Beim Aufstand im November 1918 schleuste das brasilianische Militär im Vorfeld einen Spion in das Vorbereitungskomitee ein, und auch in Portugal war die Polizei über die Vorbereitungen des Streiks informiert, so dass beide Revolten schnell und zielgerichtet niedergeschlagen werden konnten. In Uruguay entwickelten sich 1917 und 1918 ebenfalls umfassende Streikbewegungen, so im November 1918 in der Hauptstadt Montevideo, als ein Streik zu gewaltsamen Ausschreitungen führte.

Im Dezember 1918 brach ein Streik in Buenos Aires aus, der sich in Folge der einsetzenden Repressionen zu einem Generalstreik im Januar 1919 ausweitete. Nationalistische paramilitärische Gruppen beteiligten sich mit antisemitischen Pogromen, die sich vor allem gegen russische Einwanderer richteten. Im zeitlichen Zusammenhang mit der kommunistischen Oktoberrevolution wurde diesen eine vermeintliche bolschewistische Gesinnung unterstellt. Der Streik weitete sich zu einem städtischen Aufstand mit Straßenkämpfen aus. Schließlich gelang es der Regierung, den Streik zu unterdrücken, wobei 200–700 Menschen starben, 2000 verletzt und bis zu 50.000 Demonstranten im ganzen Land verhaftet wurden. Neben diesen Höhepunkten hielt der soziale Konflikt bis 1920 durch zahlreiche kleinere Streiks an, bis schließlich beim Landarbeiterstreik in Patagonien 1920–1922, ebenfalls getragen durch europäische Einwanderer, durch einen Militäreinsatz 1500 Streikende exekutiert wurden. Der dafür verantwortliche Oberst wurde im Anschluss von einem deutschen Anarchisten in Buenos Aires durch ein Vergeltungsattentat umgebracht.[23]

---

[21] Zu Person und Wirken Neno Vascos: Samis 2009.

[22] Zum Ersten Weltkrieg und zur internationalen Wahrnehmung und Position der libertären Bewegungen: Hohmann 2014.

[23] Zum Landarbeiterstreik in Patagonien, zu dem Racheattentat und zu den begleitenden Umständen s. das detaillierte Werk Bayer 2004.

5 Transkulturelle Identität: Internationales Proletariat

Die Eskalation des sozialen Konflikts in der Zeit von 1917 bis 1922 war somit ein abschließender Höhepunkt des Prozesses, bei dem die europäische Masseneinwanderung in Südamerika im Kontext der Modernisierung, Industrialisierung und Urbanisierung zur Entstehung von Arbeiterbewegungen und Gewerkschaften führte. Diese wurden zu Akteuren im sozialen Konflikt und waren in ihrer Subjektivierung als Internationales Proletariat, zusammengesetzt aus Immigranten unterschiedlicher Kulturen sowie der einheimischen Bevölkerung, eine transkulturelle Erscheinung. Einerseits entstanden die soziokulturellen Handlungsmuster der Subjektivierung aus einem transkulturellen Kontext und andererseits waren die Bewegungen in Südamerika an der Entstehung der Ideologie des revolutionären Syndikalismus beteiligt, welcher die internationale theoretische Grundlage der libertären Bewegungen wurde. Abschließend lässt sich auch festhalten, dass die Immigranten als Basis der subalternen Schicht ihre gesellschaftliche Position als Arbeiterklasse in den multiethnischen Einwanderungsländern Südamerikas fanden. Die dortigen Regierungen waren in den folgenden Jahren durchaus bemüht, auf diesen gesellschaftlichen Akteur einzugehen, und versuchten, ihn in ihr Staatsmodell durch politische und soziale Reformen zu integrieren. Vorerst erfolgte eine Unterdrückung durch Militärdiktaturen, die 1930 in Uruguay und Argentinien errichtet wurden und in Brasilien zur gleichen Zeit zur Errichtung der Diktatur Vargas führten.[24] Im Verlauf der folgenden Jahre versuchten die populistischen Präsidenten wie Getulio Vargas in Brasilien oder Juan Peron in Argentinien, die Arbeiterbewegungen in ihr Nationskonzept zu integrieren.

Ein weiterer Aspekt zur Zeit der europäischen Massenmigration war der intensive Austausch der Arbeiterbewegungen Südamerikas mit den europäischen Bewegungen. Dieser vielfache Austausch von Menschen, Ideen und kulturellen Praktiken, bis hin zur kontinuierlichen Kommunikation über das Medium Zeitung, beeinflusste nachhaltig die Entstehung einer internationalen Arbeiterbewegung, die sich zeitgenössisch als Internationales Proletariat verstand. Die Arbeiterbewegungen Südamerikas partizipierten an dieser kollektiven, atlantischen Identitätskonstruktion, und der Ansatz der internationalistisch geprägten Arbeiterbewegung wurde in den multiethnischen Einwanderungsländern auf vielfache Weise wesentlich greifbarer als in Europa, wo die einzelnen Arbeiter aus den unterschiedlichen Ländern viel weniger Kontakt untereinander hatten. In Europa blieb der postulierte Internationalismus der sozialistischen Ideologien in einer breiten Wahrnehmung

[24] In Brasilien kam Getulio Vargas in Form eines Staatsstreichs 1930 an die Macht und rief 1937 den *Estado Novo* aus.

im Wesentlichen abstrakter und theoretischer, und wurde erst durch die Gründung der Komintern greifbarer. Schlussendlich beteiligten sich die meisten Arbeiterbewegungen Europas dann im Namen der jeweiligen Nationen am Ersten Weltkrieg und brachten sich u. a. in den Massenschlachten wie Verdun oder am Isonzo gegenseitig um, während die Angehörigen der verschiedenen europäischen Nationen in Südamerika gemeinsam in Form der Arbeiterbewegungen für bessere Lebens- und Arbeitsbedingungen für alle kämpften, oder gemeinsam, inklusive Familien, ihre Freizeit bei einem Picknick oder einer Theateraufführung verbrachten. Sicherlich kehrten auch einige zurück in die Heimat, um dem Vaterland und ihren dortigen Familien beizustehen, jedoch übertrug sich der europäische Konflikt nicht nachhaltig auf die Kohäsion der südamerikanischen Arbeiterbewegungen als solche.

Die sozioökonomische Organisation auf Basis der sozialen, politischen und gesellschaftlichen Stratifizierung entwickelte sich somit in der multiethnischen Arbeiterschaft der amerikanischen Einwanderungsländer[25] als Träger einer kollektiven Identität, des Internationalen Proletariats, und war als kosmopolitisches und, aus heutiger wissenschaftlicher Sicht, transkulturelles Identifizierungsmuster in der Lage, die verschiedenen ethnischen Identitäten auf ein übergreifendes, überlagerndes, und schließlich internationales Niveau zu bringen. Bedingt durch die libertäre Position der Ablehnung des Staats sowie der Erfahrung als wirtschaftlich und politisch motivierte Migranten, die aus zumeist sozialen Umständen ihre Heimat verlassen mussten, wurde die Nation als positives Identifikationsmerkmal abgelöst oder überlagert.

Die Grundlage dieser Identitätskonstruktion bildete eine libertär orientierte Kultur der Arbeiterbewegungen mit vielfältigen Ausdrucksformen, die im atlantischen Raum durch ihre Handlungsmuster zur massenhaften Beteiligung der Immigranten, unabhängig von ihrer Herkunft, führte. Zudem wurden die südamerikanischen Bewegungen und Entwicklungen Teil einer transatlantischen Arbeiterbewegung, und sie standen in vielseitigen, gleichzeitigen und reziproken Austauschprozessen mit den Arbeiterbewegungen im atlantischen Raum. Eine besondere Funktion entfaltete hierbei, neben dem Austausch und den Netzwerken der Personen, vor allem das Medium Zeitung der Arbeiterbewegung. Die Zeitungen schickten Exemplare in die Bibliotheken der sozialen Zentren und Treffpunkte der Arbeiterbewegungen auf der ganzen Welt und schufen so intensive Kommunikationsnetzwerke und Diskussionsplattformen zum Austausch von Ideen und Theorien. In den Zeitungen vor Ort kündigte man an, welche Zeitungen eingetroffen waren. Artikel aus Südamerika wurden auch in Europa gedruckt, ebenso wie europäische Autoren in südamerikanischen Zeitungen veröffentlicht wurden, die sich in ihren Artikeln auch

[25] In Nordamerika und der Karibik entwickelten sich vergleichbare Prozesse: U. a. Zimmer 2010; Shaffer 2005, 2013.

aufeinander bezogen. Die Entstehung der libertären Gewerkschaftsföderationen in Europa erfolgte etwas zeitlich verzögert und dort entstanden ebenso soziale Zentren als Infrastruktur der libertären Subkultur der Arbeiterbewegungen.

Dieser libertäre Atlantik wurde zur „Heimat" verschiedener Generationen, deren Vaterland nach ihrem Verständnis die ganze Welt war, wie es in dem Refrain (*Nostra patria è il mondo intero*) des beliebten zeitgenössischen Liedes *Stornelli d'esilio*, verfasst 1895 von einem der wichtigsten internationalen Aktivsten Pietro Gori[26], bezeichnenderweise hieß. Die Entstehung des Internationalen Proletariats, als kollektive Identitätskonstruktion und Identifizierungsmodell im Subjektivierungsprozesses der Arbeiterbewegung im atlantischen Raum, war somit eine transkulturelle Erscheinung, bei welcher der Bezug zur „Klasse" den Bezug zur Nation für manche Menschen in Frage stellte und die libertäre Subkultur zeitweise ein attraktives Gegenmodell zur vorherrschenden kapitalistisch-bürgerlichen Kultur bot. Das Konzept des internationalen Proletariats wurde dann von der kommunistischen Ideologie im Verlauf der 1920er Jahre, vor allem durch die Gründung der Komintern, vereinnahmt. Mit der Entwicklung der internationalen Freiwilligenverbände und der Internationalen Brigaden im Spanischen Bürgerkrieg erfolgte ein letzter Höhepunkt des Mobilisierungspotentials dieser kollektiven Identität mit libertärem Hintergrund. In den Ländern des realexistierenden Sozialismus sowie diesen angeschlossenen und nahestehenden Organisationen entwickelte sich im Verlauf des 20. Jahrhunderts eine andere Auslegung dieses internationalistischen Ansatzes, beispielsweise als Motivationsgrundlage und Rechtfertigung im Rahmen der internationalen Solidarität in Form von Auslandseinsätzen. Als bis heute existenter Rest blieb allein der 1. Mai, der als ritualisierter Feiertag des Internationalen Proletariats ab 1890 entstand, dessen historischer Hintergrund jedoch in Vergessenheit geraten ist.

[26] Pietro Gori war ab Anfang der 1870er Jahren in der libertären Bewegung Italiens bekannt. Als promovierter Kriminologe, Schriftsteller, Poet, Musiker und politischer Aktivist war er in Europa, dem Nahen Osten, den USA und Argentinien aktiv. Er kam 1898 nach Argentinien und beteiligte sich nachhaltig in der libertären Bewegung dort; so war er an dem Gründungskongress der FOA 1901 beteiligt. Er war zu Lebzeiten bereits so berühmt, dass in Uruguay die Zeitung *Tribuna Libertaria*, Montevideo, Augusto 1900, auf S. 3 Werbung für das Verkaufssortiment des *Centro Internacional de Estudos Sociales* machte, wo man u. a. extra große Fotos von ihm kaufen konnte. Gori war mit Malatesta wohl einer der wichtigsten und bekanntesten Vertreter der internationalen libertären Arbeiterbewegung. Antonioli et al. 2012.

Literatur

Alexander R (2009) International Labor Organizations and Organized Labor in Latin America and the Caribbean. ABC Clio, Santa Barbara

Ansolabehere P (2011) Literatura y anarquismo en Argentina. Beatriz Viterbo, Rosario

Antonioli M, Masini PC (1999) Il Sol Dell'Avvenire, L'Anarchismo in Italia Dalle Origini alla Prima Guerra Mondiale. BFS, Pisa

Antonioli M, Bertolucci F, Giulianelli R (Hrsg) (2012) Nostra Patria è il Mondo Intero, Pietro Gori nel movimento operaio e libertario italiano e internazionale. BFS Edizioni, Pisa

Baily SL, José E (Hrsg) (2003) Mass Immigration to Modern Latin America. Scholary Resources, Wilmington

Bayer O (2004) La Patagonia Rebelde. Grupo Editorial Planeta S.A.I.C., Buenos Aires

Buschak W (1989) Schwalben der Arbeit – ein Beitrag zur Geschichte der Bäckereiarbeiter und des Anarchismus in Argentinien (= Archiv für die Geschichte des Widerstands und der Arbeit 10). Germinal, Fernwald

Damier V (2009) Anarchosyndicalism in the 20th Century. Blackcatpress, Edmonton

Devoto F (2003) Historia de la Inmigración en la Argentina. Editorial Sudamericana, Buenos Aires

Fausto B (1977) Trabalho Urbano e Conflito Social. Difel, Rio de Janeiro

Fausto B (Hrsg) (2000) Fazer a América. Editora da Universidade de São Paulo, São Paulo

Gabaccia DR, Ottanelli FM (Hrsg) (2001) Italian Workers of the World, Labor Migration and the Formation of Multiethnic States. University of Illinois Press, Illinois

Gitahy MLC (1992) Ventos do Mar. Editora UNESP, São Paulo

Glick Schiller N, Basch L, Blanc-Szanton C (Hrsg) (1992) Towards a Transnational Perspective on Migration. New York Academy of Sciences, New York

Gonzalo ZR (1978) Anarchisme et mouvement ouvrier en Argentine à la fin du XIXe siècle. Le Mouvement social 103:7–23

Hoerder D (1987) Arbeitswanderung und Arbeiterbewusstsein im atlantischen Wirtschaftsraum. In: Hauch G (Hrsg) Arbeitsmigration und Arbeiterbewegung als historisches Problem, Europa Verlag, Wien

Hoerder D (1996) From Migrants to Ethnics: Acculturation in a Societal Framework. In: Hoerder D, Moch LP (Hrsg) European Migrants, Global and Local Perspectives. Northeastern University Press, Boston, S 211–262

Hobsbawm EJ (1977) Revolution und Revolte. Suhrkamp, Frankfurt am Main

Hohmann AW (Hrsg) (2014) Ehern, tapfer, vergessen. Die unbekannte Internationale. Anarchisten & Syndikalisten und der erste Weltkrieg. Edition AV, Lich

Kniedstedt F (2013) Fuchsfeuerwild. Erinnerungen eines anarchistischen Auswanderers nach Rio Grande do Sul. Barrikade, Hamburg

Linden M van der (2008) Workers of the World. Essays toward a Global Labor History. Brill, Leiden

Linden M van der, Rojahn J (1990) The Formation of Labour Movements 1870–1914. An International Perspective Vol. I & II. Brill, Leiden

Linden M van der, Thorpe W (Hrsg) (1990) Revolutionary Syndicalism. An International Perspective. Scolar Press, Aldershot

Manning P (2007) Wanderung Flucht Vertreibung: Geschichte der Migration. Magnus, Essen

Obregón ML (2010) Geografías del teatro en América Latina. Un relato histórico, Luna Libros, Bogota

Opp KD (2009) Theories of Political Protest and Social Movements. Routledge, New York
Otero H, Pellegrino A (2003) Sharing the City: Residence Patterns and Immigrant Integration in Buenos Aires and Montevideo. In: Baily SL, José E (Hrsg) Mass Migration to Modern Latin America. Scholarly Resources, Wilmington
Rama CM, Cappelletti AJ (Hrsg) (1990) El Anarquismo en America Latina. Biblioteca Ayachucho, Caracas
Rodríguez JAB (Hrsg) (2008) El asociacionismo en la emigración española a América. UNED Zamora, Salamanca
Samis A (2002) Clevelândia Anarquismo, sindicalismo e repressão politica no Brasil. Editora Imaginário, São Paulo
Samis A (2009) Minha patria é o mundo inteiro, Neno Vasco, O Anarquismo e o Syndicalismo Revoluciónário em dois mundos. Livraria Letra Livre, Lisboa
Sánchez-Albornoz N (Hrsg) (1988) Españoles hacia América La Emigración en Masa, 1880–1930. Alianza Ed, Madrid
Seyferth G (2000) Identidade nacional, diferençias regionais, integração étnica e a questão imigratória no Brasil. In: Zarur GCL (Hrsg) Região e nação na América Latina. UnB, São Paulo, S 80–107
Schmidt M, Walt L van der (2009) Black Flame. The Revolutionary Class Politics of Anarchism and Syndicalism. AK Press, Oakland
Shaffer K (2005) Anarchism and Countercultural Politics in Early Twentieth-Century Cuba. University Press of Florida, Gainesville
Shaffer K (2013) Black Flag Boricuas. Anarchism, Antiauthoritarianism and the Left in Puerto Rico, 1897–1921. University of Illinois Press, Urbana
Suriano J (2001) Anarquistas, Cultura y política libertaria en Buenos Aires 1890–1910. Manantial, Buenos Aires
Suriano J (2009) Auge y Caida del Anarquismo Argentina 1880–1930. Capital Intelectual, Buenos Aires
Taibo C (2013) Repensar la anarquía Acción Directa, Autogestión, Autonomia. Catarata Madrid
Thorpe W (1989) „The Workers Themselves". Revolutionary Syndicalism and International Labour, 1913–1923. Kluwer Academical Publication, Dordrecht
Tilly C, Tarrow S (2006) Contentious Politics. Paradigm Publishers, London
Vidal D (2010) Florencio Sánchez y el Anarquismo. Biblioteca Nacional, Montevideo
Viera ME (2012) In the Shadow of Liberalism: Anarchist Reason in the Literature and Culture of the Rio de la Plata (1860–1940). Dissertation, University of Michigan
Villegas J (2011) Historia del teatro y las teatralidades en América Latina. Gestos, Irvine
Wätzold T (2011) Vom kaiserlichen zum nationalen Koch – Ernährungsgeschichte des brasilianischen Kaiserreichs. Die Proklamierung der brasilianischen Küche als Teil des nationalen Identitätsbildungsprozesses im Kaiserreich Brasilien 1822–1889. Brasilienkunde Verlag, Mettingen
Wätzold T (2014a) Europäische Ernährung in der Emigration. Das Beispiel Brasilien. In: Amenda L, Langthaler E (Hrsg) Kulinarische „Heimat" und „Fremde". Studienverlag, Innsbruck, S 15–28
Wätzold T (2014b) Auswirkungen und Einflüsse des Ersten Weltkrieges auf die Arbeiterbewegungen in Südamerika. In: Hohmann AW (Hrsg) (2014) Ehern, tapfer, vergessen. Die unbekannte Internationale. Anarchisten & Syndikalisten und der erste Weltkrieg. Edition AV, Lich, S 217–256

Welsch W (1999) Transculturality – the Puzzling Form of Cultures Today. In: Featherstone M, Lash S (Hrsg) Spaces of Culture: City, Nation, World. Sage, London, S 194–213
Zimmer K (2010) „The whole world is our country". Immigration and Anarchism in the United States, 1885–1940. Dissertation, University Pittsburgh

Dr. Tim Wätzold, Promotion in Iberischer und Lateinamerikanischer Geschichte, war Post-Doc-Stipendiat des Graduiertenkollegs „Migration" der Katholischen Universität Eichstätt-Ingolstadt (2011–2014) mit dem Forschungsprojekt: „Die Entstehung der Arbeiterbewegungen Südamerikas und die europäische Massenimmigration. Transnationale Zusammenhänge und Konstruktion kollektiver Identitäten" (Prof. Dr. Thomas Fischer), Professur für Geschichte Lateinamerikas.

Teil II
Religion

Deutsch, deutsch-argentinisch, argentinisch. Kulturelle Aushandlungsprozesse in deutschen Einwanderervereinen in Argentinien, 1856–1930

Valentin Kramer

Zusammenfassung

German immigrants constituted a relatively small minority during the European mass migration to Argentina in the nineteenth and twentieth century. Nevertheless, they established diverse local networks of voluntary associations. These associations satisfied the need for continuity in areas such as education, religion, and sociability within the German communities. Beyond individual goals, German clubs and societies also formed spaces for negotiating language, culture, and identities. Examples from the cities Rosario and Esperanza in the province of Santa Fe show that the initial claim to cultural superiority over the host society was gradually altered in the course of internal and external negotiations, leading to further adaptation and transfer processes inside the community. Thereby, the associations themselves underwent structural changes. Formative events such as the First World War with its negative outcome for Germany accelerated this process and induced many German immigrants to break with their cultural heritage.

Schlüsselwörter

Deutsche · Vereine · Argentinien · Santa Fe · Rosario · Esperanza · Kultur · Migration · Einwanderer · Erster Weltkrieg · Identitäten · Community

V. Kramer (✉)
Berlin, Deutschland
E-Mail: j.valentin.kramer@gmail.com

K. Kazzazi et al. (Hrsg.), *Migration – Religion – Identität. Aspekte transkultureller Prozesse,* DOI 10.1007/978-3-658-06510-2_5

1 Einleitung

Für menschliche Wanderungsbewegungen existieren unzählige historische Beispiele. Der interdisziplinären Migrationsforschung gelten sie daher als ein grundlegendes Charakteristikum menschlichen Verhaltens. Migration bedeutet aber nicht nur den Ortswechsel von Personengruppen, sondern impliziert auch den Transfer kultureller Bezugssysteme, die die Wandernden unausweichlich auf ihrem Weg mitnehmen.

In der „Fremde" kommt es folglich zur Konfrontation von räumlich normalerweise getrennten Kulturen, von Lebens- und Erfahrungswelten. Mögliche Differenzen treten dabei etwa im Zusammenhang mit Traditionen, Moral- und Wertevorstellungen oder dem ideengeschichtlichen Hintergrund auf. Dadurch wird ein enormes Konfliktpotential generiert, das an zahlreichen Kontaktstellen auch gesellschaftlich verhandelt wird. Die beteiligten Akteure reagieren häufig mit Abschottung und gesellschaftlicher Segregation – u. a. durch die Gründung ethnischer Vereine.

In Deutschland gehören Auseinandersetzungen um die kulturellen Auswirkungen der Immigration seit Jahren zu den wiederkehrenden Motiven des öffentlichen Diskurses. Besonders in den städtischen Ballungsräumen mündet die Wahrnehmung der Einwanderung oftmals in einer diffusen Angst vor kultureller Entfremdung. Der von ihr angestoßene gesellschaftliche Wandel erscheint dabei als Zeitphänomen in einer zunehmend globalisierten und vernetzten Welt. Tatsächlich handelt es sich aber um Prozesse, die sich auch in anderen Räumen und Zeiten wiederfinden.

Im 19. Jahrhundert etwa setzte eine Wanderungsbewegung unter umgekehrten Vorzeichen ein. Millionen von Menschen verließen Deutschland während der europäischen Massenemigration. Sie zogen vor allem nach Amerika, um sich dort eine neue Zukunft aufzubauen, die ihnen in ihrer Heimat aus wirtschaftlichen und sozialen Gründen unmöglich schien. Ein kleiner Prozentsatz wanderte nach Lateinamerika, in erster Linie nach Brasilien, Chile und Argentinien (Bernecker und Fischer 1992, S. 198).[1]

Argentinien, das aktiv um europäischen Zuzug warb, entwickelte sich bis Ende des 19. Jahrhunderts zu einem Einwanderungsland. Der Anteil ausländischer Staatsangehöriger an der Gesamtbevölkerung erreichte in den folgenden Jahrzehnten zeitweise die 30-Prozent-Marke. In Großstädten wie Buenos Aires oder Rosario stammten gar bis zu 50 % der Einwohner nicht aus Argentinien (Saint Sauveur-Henn 1995, S. 140). Insbesondere Spanier und Italiener sorgten für einen enormen Bevölkerungsschub, von dem das Land auch wirtschaftlich profitierte (Devoto 2009, S. 247 f.).

[1] Von den etwa 7 Mio. Deutschen, die bis 1914 nach Amerika auswanderten, ließen sich ca. 92 % in den Vereinigten Staaten oder Kanada nieder (Hoerder 2010, S. 56).

Abb. 1 Karte Argentiniens (Ausschnitt). (Quelle: Zusammenstellung des Autors via Stepmap.de. Copyright: Stepmap.de)

Deutsche Einwanderer blieben in Argentinien bis 1930 eine vergleichsweise kleine Minderheit. Neben der Hauptstadt Buenos Aires gehörte zunächst die Provinz Santa Fe zu ihren Hauptzielen. Vor allem in der Agrarkolonie Esperanza und der aufstrebenden Hafenstadt Rosario konnten sich größere deutsche Gemeinschaften etablieren (Abb. 1). Ab Mitte der 1850er bzw. Ende der 1860er Jahre formierte sich in diesen Städten ein vielfältiges deutsches Vereinswesen, das bis 1930 Dutzende Vereinigungen hervorbrachte. Die Bandbreite reichte von Geselligkeits- und Gesangvereinen über Schul- und Turnvereine bis hin zu Hilfsvereinen und ebenfalls in Vereinen organisierten evangelischen Kirchgemeinden.[2]

2 Kulturvorstellungen in deutschen Vereinen in Argentinien

Rosario und Esperanza waren charakteristische Beispiele für die wirtschaftliche und gesellschaftliche Veränderungskraft der Einwanderung. Während das am Paraná gelegene Rosario sich zur Großstadt und zur Drehscheibe des argentinischen

[2] Deutsche Katholiken in Argentinien neigten hingegen kaum zur Einrichtung ethnisch fundierter Kirchgemeinden. Dies lag zum einen in der bereits gut ausgebauten religiösen Infrastruktur der katholischen Kirche Argentiniens, zum anderen in der fehlenden Unterstützung von Auslandsgemeinden durch die deutsche Heimatkirche begründet.

Binnenhandels entwickelte, stieg Esperanza zur modellhaften Einwanderersiedlung und zum Motor für die agrarische Exportwirtschaft der Provinz Santa Fe auf.

Der guten, teils sehr erfolgreichen, wirtschaftlichen Integration der Immigranten stand ein langwieriger kultureller Anpassungsprozess gegenüber. Denn an diesen Orten trafen nicht nur Personen unterschiedlicher Herkunft, sondern auch verschiedene Kulturen aufeinander, deren Einflüsse im Lebensalltag von den Einwanderern austariert werden mussten. Dem ethnischen Vereinswesen kam in diesem Prozess eine besondere Rolle zu.

Soziologischen Erkenntnissen zufolge sind Einwanderervereine „genuin zwischen den Herkunfts- und den Ankunftsgesellschaften aufgespannt" (Pries 2010, S. 24). Sie bilden Räume, in denen Identitäten, Sprache und Kultur verhandelt werden. Denn in der Anlage dieser Organisationen sind stets zwei Richtungen verankert. Zum einen handelt es sich um durch Zugangsbeschränkungen geschützte, „sichere" Räume, um einen ethnisch durchwirkten Mikrokosmos mit vertrauter Sprache, vertrauten Symbolen, Ritualen und Weltsichten. Ein Grundprinzip vieler Migrantenorganisationen ist es, diese Kulturelemente dauerhaft zu erhalten.

Auf der anderen Seite stehen Vereine auch für Geselligkeit, Kommunikation und weitgehend barrierefreien Austausch von Ideen und Informationen. Sie haben somit das Potential, als Schnittstellen zwischen Einwanderern und der aufnehmenden Gesellschaft zu wirken, etwa in Form von Unterstützungsleistungen für Neuzugewanderte, Integrationsangeboten wie Sprachkursen, u. Ä. Darüber hinaus entfalten sie über eigene Schulen und Kirchgemeinden eine kulturelle Tiefenwirkung in der Aufnahmegesellschaft. In ethnischen Vereinen laufen demnach sowohl integrative als auch kulturelle Sendungsprozesse ab.

In Übertragung auf den vorliegenden Fall stellt sich nun die Frage nach der Positionierung der deutschen Gemeinschaften in Rosario und Esperanza gegenüber ihrer Umwelt und den damit verbundenen Kulturdiskursen. Bereits ein flüchtiger Blick in die Vereinsquellen offenbart, dass die deutsche Wahrnehmung der argentinischen Umgebungsgesellschaft von einem Gefühl der kulturellen Überlegenheit bestimmt war. Dieses bildete den Dreh- und Angelpunkt für die weitere Auseinandersetzung mit dem „Eigenen" und dem „Fremden".

Das damalige Kulturverständnis war zum einen vom deutschen Nationsbildungsprozess im 19. Jahrhundert beeinflusst. Die Idee der „Kulturnation", einer gedachten deutschen Gemeinschaft auf Basis u. a. sprachlicher, kultureller und historischer Gemeinsamkeiten, lieferte den entscheidenden Antrieb für einen neuen bürgerlichen Patriotismus und Aktionismus (Jansen und Borggräfe 2007, S. 13). Mit der Reichsgründung gesellte sich dazu ein übersteigerter Nationalismus, der Deutschland im ständigen Widerstreit mit anderen Völkern und Kulturen wähnte.

Das zentrale Schlagwort dieses Kulturdiskurses war das „Deutschtum", ein essentialistisch gedachtes Konglomerat gesellschaftlicher, wissenschaftlicher und kultureller Leistungen bzw. Errungenschaften sowie scheinbar natürlicher Wesenszüge und moralischer Eigenschaften aller Deutschen. Bestärkt wurde diese Idee von den Ergebnissen der internationalen Rassenforschung, deren Vorstellungen von rassischer – und damit kultureller – Superiorität und Inferiorität nicht nur in Deutschland, sondern nachweislich auch innerhalb der argentinischen Elite auf fruchtbaren Boden fielen (Biagini 2009, S. 98–102). Der zeitgenössische Kulturbegriff war demzufolge sehr weit gefasst und ideologisch überzeichnet. Die Vereinsquellen belegen, dass er auch von den „Auslandsdeutschen" in Argentinien bereitwillig übernommen wurde.

Die Folgen in den deutschen Gemeinschaften Argentiniens waren absehbar. Die Wahrnehmung der argentinischen Bevölkerung und Politik konzentrierte sich auf Problemlagen und vermeintliche Defekte. Das „Argentiniertum" wurde beständig mit dem hehren „Wesen" des „Deutschtums" kontrastiert. Ethnische Vereinsgründungen waren – wie etwa im Falle deutscher Schulen – häufig eine direkte Folge dieses negativen Kulturdiskurses.

Darüber hinaus entwickelte die deutsche Einwanderung ein starkes Sendungsbewusstsein. Sie begriff sich als „Kulturfaktor", der die unterlegene romanische Kultur Argentiniens befruchten könne. Edmund Koch, deutscher Pastor der *Evangelischen Gemeinde* in Esperanza, beklagte aus diesem Grund 1902 in einem Beitrag für die Zeitschrift *Deutsch-Evangelisch* die Anpassung vieler deutscher Einwanderer an die geringe „Kulturhöhe" Argentiniens:[3]

> Durch den Verlust der deutschen Sprache gehen aber die Eingewanderten notwendig in dem Volkstum des fremden Landes auf. Dies bedeutet auf romanischem Gebiete ein Sinken um mehrere Kulturstufen, besonders in Südamerika. [...] Die entnationalisierten Söhne vaterlandsloser Deutscher pflegen darum, verglichen mit ihren Eltern, einen erschreckenden Rückgang zu zeigen (Koch 1902, S. 66).

Die konkrete Umsetzung dieses Kulturverständnisses in den Vereinen erschöpfte sich im Wesentlichen in einer Reihe von Bewahrungsstrategien. Aufnahmekriterien wie die Beherrschung der deutschen Sprache und andere Zugangsbeschränkungen dienten dazu, fremde kulturelle Einflüsse fernzuhalten. Die Vernetzung der Vereine auf lokaler, regionaler und nationaler Ebene – z. B. bei überregionalen Sänger- und Sportfesten – sollte die gemeinschaftliche Erhaltung und Verbreitung deutscher Kultur befördern. Ebendieses Ansinnen verfolgten die Vereine auch mit ihrer lokalen Festkultur, die, etwa bei Feiern zu Kaisergeburtstagen oder Schiller-Jubiläen, starke deutsche Rückbezüge aufwies.

---

[3] Dabei wird auch deutlich, wie deutsche Pfarrer oder Lehrer im Auslandsdienst derartige Vorstellungen als Multiplikatoren mit nach Argentinien trugen, wo sie weite Verbreitung im deutschen Vereinswesen fanden.

Den Schulvereinen und evangelischen Kirchgemeinden kam in diesem Zusammenhang eine besondere Bedeutung zu. Sie gingen eine Art Selbstverpflichtung zur Bewahrung und Vermittlung deutscher Kultur und Sprache im Ausland ein. Beide Elemente waren im Verständnis der Zeitgenossen eng miteinander verbunden. Die Sprache war der „Schlüssel“ zum nationalen Kulturerbe und musste daher um jeden Preis erhalten werden. In den Schulen und Gemeinden gab es in der Folge verschiedene Initiativen, den Einwandererkindern diese Aspekte des „Deutschtums“ näherzubringen und die Eltern beispielsweise dazu anzuhalten, zu Hause Deutsch statt Spanisch zu sprechen. Die liberale Verfassung Argentiniens ließ den Vereinen – v. a. den Schulen – in dieser Hinsicht lange Zeit jegliche Freiheiten.

3 Angleichungen und Verhandlungen

Vergleicht man die offiziellen Verlautbarungen aus dem deutschen Vereinswesen Argentiniens um die Jahrhundertwende, schien der ideologisierte und konservatorisch ausgerichtete Kulturdiskurs dort auf lange Zeit zementiert. War unter diesen Voraussetzungen ein Wandel ethnischer und nationaler Überzeugungen und Praktiken in den Vereinen möglich? Und, wenn ja, wie würde dieser ausgestaltet werden? Insbesondere vor dem Hintergrund der multiethnischen Einwanderungsgesellschaft Argentiniens, dem gesellschaftlichen und auch staatlichen Anpassungsdruck sowie nachfolgender Generationen, denen die deutsche Sprache und Kultur zunehmend fremder wurde? Beharrten die Vereine auf ihrer Strategie der Abschottung? Oder erfolgte doch eine Öffnung, auch im kulturellen Sinne?

Eine pauschale Antwort auf diese Frage – womöglich mit Stichdaten – kann es nicht geben. Die Wandlungsprozesse in den Vereinen waren individuell geprägt, fließend und von zahlreichen Variablen und Einflüssen abhängig. Dennoch lassen sich in den Vereinsquellen bestimmte Wegmarken und Veränderungsläufe identifizieren, die auf einen Kulturwandel hinweisen. Eine Annäherung wird etwa über die Analyse interner und externer Verhandlungen möglich.

Eine der zentralen internen Debatten in allen deutschen Vereinen war die „Sprachenfrage“. Angesichts der abnehmenden Deutschkenntnisse unter den nachrückenden Generationen diskutierten die Vorstände bereits Ende des 19. Jahrhunderts darüber, ob Spanisch als Umgangs- und Protokollsprache eingeführt werden sollte. Dabei standen nicht nur kulturelle Erwägungen im Vordergrund, sondern auch die Sorge, sonst den Fortbestand der Vereine langfristig nicht sichern zu können.

Dies führte besonders nach 1900 zu teils heftigen internen Auseinandersetzungen. Die Mehrheit der Mitglieder sperrte sich lange erfolgreich gegen das Vorhaben. Sprache galt vielen nach wie vor als unverzichtbarer Teil des „Deutschtums“, der unter keinen Umständen aufgegeben werden durfte. Andernfalls würde man das sogenannte kulturelle „Erbe der Väter“ preisgeben und damit das Fundament des ethnischen Vereinswesens angreifen.

Doch die inneren Spannungen wurden größer und die Vereinsvorstände sahen sich zunehmend zu Kompromissen gezwungen. Die deutschen evangelischen Kirchgemeinden von Rosario und Esperanza boten bald auch Gottesdienste und Amtshandlungen in spanischer Sprache an. Der *Männer-Gesangverein* in Esperanza veranstaltete auf Drängen nicht-deutschsprachiger Mitglieder 1930 einen spanischen Theaterabend. Außerdem versah der Verein seine Programmhefte mit spanischsprachigen Zusammenfassungen bzw. veröffentliche sie ganz auf Spanisch (Abb. 2a, b). Solche schrittweisen Anpassungen markierten den Beginn einer weitreichenden inneren Erneuerung der Vereine in der ersten Hälfte des 20. Jahrhunderts.

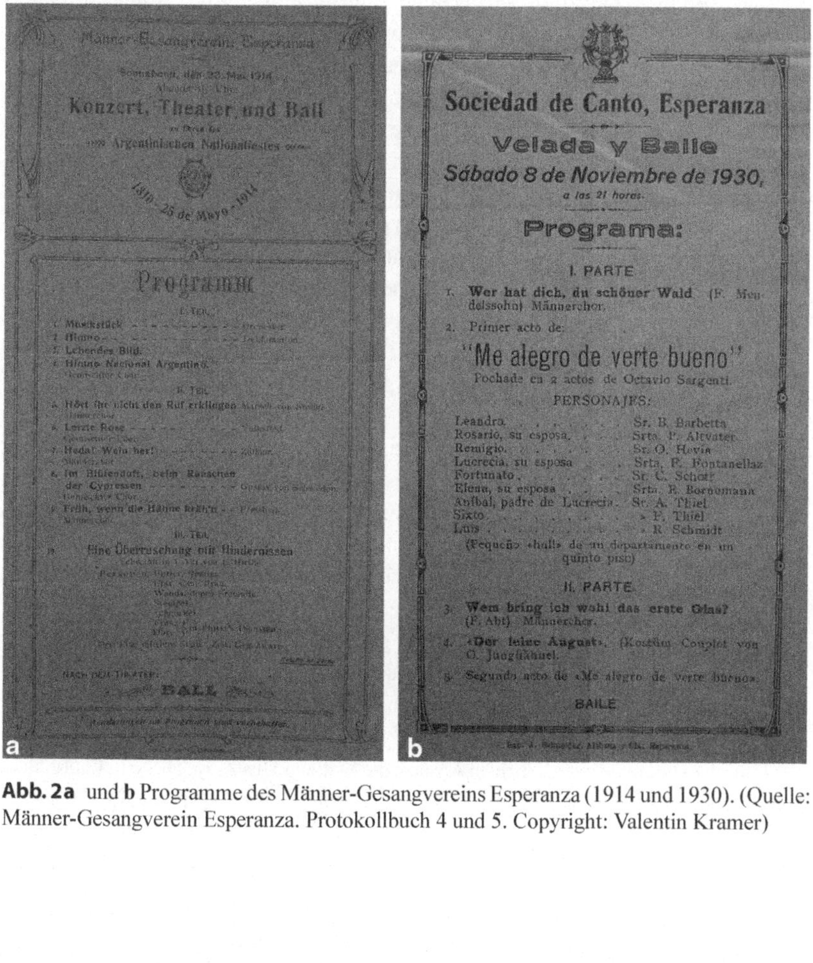
a

Konzert, Theater und Ball

Argentinischen Nationalliedes

1810 – 25 de Mayo – 1914

Programm

Lebendes Bild.

b

Sociedad de Canto, Esperanza

Velada y Balle

Sábado 8 de Noviembre de 1930,

a las 21 horas.

Programa:

I. PARTE

1. Wer hat dich, du schöner Wald (F. Mendelssohn) Männerchor.
2. Primer acto de:

"Me alegro de verte bueno"

Pochade en 2 actos de Octavio Sargenti.

PERSONAJES:

Leandro	Sr. B. Barbetta
Rosario, su esposa	Srta. P. Altvater
Remigio	Sr. O. Hevia
Lucrecia, su esposa	Srta. F. Fontanellaz
Fortunato	Sr. C. Schott
Elena, su esposa	Srta. R. Bornemann
Aníbal, padre de Lucrecia	Sr. A. Thiel
Sixto	» F. Thiel
Luis	» R. Schmidt

(Pequeño «hall» de un departamento en un quinto piso)

II. PARTE

3. Wem bring ich wohl das erste Glas? (F. Abt) Männerchor.
4. «Der leine August», (Kostüm Couplet von O. Junghänel.
5. Segundo acto de «Me alegro de verte bueno».

BAILE

Abb. 2a und **b** Programme des Männer-Gesangvereins Esperanza (1914 und 1930). (Quelle: Männer-Gesangverein Esperanza. Protokollbuch 4 und 5. Copyright: Valentin Kramer)

Neben den internen Verhandlungen interagierten die deutschen Vereine auch mit der argentinischen Umgebungsgesellschaft. Durch die Öffnung der Gemeinschaften nach außen und durch direkte Ansprache eines breiteren Publikums ergaben sich ganz neue Formen des kulturellen Zusammenwirkens. Ein interessantes Beispiel gibt die *Sociedad Cultural Alemana Argentina* in Rosario, ein Ende der 1920er Jahre von deutschen Einwanderern gegründeter Kulturverein, der sich bald zu einer der mitgliederstärksten deutschen Organisationen am Platz entwickelte.

Die kurz *Cultural Alemana* genannte Vereinigung unterschied sich in ihrem Aufbau und Wesen deutlich von den bestehenden deutschen Vereinen. So gab es beispielsweise keine Aufnahmebeschränkungen. Alle Sprachen und Nationalitäten waren ausdrücklich erwünscht. Protokolle und Programme wurden durchgehend auf Spanisch oder zweisprachig verfasst. Um ein möglichst großes Publikum in Rosario zu erreichen, wurde Spanisch auch zur Umgangssprache erklärt. Zudem war der Verein keine kulturpflegerische Einbahnstraße. Zwar sollte besonders deutsche Kultur gefördert und verbreitet werden, man zeigte sich aber auch offen gegenüber kulturellen Erzeugnissen anderer Herkunft.

Das Programm der *Sociedad Cultural Alemana Argentina* war entsprechend vielfältig. Auf der einen Seite veranstaltete der Verein deutsche Volksliederabende und brachte Werke deutscher Komponisten zur Aufführung. Die meist von Mitgliedern der deutschen „Kolonie" dargebotenen Stücke beschäftigten sich bevorzugt mit den bekannten Motiven der deutschen Einwanderung wie „Heimat und Vaterland" oder „Abschied und Wanderlust". Auf der anderen Seite lud die Vereinigung im August 1929 auch zu einem spanischen Lautenkonzert. Anfangs fanden die Kulturabende im Salon des lokalen *Deutschen Vereins* statt. Später wechselte man in das Teatro del Círculo de Obreros. Das zentral in der Altstadt Rosarios gelegene Haus bot den geeigneten Rahmen, um ein größeres Auditorium anzuziehen.[4]

Mit der *Cultural Alemana* entstand ein neuer deutscher Vereinstypus, der auch eine neue Vereinskultur einführte. Statt auf deutsche Eigenheiten und eine eng umgrenzte Ethnizität zu beharren, wirkte sie nach außen und vermittelte bewusst zwischen den Lebenswelten. Der Verein war beispielhaft für eine veränderte kollektive Selbstwahrnehmung in Argentinien, erwachsen aus einer Gesellschaft, die sich im Laufe des 20. Jahrhunderts zunehmend über die nationale und kulturelle Vielfalt ihrer Mitglieder definierte.

Im Widerspruch zu den vordergründig geführten Bewahrungsdiskursen gab es im deutschen Vereinswesen Argentiniens demnach eine in vielen Fällen diametral entgegengesetzte Entwicklung. Die genannten Fälle zeigen, dass eine kulturelle

[4] Vgl. für die vorangegangenen beiden Absätze die Statuten DLPZ, Jg. 59, Nr. 212 (10. September 1927), S. 7 f.; Nr. 221 (21. September 1927), S. 8, sowie die Programmheftsammlung des Vereins PA AA Buenos Aires 63.

Öffnung hin zur Aufnahmegesellschaft durchaus erfolgte und die Vereine nicht völlig nach außen abgeschlossen waren. Dass sich die Gesellschaften auf vielen Ebenen begegneten und durch Verhandlungen aufeinander zubewegten, veranschaulicht auch ein Gedicht aus einer Jubiläumsschrift des *Deutschen Vereins* in Rosario über eine Begebenheit aus der Vereinsgeschichte:

> In dem Klub als Mitglied sein,
> Kann nur der, der ziemlich rein,
> Ohne dass die Zunge bricht,
> Unsre deutsche Sprache spricht.-
>
> Señor Ruiz… el comandante,
> Der die Klubgesetze kannte,
> Saben… lo que hizo él…?
> Der fuhr mal nach drueben [sic] schnell.-
>
> Aleman [sic]… er dort studierte,
> La cerveza… er probierte,
> Y… als todo er begriffen,
> Tat er wieder ein sich schiffen.-
>
> Und als er zurueckgekommen [sic],
> Wurde er dann aufgenommen,
> Als ein Mitglied voll und wert,
> Wie er es sich laengst [sic] begehrt.-
> (Deutscher Verein Rosario 1935, S. 20)

Das Gedicht verweist zum einen auf die sprachliche Hybridisierung, die sich allmählich in den Einwanderergemeinschaften durchsetzte. Die an den deutschen Schulen in Argentinien propagierte „Reinheit" der deutschen Sprache und die allgemeine Ablehnung einer deutsch-spanischen „Mischsprache" waren offensichtlich nicht von Bestand. Zum anderen erscheint deutsche Kultur in dieser Anekdote in einem neuen Licht, nämlich als etwas, das man erlernen kann. Das „Deutschtum" wird damit ein ganzes Stück weit vom Konzept der Nation und der nationalen Zugehörigkeit entkoppelt, eine Tendenz, die sich besonders nach dem Ersten Weltkrieg noch verstärkte.

4 Bruchstellen: der Erste Weltkrieg

Neben den Verhandlungen im direkten Umfeld der Vereine stießen auch prägende externe Ereignisse kulturelle Wandlungsprozesse in den Einwanderergemeinschaften an. Ein solches war der Erste Weltkrieg und der damit verbundene Niedergang des deutschen Kaiserreichs. Obwohl in Argentinien nicht unmittelbar wirksam bzw. gegenwärtig, durchbrachen diese Entwicklungen die bis dahin kaum ‚versehrte' kulturelle Kontinuität in den deutschen Vereinen.

Seit der Reichsgründung war auf beiden Seiten des Atlantiks eine starke Identifizierung des deutschen bürgerlichen Vereinswesens mit der deutschen Nation und ihrem Monarchen zu beobachten. Das „Augusterlebnis" in Deutschland 1914 übertrug sich daher unvermindert auf die Deutschen in Argentinien und gab dort die Initialzündung für eine euphorische „Kriegstätigkeit". Insbesondere die ethnischen Vereine riefen diverse Kampagnen ins Leben und organisierten umfangreiche Wohltätigkeitsaktionen zugunsten des alten Heimatlandes. Nicht nur in der Hauptstadt Buenos Aires, sondern auch in den kleineren Gemeinschaften des Hinterlandes wie Rosario und Esperanza wurden „Kriegsspenden" gesammelt, die deutschen Kriegsanleihen gezeichnet und Propaganda für die „deutsche Sache" gemacht.[5]

Das deutsche Vereinswesen wuchs in den Kriegsjahren enger zusammen und brachte zahlreiche neue patriotische und wohltätige Vereine hervor. In Rosario entstanden u. a. der karitativ ausgerichtete *Vaterländische Frauenverein* und der nach dem berühmten deutschen U-Boot benannte *Kegelklub „U9"*, der sich die „Förderung des großdeutschen-nationalen Gedankens" auf die Fahne geschrieben hatte (Elsner 1932, S. 69, 77, 235, 246 f.).

Zugleich strukturierte der Krieg die ethnische Vereinslandschaft in Rosario neu. Einwanderergemeinschaften entfremdeten sich voneinander, die bis dahin in vielen Bereichen zusammengearbeitet hatten. Unter anderem kündigten Deutsche und Engländer in Rosario sämtliche Vereinspartnerschaften auf. Umgekehrt gewannen das „Deutschtum" und das kulturelle Erbe Deutschlands in dieser Zeit deutlich an Wertschätzung und wurden im deutschen Vereinswesen mit besonderem Stolz herausgestellt.

Der negative Ausgang des Krieges und das Ende des Kaiserreichs bewirkten daher ein regelrechtes Trauma in den Vereinen. Wut und Enttäuschung führten zu einem starken Rückgang der Vereinsaktivitäten und der Mitgliederzahlen. Die meisten der patriotischen und wohltätigen Vereine lösten sich wieder auf. Die verbliebenen Vereinigungen standen der neuen politischen Ordnung der Weimarer Republik überwiegend argwöhnisch gegenüber. Der Verlust des Kaisertums – seit der Reichsgründung der Inbegriff deutschen Wesens und deutscher Weltgeltung – konnte lange nicht verwunden werden und führte in vielen Fällen zu einer kulturellen Neuorientierung.

[5] Dies war kein spezifisch deutsches Phänomen. Andere Einwanderergemeinschaften in Argentinien unterstützten ihre Heimatländer ebenfalls (Tato 2010).

Pfarrer Maximilian Gebhardt, der die *Deutsche Evangelische Gemeinde* in Rosario während des Ersten Weltkriegs mit euphorischen „Kriegspredigten" und patriotischen Spendenaktionen begleitet hatte, bemerkte 1920 auf einer Pfarrkonferenz in Buenos Aires mit kaum verhehlter Verbitterung:

> Ich habe nicht Gott und nichts von Gott verloren, sondern mein deutsches Volk. Das heutige deutsche Volk hasse, verabscheue ich. Ich sehe ein, wir haben nicht das deutsche Volk, sondern das deutsche System geliebt (EZA 5/2066, Protokoll der „Pfarrer-Konferenz" in Buenos Aires am 10. Juli 1920).

Mit dieser Meinung stand Gebhardt nicht allein. Das offene und öffentliche Bekenntnis zum „Deutschtum", zu deutscher Kultur und Sprache, das vor und während des Krieges noch so leicht gefallen war, schien angesichts der schmachvollen Niederlage in den deutschen Gemeinschaften nun weit weniger selbstverständlich. Kulturelle Bruchstellen wie der Erste Weltkrieg wirkten als Katalysatoren und beschleunigten die beschriebenen Aushandlungs- und Angleichungsprozesse in den Vereinen.

5 Schlussbemerkung

Die kulturelle Transformation des deutschen Vereinswesens und der deutschen Gemeinschaften in Argentinien war ein sukzessiver und unaufhaltsamer Prozess. Das „Deutschtum" oder das „Erbe der Väter" waren als Schlagwörter konservativer Kulturdiskurse nicht in der Lage, sich dauerhaft gegen die Lebenswirklichkeit der argentinischen Einwanderungsgesellschaft zu stemmen und die allmähliche kulturelle Überformung der deutschen „Kolonien" zu verhindern.

Diese Erkenntnis setzte sich bereits bei den Zeitgenossen durch. Selbst Wilhelm Keiper aus Buenos Aires, einer der einflussreichsten deutschen Schulmänner in Argentinien und eigentlich ein Befürworter ethnischer Bewahrungsstrategien, kam nicht umhin, die Ungleichheit der Kräfteverhältnisse anzuerkennen. In einem Vortrag über „Deutsche Kulturaufgaben in Argentinien" vor dem preußischen Abgeordnetenhaus im Jahr 1914 bescheinigte er etwaigen kulturellen Gegenbewegungen in den Vereinen geringe Erfolgsaussichten:

> Die Kraft des Bodens ist stärker als die Bande der Familie und der geschichtlichen Ueberlieferung [sic], die die Einwanderer mit nach drüben bringen, und alle Versuche der fremdländischen Schulen und Vereine wie des Vaterhauses, diesen naturwüchsigen Einflüssen gegenüber die überlegene Kultur des alten Heimatlandes ins Feld zu führen, sind nur von einer beschränkten Wirkung. Die Nachkommen der ins Land eingewanderten Fremden sind oder werden, wenn sie im Lande bleiben, unfehlbar Argentinier, aber freilich Argentinier einer neuen Art, Argentinier mit französischem, englischem, italienischem oder deutschem Einschlag (Keiper 1914, S. 6).

Damit bringt Keiper die oben skizzierten Entwicklungen noch einmal auf den Punkt. Er verweist bereits auf die kulturellen und identifikatorischen Zwischenräume, die Schnittstellen zwischen „Deutschtum“ und „Argentiniertum“. Allerdings versäumt es Keiper, zu erwähnen, dass die Grundlagen für den Wandel nicht erst in den folgenden Generationen, sondern bereits *mit der Einrichtung* ethnischer Organisationen und ihren Aktivitäten gelegt wurden. Nicht nur die „Kraft des Bodens“, wie er es formulierte, sondern die Einwanderervereine selbst trugen als Verhandlungsräume für Sprache, Kultur und Identitäten zu diesem Prozess bei. Dabei entwickelten auch sie sich von deutschen zu deutsch-argentinischen und schließlich zu argentinischen Vereinen.

Literatur

Bernecker WL, Fischer T (1992) Deutsche in Lateinamerika. In: Bade KJ (Hrsg) Deutsche im Ausland – Fremde in Deutschland. C.H. Beck, München, S 197–214

Biagini HE (2009) Identidad argentina y compromiso latinoamericano. Ediciones de la UNLa, Remedios de Escalada

Deutsche La Plata-Zeitung (DLPZ) 59 (212)

Deutsche La Plata-Zeitung (DLPZ) 59 (221)

Deutscher Verein Rosario (1935) Festschrift zum 50-jährigen Stiftungsfest. Deutscher Verein, Rosario

Devoto F (2009) Historia de la inmigración en la Argentina. Editorial Sudamericana, Buenos Aires

Elsner E (1932) Chronik der deutschen Kolonie Rosarios. Imprenta Mercur, Buenos Aires

Evangelisches Zentralarchiv (EZA) 5/2066

Hoerder D (2010) Geschichte der deutschen Migration. Vom Mittelalter bis heute. C.H. Beck, München

Jansen C, Borggräfe H (2007) Nation – Nationalität – Nationalismus. Campus, Frankfurt am Main

Keiper W (1914) Deutsche Kulturaufgaben in Argentinien. Deutsch-Argentinischer Centralverband, Berlin

Koch E (1902) Zur Mischehe in der ausländischen Diaspora. Deutsch-Evangelisch I:63–74

Männer-Gesangverein Esperanza (1902–1923) Protokollbuch 4

Männer-Gesangverein Esperanza (1923–1945) Protokollbuch 5

Politisches Archiv des Auswärtigen Amts (PA AA) Buenos Aires 63

Pries L (2010) (Grenzüberschreitende) Migrantenorganisationen als Gegenstand der sozialwissenschaftlichen Forschung: Klassische Problemstellungen und neuere Forschungsbefunde. In: Pries L, Sezgin Z (Hrsg) Jenseits von ‚Identität oder Integration‘. Grenzen überspannende Migrantenorganisationen. VS Verlag für Sozialwissenschaften, Wiesbaden, S 15–60

Saint Sauveur-Henn A (1995) Un siècle d'émigration allemande vers l'Argentine 1853–1945. Böhlau, Köln

Tato MI (2010) En el nombre de la Patria: asociacionismo y nacionalismo en la Argentina en torno de la Primera Guerra Mundial. In: Rey Tristán E, Calvo González P (Hrsg) Actas del XIV encuentro de Latinoamericanistas españoles: congreso internacional, 200 años de Iberoamérica (1810–2010). Universidade de Santiago de Compostela, Santiago de Compostela, S 303–315

Valentin Kramer M.A., Stipendiat des Graduiertenkollegs „Migration" der Katholischen Universität Eichstätt-Ingolstadt (2011–2013), mit dem Forschungsprojekt: „Die Identität des Blutes. Deutsche Einwanderervereine in Rosario und Esperanza, 1856–1933" (Prof. Dr. Thomas Fischer), Professur für Geschichte Lateinamerikas.

„Es war ein langsamer Prozess des Bewusstseins“: Religion, Kultur und die Bedeutung von Werten bei lateinamerikanischen Migranten und Migrantinnen

Marina Jaciuk

Zusammenfassung

Among migrants, the perception of the displacement of the "old" socio-cultural structures and the alterity experience in the new society lead to deep reflection about the values of one's own socialization and cultural background. In the case of Latin American migrants, this reflection, regardless of individual religious orientations, brings out a central „religious value“: the freedom to determine one's own spirituality. The migration process then allows for the critical handling of diverse elements from different cultures by selecting, appropriating and giving significance to cultural aspects and religious knowledge in a new context. These mechanisms are located in the intersection between the spiritual needs of the individuals, references to the homeland and the orientation within the new society.

Schlüsselwörter

Lateinamerikanische Migration in Deutschland · Identität · Migration und Religion · Werte · *Religioning* · Latino-Identität · Kulturelle Dynamiken

M. Jaciuk (✉)
Katholische Universität Eichstätt-Ingolstadt, Eichstätt, Deutschland
E-Mail: marina.jaciuk@web.de

K. Kazzazi et al. (Hrsg.), *Migration – Religion – Identität. Aspekte transkultureller Prozesse,* DOI 10.1007/978-3-658-06510-2_6

„Es war ein langsamer Prozess des Bewusstseins“: Mit diesen Worten fasste Ester, eine brasilianische Interviewpartnerin, zusammen, was für sie die Migration als lebensverändernder Prozess bedeutete. Damit beschrieb sie, wie die Migration die reflexive Auseinandersetzung mit der eigenen Sozialisation und Lebensgeschichte und mit den verschiedenen kulturellen Kontexten vorantrieb und wie sie eine lang anhaltende Wirkung in Bezug auf Prozesse von Kontinuität und Wandel, von Selektion, Aneignung und Umdeutung ermöglichte.

Dieser explizite Satz von Ester besitzt aber für alle im Rahmen meiner Dissertation interviewten lateinamerikanischen MigrantInnen[1] Gültigkeit: Die Dimension des *Bewusstwerdens* in diesem Prozess der Migration erschien als eine zentrale Dimension in allen durchgeführten Interviews. Was bedeutet aber genau dieses *Bewusstwerden*? Welche Auswirkungen auf Reflexionen, Positionierungen und Praktiken im Bereich des Kulturellen und des Religiösen hat dieser *langsame Prozess des Bewusstwerdens*? Verändern sich die Wertvorstellungen und Wertevermittlung im Kontext der Migration und welche Rolle spielt die Religion dabei? Und inwiefern kann man von besonderen *Werten der MigrantInnen* sprechen?

Für die Beantwortung dieser Fragen werde ich mich auf einige Ergebnisse meines Forschungsprojekts zu lateinamerikanischen Migranten und Migrantinnen in Bayern stützen. Als Einführung werde ich zuerst einen allgemeinen Überblick über die lateinamerikanische Migration in Deutschland geben, gefolgt von einer kurzen Skizzierung der theoretischen und methodischen Ansätze meiner Untersuchung. Zuletzt werde ich anhand einiger Beispiele die Hauptaspekte zum Thema Kultur, Religion und Wertvorstellung bei meinen Interviewpartnerinnen darstellen.

1 Lateinamerikanische Migration in Deutschland: ein Überblick

Im Vergleich zu Ländern wie Spanien und Italien – die beliebtesten Ziele lateinamerikanischer Migration in Europa – ist die Anzahl lateinamerikanischer MigrantInnen in den restlichen europäischen Ländern eher gering; eigentlich stellen sie zahlenmäßig eine „Minderheit“ innerhalb der „Minderheiten“ der jeweiligen europäischen Länder dar (Yépez del Castillo und Herrera 2007; Pellegrino 2004). Es lässt sich allerdings feststellen, dass die lateinamerikanischen MigrantInnen sich inzwischen außerhalb der oben genannten „traditionellen“ europäischen Ziele zu einer bedeutsamen Gruppe entwickelt haben, mit einer stärkeren Präsenz in Län-

[1] Während der Feldforschung wurden 27 Personen interviewt; Frauen und Männer aus verschiedenen Ländern Lateinamerikas.

dern wie Belgien, Holland, der Schweiz oder Deutschland (Pellegrino 2004; Yépez del Castillo und Herrera 2007; Yépez und Bach 2008).

Die Migrationsbeziehungen zwischen Lateinamerika und Deutschland gehen auf das 19. Jahrhundert zurück, als deutsche Einwanderer deutsche Siedlungen vor allem in Südamerika gründeten. Während der Zeit des Nationalsozialismus wurde Lateinamerika zum Zufluchtsort für viele Deutsche jüdischen Glaubens und politisch Verfolgte. Die Region wurde nach dem zweiten Weltkrieg allerdings auch zum Unterschlupf für viele Nationalsozialisten (Cerda-Hegerl 2006; Gries 2000).

Nach der Statistik des Bundesamts für Migration und Flüchtlinge lebten 2008 ca. 103.000 Lateinamerikaner in Deutschland. Bayern belegt mit 17.126 Personen dieser Gruppe den zweiten Platz unter den Bundesländern.[2] Das Alter des überwiegenden Teils der in Deutschland lebenden Lateinamerikaner liegt zwischen Anfang 20 und Ende 50, 65 % der Migranten sind weiblichen Geschlechts. Sie leben vor allem in urbanen Räumen und deren Umgebungen.[3]

Anfang der 1990er Jahre bestätigte eine der ersten Untersuchungen über lateinamerikanische Migration in Deutschland zwei der wichtigsten Trends dieser Migration in Europa: erstens einen seit 1967 kontinuierlichen Zahlenanstieg von MigrantInnen mit lateinamerikanischen Pässen und zweitens einen höheren Frauenanteil (Paz de la Torre 1993). Diese ‚Feminisierung der Migration' ist vermutlich der Grund, warum die meisten Studien über die lateinamerikanische Migration in Deutschland Migrantinnen ins Blickfeld nehmen. Meist geht es dabei um eine Genderperspektive, die versucht, die Frau als „soziale und politische Akteurin" im Migrationsprozess hervorzuheben (Cerda-Hegerl 2006; Hernández 2000, 2005, 2007; Schafter und Schultz 1999; Gruner-Domić 2005).

Die lateinamerikanische Migration in Deutschland weist die gleichen drei Phasen bzw. ‚Strömungen' auf, wie sie für das restliche Europa feststellbar sind. Die erste Phase (ca. 1960–1980er Jahre) war hauptsächlich durch eine erzwungene Migration von Exilanten und Asylsuchenden, die aus den Bürgerkriegen und Militärdiktaturen in lateinamerikanischen Ländern flüchteten, geprägt (Gratius 2005, S. 166). Daher kann sie praktisch als eine „Exilmigration" definiert werden. Die BRD und die DDR wurden zum Exilland vor allem vieler Chilenen nach dem

[2] Statistisches Bundesamt: Bevölkerung und Erwerbstätigkeit 2008. Ausländische Bevölkerung: Ergebnisse des Ausländerzentralregisters. Fachserie 1 Reihe 2. Wiesbaden 2009. PDF-Dokument. An erster Stelle der Statistik steht Nordrhein-Westfalen mit 19.663 Lateinamerikanern, an dritter Baden-Württemberg mit 15.985.

[3] Für Bayern lassen sich laut Statistik die gleichen Ergebnisse feststellen. Siehe: Bayerisches Landesamt für Statistik und Datenverarbeitung (Hrsg): Statistische Berichte. Ausländer in Bayern am 31. Dezember 2007. Ergebnisse des Ausländerzentralregisters. Kennziffer: A I 4 j 2007. München 2008. PDF-Dokument.

Putsch 1973 gegen Salvador Allende (Gruner-Domić 2002). Dabei spielten kirchliche und internationale Hilfsorganisationen eine wichtige Rolle. Die DDR wurde außerdem in Folge der Vereinbarungen der Jahre 1975 und 1978 für die berufliche Qualifizierung kubanischer Facharbeiter auch zur Heimat vieler Kubaner, obwohl die meisten davon nach der vertraglichen Beendigung des Arbeitsverhältnisses nach Kuba zurückkehrten (Gruner-Domić 1996).

Während der 1980er Jahre führten wirtschaftliche und finanzielle Krisen in vielen Ländern Lateinamerikas zu einer Verschlechterung des Lebensstandards besonders unter der Mittelschicht. Auf der Suche nach einer ‚besseren Zukunft' oder zumindest einer stärkeren ökonomischen Stabilität migrierte eine große Zahl von Lateinamerikanern hauptsächlich in die USA und nach Kanada, viele von ihnen wanderten aber auch in Richtung Europa. Die zweite Phase der Migration, die insbesondere in den 1990er Jahren kräftig wuchs, könnte aufgrund des ökonomischen Hintergrunds als Arbeitsmigration bezeichnet werden. Genau in dieser Zeit entstanden die ersten Migrationsnetzwerke; auch in deutschen Städten kam es zu Gründungen von ersten Organisationen und Vereinen lateinamerikanischer MigrantInnen (García Jerez und Müller 2004; Müller 2012).

Die dritte Phase der lateinamerikanischen Migration (ab ca. Ende der 1990er Jahre) entwickelte ein bis dahin noch nicht gesehenes Volumen und eine starke Geschwindigkeit. Die Motivationen der Migration waren vielfältig: Ökonomische Faktoren spielten immer noch eine wichtige Rolle, aber auch andere Aspekte wie das Unsicherheitsgefühl sowohl hinsichtlich der wirtschaftlich-sozialen Situation wie auch der in vielen Ländern der Region vorherrschenden hohen Kriminalitätsraten und nicht zuletzt der anhaltenden politisch motivierten Gewaltsituationen z. B. in Kolumbien (Herrera und Yepez 2007). Daneben gab es aber auch andere Faktoren, die eine Entscheidung zur Migration erleichterten: einerseits waren es die Migrationsnetzwerke, die in den Jahren zuvor entstanden und den Neuankömmlingen den Start im neuen Land und die Entscheidung zur Migration erleichterten; auf der anderen Seite war es der Preisverfall im transatlantischen Flugverkehr sowie der informations-technologische Fortschritt, der große Distanzen gefühlt etwas geringer erscheinen ließ und auf diese Weise die Angst vor der Entfernung zur Familie minimierte.

Dieser Trend der Diversifizierung von Beweggründen ist auch in Deutschland sichtbar, auch wenn immer noch Arbeit, Studium und Weiterbildung oder Familienzusammenführung als „klassische" Migrationsgründe der lateinamerikanischen Migration in Deutschland gelten (García Jerez und Müller 2004; Hernández 2007; Cerda-Hegerl 2006). Dennoch bleibt noch ein sehr wichtiger Aspekt für die Verlagerung der lateinamerikanischen Migration in Richtung Europa: die Verschärfung sowohl der Grenzkontrollen als auch der Einreise- und Visabestimmungen in den USA infolge der Anschläge vom 11. September 2001 ließ Europa nun als Migrationsziel attraktiver erscheinen, nachdem die USA lange Zeit das bevorzugte Einwanderungsziel der Lateinamerikaner gewesen waren.

2 Identitätskonstruktionen und die Rolle der Religion bei lateinamerikanischen Migranten und Migrantinnen

Im Mittelpunkt meiner Untersuchung stehen Fragen nach den Prozessen von Identitätskonstruktionen und der Rolle der Religion bei sozio-kulturellen Identifikationen und Positionierungen. Diese Problemstellung verlangt nach einer subjektzentrierten Perspektive, die nur durch qualitative Methoden wie teilnehmende Beobachtung und die Durchführung von narrativen Interviews[4] zu erreichen ist.

Insgesamt wurden 27 Personen interviewt, sowohl Frauen als auch Männer aus verschiedenen Ländern Lateinamerikas (Bolivien, Brasilien, Argentinien, Mexiko, Peru und Kolumbien), die heute in bayerischen Städten leben. Die meisten Interviewpartner sind zwischen 35 und 50 Jahre alt, haben ein hohes Bildungsniveau und die meisten kamen in der ersten Dekade des einundzwanzigsten Jahrhunderts nach Deutschland, wobei viele von ihnen bereits zwischen Mitte und Ende der 1990er Jahre vorher in andere amerikanische, europäische oder asiatische Länder emigriert waren, bevor sie dann nach Deutschland kamen. Die Motive der Migration waren vorwiegend Studium, Weiterbildung und Familienzusammenführung.

Der Kontakt zu den Interviewten erfolgte zunächst durch Kulturvereine und -zentren sowie später auch durch das Schneeballsystem. Die Vereine boten vor allem die Möglichkeit, Kontaktpersonen und mögliche Interviewpartner überhaupt erst kennenzulernen. Auch wenn das Thema Religion in meiner Untersuchung zentral ist, wurde auf einen Feldzugang durch religiöse Institutionen bewusst verzichtet. Diese Entscheidung beruht auf dem in der Untersuchung vertretenen *Religionsbegriff* (Treiber 2013; Mohrmann 2010; Knoblauch 2003, 2009; Luckmann 1991), indem nicht nur kirchliche, sondern auch außerkirchliche Formen des Religiösen berücksichtigt werden sollten. So eröffnete sich die Möglichkeit, eine vielfältigere Bandbreite von religiösen und spirituellen Positionierungen und Praktiken zu erlangen.

Ein *weitgefasster Religionsbegriff* im Kontext der Migrationsforschung ermöglicht außerdem mit der nach Paul Mecheril und Oscar Thomas-Olalde (2011) be-

[4] Lebensgeschichtliche Interviews, teilstrukturiert-nicht-standardisierte Befragung zum Thema „kulturelle Identitäten" und themenspezifische Leitfadeninterviews zum Thema „Spiritualität und Religion".

nannten *binären Sprechweise* über Religion zu brechen, die – meiner Meinung nach – die Erforschung von Religion in Migrationskontexten erschwert. Dabei handelt es sich um zwei gleichzeitige virulente Diskurse über Religion, die sowohl in der Öffentlichkeit wie auch im wissenschaftlichen Milieu vorhanden sind. Eine Sprechweise versteht unter ‚Religion' einen *individualisierenden Aneignungsprozess*, der im Kontext des religiösen Pluralismus ‚moderner' Gesellschaften für die Beschreibung und Erforschung religiöser Phänomene der „einheimischen" Bevölkerung europäischer Industrieländer angewendet wird. In der anderen Sprechweise erscheint dagegen ‚Religion' im Kontext der Migration als *identitäres Schicksal*, das heißt als ein Identitätselement, das an essentialistische Auffassungen von ‚Kultur' und ‚Ethnie' gekoppelt ist (Mecheril und Thomas-Olalde 2011, S. 39 ff.). Auf diese Art und Weise würde ein Mensch einer *bestimmten Religion* zugeordnet, weil er zu einer *bestimmten Kultur* oder *ethnischen Gruppe* gehört. Das entspricht der Praxis des *Othering* (Spivak 1985), da die ‚Religion' der MigrantInnen zu einer *Religion der Anderen* konstruiert wird (Mecheril und Thomas-Olalde 2011, S. 46). Dabei konstituiert sich eine ontologische Grenze zwischen dem religiösen *Eigenen* und dem religiösen *Fremden*, denen zwei unterschiedliche Religionsverständnisse zugeordnet werden: Während die Begrifflichkeiten, die ‚moderne' Religionsformen und -phänomene definieren (wie *Spiritualität*, *invisible Religion*, *populäre* und *fluide Religion* oder *Patchwork-Religiosität*) nur „einheimischen" Bevölkerungsgruppen vorbehalten bleiben, werden die gleichen Begriffe und Konzepte MigrantInnen vorenthalten, als gäbe es in einem „postsäkularen" Europa für sie nur ein ‚altes', nur ein kulturell eindeutiges, organisationsgebundenes Religionsverständnis. Die Analyse religiöser Praxen der MigrantInnen aus der Perspektive eines weiten Religionsbegriffs, der sich auf die kulturelle Verarbeitung von Transzendenzerfahrungen richtet, entkoppelt dann diese diskursive Verschränkung von Religion, Migration und Ethnizität und öffnet den Blick auf die allgemeine Komplexität des *religioning* (Nye 2000).

3 Religiöse Identitäten und die kulturelle Dimension von Religion und Werten in Migrationskontexten

Alle meine Interviewpartner sehen die lateinamerikanischen Gesellschaften vorwiegend durch die christliche Religion geprägt. Diese Vorstellung beruht auch auf der eigenen Erfahrung, da alle Interviewten in einer christlichen Konfession (vorwiegend der katholischen) sozialisiert wurden. In ihrer Reflexion erscheint dann die religiöse Sozialisation in einem christlichen Glauben als ‚Selbstverständlichkeit', als ‚Normalität' einer religiösen Erziehung in Lateinamerika:

> Ich denke, als ich klein war, bemerkte ich nicht, dass das eine Religion war. Verstehst du mich? Alle gingen in die Kirche, du gingst in die Kirche auch; alle beteten und sie haben dir beigebracht, zu beten [...] es war nicht etwas anderes, es war schlicht Teil unserer Existenz. (Irma)

Dennoch blieben nicht alle Interviewpartner in der sozialisierten Religion. Während der Feldforschung fand ich eine große Vielfalt an religiösen Orientierungen und Identifikationen. Es lassen sich aber *grosso modo* zwei Gruppen unterscheiden: einerseits die Interviewten, die sich trotz katholischer Sozialisation eine spirituelle Lebenseinstellung aneigneten, die von verschiedenen religiösen Einflüssen und Traditionen (wie Schamanismus, indianische Weltanschauungen, Esoterik, politische Überzeugung, Naturwissenschaft und asiatische Philosophien und Religionen) geprägt ist und die nach Hubert Knoblauch (2009) als *populäre Spiritualität* zu definieren wäre; andererseits existiert eine zweite Gruppe, die sich zu einer Konfession bekennt (katholisch, presbyterianisch, evangelisch oder spiritistisch) und sich mit einer bestimmten Kirche oder religiösen Gruppe identifiziert. Nichtsdestoweniger können lateinamerikanische Protestanten, Katholiken und Spiritisten sich mit den ‚deutschen' religiösen Angeboten nicht identifizieren: Sie suchen nach ‚kulturell' ähnlichen Gemeinschaften wie nach einer brasilianischen oder ‚lateinamerikanischen' charismatisch-pfingstlerischen Kirche (wie die Christlich Brasilianische Gemeinschaft oder die Iglesia Latina) oder einer spanisch sprechenden katholischen Gemeinde.

Was aber beide Gruppen gemeinsam haben, ist die *Freiwilligkeit* des *religioning* (Nye 2000), also der religiösen Praxis. Die Migrationserfahrung spielt dabei eine zentrale Rolle. Das Empfinden von Ablösung aus den alten, bekannten soziokulturellen Strukturen und die anfängliche Erfahrung des „Fremd-Seins" in der neuen Gesellschaft führt zu einer starken Reflexion über die Werte, d. h. über die normierenden und motivierenden Zielvorstellungen und Orientierungsprinzipien, die für die eigene Lebensführung von Bedeutung sind. Der Glaube an etwas Transzendentales ist beispielsweise ein Wert, der für die meisten MigrantInnen tatsächlich eine stabilisierende Funktion aufweist:

> Ich denke schon, dass der Glauben mir immer dieses Gefühl, wertvoll zu sein, gegeben hat. Also die erste Zeit, wo du am Suchen bist und bist eigentlich ein Nobody, ja und bist nichts und niemand und keiner hört dich und du kannst dich nicht so äußern, wie du willst. Und du kannst nicht sagen, was du denkst, weil du die Sprache nicht so kennst, oder dich noch nicht so ausdrücken kannst und das denke ich, ist ganz wichtig, mein Glauben an Gott... um einfach nicht zu verzweifeln. (Ester)

Der Glaube erscheint dann als eine Dimension, die Lebenseinstellungen schafft, die für die Lebensführung und die Konfrontation mit den Problemen des Alltags als hilfreich erscheint. Aber es geht nicht nur um den Glauben an etwas Transzendentales, sondern vor allem wie religiöse bzw. spirituelle Prinzipien erlebt werden. Bei manchen Interviewpartnern, zumindest aber bei denjenigen, die eine institutionell gebundene religiöse Identität haben, erscheint das Teilen gleicher Wertvorstellungen in der Gruppe als wichtig. Die Suche nach einer religiösen Gemeinde erfolgt dennoch nicht nur anhand religiöser, sondern vor allem anhand kultureller und sozialer Aspekte:

> Ich gehe, weil ich Freundschaften mit den gleichen Werten, gleichen Prinzipien finden kann oder weil ich einfach gute Worte höre, gute Musik höre. Wenn du gehst, siehst du das [...] ich treffe immer Leute, die die gleiche Einstellung wie ich haben. Einfach wenn ich Probleme habe, weiß ich, sie können mir helfen. So wie die Juden, ist wie eine jüdische Gemeinde, weil du weißt genau, die Juden helfen sich. Oder wenn du Brasilianer bist, suchst du immer eine brasilianische Gemeinde oder eine brasilianische Gruppe, es ist das Gleiche. (Cecilia)

Es geht nicht nur darum, die gleiche Religion zu praktizieren oder die gleichen religiösen Werte zu teilen, sondern vor allem um die Formen und den Rahmen, in dem das geschieht: Es geht um die kulturelle Verarbeitung des Religiösen und um die Bedeutung der religiösen Gemeinschaft als sozialer Raum für menschliche Interaktion.

Die Migration hilft aber nicht nur, die angelernten Wertesysteme zu bestätigen und vielleicht bewusst zu befestigen. Das Fehlen der Familie, der religiösen Gemeinschaft oder allgemein des sozio-kulturellen Kontextes als „Garanten" für die Durchführung religiöser Praktiken wird von den Interviewten als eine *Lockerung* wahrgenommen. Diese Situation erscheint vor allem für viele katholische und evangelische Interviewpartner als belastend. Dennoch wird dieser geschaffene ‚Freiraum' auch als Chance genutzt: Er ermöglicht beispielsweise die Suche nach neuen religiösen bzw. spirituellen Wegen, ohne auf die soziale Kontrolle früherer heimatlicher Kontexte achten zu müssen. Der Besuch schamanischer Zeremonien, die Auseinandersetzung mit anderen Religionsphilosophien, wie dem Buddhismus, oder der Ausbildungsweg als Heilpraktiker können ohne die Vorurteile und Diskriminierungen aus den Herkunftsländern vollzogen werden. Dabei geht es aber um den *flexiblen* Umgang mit verschiedenen religiösen Traditionen, die als ‚Lebensphilosophie' dienen sollen. Diese Flexibilität entsteht aus der Wichtigkeit, die eigene ‚Freiheit' zu bewahren, und damit die *Authentizität* der eigenen religiösen Praxis.

In diesem Prozess von Selektionen und Aneignungen geschehen auch Umdeutungen. Der Glaube an die *Pachamama*, die ‚Mutter Erde' in den Andenregionen beispielsweise, wird mit dem Ökologie-Gedanken in Zusammenhang gebracht:

> Die Pachamama ist die Gottheit der Fruchtbarkeit, ne? Und das finde ich sehr wichtig, das ist Teil meines Glaubens, z. B. ich mag nicht, Essen wegzuwerfen... ich denke, Gott könnte uns bestrafen, weil wir Essen in Überfluss haben und trotzdem werfen wir sie weg, statt sie zu essen. Ich versuche daher, ein bisschen ökologischer mit meinen Sachen umzugehen (Luisa)

Die Umdeutung von Wertvorstellungen hängt mit dem neuen Kontext zusammen. Dabei können religiöse Wertvorstellungen als Strategien zur Kommunikation und Verständigung mit dem „Anderen" dienen. Das bedarf aber einer bewussten Selektion, da nicht alle religiösen Aspekte der MigrantInnen dieses Ziel erfüllen können:

> Im spirituellen Bereich ist das Christentum der gemeinsame Nenner mit uns, weil es sich um die Religion handelt, die sie, die Europäer, zu uns mitgebracht haben und das ist genau der Ausgangspunkt, aus dem ich mit den Leuten hier am einfachsten kommunizieren kann; würde ich über den Ekeko oder die Pachamama sprechen, dann bekäme ich bestimmt die Frage gestellt „was hast du getrunken?" [...] die misa criolla [kreolische Messe] ist z. B. eine Verbindung, ne? Eine Verbindung der europäischen musikalischen Harmonie mit Elementen unserer Folklormusik [...] diese Mischung macht sie zu einer Brücke der Kommunikation untereinander (Pablo)

Pablo sieht z. B. die religiöse Volksmusik aus Lateinamerika als eine Brücke für die Kommunikation im Aufnahmeland: Es handelt sich um einen künstlerischen Ausdruck aus der eigenen Kultur, den aber der Andere anerkennt und akzeptiert. Andere Aspekte dagegen, wie die Verehrung der *Pachamama* oder des *Ekeko*[5], bleiben Teile der individuellen bzw. privaten Religiosität, da sie von Anderen nicht verstanden oder sogar missverstanden werden könnten.

Die Selektion in Bezug auf die Weitergabe von kulturellen oder religiösen Aspekten erscheinen auch im Bereich der Sozialisation der eigenen Kinder als zentral. Die Interviewpartner, die Kinder haben, lassen ihre Kinder in der Religion sozialisieren, in der sie selber sozialisiert wurden – und das sogar dann, wenn diese Religion für die eigene Spiritualität keine Rolle mehr spielt. Patricia, Agnostikerin, erzählte beispielsweise, wieso sie ihre Kinder katholisch taufen ließ:

> In Bayern ist alles sehr katholisch und ich will nicht, dass meine Kinder zu Außenseitern werden. Genug, dass erstens ihre Mutter Ausländerin ist, zweitens ihre Eltern getrennt sind. Ich will nicht, dass sie ein weiteres Stigma tragen [...] bei der katholischen Kirche geht es nicht nur um Religiosität, sie gibt dir auch einen Kontext,

[5] Der *Ekeko* oder *Iqiqu* in der Aimará-Sprache ist eine kleine Figur eines von Miniaturen vollgepackten Mannes, die eine Gottheit des Wohlstandes, der Fruchtbarkeit und der Fröhlichkeit darstellen soll. Man vermutet den Ursprung des Kultes in der Tiwanaku-Kultur. Über die Entwicklung des Ekeko-Kultes s. Cáceres Terceros 2002.

> einen kulturellen Hintergrund… es ist der gleiche kulturelle Hintergrund, aus dem ich komme und zu dem 90 % der Leute hier [in Bayern] auch gehören. Als kulturelle Sache finde ich das gut. (Patricia)

Religion zu tradieren bedeutet in diesem Fall, Kultur zu tradieren, und es erscheint als Strategie der Zugehörigkeitskonstruktion für die Kinder in beide Richtungen, sowohl zum Heimatland hin als auch zum Aufnahmeland der Eltern. Das zeigt sich auch im Bereich der religiösen Feiern, indem beispielsweise für Weihnachten neben einem „deutschen" Menü für diesen Abend ein kleiner *Niño Cuzqueño* (Cuzco Jesulein) oder *Manuelito* mit Miniaturgeschenken verehrt wird, wie nach der bolivianischen und peruanischen Tradition.

4 ‚Werte der Migranten' oder ‚Werte in der Migration'?

Die vorgestellten Beispiele lassen erkennen, dass die Migration verschiedene Wege der Auseinandersetzung mit Wertvorstellungen und -systemen ermöglicht. Einerseits wurde in den Interviews klar, dass die Reflexion während des Migrationsprozesses und das dadurch entstandene Bewusstwerden des eigenen kulturellen und religiösen Wissens eine zentrale Dimension der Lebensführung und des Handelns entstehen lassen: die Bedeutung der *Freiwilligkeit* des eigenen *religioning* und im Zusammenhang damit die *Authentizität* derselben. Mit der Lockerung der sozio-kulturellen Kontrolle heimatlicher Kontexte kristallisiert sich ein ‚Freiraum' heraus, in dem sich die eigene Spiritualität und der eigene Glaube frei entfalten können oder sich bewusst festigen lassen. Dennoch begleitet dieser Prozess des Bewusstwerdens auch die Differenzierung zwischen einer *subjektzentrierten religiösen Identität* und einer *kulturellen Dimension von Religion*. Dabei erscheinen Selektion, Aneignung und Umdeutung als Strategien des Individuums, mit denen es einerseits seine eigenen spirituellen Bedürfnisse stillt, andererseits seine Positionierung in unterschiedlichen kulturellen Kontexten schaffen kann. Werte als Orientierungslinien und Zielvorstellungen verbinden die Individuen zu sozialen Strukturen und kulturellen Rahmen. Die lateinamerikanischen MigrantInnen aktivieren dadurch die sozialisierten und angelernten Wertesysteme, die sie oder ihre Kinder in die neuen Strukturen und Rahmen einbinden können. Religiöse Praxis weist dann eine integrative Funktion auf.

Die Analyse des empirischen Materials nach ‚Werten' erwies sich als äußerst kompliziert: Wonach soll man suchen? Welche sind die Wertvorstellungen meiner Interviewpartner? Gibt es spezifische ‚lateinamerikanische Werte' oder Werte, die mit einem ‚Migrantenstatus' im Zusammenhang stehen? Da ‚Werte' sich *a priori* nicht definieren lassen, würde dann das Sprechen über ‚Werte der MigrantInnen' im Bereich des Religiösen eine Rückkehr zu der *binären Sprechweise* über Religion bedeuten. Sogar Strategien wie Selektion, Aneignung und Umdeutung können nicht als für den Migrantenstatus exklusive Mechanismen betrachtet werden, da diese allen Menschen als Kulturschaffenden inhärent sind. Das *Bewusstwerden* dieser Dynamiken und Prozesse erscheint aber in den Migrationserfahrungen meiner Interviewpartner von zentraler Bedeutung: Es machte ihnen klar, was es *bedeutet*, in *selbstgesponnenen Bedeutungsgeweben verstrickt zu sein* (Geertz 1987) und vor allem wie man mit Fäden und Webstuhl umgehen kann.

Literatur

Cáceres Terceros F (2002) Adaptación y cambio cultural en la Feria de las Alasitas. Naya. Portal de Antropología en español. http://www.naya.org.ar/congreso2002/ponencias/fernando_caceres.htm. Zugegriffen: 13. Dezember 2011

Cerda-Hegerl P (2006) „Wo gehst du hin?" Motivationen und Strategien in der Migration von Lateinamerikanerinnen nach Deutschland. Lateinamerika-Analysen 14 (2):37–63

García Jerez A, Müller J (2004) Lokale Politik, staatsbürgerliche Partizipation und kollektive Identifikationen. Eine ethnologische Studie lateinamerikanischer Immigrantengruppen in Freiburg im Breisgau. Lateinamerika-Analysen 9:3–30

Geertz C (1987) Dichte Beschreibung. Bemerkungen zu einer deutenden Theorie von Kultur. In: Ders.: Dichte Beschreibung. Beiträge zum Verstehen kultureller Systeme. Suhrkamp Taschenbuch Wissenschaft, Frankfurt am Main, S 7–43

Gratius S (2005) Ursachen und Folgen der Migration aus Lateinamerika. Brennpunkt Lateinamerika. Politik – Wirtschaft – Gesellschaft 14:165–172

Gries M (2000) El Dorado und zurück. AID, Ausländer in Deutschland 16 (2). http://www.isoplan.de/aid/index.htm?http://www.isoplan.de/aid/2000-2/schwerpunkt.htm. Zugegriffen: 15. Juni 2009.

Gruner-Domić S (1996) Zur Geschichte der Arbeitskräftemigration in die DDR. Die bilateralen Verträge zur Beschäftigung ausländischer Arbeiter (1961–1989). Internationale Wissenschaftliche Korrespondenz zur Geschichte der Arbeiterbewegung 32 (2):204–230

Gruner-Domić S (2002) Lateinamerikanische Immigrantinnen in Deutschland vor und nach 1989. Entwicklung, Formen und Motive einer Migration in zwei Gesellschaften. Archiv für Sozialgeschichte 42:275–293

Gruner-Domić S (2005) Latinas in Deutschland. Eine ethnologische Studie zu Migration, Fremdheit und Identität (= Internationale Hochschulschriften 439). Waxmann, Münster

Hernández B (2000) (Hrsg) Lateinamerikanische Migrantinnen in Deutschland. Presencia e invisibilidad. Broschüre Bildungswerk Berlin der Heinrich-Böll-Stiftung. Bildungswerk Berlin, Berlin

Hernández B (2005) Mujeres migrantes latinoamericanas en Alemania: entre las fronteras nacionales, de género, étnicas y raciales. Alternativas, Cuadernos de Trabajo Social 13:197–213

Hernández B (2007) ¡Pues para Europa! La migración latinoamericana a Alemania – desde una mirada de género. In: Yépez del Castillo I, Herrera G (Hrsg) Nuevas migraciones latinoamericanas a Europa. Balances y desafíos. FLACSO/OBREAL/UCL/UB, Quito, S 217–237

Herrera G, Yépez I (2007): Introducción. In: Yépez del Castillo I, Herrera G (Hrsg) Nuevas migraciones latinoamericanas a Europa. Balances y desafíos. FLACSO/OBREAL/UCL/UB, Quito, S 9–15

Knoblauch H (2003) Qualitative Religionsforschung. Religionsethnographie in der eigenen Gesellschaft. Ferdinand Schöningh, Paderborn

Knoblauch H (2009) Populäre Religion. Auf dem Weg in eine spirituelle Gesellschaft. Campus, Frankfurt am Main/New York

Luckmann T (1991) Die unsichtbare Religion. Suhrkamp, Frankfurt am Main

Mecheril P, Thomas-Olalde O (2011) Die Religion der Anderen. Anmerkungen zu Subjektivierungspraxen der Gegenwart. In: Allenbach B, Goel U, Hummrich M, Weissköppel C (Hrsg) Jugend, Migration und Religion. Interdisziplinäre Perspektiven. Pano, Zürich, S 35–66

Mohrmann R (2010) Alternative Spiritualität heute (= Beiträge zur Volkskultur in Nordwestdeutschland 114). Waxmann, Münster

Müller J (2012) Kollektive Identifikationen und bürgerschaftliche Partizipation lateinamerikanischer Gruppierungen in Freiburg. Eine ethnologische Studie unter besonderer Berücksichtigung kommunaler Institutionen und Praktiken. Utz, München

Nye M (2000) Religion, Post-Religionism and Religioning: Religious Studies and Contemporany Cultural Debates. Method and Theory in the Study of Religion 12 (3):447–476

Paz de la Torre J (1993) La población latinoamericana inmigrante en Alemania: algunas características socio-demográficas. Revista peruana de población 2:65–86

Pellegrino A (2004) Migration from Latin America to Europe: Trends and Policy Changes. IOM Migration Research Series 16. http://www.oas.org/atip/Migration/IOM%20Report%20Migration%20LAC%20to%20EU.pdf. Zugegriffen: 20. Juni 2013

Schafter E, Schultz S (1999) Putzen, was sonst? Latinas in Berlin: Bezahlte Hausarbeit als Arbeitsmarkt für Migrantinnen. In: Gabbert K (Hrsg) Migrationen (= Lateinamerika: Analysen und Berichte 23). Horlemann, Bad Honnef, S 97–110

Spivak G (1985) The Rani of Sirmur. In: Barker F, Hulme P, Iversen M, Loxley D (Hrsg) Europe and its Others. Bd 1. University of Sussex, Colchester, S 128–151

Treiber A (2013) „Gelebte Religion", „religiöse Kultur" als volkskundlich-kulturwissenschaftliches Forschungsfeld. Von historischen Deutungsmustern, Sinnzuschreibungen und gegenwärtigen Konzepten. In: Weyel B, Heimbrock H, Gräb W (Hrsg) Praktische Theologie und Empirische Religionsforschung (= Veröffentlichungen der wissenschaftlichen Gesellschaft für Theologie 39). Evangelische Verlagsanstalt, Leipzig, S 41–64

Yépez del Castillo I, Herrera G (Hrsg) (2007) Nuevas migraciones latinoamericanas a Europa. Balances y desafíos. FLACSO/OBREAL/UCL/UB, Quito

Yépez I, Bach A (2008) La migración latinoamericana en Europa: reflexiones sobre género y ciudadanía. In: Herrera G, Ramírez J (Hrsg) América Latina migrante: Estado, familias identidades. FLACSO, Quito, S 25–48

Lic. Marina Jaciuk, Licenciada en Historia (Universidad Nacional de Córdoba, Argentinien), Stipendiatin des Graduierten Kollegs „Migration" der Katholischen Universität Eichstätt-Ingolstadt (2010–2013), mit dem Forschungsprojekt: „Lebenswelten lateinamerikanischer Migranten in Deutschland. Eine volkskundlich-kulturwissenschaftliche Studie zur kulturellen Dynamik und Religion in einer mobilen Gesellschaft" (Prof. Dr. Angela Treiber), Professur für Europäische Ethnologie/Volkskunde.

Scharia-Gerichte in westlichen liberalen Rechtsstaaten

Tjark Färber

Zusammenfassung

The article focuses on the Sharia debate in the United Kingdom of Great Britain and Northern Ireland and the Sharia debate in the Canadian Province of Ontario. It seeks to introduce the reader to the Sharia debates in both countries as well as the current state of affairs regarding this matter, i.e., the way in which legislation has responded/ is responding to the call for Sharia bodies by some members of the Muslim communities and the consequences thereof, the way in which Sharia councils/ bodies operate in the UK, what kind of cases are dealt with in what way will be examined. In a final step this article draws a conclusion as to why legislation restricting religious bodies from ruling in matters of family and/ or personal law is necessary for the protection and guarantee of basic liberties in western liberal democracies.

Schlüsselwörter

Scharia-Gerichte · Sharia councils · Arbitration and Mediation Services (Equality) Bill · Lady Cox · Islamisches Recht · Großbritannien · Ontario Sharia Debate · Boyd Report · Muslim Family Law · Migration

T. Färber (✉)
Eichstätt, Deutschland
E-Mail: tj.faerber@web.de

K. Kazzazi et al. (Hrsg.), *Migration – Religion – Identität. Aspekte transkultureller Prozesse,* DOI 10.1007/978-3-658-06510-2_7

1 Einleitung

Diskussionen über die Einführung von *Scharia-Gerichten* (engl. *sharia councils*)[1] gibt es in einigen westlichen liberalen Rechtsstaaten.[2] Besondere Bedeutung kommt den Debatten über die Einführung von *Scharia-Gerichten* oder auch *Scharia-Gerichtsbarkeit* in der kanadischen Provinz Ontario (ON)[3] und im Vereinigten Königreich Großbritannien und Nordirland (UK)[4] zu, da diese weit über die jeweiligen Landesgrenzen hinaus wahrgenommen wurden und dazu beigetragen haben, dass dieser Frage sowohl politisch und zivilgesellschaftlich als auch akademisch verstärkt nachgegangen wird.

[1] Der Begriff *Scharia-Gerichte* wird im vorliegenden Aufsatz synonym für die im Vereinigten Königreich Großbritannien und Nordirland existierenden *Sharia Councils* verwendet. Es sei an dieser Stelle darauf hingewiesen, dass sich dieser Artikel nur mit sunnitischen *Scharia-Gerichten* bzw. sunnitischer *Scharia-Schiedsgerichtsbarkeit* befasst. Schiitische Organisationen werden nicht behandelt.

[2] Herausragende Beispiele hierfür sind vor allem die kanadische Provinz Ontario und das Vereinigte Königreich Großbritannien und Nordirland; neben diesen gab es ähnliche Forderungen von muslimischen Vertretern in Belgien und den Niederlanden, sowie in der Bundesrepublik Deutschland, als sich Anfang 2012 der rheinland-pfälzische Justizminister Jochen Hartloff befürwortend zu islamischen Schiedsgerichten mit Bezug auf zivilrechtliche Angelegenheiten äußerte.

[3] Diese begann mit der Ankündigung der Gründung des Islamic Institute of Social Justice (IISJ) Ende 2003 und der Aufforderung Syed Mumatz Alis – Gründer des IISJ, Präsident der Canadian Society of Muslims und prominenter muslimischer Anwalt aus Ontario, der seinen Amtseid als erster auf den Koran abgelegt hatte. Er kündigte an, „that, once the 'Sharia Court' was available to Muslims, they would be required, as part of their faith position, to settle disputes only in that forum, if they were to be regarded as "good Muslims" (Boyd 2004, S. 4)-sich in Ontario an das IISJ zu wenden, um ihre Streitigkeiten *Scharia*-konform lösen zu lassen.

[4] Im Vereinigten Königreich Großbritannien und Nordirland wurde Anfang 2008 die Debatte über *Scharia-Gerichtsbarkeit* und die Möglichkeiten, neben dem geltenden Landesrecht islamischem Recht Geltung zu verschaffen, durch eine Rede des damaligen Erzbischofs von Canterbury, Primas von England und geistlichen Oberhaupts der Church of England Rowan Williams eröffnet, der in einer öffentlichen Rede in den Räumlichkeiten des Royal Court of Justice Möglichkeiten für islamisches Recht im UK im Zuge des existierenden Rechtspluralismus zugesteht. Bemerkenswert an Williams und seinen Äußerungen ist, dass mit ihm sich eine prominente Persönlichkeit der englischen Gesellschaft sowie das geistliche Oberhaupt einer anderen Religion als erste befürwortend für eine Einführung von *Scharia-Gerichten* im UK aussprach. Für die ganze Rede des 104. Erzbischofs von Canterbury s. Williams 2008.

Dieser Aufsatz soll den institutionellen Aufbau und die Verfahrensweisen[5] der *Scharia-Gerichte* im UK vor dem Hintergrund der geltenden gesetzlichen Regelungen für Schiedsgerichtsbarkeit, dem *Arbitration Act (1996)*, beleuchten, um herauszustellen, inwieweit die Arbeitsweisen der *Scharia-Gerichte* geltendem *britischen* Recht zuwiderlaufen. Anschließend wird die als *Private Members Bill* (Cox, Arbitration and Mediation Services (Equality) Bill 2012–2013, 2012) im britischen Oberhaus von Baroness Caroline Cox eingebrachte *Arbitration and Mediation Services (Equality) Bill* und dessen mögliche Auswirkungen auf die *Scharia-Gerichte* dargestellt. Ziel dieses Beitrags ist es zu zeigen, dass die *Scharia-Gerichte* im UK geltendes Landesrecht verletzen, aufgrund ihrer Arbeitsweise systematisch besonders Frauen diskriminieren und die Kompetenzen, welche Schiedsgerichten durch den *Arbitration Act (1996)* zugestanden werden, bei weitem überschreiten. Es wird argumentiert, dass die Gesetzesnovellierungen, die die *Arbitration and Mediation Services (Equality) Bill* beinhaltet, einen ersten Schritt darstellen, um die aktuellen rechtlichen Probleme anzugehen, welche im UK mit den *Scharia-Gerichten* bestehen, dass jedoch aufgrund der bisher gemachten Erfahrungen weitere Gesetzesänderungen zu empfehlen sind, die sich aus dem kanadischen Beispiel ableiten lassen. Es wird abschließend argumentiert, dass der Übertragung von Rechtssprechungskompetenzen auf nichtstaatliche Institutionen zu widersprechen ist.

Dieser Aufsatz ist so aufgebaut, dass in einem ersten Abschnitt knapp die *Scharia* erläutert wird, wobei auf die Rechtsquellen des islamischen Rechts und die Rechtsfindungsmethoden eingegangen wird. Anschließend wird auf die *Scharia*-Debatte und die damit einhergehenden Gesetzesänderungen und deren Implikationen hinsichtlich religiöser Schiedsgerichtsbarkeit in familienrechtlichen Angelegenheiten eingegangen. Im abschließenden dritten Schritt wird der Blick auf die *Scharia-Gerichte* im UK geworfen und die dortige aktuelle Rechtslage der Anwendungsbereiche von Schiedsgerichten betrachtet sowie die Auswirkungen, die von dem *Arbitration and Mediation Services (Equality) Bill* ausgehen würden, sollte dieser in geltendes Recht umgesetzt werden.

[5] Hierbei soll die Betrachtung exemplarisch auf den Ehescheidungsprozess von Frauen vor *Scharia-Gerichten* beschränkt werden, da dies den größten Teil der Arbeit ausmacht, mit der sich die *Scharia-Gerichte* beschäftigen.

2 Die *Scharia*

Die Zunahme der Anzahl von muslimischen Gläubigen in westlichen, nicht-muslimischen Staaten innerhalb der letzten sechzig Jahre hat dazu geführt, dass aus Teilen der dort ansässigen muslimischen Gesellschaften Forderungen nach einer Lebensführung gestellt werden, die ihrer jeweiligen Interpretation der *Scharia* konform ist, da diese eine zentrale Rolle in der Ausübung ihres Glaubens darstellt und sie darauf in den nicht-muslimischen Mehrheitsgesellschaften nicht verzichten möchten bzw. aus religiösen Gründen nicht verzichten können. Um diesen religiös begründeten Bedürfnissen einer der *Scharia* konformen Lebensführung in mehrheitlich nicht-muslimischen Staaten gerecht zu werden – so die Argumentation der Befürworter von *Scharia-Gerichten* – wurden aus den muslimischen Gemeinden heraus religiöse Institutionen gebildet, die es den muslimischen Gemeindemitgliedern ermöglichen sollen, Streitigkeiten untereinander entsprechend ihrer religiösen Vorstellungen zu regeln, um hierdurch ihren religiösen Überzeugungen gerecht zu werden.

Der Begriff *Scharia* – wörtlich „der (von Gott) gebahnte Weg", „der Weg zur Tränke" (Rohe 2009, S. 9) – ist in einem weiteren und einem engeren Sinne zu deuten. Im weiteren Sinne umfasst er

> die Gesamtheit aller religiösen und rechtlichen Normen, Mechanismen zur Normenfindung und Interpretationsvorschriften des Islam, also etwa der Vorschriften über Gebote, Fasten, das Verbot bestimmter Speisen und Getränke wie Schweinefleisch und Alkoholisches und die Pilgerfahrt nach Mekka ebenso wie Vertrags-, Familien- und Erbrecht (Rohe 2009, S. 9).

Im engeren Verständnis sind nur die rechtlichen Teile, die im Koran dargelegten strafrechtlichen Bestimmungen, die Vertrags-, Familien- und Erbrechtsbestimmungen sowie Teile des Stiftungsrechts unter dem Begriff der *Scharia* zu verstehen (Rohe 2009, S. 15). Für gläubige Muslime beinhaltet die *Scharia* verbindliche Regelungen, die es als Teil ihres gelebten Glaubens zu befolgen gilt und die ihnen gleichzeitig als Verbindung zu Gott dienen (Hötte 2013, S. 31 f.). Den Begriff der *Scharia* schlechthin als islamisches Recht zu bezeichnen, tritt vermehrt in öffentlichen Debatten sowie der Literatur auf, dies greift jedoch zu kurz (Hötte 2013, S. 9). Für die Betrachtung der *Scharia-Gerichte* ist es vielmehr wichtig, auf den „Unterschied zwischen Scharia als dem von Gott und dem Propheten bereiteten Weg einerseits und dem *fiqh* [wörtlich Verständnis, Einsicht] als menschliches Konstrukt" (Hötte 2013, S. 12) zu achten.

> Unter *fiqh* sind die Diskussionsprozesse der muslimischen Religionsgelehrten und die sich daraus ergebende Erforschung der göttlichen Beurteilung menschlicher Handlungen zu verstehen. ‚*Fiqh* ist der schon entschlüsselte Teil [...], das menschliche Bild' der Scharia. Darin werden Rechtssätze, die [...] idealerweise den göttlichen Beurteilungen so nahe – wie es menschlich möglich ist – kommen sollen, mittels bestimmter Methoden abgeleitet [...] (Lohlker 2011, S. 16).

Das islamische Recht wird daher zutreffender mit *fiqh* als mit *Scharia* bezeichnet. Rechtsquellen des Islam sind der Koran, die *Sunna* (wörtlich: Tradition) und die Erkenntnisse der Rechtsgelehrten. Dem Koran (wörtlich: Rezitieren) wird als wortwörtliche Offenbarung Gottes durch seinen Propheten als „ewig gültiges Gesetz, welches einer Veränderung oder Verbesserung unzugänglich ist" (Hötte 2013, S. 35 f.) als Rechtsquelle die höchste Wertschätzung entgegengebracht. Gefolgt von der *Sunna,* die aus den gesammelten, von den islamischen Religionsgelehrten als authentisch erachteten Worten und Taten des Propheten Muhammad berichten[6], die Muslimen als Vorbild für ihre eigene Lebensführung dienen soll.

> Die Legitimation der Sunna als Rechtsquelle wird in der üblich gewordenen selbstreferentiellen Argumentation aus verschiedenen Versen des Korans abgeleitet. Besondere Bedeutung erhält die Sunna aus dem Umstand, dass im Koran viele Rechtsfragen nicht angesprochen bzw. nicht explizit geregelt sind (Rohe 2009, S. 53).

Für viele dieser nicht geregelten Rechtsfragen kann die *Sunna* Abhilfe leisten. Als dritte Rechtsquelle fungiert der Gelehrtenkonsens *Idschma*, dessen Rechtsinterpretationen aus den Darlegungen „aller relevanten[r] Gelehrten in Übereinstimmung mit Koran und Sunna" (Hötte 2013, S. 37, FN 121) und „*in der Praxis der Prophetengenossen*" (Rohe 2009, S. 58) gebildet werden. Der Gelehrtenkonsens und dessen Zustandekommen sowie dessen Auswirkungen sind im islamischen Recht sehr umstritten:[7]

> Konsensentscheidungen der Prophetengenossen sowie spätere Konsensentscheidungen sind wohl nach herrschender Meinung bindend und müssen kritiklos übernommen werden. Seit dem 10. Jahrhundert galt es, die vorgefundenen Rechtsansichten zu übernehmen, wodurch der eigenen Rechtsfindung ein Riegel vorgeschoben wurde. Daraus entwickelte sich die nicht unumstrittene Lehre vom „Schließen des Tores zum *Idschtihad*"; insbesondere die moderne islamische Rechtswissenschaft geht größtenteils davon aus, dass sich das Tor zum *Idschtihad* wieder geöffnet bzw. gar nicht erst gänzlich verschlossen hat (Hötte 2013, S. 37).

---

[6] Die gesammelten Niederschriften werden als *Hadith* bezeichnet.

[7] Für weitere Informationen zur *Idschma* und den Differenzen zwischen Sunniten und Schiiten siehe: Rohe 2009, S. 58 ff.

Die Rechtsquellen werden zur Rechtsfindung verwendet, für welche es mehrere Methoden gibt (Rohe 2009, S. 62–73). Zu den Rechtsfindungsmethoden zählen: der Analogieschluss, das Für-Besser-Halten, die Berücksichtigung allgemeinen Nutzens, die Auffassung der Prophetengenossen, das Gewohnheitsrecht und der Brauch, das Versprechen der Mittel, sowie der Fortbestand und die Normen derer vor uns. Für ausführliche Beschreibungen der Rechtsfindungsmethoden und weiterführenden Informationen zu diesen siehe Rohe 2009, S. 62–73.

3 *Scharia-Gerichte* in der kanadischen Provinz Ontario

1991 trat in der kanadischen Provinz Ontario der *Arbitration Act* (Arbitration Act S.O. 1991 2009) in Kraft, der neben der Schlichtung von kommerziellen Streitigkeiten zwischen zwei Streitparteien außerdem die Schlichtung von familienrechtlichen Angelegenheiten regelt. Das Familienrecht in Ontario wird jedoch grundlegend von bundesstaatlichem kanadischen, also von provinziellem Recht geregelt:

> Family law in Ontario is a complicated mix of federal law (the Divorce Act) and provincial law (the Family Law Act). Agreements or ‚domestic contracts‘ resulting from private negotiations (arbitrated or mediated) fall under the Ontario Family Law Act, with the exception of divorce, which is a federal matter (Selby und Korteweg 2012, S. 17).

Der *Arbitration Act* ermöglichte es den Parteien, ihre Streitigkeiten durch Schiedsgerichte oder Mediation beizulegen – sogenannten *Alternative Dispute Resolutions* (ADR). In Streitfällen, die unter das bundesstaatliche Recht von Ontario fielen und in denen es zulässig war ADR anzuwenden, konnte ein anderes Recht als das Familienrecht Ontarios oder Kanadas zur Anwendung kommen. Hierdurch war es möglich religiöses Recht anzuwenden, um Streitigkeiten beizulegen (Selby und Korteweg 2012, S. 17). Von anderen „Religionsgemeinschaften, darunter auch jüdische und die ismailitisch-islamische, [war] ein solches Schiedswesen schon länger etabliert […], ohne dass dies von der Öffentlichkeit zur Kenntnis genommen worden wäre.“ (Rohe 2009, S. 315). Erst Ende 2003, mit der Ankündigung der Gründung des Islamic Institue of Civil Justice[8] und der 2004 erfolgten Gründung desselben, wurde eine breite öffentlich geführte Debatte entfacht über die Anwendung von islamischem Recht in Fällen, in denen ADR zur Anwendung kommen konnte. Speziell aufgrund der Äußerungen Syed Mumatz Alis, der öffentlich ankündigte, die Einführung der *Scharia* anzustreben und hierbei nicht zwischen ein-

[8] Siehe Fußnote 3.

zelnen Aspekten des islamischen Rechts und der *Scharia* unterschied, entwickelte sich eine in den Medien breit geführte und gleichwohl wenig differenzierte Debatte über die Rolle von islamischem Recht in ADR-Fällen (Rohe 2009, S. 321 f.).[9] Als Reaktion auf die breite öffentliche Debatte über die von den Medien und von Mumatz Ali selbst als „*Sharia court*" bezeichnete Tätigkeit des IICJ veranlasste Ontarios Premierminister Dalton McGuinty die Einsetzung einer Untersuchungskommission, welche die Verwendung von Schiedsgerichtsverfahren für den Bereich des Personenstands- und Erbrechts im Hinblick auf die Verwendung von religiösen Regelungen untersuchen und gegebenenfalls Veränderungsvorschläge erarbeiten sollte. Die Untersuchung wurde von der ehemaligen Generalstaatsanwältin Marion Boyd durchgeführt, die ihre Ergebnisse Ende 2004 veröffentlichte (Boyd 2004). Boyd hatte für ihre Untersuchung an alle Organisationen, welche ADR auf der Grundlage religiöser Regelungen betreiben, sowie an Befürworter religiös geprägter Schiedsgerichtsbarkeit und deren Gegner appelliert, hervorzutreten und ihre jeweiligen Positionen darzulegen. Der abschließende, 191 Seiten umfassende Bericht legt umfangreich und sehr detailliert die Anwendung religiöser Schiedsgerichtsverfahren in Ontario dar. Im Bericht werden die Argumente sorgsam gegeneinander abgewogen und Boyd kommt zu dem Schluss, dass das am stärksten betonte Argument gegen die Anwendung religiöser Schiedsgerichtsverfahren, nämlich das der systematischen Benachteiligung von Frauen in der familienrechtlichen Anwendung von Schiedsgerichtsbarkeit, nicht haltbar sei (Boyd 2004, S. 133). Der Bericht empfiehlt daher:

> 1. Arbitration should continue to be an alternative dispute resolution option that is available in family and inheritance law cases, subject to the further recommendations of this Review.
> 2. The Arbitration Act should continue to allow disputes to be arbitrated using religious law, if the safeguards currently prescribed and recommended by this Review are observed (Boyd 2004, S. 133).

Boyd gibt in ihrem Bericht abschließend eine Vielzahl von Empfehlungen, wie sichergestellt werden kann, dass individuelle Rechte geschützt und einer systematischen Diskriminierung durch religiöse Schiedsgerichtsbarkeit entgegengewirkt werden kann. Mit der Veröffentlichung des Berichts war die öffentliche Debatte jedoch nicht beendet. Insbesondere das *Canadian Council of Muslim Women* (CCMW) machte sich weiterhin für die Abschaffung religiöser Schiedsgerichts-

[9] Für eine ausführliche Beschreibung der *Scharia*-Debatte in Ontario s. Rohe 2009, S. 314–337; Selby und Korteweg 2012.

barkeit auf Grundlage islamischer Regelungen stark; dies wird besonders durch ihre PR-Aktionen in der Folgezeit deutlich.

Aufgrund anhaltender Debatten und öffentlicher Proteste gegen religiöse Schiedsgerichte verkündete Premierminister McGuinty im September 2005, dass

> he would not allow his province to become the first Western government to allow the use of Islamic law to settle family disputes, and that the boundaries between church and state would be clearer if religious Arbitration was banned completely: ‚There will be no Sharia law in Ontario. There will be no religious arbitration in Ontario. There will be one law for all Ontarians' (Selby und Korteweg 2012, S. 23).

und dass seine Regierung entsprechende Gesetzesnovellierungen veranlassen werde. Mit dem Inkrafttreten des *Family Statute Law Amendment Act* (Family Statute Law Amendment Act 2006) Anfang 2006 traten die damit einhergehenden Novellierungen sowohl des *Arbitration Act* und des *Family Law Act* in Kraft, welche die Schiedsgerichtsbarkeit in Familienrechtsangelegenheiten ausschließlich unter Verwendung kanadischen Rechts ermöglichten und religionsrechtliche Regelungen hiervon ausschlossen. Diese Gesetzesänderungen hatten zur Folge, dass die religiösen Gemeinschaften, die nach dem bis 2006 gültigen *Arbitration Act* Schiedsgerichtsbarkeit in familienrechtlichen Angelegenheit betrieben, diese Arbeit beenden mussten. An dieser Stelle ist hervorzuheben, dass es in Ontario kein *Scharia-Gericht* gegeben hat, das unter den bis 2006 gültigen Schiedsgerichts-Gesetzen Urteile gefällt hätte. Lediglich die Ankündigung der Gründung eines *Scharia-Gerichts* hatte dazu geführt, dass sich die Regierung aufgrund der öffentlichen Meinung dazu veranlasst sah, Gesetzesnovellierungen zu verabschieden, die religiöse Schiedsgerichtsbarkeit in familienrechtlichen Angelegenheiten gänzlich verhindert.

4 *Scharia-Gerichte* im Vereinigten Königreich Großbritannien und Nordirland

Die Existenz von *Sharia Councils* ist im UK seit Anfang der 1980er Jahre nachzuweisen.[10] Nach einer Schätzung des britischen Think Tank Civitas existierten 2009 insgesamt 85 *Scharia-Gerichte* im UK (MacEoin et al. 2009, S. 69). Inwieweit diese Zahl der Realität entspricht und inwiefern sich die Anzahl an *Scharia-Gerichten*

---

[10] Beispielhaft seien hier das *Islamic Sharia Council* in Leyton, welches nach eigenen Angaben 1982 gegründet wurde, und *The Muslim Law UK Sharia Council*, das das Jahr 1985 als Gründungsdatum angibt, genannt.

bis heute verändert hat, ist nicht bestimmbar. Die Gründe für die fehlenden Kenntnisse sind vielfältig. Als Faktoren können der schwierige bzw. eingeschränkte Zugang für Nicht-Muslime und nicht-muslimische Wissenschaftler, die Abgeschlossenheit der einzelnen Gemeinden, sowie die große Heterogenität der muslimischen Glaubensrichtungen und die innerhalb dieser Einrichtungen fehlende Institutionalisierung – einhergehend mit dem Fehlen einer hierarchischen Struktur, wie diese etwa bei der Church of England zu finden ist – gesehen werden. Hinzu kommt, dass es keine Regelungen gibt, welche Rechtsform oder welche personellen Bedingungen gegeben sein müssen, um ein *Scharia-Gericht* zu eröffnen bzw. zu betreiben. Dies ist für die wissenschaftliche Betrachtung der *Scharia-Gerichte* sehr hinderlich[11] und mit der Gefahr verbunden, dass lediglich auf die Aussagen der dort tätigen Mitarbeiter oder auf veröffentlichte Erfahrungsberichte von Nutzern zurückgegriffen werden kann. Im Weiteren wird die Betrachtung daher auf folgende *Scharia-Gerichte* eingeschränkt: 1. Das *Islamic Sharia Council* (ISC) (Islamic Sharia 2014) und 2. das *UK Law Sharia Council* (UKLSC) (The Muslim Law Sharia Council UK 2014).[12] Neben diesen Scharia-Gerichten soll im Folgenden außerdem auf das *Muslim Arbitration Tribunal* (MAT) (Muslim Arbitration Tribunal 2014) eingegangen werden, dem als eingetragenem Schiedsgericht in Übereinstimmung mit dem geltenden *Arbitration Act (1996)* eine besondere Stellung zukommt. Die folgenden Ausführungen greifen auf die systematische Auswertung der Homepages des ISC, des UKLSC und des MAT sowie auf Interviews zurück, welche im Zeitraum Oktober/ Dezember 2012 mit Repräsentanten dieser Organisationen[13] und Lady Cox geführt wurden. Betrachtet man die Webpräsenzen der beiden *Scharia-Gerichte* und die des MAT, so ist festzustellen, dass sie sich alle auf den *Arbitration Act (1996)* beziehen, um hierdurch ihre Legitimation zu bestätigen. Betrachtet man die *Scharia-Gerichte* im Hinblick auf deren rechtlichen Status, zeigt sich, dass dieser unterschiedlich ist. Das MAT ist ein eingetragenes Schiedsgericht, das ISC ist eine eingetragene wohltätige Organisation (*a registered Charity*) und der genaue rechtliche Status des UKLSC war nicht zu bestimmen.

---

[11] Die hier exemplarisch betrachteten *Scharia-Gerichte* und das *Muslim Arbitration Tribunal* wurden aufgrund ihres Bekanntheitsgrades und der leichten Zugangsmöglichkeit über ihre jeweiligen Webpräsenzen ausgewählt.

[12] Diese beiden *Scharia-Gerichte* gewährten mir Ende 2012 die Gelegenheit, sie zu ihren Arbeitsweisen in einem persönlichen Gespräch vor Ort zu befragen. Gleiches gilt für das *Muslim Arbitration Tribunal,* welches seit 2007 besteht. Als Gesprächspartner fungierten für das ISC Haitham Haddad, für das UKLSC Gamal Man'aa Solaiman und für das *Muslim Arbitration Tribunal* Faiz Siddiqi, bei denen ich mich an dieser Stelle für ihre aufgewandte Zeit und ihre Informationsbereitschaft bedanken möchte.

[13] Folgende Personen gaben stellvertretend für ihre Organisationen Auskunft: der Vorsitzende des UKLSC Herr Gamal Solaiman, Herr Haitham Haddad als Repräsentant des ISC und der Gründer des MAT Faiz Siddiqi.

Nach Angaben von Herrn G. Solaiman ist das UKLSC einem *Muslim College* angeschlossen. Personen mit einer Vor- bzw. Ausbildung im Bereich der Schiedsgerichtsbarkeit sind nur im MAT zu finden.[14] Die Mitarbeiter des ISC und des UKLSC verfügen alle über eine Ausbildung – ein Studium – in islamischer Theologie (Islamic Religious Studies oder Islamic Law), wohingegen die Mitarbeiter des MAT neben einer theologischen zumeist noch über eine juristische Ausbildung verfügen. Als Voraussetzung, um an einem *Scharia-Gericht* arbeiten zu können, wurde als Mindestanforderung ein Abschluss in islamischer Theologie genannt.[15] Auf die Frage nach der Bezahlung ihrer Tätigkeit gaben alle Befragten an, lediglich eine Aufwandsentschädigung zu bekommen.[16]

Es lässt sich feststellen, dass der Großteil der Dispute, die von dem ISC, dem UKLSC und dem MAT behandelt werden, Probleme zwischen Ehepartnern sind. Es sind zum überwiegenden Teil Frauen, die sich an die *Scharia-Gerichte* wenden, um ihre Ehen religiös auflösen zu lassen. Dies liegt daran, dass, während es Ehemännern nach islamischem Recht möglich ist, sich unilateral durch die sogenannte *talāq-Scheidung* (Rohe 2009, S. 52, 80, 91–95) aus ihrer Ehe zu lösen, für Frauen diese Möglichkeit nicht besteht (Rohe 2009, S. 91–95). Sie bedürfen nach Auskunft aller Gesprächspartner der Auflösung ihrer Ehe durch eine *islamische Autorität*, da sie sich, religiös betrachtet und somit gleichzeitig in den Augen ihrer religiösen Gemeinschaft, ohne eine solche Auflösung weiterhin in einer (religiös) gültigen Ehe befinden würden. Dies stelle sich, so die Auskunft der Gesprächspartner, für viele Frauen als sehr problematisch dar, da dies einer Wiederheirat mit einem anderen Partner entgegenstehe. Frauen würden sich daher an die *Scharia-Gerichte* wenden, um eine religiös sanktionierte Eheauflösung zu erhalten. Hierfür bieten sowohl ISC als auch UKLSC jeweils einen Link zu einem Formular auf ihren Homepages an, das von den Frauen auszufüllen ist. Es wird in diesen

[14] Es bestehen daher erhebliche Zweifel, ob das ISC und das UKLSC über entsprechende Fähigkeiten verfügen, Schiedsgerichtsbarkeit im Sinne des *Arbitration Act (1996)* durchzuführen. Vielmehr ist der Eindruck entstanden, dass dort intentionale Mediation vorgenommen wird, intentional in dem Sinn, dass von vornherein auf einen bestimmten Ausgang der Mediation hingearbeitet wird, wie im Fall von Eheauflösungen noch zu zeigen sein wird. Für das Beispiel der Ehescheidung trifft dies ebenfalls auf das MAT zu.

[15] Der tatsächliche Weg zu einer Tätigkeit an einem *Scharia-Gericht* wurde nur sehr ungenau beantwortet. Es wurde eine Tätigkeit innerhalb der Gemeinde etwa als Imam genannt, die dazu führen würde, dass einem innerhalb der Gemeinde die Anerkennung als Gelehrter zuteilwürde, wodurch man sich dann dafür qualifizieren würde sich bei dem *Scharia-Gericht* zu bewerben (Antwort des ISC-Vertreters).

[16] Das ISC und das MAT haben nach eigenen Angaben eine sehr kleine Anzahl an hauptberuflichen Mitarbeitern, die für Verwaltungstätigkeiten eingestellt sind.

Formularen nach den Gründen des Gesuchs der Frauen gefragt, nach der Höhe der Brautgabe, ob die Ehe zivilrechtlich registriert wurde und ob in diesem Fall eine zivilrechtliche Scheidung vorliege, nach möglichen Zeugen, welche die Aussagen der Frauen bestätigen können, deren Kontaktdaten, sowie den Kontaktdaten der Ehepartner, darüber hinaus wird um eine Vorauszahlung für die Tätigkeit der *Scharia-Gerichte* gebeten.[17] Wenn die Zahlung eingegangen ist, wird geprüft, ob das *Scharia-Gericht* in dem jeweiligen Fall tätig wird. Kommt es zur Annahme durch das *Gericht*, werden beide Ehepartner zu einem Gespräch geladen, damit sich die *Gelehrten* (engl. Selbstbezeichnung: *scholars*), denen der Fall anvertraut wurde, mit den Positionen der jeweiligen Ehepartner vertraut machen können. In manchen Fällen reist ein Mitarbeiter des Gerichtes zu den jeweiligen Eheleuten, sollte es diesen nicht möglich sein, persönlich zu erscheinen. In einem weiteren Schritt wird versucht, ein gemeinsames Gespräch beider Ehepartner in den Räumlichkeiten der *Scharia-Gerichte* zu arrangieren. Ziel dieses Gesprächs ist es, die Ehepartner dazu zu bewegen, von einer Ehescheidung Abstand zu nehmen und sie wieder miteinander zu vereinen. Hierauf legten die Befragten großen Wert. Haitham Haddad (ISC) sagte hierzu: „We have to be very careful because we don't want to see a marriage break down. Marriage life is very sacred from an Islamic perspective." Wird in dem gemeinsamen Treffen der Ehepartner unter der Anleitung der *Gelehrten* keine Einigung auf eine Weiterführung der Ehe erzielt, bedeutet dies nicht, dass nach diesem Treffen automatisch der Frau die Scheidungsunterlagen ausgestellt werden. Die *Gelehrten* können weitere Treffen oder Befragungen vorschlagen, und der Prozess kann hierdurch zeitlich verzögert werden. Die Interviewpartner gaben an, dass eine Eheauflösung in der Regel zwischen einem halben und einem Jahr dauert und dass kein von den *Gerichten* verhandelter Fall von einer Einzelperson entschieden werde, vielmehr schrieben alle in den Fall involvierten Mitarbeiter eine Stellungnahme, welche dann in einem Gremium verlesen und besprochen werde, bevor dieses Gremium dann eine Entscheidung treffe. Sämtliche Unterlagen werden entweder in Papierform, wie bei ISC, oder digital, wie im Falle des MAT, archiviert. Auf die Frage, welche der oben beschriebenen islamischen Rechtsfindungsmethoden bei den Entscheidungen Verwendung finden und nach welcher der vier sunnitischen Rechtsschulen ein Fall entschieden wird, gaben die Interviewpartner an, dass sich dies durch die jeweiligen Umstände des zu behandelnden Einzelfalles ergebe. Sie seien im Stande, auf Grundlage jeder der vier sunnitischen

[17] Hierbei ist anzumerken, dass die Zahlungen für eine Eheauflösung für Frauen am Beispiel des ISC £ 400 und für eine entsprechende Bescheinigung für einen Ehemann lediglich £ 200 betragen, wobei die Kosten für die Frauen je nach Verfahrensdauer und -aufwand noch steigen können. Der Kostenunterschied wird mit der höheren Arbeitsbelastung für eine Eheauflösung auf Ersuchen einer Frau begründet.

Rechtsschulen zu arbeiten und zu entscheiden. Die Interviewteilnehmer sprachen den britischen Civil Courts die Fähigkeit ab, eine muslimische Ehe zu scheiden und begründeten hiermit gleichzeitig die Notwendigkeit von *Scharia-Gerichten*. Solaiman (UKLSC) sagte hierzu:

> [The] Sharia council, it is a result of some unsolved problem regarding the personal law or the family law in the West in general, including Britain. Because with regard to the Muslim community, Muslim women, if they are religiously oriented women they are not satisfied with the civil divorce in the British court. They insist on having the divorce from the Sharia point of view.

Alle Gesprächspartner gaben an, dass eine britische zivilrechtliche Ehescheidung im Falle einer zivilrechtlich registrierten Ehe erst vorliegen müsse, bevor sie eine Scheidungsurkunde nach Beendigung ihrer *Untersuchung* ausstellen würden.

5 Der Arbitration and Mediation Services (Equality) Bill

Die britische Oberhausabgeordnete Baroness Caroline Cox stellte im Juni 2011 dem Oberhaus ihren Entwurf der *Arbitration and Mediation Services (Equality) Bill*[18] vor (*First Reading*), der am 19.10.2012 mit dem *Second Reading* und der anschließenden Debatte im House of Lords eine weitere Stufe auf dem Weg zur Gesetzwerdung genommen hatte[19]. Der Bill ging ein kleines Begleitwerk mit dem Titel: *Equal and Free? Evidence in Support of Baroness Cox's Arbitration and Mediation Services (Equality) Bill* voran (Proudman 2012), das im Auftrag von Lady Cox die Notwendigkeit ihrer Bill mit Belegen untermauern sollte. Auf 82 Seiten sind dort neben Aussagen und Erfahrungsberichten von Frauen mit den *Scharia-Gerichten*, die Aussagen von zivilgesellschaftlichen Organisationen, die speziell muslimischen Frauen in Fällen von häuslicher Gewalt Hilfe anbieten, sowie deren Erfahrungen mit *Scharia-Gerichten* und Einschätzungen von Juristen zu den Implikationen der Bill auf die existierende Gesetzgebung und andere Glaubensgemeinschaften dargestellt. Das Begleitwerk macht in einer auf Einzelfallbeispielen beruhenden Art deutlich, dass die *Scharia-Gerichte* nicht auf der Grundlage des *Arbitration Act (1996)* arbeiteten, dass sie Frauen diskriminierten, dass sie häusliche Gewalt in der Ehe nicht als Straftatbestand betrachteten, dass sie polygame Ehen sanktionierten und dass sie in Fällen mit Sorgerechtsbezug agierten und hierdurch gegen den *Children Act (1989)* verstießen (Children Act 1989). Die in dem Begleitwerk angeführten Punkte werden mit Aussagen von Mitarbeitern der *Scha-*

[18] Im weiteren Verlauf wird auf diesen nur noch als Bill Bezug genommen.

[19] Für eine Beschreibung der Umsetzung eines *Private Members Bill* siehe: Parliament 2010.

ria-Gerichte an einigen Stellen belegt. Die Bill zielt darauf ab, familienrechtliche Streitigkeiten jeglicher Art von der Schiedsgerichtsbarkeit auszuschließen, es unter Strafe zu stellen, familienrechtliche Angelegenheiten durch Schiedsgerichte behandeln zu lassen, die sich fälschlicherweise Rechtssprechungskompetenzen eines Gerichts anmaßen. Darüber hinaus sieht die Bill für Angestellte im öffentlichen Dienst (*public sector*) vor, Angehörige bestimmter Religionsgemeinschaften über deren Rechte unter geltendem britischen Recht aufzuklären (Cox 2012). Lady Cox stellt einen „gap between what is happening de jure and de facto“[20] fest, den ihre Bill beheben helfen soll.

Die Bill wurde nach der zweiten Lesung im Oberhaus (19. Oktober 2012) in dieser Sitzungsperiode des Oberhauses (2012–2013) nicht weiter vorangebracht und ist bis heute kein geltendes Recht geworden. In den zwei nachfolgenden Sitzungsperioden (2013–2014 und 2014–2015) stellte Lady Cox die Bill in leicht abgeänderter Form nochmals vor, ohne dass die Bill bisher weitere Fortschritte als die erste Lesung[21] in Oberhaus auf dem Weg zur Gesetzwerdung genommen hat. Die ursprüngliche Bill aus der Sitzungsperiode 2012–2013 wurde in den beiden folgenden Sitzungsperioden 2013–2014 und 2014–2015 dahingehend geändert, dass in den beiden letzteren Fassungen folgende Änderungen nicht mehr enthalten sind:

> Part 2
> Amendments to the Arbitration Act 1996
> 4 Criminal and Family law Matters not arbitrable
> The Arbitration Act 1996 is amended as follows.
> After section 80 (notice and other requirements in connection with legal proceedings) insert-
> 80A Criminal and family law matter which is within the jurisdiction of the criminal or family courts cannot be the subject of arbitration proceedings (Cox 2012, S. 4).

Und nachfolgende Veränderungen/ Auslassungen in *Part 5 Amendment to the Courts and Legal Services Act 1990* wurden vorgenommen (s. Tab. 1):

Aus den Änderungen bzw. Auslassungen in Tab. 1 wird deutlich, dass gegenüber der ursprünglichen Bill die nachfolgenden Fassungen nicht mehr explizit Schiedsgerichtsbarkeit in familienrechtlichen und strafrechtlichen Streitfällen unter Strafe stellen.[22]

[20] Die Aussage stammt aus einem Gespräch mit Lady Cox vom Oktober 2012. Auch bei ihr möchte ich mich an dieser Stelle für den Zeitaufwand und die Informationen, die sie mir bereitgestellt hat, bedanken.

[21] Die erste Lesung im Oberhaus stellt eine Formalie für den Gesetzwerdungsprozess eines Private Member Bill dar.

[22] Der Grund für diese Änderungen ist bisher unbekannt.

Tab. 1 Die eigene tabellarische Gegenüberstellung beruht auf folgenden Quellen: Cox 2012, 2013, 2014

Arbitration and Mediation Services (Equality) Bill (2012–2013)	Arbitration and Mediation Services (Equality) Bill (2013–2014 sowie 2014–2015)
(2) After section 118 (functions or Treasury) insert- „118A Falsely claiming legal jurisdiction (1) A person is guilty of an offence if that person (a) purports to determine in arbitration proceedings a matter excluded by section 80A of the Arbitration Act 1996, or (b) falsely purports to exercise any of the powers or duties of a court to make legally binding rulings. (2) A person guilty of an offence under this section is liable – (a) on conviction on indictment, to imprisonment for a term not exceeding 5 years, or a fine, or both, or (b) on summary conviction, to imprisonment for a term not exceeding 6 months, or a fine not exceeding the statutory maximum, or both.“	(2) After section 118 (functions or Treasury) insert- „118A Falsely claiming legal jurisdiction A person who falsely purports to exercise any of the powers or duties of a court or to make legally binding rulings shall be guilty of an offence and liable on conviction on indictment to imprisonment for a term not exceeding 7 years.“

6 Schluss

Die vorangestellten Ausführungen haben gezeigt, dass die Einführung von *Scharia-Gerichten* bzw. *Scharia-Gerichtsbarkeit* selbst in einer multikulturellen Gesellschaft wie der kanadischen, in welcher der Multikulturalismus in der Verfassung verankert ist, erhebliche öffentliche Aufmerksamkeit und Ablehnung hervorruft. Es genügte allein die Ankündigung, damit sich öffentlicher Widerstand dagegen formierte, ohne dass in der breiten Öffentlichkeit bis dato wahrgenommen worden wäre, dass andere Religionsgemeinschaften seit Jahren bereits auf der Grundlage ihrer religiösen Regelungen Schiedsgerichtsbarkeit betrieben, ohne dass ein einziges *Scharia-Gericht* in Kanada je eine auf religiösen Grundlagen geprägte Schiedsgerichtsentscheidung getroffen hätte. Die Entscheidung der Provinzregierung, sämtliche Schiedsgerichtsverfahren in familienrechtlichen Angelegenheiten ausschließlich nach geltendem kanadischen Recht zuzulassen, ist dennoch positiv zu bewerten, schützt diese doch Mitglieder jeglicher Religionsgemeinschaften davor, aufgrund religiöser Regelungen benachteiligt und/ oder diskriminiert zu werden. Und sie trägt zur Rechtsgleichheit bei. Im Fall des UK wäre es in Anlehnung an das kanadische Beispiel anzuraten, eine staatlich geförderte Untersuchungskommission einzusetzen, die sich mit den tatsächlichen Begebenheiten befasst und der Regierung und der Öffentlichkeit ihre Ergebnisse präsentiert und Handlungsempfehlungen erarbeitet, anhand derer die aufgezeigten Missstände zu beheben wären. Die Betrachtung des kanadischen Beispiels lässt zugleich die Vorurteile gegenüber muslimischen Religionsgemeinschaften im Vergleich zu christlichen und jüdischen deutlich werden, auch wenn in Ontario allein die Befürchtung vor den scheinbar im UK schon vorhandenen Missständen ausgereicht hat, religiöse Regelungen aus der Schiedsgerichtsbarkeit in familienrechtlichen Angelegenheiten zu verbannen. So würde ein solcher Prozess, verbunden mit der eventuellen Entfernung religiös geprägter Schiedsgerichtsbarkeit, auch im UK dazu führen, dass geschlechterdiskriminierende Praktiken aufgehoben und Rechtsgleichheit sowie Rechtssicherheit gewährleistet werden könnten. Säkulares staatliches Recht und die Verbannung religiöser Regelungen aus diesem Recht scheint der einzige Weg zu sein, dies zu gewährleisten.

> I think in Britain and in other countries we have inherited – often at great cost – our precious liberal democracy, many people have died to preserve our liberal democracy. And I think we have got an obligation to pass that on undiminished to our children and our grandchildren. And I would hope very much that this Bill will help to draw a line in the sand and prevent any erosion of that precious political and legal heritage.[23]

Literatur

Arbitration Act S.O. 1991 (2009). http://www.e-laws.gov.on.ca/html/statutes/english/elaws_statutes_91a17_e.htm. Zugegriffen: 17. September 2014

Boyd M (2004) Dispute Resolution in Family Law: Protecting Choice, Promoting Inclusion. Ministry of the Attorney General. http://www.attorneygeneral.jus.gov.on.ca/english/about/pubs/boyd/fullreport.pdf. Zugegriffen: 17. September 2014

Cox BC (2012) Arbitration and Mediation Services (Equality) Bill 2012–2013. (H. o. Hansard, Herausgeber) http://www.publications.parliament.uk/pa/bills/lbill/2012-2013/0007/13007.pdf. Zugegriffen: 17. September 2014

Cox BC (2013) Arbitration and Mediation Services (Equality) Bill 2013–2014. (H. o. Hansard, Herausgeber) http://www.publications.parliament.uk/pa/bills/lbill/2013-2014/0020/14020.pdf. Zugegriffen: 17. September 2014

Cox BC (2014) Arbitration and Mediation Services (Equality) Bill 2014–2015. (H. o. Hansard, Herausgeber) http://www.publications.parliament.uk/pa/bills/lbill/2014-2015/0021/15021.pdf. Zugegriffen: 17. September 2014

[23] Zitiert aus dem Gespräch mit Lady Cox im Oktober 2012.

Family Statute Law Amendment Act (23.02.2006). http://www.e-laws.gov.on.ca/html/source/statutes/english/2006/elaws_src_s06001_e.htm. Zugegriffen: 17. September 2014

Hötte F (2013) Religiöse Schiedsgerichtsbarkeit. Angloamerikanische Rechtspraxis, Perspektive für Deutschland (= Jus Ecclesiasticum. Beiträge zum evangelischen Kirchenrecht und zum Staatskirchenrecht 104). Mohr Siebeck, Tübingen

Islamic Sharia (2014) http://test.islamic-sharia.org/. Zugegriffen: 17. September 2014

Lohlker R (2011) Islamisches Recht. UTB, Stuttgart

MacEoin D, Green DG, Addison N (Hrsg) (2009) Sharia Law or ‚One Law For All'? Civitas: Institute for the Study of Civil Society, London

Muslim Arbitration Tribunal (2014). http://www.matribunal.com/. Zugegriffen: 17. September 2014

Office HM (Hrsg) (2010). Children Act 1989. http://www.legislation.gov.uk/ukpga/1989/41/contents. Zugegriffen: 17. September 2014

Parliament UK (Hrsg) (2010). Passage of a Bill – UK Parliament. http://www.parliament.uk/about/how/laws/passage-bill/. Zugegriffen: 17. September 2014

Proudman CR (2012) Equal and Free? http://www.secularism.org.uk/uploads/equal-and-free-16.pdf. Zugegriffen: 17. September 2014

Rohe M (2009) Das islamische Recht. Geschichte und Gegenwart. C. H. Beck, München

Selby JA, Korteweg AC (Hrsg) (2012) Debating Sharia: Islam, Gender Politics, and Family Law Arbitration. University of Toronto Press, Toronto

Selby JA, Korteweg AC (2012) Introduction: Situating the Sharia Debate in Ontario. In: Selby JA, Korteweg AC (Hrsg) Debating Sharia: Islam, Gender Politics, and Family Law Arbitration. University of Toronto Press, Toronto, S 12–34

The Muslim Law Sharia Council UK (2010). http://www.shariahcouncil.org/. Zugegriffen: 17. September 2014

Williams R (07.02.2008). Civil and Religious Law in England: A Religious Perspective. http://people.bu.edu/joeld/sharia.pdf. Zugegriffen: 17. September 2014

Tjark Färber M.A., Stipendiat des Graduiertenkollegs „Migration“ der Katholischen Universität Eichstätt-Ingolstadt (2011–2013), mit dem Forschungsprojekt: „Rechtliche Akkommodation islamischer Migranten? Scharia-Gerichte in westlichen Demokratien (Großbritannien, Kanada)“ (Prof. Dr. Dr. Manfred Brocker), Professur für Politische Theorie und Philosophie.

Teil III
Sprache(n)

Languaging in the Global Contact Zone: Polylingual Performances as Transcultural Interface

Volker Hinnenkamp

For Jens Normann Jørgensen

Abstract

Polylingual languaging has become a typical phenomenon in the global contact zone of migratory space. It is embedded in transnational and transcultural flows of languages. The empirical data of this paper are situated and mediated peer group performances of adolescents of 'German-Turkish background' which will be analyzed within a hybridity approach of interactional sociolinguistics and the sociolinguistics of globalization, demonstrating how the adolescents' polylingual performances can only be understood socio-historically as a transcultural interface. Their performances are attempts to appropriate semantic space where their language is no longer the object of dominant discourse but constitutes an autonomous form of (counter-)discourse in its own right.

Keywords

CMC (Computer mediated communication) · Global contact zone · Languaging Migration context · Peer chat communication · Polylingual performances Sociolinguistics of globalization · Transculturation

V. Hinnenkamp (✉)
Fulda, Germany
e-mail: volker.hinnenkamp@sk.hs-fulda.de

K. Kazzazi et al. (Hrsg.), *Migration – Religion – Identität. Aspekte transkultureller Prozesse,* DOI 10.1007/978-3-658-06510-2_8

1 Polylingualism and a Sociolinguistics of Globalization

Updated approaches of sociolinguistics and inter- and transcultural communication have to take account of processes of globalization and worldwide migration flows, including a fresh terminology, new concepts and possibly even new theories of the social and cultural functions of language and communication. Some of the old concepts are worn out, having proven themselves to be unable to do justice to the indexical dynamics of worldwide changes in the use and function of language and communication. Jan Blommaert, doubtless one of the pioneers in the field, never tires of pointing out that horizontal concepts need to be displaced or at least complemented by vertical and scalar ones (Blommaert 2010). Synchrony in the Saussurean sense, he argues, has to give way to a diachrony of geosemiotics, as the Scollons (2003) call it: of social, situational and physical space indexicalities on the move, so to speak, being negotiated and struggled with. Furthermore, the "hegemony of homogeneity", to borrow a phrase from Derrida (1996), has to be fully deconstructed with a focus on heteroglossia, heterogeneity and hybridization processes. Postcolonial studies have long since been attacking the old essentialists' model and have started narrating cultural history from the margins of society, or from the peripheries of the global south.

Hence, "a sociolinguistics of globalization", Jan Blommaert claims, that will "contribute to an understanding of society through an understanding of language" (Blommaert 2003, p. 613), "will need a holistic and *world-systemic view in which local events are read locally as well as translocally, and in which the world system with its structural inequalities is a necessary (but not self-explanatory) context* in which language occurs and operates" (Blommaert 2003, p. 612).

The world is multilingual, at the same time the number of languages is continuously decreasing. About a dozen languages cover two thirds of the world's population and more and more small languages are endangered or threatened by extinction (Nettle and Romaine 2000). Yet, similar to the process of pidginization and creolization of languages in the wake of slavery, nowadays worldwide migration processes and medial interconnectedness have created new transnational and inter- and transcultural flows and encounters, in which 'brought along' languages and cultures, seemingly 'weak' ones as well as 'strong' ones, are subject to rapid and substantial changes, be it that the 'weak' ones are further devalued, displaced or hybridized through contact with hegemonial languages, or be it that hegemonial 'strong' languages are dispossessed, fragmented and hybridized through contact with 'substandard' and minor languages.

Where multilingualism was mainly understood as the juxtaposition of different languages in society and/ or the individual, now new forms of interlocking, crossing and amalgamation emerge – unbalanced, confusing, shallow, but also innovative, even sustainable. In search of a new term covering such processes, some have suggested 'polylingual' to substitute 'multilingual' – shifting from Latin back to Greek origin. It is less the exchange of a prefix that is important but we may take this as an attempt to find more behind it than the mere juxtaposition of languages. According to Jørgensen, the terms "bi-" and "multilingualism" furthermore still transport the image of a Bloomfieldian double or multiple monolingual – a typical Western and middle class canonisation of what should rather be substituted through the term "languaging" and, more precisely, "polylingual languaging" respectively, Jørgensen argues (2004, 2008). Thus, the *polylingualism norm* implies that languagers "employ whatever linguistic features are at their disposal to achieve their communicative aims as best they can, regardless of how well they know the involved languages; this entails that the language users may know – and use – the fact that some of the features are perceived by some speakers as not belonging together" (Jørgensen 2008, p. 163).

Performances, as mentioned in the title, are of course difficult to distinguish from non-performances. As in linguistic anthropology, I understand them roughly as an occasioned speech activity bounded in space and time. Minimalistically, one could follow Duranti's comprehensive definition, for whom performances are typically "speech activities in which what the speakers say is evaluated according to aesthetic concerns, that is, for the beauty of their phrasing or delivery, or according to the effect it has on the audience" (Duranti 1998: pp. 15 f.). Again, what constitutes 'beauty' of delivery and audience effect depends very much on the analyst's approach. In terms of function, performances are in general polyfunctional, also beyond aesthetic concerns, but certainly aiming strongly at the embracement of one's audience/ interlocutors. Due to the liquefaction of the oral-written distinction in computer mediated communication (CMC) polylingual performances are not only observable as 'live stagings' in physical co-presence, but they can also be studied in chat rooms and such like, with CMC being part of the global flow (Lam 2006; Lam et al. 2012). In the following section data from Turkish-German polylingual performances will be presented and analysed in the context of the above mentioned processes of transcultural flows and hybridizations.

2 Adolescent Peer Talk as Polylingual Performance

The two conversation and chat examples to follow are taken from a corpus of recordings of adolescents of ethnic Turkish background whose parents or grandparents had originally immigrated as '*Gastarbeiter*' (guestworkers) into West Germany. The conversations were audio- and partly videotaped in informal gatherings, the chats directly stored during the chatting activities. It was mostly one of the participating parties who carried out the recordings. In most situations the adolescents did not know what kind of data the researcher was looking for.[1]

The majority of my informants were between 15 and 18 years old; a critical age, around the time of leaving German *Hauptschule* (minimum graduation level within the German tripartite school system) and looking for work or an apprenticeship on the labour market. Most speakers in my data are male. The gender bias is due to the chain of my informants (male adolescents ask other male adolescents to do the recordings etc.).[2]

The adolescents whose language will be focused on in the following sections are certainly no migrants themselves. However, regarding them as 'immigrants' or 'migrants' is a step forward that acknowledges at least their status of being born in the migratory context (of their parents or grandparents). Furthermore, adolescents such as these have so far mainly been the objects of this discourse, hardly ever its subjects. A typical example of this 'being-the-object-of-critical-scrutiny' regarding language capabilities was and unfortunately still is the debate on alleged second and third generation 'double semilingualism', which at the same time presents a typical instance of the 'incapacitation' of whole categories of people (Hinnenkamp 2005). Changes in perception and recognition are coming slowly. It is predominantly the articulation of 'migrant adolescents' themselves that promotes this change, a change in the direction of further deconstructing the onesidedness of the dominant migratory discourse by raising their voices and gaining recognition of *autonomous* forms of expression.

The samples from the data corpus to be presented take the form of transcribed stretches of discourse between peers. The first example is entitled "Wolfgang", referring to its main subject matter. The background of the three performers, aged 15 and 16 respectively, is Turkish, that is, their parents (and partly their grandparents) were immigrants from Turkey. All three have spent most of their lives in Germany. The recordings were made by one of the boys, M., who recorded many peer group situations he participated in. The situation is an informal one. The three are out in their neighbourhood, hanging out in front of a small supermarket. The topic of their conversation revolves around sports. NBA is a basketball and sports club. I have divided the transcript into three sections, pre-performance, performance and post-performance.

[1] Special thanks to Tuna Döger, Ahmet Atasever and Feray Yıkılmaz-Şahin for their support in acquiring and also explaining the data.

[2] For comparable data from female dominated groups: Keim 2008.

"Wolfgang"

01 (...)

02 M: ha, ba NBA'*e yeni bitane, yeni bir adam* [*geldi*, ge?
Ha, ba- NBA has someone new, a new man joined them, y'know?

03 U: [*Türk*, ge?
Turk, you know?

04 *Türkçe asıl-*?
Of Turkish orig-?

05 M: Nei:n *alman* [*bi:tane*
No, a German one

06 K: °*Al*[*man*°
German

07 M: [Denis Schwart[ler'*len oynuyo*
Plays with Denis Schwartler

08 U: [Wolfgang {*adı*} Wolfgang
Wolfgang {is his name} Wolfgang

09 M: Detlev *mi*? Wolf**gang** *filan*
Detlev? Wolfgang or something like that

10 U: °Det- *ne*?°
Det- what?

11 ((1 s.))

12 M: Det-#((laughingly)){lev} hehehe#

13a U: *Adı* Wolfgang *çocuğu*+
The boy's name is Wolfgang

As far as one can follow the first part of this excerpt, it centres on the new member's identity/ ethnic/ national origin and his first name. Thus, the first part revolves around the newcomer's identification, proceeding from his ethnic/ national origin to the question of who he formerly played with, before name candidates are brought up. U. makes the first suggestion, presenting himself as the knowledgeable one (line 08), which is immediately countered by M. having understood "Detlev" as a name candidate. "Detlev" in this kind of youth group stands notoriously for a queer name – in the sexual sense – and queerness is supposed to index – roughly – weakness. Here we have to take the role dynamics in the group into account. U. is continuously struggling for recognition, so even if he is right this will not be conceded in the first instance. This is why M. pretends to repeat U.'s suggestion by phrasing it as a question "Detlev mi?", only to continue with "Wolfgang" as his own name candidate. It takes two turns and laughter at U.'s slowness again before U. insists on his first name suggestion (line 13a).

U. then – after a very brief pause – changes prosodically into another mode, initiating a verbal performance with the name Wolfgang. Line 13b down to line 20 is a brief repartee mainly performed by U. and M., interspersed by an evaluative comment by the "elder" M. (line 16) before he joins in.

13b	U:	Wolfgang Wolf'#((laughingly))*un oğlu* molf#
		Wolfgang wolf's son molf
14	M:	Hihihihihih
15	U:	Wolfgang Wolf'*un oğlu* Molfgang +
		Wolfgang, wolf's son Molfgang
16	M:	Wolfgang *mı? Acayip uydu lan o adam*=**Wolf**gang Wolf'*un* Wolf'*{u}* in
		Wolfgang? Fits nicely, man, this man Wolfgang wolf's wolf in
		Wolfsburg
17		Wolfs[burg
18	K:	[Wil[burg
19	M:	[*Adam* (+) drei mal Wolf *oldu*=doppel Wolf + *ama* Wolf (...)
		The man has become three times wolf double wolf but wolf (...)
20	U:	Wolfsburg'*da oynuyor* Wolfgang *oynuyor ama* wo wo?
		He's playing in Wolfsburg, Wolfgang is playing but where where?

A simplified condensed version would run like this:

13b	U:	Wolfgang Wolf'*un oğlu* molf
15	U:	Wolfgang Wolf'*un oğlu* Molfgang +
16/17	M:	**Wolf**gang Wolf'*un* Wolf'*{u}* in Wolfsburg
19	M:	*Adam* (+) drei mal Wolf *oldu*=doppel Wolf + *ama* Wolf (...)
20	U:	Wolfsburg'*da oynuyor* Wolfgang *oynuyor ama* wo wo?

After a break of a second, U. attempts a continuation in that he assumes Wolfgang to drive a VW, which is specified as a "Golf" by M. There is no uptake of the performance and after a three-second pause M. initiates a new metatopic on sports (line 32).

21 ((1 s.))
22 M: *Bide*:[::
besides
23 U: [VW'*si var*
He has a VW
24 K: He he-
25 U: hehe
26 M: *Ama o* Golf
But that's a Golf
27 K: hehe
28 M: Richtig
right
29 U: °{*O ne güzel*}°
How nice that is
30 M: VW'*si bi de* Golf
His VW is a Golf though
31 ((3 s.))
32 M: Sport is Mord he?=**Ha** *sen* QA'*da* Sport *aldınmı*? + *Hayatın kaydı* pfff
Sport is murder he? Ha, did you take a QA in sports? You lost your life pfff

The whole sequence is performed polylingually. This is in no way special. A large part of the group's performances play with both languages, exploit the ambivalence of words, syllables and new polylingual combinations (Hinnenkamp 2003). The main formative language here in terms of grammar is certainly Turkish, although proper names like *Wolfgang, Detlev, NBA, VW, Golf* and others are pronounced in the German way. Some contributions are typically framed by German items, such as a question tag (in line 02) or the yes/ no-response (line 05). If we subtract proper names from 'language counting' (if that is allowed for the moment to get my arguments straight!) and concentrate on the performance part, then we are still left with a couple of identifiable intra-sentential language switches, such as in 13b and 15, because *Wolf* cannot merely be regarded as the first part of the proper name, as it also matches the animal "wolf". In line 16/17, M. leaves the adverbial phrase at the end in German. In line 19 "Wolf" is twice integrated in German constituents ("drei mal Wolf" / "doppel Wolf") and similarly, in U.'s next turn, which ends with the German question particles "wo wo". The constructions in line 13b and 15 constitute a conventional complex Turkish genitive construction [N-Genitive N-Possessive Pronoun]: "Wolf'un oğlu." That is, "Wolf" (as part of the proper name "Wolfgang"), but the name itself is also treated as an item of Turkish grammar. This is further corroborated by the item "molf" being subjected to the Turkish reduplication pattern by virtue of which any word may be reduplicated by either replacing the initial consonant (except for "m") by /m/ or by prefixing /m/ to the first vowel of the repetition, cf. U.'s "Wolfgang Wolf'*un oğlu* molf" and "Wolfgang Wolf'*un oğlu* Molfgang" (line 13b, 15). The meaning is 'et cetera'. This principle also results in the chain of alliterative back vowels, to wit, in line 13b: o a o u o u o. And in line 15: o a o u o u o a, the initial consonants are all labials: /v/ and /m/. This alliterative principle is also followed in the next turns, in most parts also adhered to by M. In line 19 M. nicely recapitulates the "Wolf" mentioned in "three times wolf", counting down to "double wolf" and ending with "ama Wolf (...)", whatever the "ama" stands for here, and U. carries on to make "Wolfsburg" the incriminatee's hometown. Again, with the choice of the locative-particle "da" (in) and the verb "oynamak" (to play) plus "ama" (but) the alliterative chain is expanded, finally resulting in the reduplication of the German question particle "wo"? Also rhythmically, this whole part is set apart in that U. starts a kind of pressed staccato voice in 13b, reminiscent of a rapper rather than a conversationalist. This way of speaking is a stylization of what the author of the book "Kanak Sprak", Feridun Zaimoglu, has described as "pressed out, breathless and hybrid babble" (Zaimoglu 1995, p. 13).[3]

To summarize, we are faced with a fast-performed repartee in two languages which makes use of various expressive and poetic functions in both languages involved and artfully intertwines word-segmental, phonological and prosodic resources. The part is furthermore clearly marked as a performance and set apart from the rest of the talk. M. even inserts a comment (line 16) as to how nicely the form fits into the performance pattern, evidenced by his uptake. We were partly able to reconstruct particular features from the languages involved. The performance as a whole would not conform to any rules of code switching, but is rather characterized by the porosity and fluidity of the languages involved. I have shown elsewhere that there are more instances like this, be it with more languages involved or even be it in literate forms such as in chat communication.

[3] The German original version is "das herausgepresste, kurzatmige und hybride Gestammel". See also Pfaff 2005.

3 Peer Chat as Polylingual Languaging

3.1 A Chat Sample and Some of its Linguistic Properties

As a second example let us take a look at one specific sequence out of many of the chat talks mentioned, simply entitled, in accordance with the topic discussed, "German lesson", in order to illustrate another mode of 'polylingual languaging' performativity and what is 'all-inclusive' in this mixture of languages.

"German lesson"[4]

01	<Tinimini>	wo dise shad sayn? *where is this shad*
02	<SHiZoFReN>	nix gekomen *didn't show up*
03	<Harun-_>	shad is noch arbeit *shad is still at work*
04	<Tinimini>	der is da *he is here*
05	<Harun-_>	in is yeri *at work*
06	<Tinimini>	kriegts maul ned auf *doesn't get his mouth open*
07	<Tinimini>	nayn *no*
08	<|rApId|>	lam Harun-_ egal ben edicem sen dinliycen *lam Harun-_ doesn't matter I will continue and you will listen*
09	<Tinimini>	der isch da *he is here*
10	<Harun-_>	der schafft *he's working*
11	<Harun-_>	yuch agam ben küfür müfür dinlemem *no my agha I don't listen to cursing and swearing*

[4] I have not changed anything from the original text. The non-existing graphical environment yielded mainly text and no smiley-graphics etc. Omitted are protocol features, e.g. who is entering or leaving the chat room – although this helps a lot with the orientation of the continuously changing participation framework. Furthermore, the time line of the original has been substituted by line numbers in order to be able to refer to the utterance in question.

12	<Tinimini>	i wissen aber chatet von arbeit waisch
		I know but he's chatting from work you know
13	<SHiZoFReN>	Tini, zol isch auf deutsch ein satz ein bauen?
		Tini, shall I put in a sentence in German?
14	<SHiZoFReN>	sag ja
		say yes
15	<Tinimini>	Jaaaaaaaaaaaaaaaaaaaaaaaaaaaaaaaaaaaaa
		Yes
16	<Harun-_>	jach genauswissen tiniminininininin
		{yes/no} Tinimini knows it exactly
17	<SHiZoFReN>	ok
18	<Tinimini>	ich liben dayne sats
		I love your sentence
19	<SHiZoFReN>	Meine fater, hat eine doner imbiss
		My father has a doener stand
20	<{emibi}>	klar
		right
21	<deli>	SHiZoFReN gel seninle arkadas olalim
		ShiZoFReN come on let's be friends
22	<{emibi}>	was sonst?
		what else?
23	<SHiZoFReN>	soll ich des jetzt umwandeln zu eine fragesatz
		do you want me to convert it into an interrogative sentence
24	<{emibi}>	:))
25	<Tinimini>	mach mal
		just do it
26	<|rApId|>	Mein Vater hat einen Imbiss, in dem er doener verkauft heisst des SHiZoFReN
		My father has a snackbar, in which he sells doener *is the correct one SHiZoFReN*
27	<deli>	kanka olalim
		let's be blood brothers (kankardeş)
28	<SHiZoFReN>	Meine fater, hat eine doner imbiss, weisst du
		My father has a doener stand, you know
29	<SHiZoFReN>	huaahahahahauaha
30	<|rApId|>	lern mah döytsch lam
		just learn some German, man
31	<Tinimini>	hehehehehehehehe
32	<deli>	lam rapit benim dilimden yaz
		man rapit write in my language

<table>
<tr><td>33</td><td><deli></td><td>ibranice yazma olmum
don't write Hebrew, lad</td></tr>
<tr><td>34</td><td><Tinimini></td><td>rapid lams paranoyamin doycuna laf yok:)
rapid mate no word against Paranoya's German (Paranoya = Shizofren)</td></tr>
<tr><td>35</td><td><Harun-_></td><td>ih sait yah alle düm
you are all stupid</td></tr>
<tr><td>36</td><td><[Shad]></td><td>Saiti karistirmayin lam
leave Sait out of it, man</td></tr>
<tr><td>37</td><td><Tinimini></td><td>harun ich kaufe dir eine tüte doyc:)
harun I'll buy you a bagful of German</td></tr>
<tr><td>38</td><td><[Shad]></td><td>herif napti size?
What has the man done to you?</td></tr>
<tr><td>39</td><td><Tinimini></td><td>shad lam
shad man</td></tr>
<tr><td>40</td><td><Tinimini></td><td>du nix doyc oder
you no German or what</td></tr>
<tr><td>41</td><td><[Shad]></td><td>he</td></tr>
<tr><td>42</td><td><SHiZoFReN></td><td>rapid, mach mir kein fuss du kuu
rapid don't make me a foot you cow</td></tr>
<tr><td>43</td><td><Tinimini></td><td>diese nix sait
this is not Sait</td></tr>
<tr><td>44</td><td><[Shad]></td><td>nayn
no</td></tr>
<tr><td>45</td><td><Harun-_></td><td>tinimmininininin… ih möhte auh ein ais
tinimini ... I also want an ice-cream</td></tr>
<tr><td>46</td><td><|rApId|></td><td>heyyyyttttt vertaaayyyltttt euuucch uleeennn
spread yourselves out people</td></tr>
<tr><td>47</td><td><Tinimini></td><td>harun wenn du machs gute log ich kaufen dir
harun if you make a good log I buy one for you</td></tr>
<tr><td>48</td><td><SHiZoFReN></td><td>Was kuckst du Lan!!!!!!
What are you looking, man!!!!!</td></tr>
<tr><td>49</td><td><SHiZoFReN></td><td>Was kuckst du kollege
What are you looking at, colleague</td></tr>
<tr><td>50</td><td><{emibi}></td><td>burda herkesin doitsch´u birebir nedense
here everyone seems to speak the same kind of German</td></tr>
<tr><td>51</td><td><SHiZoFReN></td><td>ist hier tanzen bear?
is bear dancing on here?</td></tr>
<tr><td>52</td><td><Harun-_></td><td>ok tiniiininininininin is geponkkggkktt
o.k. tinimini it's alright</td></tr>
<tr><td>53</td><td><|rApId|></td><td>muahha</td></tr>
</table>

It is extremely difficult to translate this bit into English. Thus, the English gloss is only a rough approximation of the surface meaning of the propositional content of the reconstructed utterances. Although I worked with one of the participants on the data, reconstructing the contextual meaning of some of its parts is nearly impossible.[5]

The first interesting point in order to understand what is going on in this extended sequence is to look at the ratified participant structure. We find seven participants in this stretch of talk. The leading figure in terms of turns or utterances[6] is undoubtedly <Tinimini> (16 turns), followed by <SHiZoFReN> (12 turns) and <Harun-_> (8 turns). <|rApld|> contributes 5 times, <[Shad]>, <{emibi}> and <deli> each 4 times. <[Shad]>, however, is more prominent in that reference is made to him in sequence turn 01 to 12 before he eventually turns up in line 36. None of <deli>'s four contributions, on the other hand, are responded to, at least she or he does not manage to get into the ongoing talk. We will return to that further below.

In terms of length, the longest utterance is <|rApld|>'s "Mein Vater hat einen Imbiss, in dem er doener verkauft heisst des SHiZoFReN" (line 26), which is also the only sentence written in 'standard' normative German.[7] The shortest ones are a self-made smiley (line 24) by <{emibi}> and some single word utterances. Most utterances are in general rather short, but complete, i.e. they are not split over two or more contributions. This informs us about the chatters' routine and a kind of implicit maxim of "one contribution = one utterance". The rapid exchange of verbal blows and witty puns does not allow for the hesitant production of text.

Fast responses also require routinized and skilled keyboard work. When chatting from their home, some of the chatters have a Turkish keyboard, others have German ones or a German one with Turkish key fittings. Equipment of this kind is of no minor relevance if the bilingual productions require different letters. This is also the reason why some Turkish letters are replaced by their closest German or international counterparts, thus, <Ş> and <ş> are rewritten as <S> and <s> (cf. line 05 <in is yeri> would correctly be written as <in iş yeri> and read as "ish yeri"). Note that despite the mixing of alphabetical conventions the Turkish shibilant is not substituted by the German shibilant, written <sch>, as in the dialectal realisation

[5] Here again I want to express my utmost gratitude to Feray Yıkılmaz-Şahin who not only made the chat accessible to me but also supported me extensively in deciphering the data, helping me with the Turkish and the interpretation of some of the hidden nuances of the text.

[6] To refer to the contributions as 'turns' means something like "turns of on-line writing", only partly following Conversation Analysis categories of speaking turns and their implications.

[7] Except, of course, for „heisst des", which could be a Swabian dialect form for "heisst/heißt das".

a few lines below (line 09) “der isch da” (for “der ist da”) or by the English <sh> as in <[Shad]> and <SHiZoFReN>. Another assimilated letter is <g> for <ğ>, as in line 11 <agam> for <ağam>, a slightly lengthened, often gutturalized epenthetic consonant. In line 21 we find <arkadas olalim> as an adapted version of <arkadaş olalım>, with a more centralised / I / required by Turkish vowel harmony for back vowels. Of particular relevance to the understanding of the analysis to follow is also the way <c> is used in words like <doyc> (line 37). Here it takes the function of the Turkish consonant <ç>, which is close to the pronunciation of <tch> as in <match> (Turkish <meç>) and coincides with the German consonantal combination <tsch> as in <deutsch>. The other <c> from the Turkish alphabet would be pronounced in a voiced way close to the way <j> is pronounced in <jungle>. In line 08 there are two instances of this <c>-usage: “ben edicem sen dinliycen”. There is one further convention German and Turkish share, that is the Umlaut <ö>, pronounced [ø] or [oe] in German and more open in Turkish as in “Nichts ist schöner als ein Döner”, meaning “there is nothing more beautiful than a doner kebab”. English keyboards do not provide this letter.

Electronic media often are not set out for the correct representation, so users may rewrite <ö> simply as <o> or as the combination <oe>. Cf. the various realizations in line 19 “doner”, line 26 “doener”, and line 30 “döytsch”. Interestingly the <ü> /y/, another umlaut the two alphabets share, is not substituted at all (cf. line 11 Turkish “küfür müfür”, and line 37 German “tüte” (Tüte = bag)), but rather redundantly inserted as in line 35 “düm” for German “dumm” (“stupid”).

Can languages in ‘languaging’ be counted? In a way yes, because the bricolage is not a result but a process, something that is continuously and collaboratively constructed as-participants-go-along. In this example we certainly find identifiable languages, and within them identifiable spoors and traces of regional, media and stylized varieties. A rough count of the distribution of German and Turkish used here yields 142 against 44 words, respectively, not counting proper names and some feedback responses and terms like “döner” (doner, doener), which are established in both languages. That is, there is a clear dominance of German – at least superficially, because many German words and even phrases receive a kind of Turkish wrapping.

One such wrapping we find in orthography where a lot of the German used is written with a Turkish orthography. I will rewrite it in the ‘standard’ orthographic way but irrespective of capitals (which German requires for all nouns) and normative grammar.

01	wo dise shad sayn → wo diese shad sein
07	nayn → nein
18	ich liben dayne sats → ich lieben deine satz
19/28	meine fater → meine vater
35	ih sait yah alle düm → ihr seid ja alle dumm
40	du nix doyc → du nicht deutsch
45	ich möhte auh ein ais → ich möchte auch ein eis

Turkish does not differentiate between short and long vowels as in <dise> vs <diese> (01) or <liben> vs. <lieben> (18); furthermore Turkish has no diphthongs but vowel combinations coming close to German diphthongs <ei> /aɪ/ as <ay>, sometimes under Arabic influence <ai>, and <eu> /oɪ/ as <oy>. Examples are "nayn" (07), "dayne" (18), "sait" (35) and "ais" (45); the <oy> we find in "doyc" (40). The <c> in the latter has already been explained above, it is the Turkish <ç> corresponding to German <tsch>. Turkish would transcribe the /f/ in "Vater" as <f> as in 19 and 28 – again this could also be due to conventional chat-simplifications. Also, initial <j> in German is retranscribed as <y> (35), likewise, the German voiceless velar and palatal fricatives <ch>, [x] and [ç], are simply rewritten as <h> (45), perhaps due to the similarity in some 'nonstandard' varieties of Turkish where the strong velar (or sometimes guttural) effect comes close to the German velar fricative <ch> [x] as in "Buch" (book). As we see, there is sometimes a distinctly identifiable retranscription into Turkish, but sometimes there are other explanations, due to typing habits and chat-conventions, and as we will see, due to other motives. Some of the words merely offer one or two letters in Turkish wrapping, whereas others are fully rewritten in Turkish. So we are confronted with different writing conventions which have in common that they (a) are against the respective norm and (b) display knowledge of another orthographical system of another language. Here we also have a first argument against the strict countability or attributability of words to one or the other language, as we have attempted to do above.

3.2 Chatters and their Multiple Voices

Remaining with the strange shape of words and spellings, other motives beyond reasons of technical restrictions and simplifications due to ease may guide us to the use of local and regional dialect forms, to stylizations of specific ethnolectal and xenolectal styles. A clear instance of Swabian dialect is line 06 "kriegts maul ned auf", which in colloquial German would be something like "der kriegt seinen

Mund nicht auf"; likewise the same speaker in line 09 uses the already mentioned shibilant dialect form of the 3rd person present tense copula "sein – to be" in the Bavarian-Swabian form, which converts "ist" via "is" to "isch". Note that the same person has written "der is da", the colloquial, but non-dialectal version, just five lines before. The same Swabianization pertains to "waisch", line 12, a typical tag, meaning "you know", again derived from "weißt du" via truncated "weißt" to "weisch" (here written with <ai>). A little below, line 28, we come across the 'standard' version of the tag "weisst du".[8] Also <Harun-_>'s "der schafft" (line 10) is a Swabian dialect verb (and generally Southern German and Austrian) for "der arbeitet" (he works, he is working). Most of the demonstratives display Swabian traits as well, such as line 23 "soll ich des jetzt umwandeln" instead of 'standard' "...das jetzt umwandeln"; and another chatter, two lines below, writes "...heisst des" instead of "...heisst das" (line 26).

Let us take a look at the Turkish as well. Here we come across typical colloquial slurs as in line 08 "ben edicem sen dinliycen" for "ben edeceğim sen dinliyeceksin", or in line 38 "herif napti size?" for "herif ne yaptı size?". But there is no 'deviant' grammar in the Turkish bits, no pidgin Turkish or such like. The most frequent address form is "lam", utterance initial or at the end (line 08, 30, 34, 36, 39). "Lam" is derived from "oğlan", meaning "son" in the figurative sense. "Lan" or "lam" has become a notorious shibboleth for the language of young Turks, so much so that it is referred to as lan-German. Another colloquialism is the use of variants of the negator "yok" (as in line 34), in line 11, e.g., realized as "yuch", which is the only instance of a German letter combination to denote a particular kind of eastern Turkish pronunciation.

Many of the young chatters' utterances in this excerpt are in 'deviant' German, deviant in the sense of violating normative dominant expectation: the orthography 'deviates', case inflection 'deviates', articles are missing or 'deviant'; prepositions are missing; verbs are either missing or used in the infinitive only. This sometimes gives the impression of a pidgin language or of "Gastarbeiterdeutsch" (the old, more or less obsolete term for "immigrants' German", literally "guestworker

[8] „Weisst du" would at least in Germany be written with an <ß> instead of double <s>. Obviously the consistent substitution of <ß>by double <s> (see <fuss> in line 42 instead of <Fuß>) is due to the uniqueness of this letter, which is often not correctly displayed. – Another point concerns <SHiZoFReN>'s standard use: He or she could be a non-dialect speaker, not using this form at all. However, he/ she uses "des" for "das", the Swabian demonstrative, in line 23. So the standard form has to be regarded as part of the speaker's linguistic repertoire and perhaps also as a meaningful use. Interestingly, in line 13 we come across the personal pronoun "ich" (I) realized as "isch" by the same speaker, which might be another dialect form, but definitely is not Swabian. It could also well be an ethnolectal form (see further below).

German") or other kinds of mutilated, reduced language use. The competence-argument, however, would definitely be unsubstantiated here because these forms alternate with other usages. Right from the beginning this short segment starts in pidgin German (line 01 and 02), but in <Tinimini>'s next turn there is no infinitive-copula, the auxiliary verb is inflected according to the 'standard' and in the expected place. Only in line 12, 15 and 18 and later again, in 40, 43 and 47, the same speaker continues in pidgin again, whereas the same chatter writes in dialect (line 06, 09) and in 'standard' Turkish in line 34. In line 37 <Tinimini> speaks 'good' German again. Similarly the other protagonist, <SHiZoFReN>, alternates between pidgin German (line 02), traces of pidgin (as in line 19) and repeating this, in line 28, where the possessive pronoun and the indefinite article are both in an invariant feminine form; and in line 51 the utterance is once again pidginized. The very same speaker writes colloquial – more or less – 'non-deviant' German in line 13 and line 23. In line 48 and 49 <SHiZoFReN> quotes the show title of the well-known TV comedian Kaya Yanar (with a Turkish background), i.e.: "Was kuckst du?"[9], whereas in line 42 and 51, she or he uses two Turkish sayings directly translated into German. This again relativizes the counting of language shares above. The first saying (line 42) refers to the Turkish idiom "ayak yapmak", denoting "fooling" or "kidding somebody". Furthermore, with the expression "fuss du kuu" ("Fuß du Kuh"), <SHiZoFReN> creates a nice alliteration, because all three vowels are pronounced /u:/ and are post-consonantal in one-syllabic words, to wit {Cu:C Cu: Cu:}. Also her or his next transliteration of the Turkish saying "ayı oynatmak", literally "to let the bear dance" in line 51, alludes to "attracting onlookers and creating excitement", thus following the same track of insinuating curiosity; this also applies in line 48 f., when the TV-comedian was cited. Using *bear* for *Bär* is definitely English, but this could be a creation due to rapid writing, as the German umlaut <ä> has no correspondence in Turkish and in writing the two letter-version "bear" (capitalizing of nouns is rarely observed), exchange of the two vowels may easily occur.

As to citations, there are more of them, though in a covert way. Thus, line 46, when <|rApId|> writes her or his "heyyyyttttt vertaaayyyltttt euuucch uleeennn"[10] (spread yourselves out people), the author stylizes his voice so as to resemble that of a famous Turkish actor, at the same time giving it a military tone. In this context the military order refers to the preceding statement, which somehow introduced the topic of getting an ice cream ("ich möhte auch ein ais"), thus ordering the writer's chatmates to get into a queue for one.

[9] Lit. What do you watch? (coll.)

[10] 'ulen' is again derived from 'oğlan' (son), here a dialectal form.

So besides pidginized German, which is used in a stylized way, as it is set in contrast to other non-pidginized forms, the chatters alternately use a form of 'deviant' German, which is not the stylized version of pidginized migrant German or of the crude xenolectal gush of some native speakers vis-à-vis allegedly non-native ones, but combines various features of an ethnolectal German which has become known as either 'Türkendeutsch' (Turk German), 'Türkenslang' or 'Kanak Sprak'.[11] 'Kanak Sprak' is used by migrant adolescents, not only by those with Turkish background, and to some extent in a stylized way by non-migrant youth; besides, it is exploited in comedy (Kotthoff 2004, 2010). We find some features of 'Kanak Sprak' in our chat excerpt.

This variety comprises deviant phonological, prosodic, morpho-syntactic, topological, and lexical features. These features are to some extent recognizable as a specific variety due to their co-occurrence, their 'light' deviancy and because of a speaker's alternation with non-deviant forms. Last not least, this variety has been given a name which is not identical, e.g., to 'speaking in a mixed way' (Hinnenkamp 2005). Line 03, "shad is noch arbeit" is a first typical instance of this ethnolect. It combines colloquial "is" (for "ist") and the deletion of the definite article plus preposition "Shad ist noch <u>auf/bei</u> der Arbeit". Also, the shibilant pronunciation of the copula "ist" (is) as "isch" (line 09 and 13) is pertinent. On the lexical level the tag "weißt du" (you know) is another trait, which we find in the Swabian realization in line 12, as 'standard' like in line 28. On the boundary between pidgin and Kanak Sprak are certain properties such as the use of a uniform gender (i.e. feminine), as in line 19 and 28 "meine fater" instead of "mein", "eine doner imbiss" instead of "einen".

---

[11] The terminology of this variety is critical. Auer's "Türkenslang"-label (Auer 2003) could be assessed as reductionist in a twofold way, "slang" being connotated quite negatively, and ignorant of self-labeling practices. Kern and Selting's "Türkendeutsch" (2006) is both, reductionist and suggestive at the same time, like all fixed compounds, construing a deceptive unit and insinuating that it is *the* language of German Turks. The term "Kanak Sprak" carries the flair of stemming from the users themselves (Zaimoglu 1995; Pfaff 2005 etc.). It can be regarded as a kind of reusurpation of the xenophobic abusive term "Kanacke" (recognizable by the German<ck>, which now is often substituted by a non-German simple<k>), and "Sprak" is just kanaks' adulteration of the term "Sprache" (language). As could be seen, the manipulation of the German standard spelling in this way is programmatic. – How well this ethnic invective "kanak" (or "kanack") has been established in the meantime can be seen, e.g., from its usage in the rapper scene, the Kurdish-German rapper "Haftbefehl" (writ of capias; mittimus) named one of his albums "kanackiş" (pronounced 'kanakish') – also combining German ("kanack-") and Turkish (-iş); when pronounced in the Turkish way it results in the German adjective "kanackisch" (kanak-like); when pronounced in the German way it comes very close to "Knackis", a colloquial expression for (male) prisoner.

A prominent topological feature is pre- and post-posing of particular units, mostly temporal adverbials or objects (Kern and Selting 2006). As they are made salient prosodically, this would have to be done differently in writing. And indeed, we find constructions which resemble this phenomenon. In line 19 and 28 <SHi-ZoFReN> uses a comma to set the subject "meine fater" apart. The same chatter uses post-posing in line 23, instead of "soll ich des jetzt zu eine fragesatz umwandeln?" the adverbial phrase is disembedded to the end of the utterance. Also in line 47, <Tinimini> relocates the object after the verb (underlined): "wenn du machs gute log" instead of "wenn du gute log machs".

So far we have come across colloquial normal varieties in Turkish and German, stylized pidginized and ethnolectal German forms, regional or dialect forms; with citations from the media, transfer from Turkish sayings into German we encountered phraseological aspects of the communicative repertoire of the bilingual chatters. In addition, we saw how use is made of different orthographies. As chat communication, despite all its oral characteristics, is written communication, stylistic shifts must be made clearly recognizable with the limited resources provided by the keyboard and rapid writing. At some point it is certainly hard to differentiate between different styles, in particular when dialectal and ethnolectal features are identical. But languagers' business is certainly not to make their inventions and creations neatly discernable to outsiders.

Before I turn to the topic of the chat under scrutiny, let us, as a kind of synoptic overview, look at least at some excerpts of some of the different 'voices' used in my chat example.

(03)	shad is noch arbeit		
	ethnolectal German ('kanak sprak')		
(04)	der is da		
	unmarked colloquial German		
(05)	in	is yeri	
	German	Turkish	
(06)	kriegts maul ned auf		
	Swabian		
(07)	nayn		
	blend: German word, Turkish orthography		
(08)	lam Harun-_	egal	ben edicem sen dinliycen
	colloquial Turkish address format	German	colloquial Turkish
(09)	der isch da		
	Swabian or ethnolectal		
(10)	der schafft		
	Swabian		

(11)	yuch agam ben küfür müfür dinlemem		
	colloquial Turkish		
(12)	i wissen	aber chatet von arbeit	waisch
	pidginized German	ethnolectal German (with English-German blend *chat*-et)	blend: ethnolectal tag + deviant German orthography + Swabian

(40)	du nix	doyc	oder
	pidginized German	blend: German word, Turkish orthography	German

(42)	rapid, mach mir kein fuss du kuu
	blend: colloquial German orthography + translated Turkish saying
(43)	diese nix sait
	pidginized German

(46)	heyyyytttttt vertaaayyyltttt euuucch	uleeennn
	Blend: imitation of Turkish movie star in German	colloquial Turkish
(47)	harun wenn du machs gute log	ich kaufen dir
	Blend: ethnolectal German and colloquial German	pidginized German
(48)	Was kuckst du	Lan!!!!!!
	quotation of comedian/of comedy show title	Turkish and ethnolectal address joker

(50)	burda herkesin	doitsch´u	birebir nedense
	Turkish	blend: German word, deviant German orthography, Turkish grammatical suffix	Turkish
(51)	ist hier tanzen		bear?
	blend: pidginized German + translated Turkish saying		typing artefact or English

3.3 Making Sense or How to Teach a Veritable German Lesson

What are young chatters doing when they are chatting? This question can of course not be answered in a comprehensively satisfying way, as there are many different functions. However, looking at the details we can at least find a couple of answers as to the function. Firstly, they perform in various ways, by using different resources which are at their disposal through their knowledge of at least two languages, Turkish and German, and a couple of the varieties of these languages which form part of their life world. Yet, we have to bear in mind that chatting data cannot be seen as corresponding with spoken data from real life situations outside the virtual medium. On the other hand, virtual communication has by now become part of the life world, and the notorious chatting language has started to have an impact on the spoken and the institutional literal word. As the medium chat itself constrains the scope of semiotic expressibility, it requires alternative, medium-tailored solutions, at the same time of a kind which allow for recognizable correspondences to the spoken convention. Style shiftings and alternations will be marked correspondingly. This is exactly what we have found so far and what is displayed in the above overview.

In our chat example we come across a real and at the same time mock discussion on language use, on discussing stylistic equivalence and correctness; furthermore the question arises as to which language is the legitimate one. Out of the linguistically mixed concert of the protagonists of this example, <Tinimini>, <SHiZoFReN>, <Harun-_> and <|rApId|> regarding <[Shad]>'s presence, <SHiZoFReN> suggests to her or his chatmate to 'fit in a sentence in German' (line 13). This suggestion is followed by agreement and prior appreciation (line 15–18). After having created the ethnolectal version (line 19), <deli> comes in (line 21), addressing the producer of the 'model sentence' with a general appeal to become friends. It is not clear what <{emibi}>'s contributions comment on (line 20 and 22); however, they are not in Turkish but continue to follow the choice of German. In line 23 <SHiZoFReN> is carrying on with his 'German lesson' by suggesting reformulating it in the question format. <deli>'s contribution (let's be friends etc.) is neither responded to nor is it declined. But <|rApId|> reformulates the ethnolectal model sentence, now into 'proper German', framed by the corrective comment "is the correct one SHiZoFReN" (line 26). Again <deli> comes in with a general suggestion (without addressing anyone in particular) "let's become blood brothers" (line 27). This suggestion is out of place. Either <deli> has not followed the discussion or she or he wants to open up a different topic. This contribution is ignored again. Meanwhile <SHiZoFReN> goes on to construe the announced interrogative version, which is the same as the prior one, only extended by the question tag "weisst du" (you know). We know from pidgin studies that the tagging of a question particle is sufficient to transfer a declarative sentence into an interrogative one. I believe this is exactly what <SHiZoFReN> is doing within the ethnolectal variety: inducing a major change by a minor, recognizable 'ethnolectal method', so to speak, making use of a stereotypical item of this variety. This is supported by his or her own outburst of laughter "huaahahahahauaha" (line 29). Now <|rApId|> continues his or her role of corrector and invites <SHiZoFReN> "to learn proper German" (line 30), which is multiply breached by the use of an orthographical misspelling ("lern mah" for "lern mal") and of course the extremely adulterated form "döytsch" (for "deutsch"), a blend of Turkish-German, including the common peculiarity of umlaut "ö"; if pronounced this way it would yield something like a German upper class accent as pronounced by an ethnolectal speaker, of course framed by the address-joker "lam". <Tinimini> shows appreciation (line 31).

3.4 On the Inclusiveness of Polylingual Languaging

With <deli>'s explicit prompt vis-à-vis <|rApId|> to "write in my language" (line 32) and the continued request "not to speak Hebrew" (line 33), the make-up of the whole chat conversation so far is challenged. There is, however, no direct response to that, but in the turn to follow, <Tinimini> directly addresses <|rApId|> and at the same time refers to <SHiZoFReN>'s German as "paranoyamin doycuna". In common sense knowledge schizophrenia and paranoia are closely related, this is why <Tinimini> swaps reference here, by which, at the same time, she or he shows intimate "chatmateship" to outsiders, corroborated by referring to the challenged speaker in the possessive "my". As the statement is written in Turkish, it is obviously multiply addressed, probably including the prior Turkish requester as well, despite being explicitly directed towards "rapid lams" (Rapid mate). Note well that <Tinimini> uses a complex Turkish genitive construction with the German blend form "doyc" (deutsch):[12]

paranoya-	m-	-in	doyc-	u-	-n-	-a
P.	possessive suffix (my)	genitive suffix	deutsch	possessive suffix (his/her)	conjoining consonant	dative

Gloss: the German (doyc) of my Paranoia

The sequence to follow does not in any way respond to <deli>'s demand. His or her insertion is out of place but at the same time questions the ongoing procedure of multi-voicedness. Also, a new voice of another kind is brought in by the opposition of "my language" versus "Hebrew". It questions, on the one hand, the legitimacy of languaging and gives it a name which at least gives rise to the suspicion of an

[12] <Tinimini>'s statement could also be read as "Rapid mate, no word against the German of my paranoia", alluding to the 'paranoid' usage of the German language or something similar.

antisemitist colouring, because obviously <deli> qualifies the opposition to his/her language as something non-appreciable, if not negative. Normally in Turkish "arapça" (Arabic) or "dil çorbası" (language soup) are the labels used for unintelligible languages or language mix. Whatever <deli>'s intervention is supposed to mean, it is ignored, it is indirectly negotiated away in that not only by the procedure used so far not only being defended, in good Turkish at one point, but clearly integrating one's own language, "doyc" (line 34), and continuing the German lesson. What follows is <[Shad]>'s pun which comes in by twisting the (half-Turkish) spelling of the German auxiliary (underlined) "ih sait…" (ihr seid – you are), line 35, into the Arab proper name "Sait (or Said, respectively)" (line 36). Once more, ethnolectal Germanness is explicitly thematized by <Tinimini> asking <[Shad]> "shad lam | du nix doyc oder" (line 41 f.), which remains unanswered at least explicitly.

4 Polylingual Performances as Transcultural Interface

Languaging is not "politicised" in any obvious way, questions of its legitimate use are – at least in the examples at hand – not even a matter of explicit negotiation. If one cannot perform, cannot participate in languaging, one is out of the game. Languaging here functions as an enacted shibboleth of taking part in a discursive community, which is constituted by a common polycultural and polylectal experience finding its expression in the linguistic commitment which can be regarded as the construction of "commitments around cultural forms and practices, and the ways in which these practices and their 'affective commitments' empower young Turks", as Caglar (1995, pp. 3 f.) puts it. And as I have emphasized in earlier publications on hybrid forms of speaking, this kind of languaging is not simply an expression of a transitional social identity. As indicated at the beginning of this contribution, it does not simply juxtapose elements of different languages, it blends them, creates new compositions, hybrid forms and it fills a semantic space in society that was hitherto unoccupied and undefined. It mirrors an autonomous approach by way of language appropriation, of languages, varieties, codes, lects or whatever we want to call them, from all the available linguistic resources, of course encompassing the whole inter- and transcultural spectrum of the current lives of the languagers, and of course, also making visible the imbalanced relationship of the two major (national) languages involved, Turkish and German. Here it is noteworthy that beyond counting shares and signs of dominance over one or the other language, it is mainly the German language which is performed, dramatised, manipulated, adulterated, twisted and blended – in short: played with. There are certainly various hypotheses as to why this is the case and why not both languages involved are 'processed' in the same way. One explanation probably lies in the dominance of the German language in everyday life; but another plausible one would simply take that very dominance as a target of appropriation, as a "'sense of place' within German society" – to quote Caglar once more: a sense of place which affords the commitment of making it manageable, of taking possession of it in one's own sense and nobody else's.

Looking at these forms of 'niched' communication, far away from the controlling institutions and instances of a society that continuously purports the image of monolingualism and of a school-acquired foreign-language multilingualism, we might ask what – besides the aesthetics of alliteration and artful intermingling of languages and genres – they may to tell us about a sociolinguistics of globalization? Ben Rampton, e.g., asks the question "under precisely what conditions are these forms produced, doing what, when, where, in relation to who else doing what in the vicinity, within which interactional and institutional histories?" (Rampton 2006, p. 18). Or put in another way: We have to explore "the ways in which particular situated events, genres, or styles connect to worldwide patterns and processes" (Blommaert 2003, p. 608). Quite a complex task, indeed.

A first approximation would state that all over the world adolescents, whose socialisation and life world formation takes place against the backdrop of – mainly – labour migration or taking refuge from harsh economic and political conditions, and who live in urban centres, display very similar structures as to the diversification of their linguistic repertoires, as to the creation of new polylingual varieties (Jørgensen 2010; Siemund et al. 2013). This is the case in many cities in all continents in the world which attract people from economically declining areas, nationally as well as internationally. Sociolinguistically this, as we all know, not only affects and shatters the illusion of monoglossia or stable linguistic repertoires but also lets us partake in the emergence and creation of new linguistic spaces and new indexicalities, which lead – to use a Goffmanian image here – to *underliving* the existing established public and educational institutions. The underlife of a social establishment consists of all the acts, Goffman speaks of "secondary adjustments", aimed at achieving unauthorized ends or which use unauthorized means to obtain such ends (Goffman 1961). Polylingual languaging is one such "unauthorized" end. It forms itself in the niches of society, but raises its voice from there and is taken as one element out of many others for the establishment of a hybridity counter-discourse, also comprising the arts, literature and a growing public awareness of the increasing heterogeneity and fluidity under the impact of globalization (also to the detriment of its commercial commodification).

A second momentum can be found in the diachronic evidence of the history of (un)authorized articulation of the parents and grandparents of the adolescent languagers. In the interviews which I conducted with these young polylectal performers they described their way of talking as *gemischt sprechen* or *karışık konuşmak* (both meaning 'speaking mixed'). But in whichever way they label their way of speaking, there are two important implications from this:

1. They have given this specific way of speaking an autonomous name. They thus distinguish between this and other varieties of language and even other languages. An internal differentiation according to the degree of polylingual languaging does not exist, though some display a certain pride about being particularly good 'performers'.
2. The characterisation of this variety by its users always expresses an activity. It is not named by a noun such as 'mixed language' or 'patchwork language' but is always combined with *verba dicendi*-formulations such as German *sprechen* and *reden* or Turkish *konuşmak* (all meaning 'to speak'). That is, when they are 'speaking mixed' they are doing something very actively. The relevance of this kind of activistic self-reference becomes clear against the background of how the language of their parents and grandparents was labelled as *Gastarbeiterdeutsch* (immigrants'/guestworkers' German) – a name not rooted in the users of these varieties themselves but the dominant society's other-characterisation, indexing ethnic, cultural and linguistic otherness in combination with incompetence, non-integration and sociocultural marginality. Expressing oneself in such a pidginized language variety was regarded as unauthorized speakership and it became more and more difficult to be heard by the dominant society. As a consequence a whole generation of migrants was silenced and many preferred to turn back into their own communities, later to be labelled as "parallel societies" as a consequence.

The inarticulateness of the parent generation is now turned upside down. It is what I call a *second order hybridization*, oriented toward the *reactive* development of new linguistic, cultural and identity forms. These are in conflict with the dominant society and its prescriptive, hegemonial and, at the same time, contradictory claims (Hinnenkamp 2003). Independent from dominant society's authorization of a legitimate language, the adolescent languagers create a polylectally mixed and autonomous *We-code*, including all the various voices, authentic and mock ones of the dominant repertoire, including stigmatized pidgin versions, foreigner talk (xenolect) and media quotations; comprising different genres, stylizations, parodies and carnivalisation of self- and other-codes. That also means that polylectal repertoires and code-alternations do not correspond to metaphorical *We* versus

They-affiliations along the lines of ingroup/ outgroup reflected in a *We-code* versus a *They-code*, but represent an authentic *We-code in its own right* (Hinnenkamp 2003).

A final word should be said about the polylingual performances of my adolescent speakers/ chatters. They themselves, as already mentioned, are the authorized and authoritative speakers, performers, addressees and interpreters of their ways of discourse; by virtue of by the authority of knowing-how-to-participate in a specific polylingual language game. This constitutes a particular "community of practice" (Wenger 1998), one which supports and perpetuates a particular consciousness of shared experiences, as polylingual languagers, and of a shared migratory legend.

Furthermore, there is another aesthetic side to this which has not been focused on so far: the aesthetics of a 'bricolage', i.e. the skilful aggregation of linguistic resources (under conditions of impeded accessibility) for the sake of vivid and artful performances, giving authentic voices to actors and protagonists from different linguistic, cultural, ethnic, and social backgrounds. It is in particular the latter that also relieves the performers of a cultural and linguistic lopsidedness in declaring it as either Turkish, German or Turkish German – the inclination of such articulateness, the re-appropriation of authentic and authoritative voice surely functions as a transcultural interface: It creates a virtual intergenerational, historical and cultural "contact zone" (Pratt 1991), one that connects, screens and separates at the same time, but one that is no more dependent on being authorized by the dominant society; on the contrary using the majority society's language varieties and linguistic resources "to construct a parodistic, oppositional representation" (Pratt 1991, p. 35). Here is also where the term transculturation comes back in, to wit, "to describe processes whereby members of subordinated or marginal groups select and invent from materials transmitted by a dominant or metropolitan culture. ... While subordinate peoples do not usually control what emanates from the dominant culture, they do determine to varying extents what gets absorbed into their own and what it gets used for. Transculturation ... is a phenomenon of the contact zone" (Pratt 1991, p. 36).

Appendix

Legend for transcriptions

{?kommt}	doubtful reconstruction
{fährt/Pferd}	potential alternatives of hearing and interpreting
(....)	incomprehensible
((....))	commentary, e.g. ((1.5 s.)), ((laughter))
#((....)) text#	scope of commentary

wie-	abortion of utterance
sa:gt, sa:::gt	vowel lengthening, degree of lengthening
dasssss,	holding of consonant, according to intensity
ein	assimilation of unstressed endings such as "ein" instead of "einen"
damit	stressed, emphasized
DAS	**high volume**
°da°	low volume
ach was	slowly
>darüber<	fast
>>darunter<<	very fast
/ver/ste/hen/	staccato/ syllabic kind of speech
+	pause below a second
(+)	micropause
(h)	onset hesitation
=	fast connection, latching
kom[men	
[da	overlap and point of overlap
oğlum	identifiable Turkish parts in italics

References

Auer P (2003) ‚Türkenslang': Ein jugendsprachlicher Ethnolekt des Deutschen und seine Transformationen. In: Häcki Buhofer A (ed) Spracherwerb und Lebensalter. A. Francke, Tübingen, Basel, pp 255–264

Blommaert J (2003) Commentary: The Sociolinguistics of Globalization. Journal of Sociolinguistics 7(4):607–623

Blommaert J (2010) The Sociolinguistics of Globalization. Cambridge University Press, Cambridge [etc.]

Caglar AS (1995) Ethnic Popular Culture, Economy, Taste and Identity: Turkish Youth in Berlin. Unpublished paper, Institut für Ethnologie, Freie Universität Berlin

Derrida J (1996) Le monolinguisme de l'autre ou la prothèse de l'origine. Galilée, Paris

Duranti A (1998) Linguistic Anthropology. Cambridge University Press, Cambridge

Goffman E (1961) Asylums. Essays on the Social Situation of Mental Patients and Other Inmates. Doubleday Anchor, New York

Hinnenkamp V (2003) Mixed Language Varieties of Migrant Adolescents and the Discourse of Hybridity. Journal of Multicultural and Multilingual Development 24(1–2):12–41

Hinnenkamp V (2005) Semilingualism, Double Monolingualism and Blurred Genres – On (Not) Speaking a Legitimate Language. In: Radtke F-O (ed) Migration. Journal of Social Science Education 4(1):57–90. doi: 10.2390/jsse-v4-i1–979

Jørgensen JN (2004) Languaging and Languagers. In: Dabelsteen CB, Jørgensen JN (eds) Languaging and Language Practices (= Copenhagen Studies in Bilingualism 36). University of Copenhagen, Copenhagen, pp 5–22

Jørgensen JN (2008) Introduction: Polylingual Languaging Around and Among Children and Adolescents. International Journal of Multilingualism 5(3):161–176

Jørgensen JN (ed) (2010) Love Ya Hate Ya: The Sociolinguistic Study of Youth Language and Youth Identities. Cambridge Scholars: Newcastle upon Thyne

Keim I (2008) Die „türkischen Powergirls". Lebenswelt und kommunikativer Stil einer Migrantinnengruppe in Mannheim, 2nd edn. Narr, Tübingen

Kern F, Selting M (2006) Einheitenkonstruktion im Türkendeutschen: Grammatische und prosodische Aspekte. Zeitschrift für Sprachwissenschaft 25:239–272

Kotthoff H (2004) Overdoing Culture. Sketch-Komik, Typenstilisierung und Identitätskonstruktion bei Kaya Yanar. In: Hörning K, Reuter J (eds) Doing culture. Neue Positionen zum Verhältnis von Kultur und sozialer Praxis. Transcript, Bielefeld, pp 184–201

Kotthoff H (2010) Ethno-Comedy und riskanter Humor in der Clique: Rassistisch, einfach spaßig oder besonders cool? In: Lewandowska-Tomaszczyk B, Pulaszewska H (eds) Intercultural Europe: Arenas of Difference, Communication and Mediation. Ibidem, Stuttgart, pp 145–179

Lam WSE (2006) Culture and Learning in the Context of Globalization: Research Directions. Review of Research in Education 30:213–237

Lam WSE, Warriner DS, Poveda D, Gonzalez N (2012) Transnationalism and Literacy: Investigating the Mobility of People, Languages, Texts, and Practices in Contexts of Migration. Reading Research Quarterly 47(2):191–215

Nettle D, Romaine S (2000) Vanishing Voices. The Extinction of the World's Languages. Oxford University Press, Oxford [etc.]

Pfaff CW (2005) 'Kanaken in Alemanistan': Feridun Zaimoglu's Representation of Migrant Language. In: Hinnenkamp V, Meng K (eds) Sprachgrenzen überspringen. Sprachliche Hybridität und polykulturelles Selbstverständnis. Narr, Tübingen, pp 195–225

Pratt ML (1991) Arts of the Contact Zone. Profession 91:33–40

Rampton B (2006) Language in Late Modernity. Interaction in an urban school. Cambridge University Press, Cambridge [etc.]

Scollon R, Scollon SW (2003) Discourses in Place. Language in the Material World. Routledge, London, New York

Siemund P, Gogolin I, Schulz ME, Davydova J (eds) (2013) Multilingualism and Language Diversity in Urban Areas: Acquisition, Identities, Space. J. Benjamins, Amsterdam, Philadelphia

Wenger E (1998) Communities of Practice: Learning, Meaning, and Identity. Cambridge University Press, New York [etc.]

Zaimoglu F (1995) Kanak Sprak. 24 Misstöne vom Rande der Gesellschaft. Rotbuch, Hamburg

Prof. Dr. Volker Hinnenkamp is full-time professor for Intercultural Communication and Multilingualism at Fulda University of Applied Sciences. General research interests are intercultural communication and sociolinguistics in the context of globalization and the impact of globalization on the use of language. Current projects concern processes of otherization in intercultural communication and interculturalization demands in higher education.

„Georgisch ist schön, aber Armenisch ist meins". Identitätskonstruktion von armenischen Migranten in Georgien

Nina Kreher

> *Emigrar, despedirse, cambiar, es aprender a vivir...*
> *Aprender a vivir es dejar de pensar que sólo tenemos un lugar en estemundo, que sólo somos parte de una historia, de una verdar, de un camino... y un destino.*
> Manuel Cruz

Zusammenfassung

Language is a constitutive characteristic of membership in a social group and therefore an important element for the formation and the dynamic progression of personal and linguistic identity. Therefore, a change in the linguistic context, as is the case in migration, has consequences for the personal identity of the speakers involved. The connecting link between migrants with each other, as well as between migrants and the population of the country of migration may be provided by a so-called *dachsprache* (umbrella language), because this can serve as a cross-linguistic feature for identification. The project presented in this contribution investigates linguistic identification in the constellation of regional, migrant and umbrella languages for the case of Armenian and Georgian migrants in Georgia and Germany. The informants are multilingual Georgian-Armenian families in Georgia and Germany, as well as monolingual Georgian and Armenian migrants, respectively, in Germany. The aim is to investigate

N. Kreher (✉)
Ingolstadt, Deutschland
E-Mail: nina.kreher@googlemail.com

K. Kazzazi et al. (Hrsg.), *Migration – Religion – Identität. Aspekte transkultureller Prozesse,* DOI 10.1007/978-3-658-06510-2_9

how the emigrants use their mother tongue(s) (Georgian and/or Armenian) and the respective umbrella languages (Russian and German) and what kind of linguistic identity they develop in this constellation. The question will be addressed with methods of modern qualitative research, in particular language biography research. It is assumed that there are differences between generations within each group of speakers as well as between these two groups, caused by the respective language-political constellations of umbrella, migrant and regional languages. The following contribution concentrates on the example of the Armenian migrants in Georgia.

Schlüsselwörter

Migration · Sprachliche Identität · Hybridität · Selbst- und Fremddefinierung Mehrsprachigkeit · Dachsprache · Sprachbiographie · Russisch · Georgisch Armenisch

1 Zentrale Hypothesen/Ziele des Projekts

Der folgende Artikel stellt einige Ergebnisse einer laufenden Dissertation vor. Das Projekt beschäftigt sich mit der soziolinguistischen Fragestellung der sprachlichen Identifikation bei armenischen Migranten in Georgien und armenischen und georgischen Migranten in Deutschland. Das Augenmerk liegt auf der sprachlichen Identifikation und der Sprachwahl in der wechselnden Konstellation von Regional-, Migranten- und sog. *Dachsprachen* (Kabatek und Pusch 2009, S. 229). Das Projekt untersucht die bilingual armenisch-georgischsprachigen Migranten in Georgien sowie jeweils georgischsprachige, armenischsprachige und bilingual georgisch-armenischsprachige Migranten in Deutschland bezüglich des Gebrauchs ihrer Muttersprache(n) (Georgisch und/ bzw. Armenisch) und der jeweiligen *Dachsprachen* (Russisch und/oder Deutsch). Da eine *Dachsprache* als übergreifendes Identifikationsmerkmal dienen kann, wird sie hier als Bindeglied zwischen Migranten untereinander sowie zwischen Migranten und indigener Bevölkerung verstanden (Kabatek und Pusch 2009, S. 229).

Theoretisch ist das Projekt ganz allgemein zunächst innerhalb der von Thomas Krefeld so bezeichneten und theoretisch fundierten Migrationslinguistik angesiedelt. Da die Hauptaufgabe der Migrationslinguistik darin besteht, die sprachlichen und soziolinguistischen Aspekte in Migrationsprozessen zu dokumentieren, ist sie für die Analyse der Sprachdynamiken bei den in Kontakt tretenden Sprechergemeinschaften im Migrationsprozess von besonderer Hilfe (Krefeld 2004; Stehl 2011).

Weiter interessieren die inzwischen in der Forschung sehr differenzierten theoretischen Identitätskonzepte (Jörissen und Zifras 2010). Ein zentraler Ausgangspunkt ist dabei die Frage, inwieweit der von Homi Bhabha (1994, 2000) im Rahmen der sog. Postcolonial Studies geprägte Begriff der *hybriden Identität,* der inzwischen in der einschlägigen Mehrsprachigkeits- und Migrationslinguistik oft übernommen wird (z. B. De Florio-Hansen und Hu 2007), eine in Bezug auf die hier untersuchten Sprecher relevante Perspektive sein kann. Es ist mittlerweile bekannt, dass persönliche und soziale Identität an Sprache gekoppelt ist, und das bei Mehrsprachigkeit in besonders komplexer Weise (z. B. De Florio-Hansen und Hu 2007). Hier soll die Frage untersucht werden, wie sich diese Komplexität gestaltet bei einer Migrationskonstellation, in der zum persönlichen Sprachenrepertoire folgende Sprachen gehören: Herkunftssprache (Armenisch), lokale Sprache des Einwanderungslandes (Georgisch) und überregionale Dachsprache (Russisch). Es wird u. a. zu überprüfen sein, welche Rolle die ethnische Herkunft und Verbundenheit mit der historischen Heimat bei Migranten bei der sprachlichen Identifikation spielen.

Sprache ist ein konstitutives Merkmal der Zugehörigkeit zu einer sozialen Gruppe und ein wichtiger Baustein bei der Ausbildung der Identität (Auer und Wei 2007). Dies bedeutet für mehrsprachige Individuen, dass sie verschiedene Arten von Gruppenzugehörigkeit reflektieren und in der Folge möglicherweise „hybride" sprachliche Identitäten ausbilden können (De Florio-Hansen und Hu 2007; Bhabha 2000). Daher hat eine Veränderung im sprachlichen Umfeld, wie sie bei Migration gegeben ist, Konsequenzen für die soziale und die persönliche Identität der betroffenen Sprecher. Wie schon eingangs bemerkt, wird postuliert, dass die sog. Dachsprache als übergreifendes Identifikationsmerkmal verstanden werden kann, weil sie im Migrationsfall als ein Bindeglied zwischen den Migranten und der indigenen Bevölkerung fungiert. Als Dachsprache wird in der vorliegenden Fallstudie das Russische als verbindendes Kommunikationsmittel des politischen Systems der ehemaligen Sowjetunion verstanden. Das Russische hatte für die Sprecher des ehemaligen sowjetischen Kaukasus – hier Georgier und Armenier – eine essentielle Funktion innerhalb des Arbeits- und offiziellen Lebens, z. B. bei Behörden. Diese Funktion hat es nach dem Zerfall des sowjetischen Systems verloren. Daher ist es soziolinguistisch spannend zu beobachten, wie sich das Verhältnis von armenischen Migranten in Georgien und armenischen und georgischen Migranten in Deutschland zu dieser Dachsprache (Russisch) im Zuge der Migration verändert, speziell ob und welche Rolle es im Migrationsprozess für die ggf. neu zu konstruierende sprachliche Identität spielt. Einen besonderen Fall stellt die sukzessive „Doppelmigration" von georgischen Armeniern in Deutschland dar (d. h. Migranten, deren Vorfahren zunächst von Armenien nach Georgien ausgewandert waren und die dann selbst nach Deutschland ausgewandert sind). Diese müssen nun zu ihren drei mitgebrachten Sprachen Armenisch, Georgisch und Russisch eine weitere Dachsprache, nämlich Deutsch, erlernen. Daher soll auch in dieser neuen Konstellation untersucht werden, welche Rolle das Russische in Deutschland für diese Personen noch hat.

Zentrale Fragestellung ist bei allen Sprechergruppen die sprachliche Identifikation, die sich u. a. bei der Weitergabe an die nächste Generation sowie bei der Kommunikation mit der jeweils anderssprachigen Migrantengruppe zeigt. Es wird angenommen, dass Unterschiede zwischen den Generationen innerhalb dieser beiden Gruppen sowie den beiden Gruppen insgesamt durch jeweilige sprachpolitische Aspekte bedingt sind. Die Studie soll ein Licht auf die Strategien der Sprachwahl von Migranten werfen, die bei der Akkommodation an ihre neue sprachliche und kulturelle Umgebung angewendet werden.

2 Ansatz

Um die Thematik in angemessener Tiefe behandeln zu können, war es notwendig, eine qualitative Methode von gewisser Flexibilität zu entwickeln, was gewöhnlich auch ein relevantes methodologisches Kriterium qualitativer Sozialforschung darstellt (s. dazu Lamnek 2010, S. 319, 340). Am Anfang der Studie wurden schriftliche Fragebögen entworfen, mit 13 teilstrukturierten Leit- und Nebenfragen. Die Fragen wurden thematisch zu Identität, Mehrsprachigkeit und Gebrauch des Russischen bzw. Deutschen, sowie zur Funktion des Russischen vs. Englischen in Georgien kategorisiert. Dieselben Fragen dienten auch als Grundlage von mündlichen Interviews. Der Fragenkatalog wurde in Anlehnung an Entwürfe der Qualitativen Sozialforschung (Lamnek 2010) und die in der Soziolinguistik sich neuerdings etablierende Methode der sogenannten Sprachbiografieforschung (Franceschini und Miecznikowski 2004; Meng 2004) erarbeitet.

Sprachbiografie im engeren Sinne ist eine narrative Erzählmethode, eine Dokumentation über die eigene Sprache bzw. das eigene Sprachenlernen. Diese Herangehensweise ermöglicht es im Gegensatz zum in der Soziolinguistik geläufigen völlig „freien" Interview, die Tiefen des sprachlichen Erwerbs und der sprachlichen Entwicklung zu rekonstruieren und somit viele umstrittene Fragen des Spracherlernens und die bestehenden Modelle zur Entwicklung individueller Mehrsprachigkeit zu beantworten bzw. zu modifizieren (Meng 2004, S. 97; Franceschini und Miecznikowski 2004, S. 11 f.). Diese Methode impliziert verschiedene aus der Sozialforschung übernommene Vorgehensweisen: narrative Erzählformen, schriftlich vs. mündlich, aber auch mündliche Interviews vs. schriftliche Fragebögen (Franceschini und Miecznikowski 2004). Dieses methodische Vorgehen ermöglicht, über die autobiographische Erzählung der Informanten nicht nur ihren

Sprachgebrauch und ihre sprachliche Identifikation zum Zeitpunkt des Interviews zu erfassen, sondern auch Hinweise auf mögliche Veränderungen im Laufe ihres Lebens zu erhalten.

Der entwickelte Fragenkatalog wurde während der ersten zweiwöchigen Forschungsreise in Georgien eingesetzt. Es stellte sich allerdings heraus, dass diese Herangehensweise auf nur geringe Resonanz stieß. Der mangelnde Anklang äußerte sich in der Ablehnung einer Beteiligung an den Interviews und des Ausfüllens der Fragebögen. Die Rekrutierung der Zielgruppe armenischsprachiger Migranten in Georgien wurde auch durch die Tatsache erschwert, dass die (aufgrund von persönlichem Hintergrundwissen) angesprochenen Personen ihre armenische Herkunft leugneten.[1] Eine sofortige Lösung stellte der Einsatz von als neutral empfundenen Kontaktpersonen (z. B. ein Mitarbeiter eines Hotels in Kobuleti; ein Reiseveranstalter eines „Deutschen Hauses" in Batumi; ein Musiker in Tiflis) dar, wodurch die ersten Kontakte möglich wurden und die ersten Fragebögen verteilt werden konnten. Die Interviews wurden in Form von halbstrukturierten Leitfadeninterviews und offenen narrativen Sprachbiographien durchgeführt. Diese wurden mit einem Diktiergerät je nach Fall in drei Sprachen (Georgisch, Russisch in Georgien oder Deutsch in Deutschland) aufgenommen und anschließend transkribiert. Da für die Untersuchung in erster Linie die inhaltliche Seite des Materials von Relevanz ist, wurde ein einfaches Transkriptionssystem (Kuckartz et al. 2008) für das Niederschreiben der Gespräche verwendet. Die erste Auswertung der Fragebögen zeigte weitere methodologische Probleme auf. Das Datenkorpus umfasst 18 mündliche Interviews und 13 schriftliche Fragebögen aus ganz Georgien, also insgesamt 31 Datensätze, wogegen aus ganz Deutschland 22 mündliche Interviews vorliegen. Die zentralen offenen Fragen zur sprachlichen Identität bzw. zu sprachlichen Identitäten oder zum Grund einer bestimmten Sprachwahl der Regional-, Migranten- und Dachsprache wurden nicht ausführlich oder gar nicht beantwortet; vielleicht aus Passivität und Bequemlichkeit oder Überforderung, darauf wiesen einige Antworten hin. Es zeigte sich, dass schriftliche Fragebögen, die nicht in meinem Beisein oder dem einer Kontaktperson ausgefüllt wurden und so keine Nachfrage zuließen, wenig aussagekräftig waren.

Im Gegensatz zu den Fragebögen haben sich die auf dieser ersten Reise als Pilotstudie geführten zwei mündlichen Interviews in Georgien positiv bewährt, weil

[1] In den 1990er Jahren, aufgrund der in Georgien aufkommenden Nationalbewegung, haben viele armenischstämmige Migranten ihre Nachnamen geändert, um „georgisch" zu werden. Dadurch konnten Vertreter der kleinen ethnischen Gruppen ihre Arbeitsplätze sichern. Andernfalls wären sie Gefahr gelaufen, ihre finanzielle Existenz zu verlieren. Offensichtlich sitzt der Schmerz über die verlorene Identität so tief, dass sie ihre historische Herkunft leugnen.

meine direkte Teilnahme und intensive Beobachtung des Feldes die Möglichkeit der vorsichtigen Nachfrage boten. Dieses Vorgehen erwies sich als produktiver, weshalb die Entscheidung, überwiegend mündliche Interviews durchzuführen, getroffen wurde.

Die Vorteile von mündlichen Datenerhebungen sind zum einen die Möglichkeit der gezielten Auswahl der Interviewsprache, um die Problematik der Sprachbarrieren zu bewältigen, und zum anderen die Herstellung eines Vertrauensverhältnisses mit den Befragten (Grunow 1978, S. 786, zit. nach Lamnek 2010, S. 313). Ein weiterer Vorteil ist die Realisierung der oben genannten narrativen Sprachbiografie. Bei einer familiären Atmosphäre sind die Probanden vertrauter und erzählen eher von einschlägigen Sprachlernerlebnissen, begleitet von wissenswerten sozialen, kulturellen und politischen Hintergrundfaktoren.

Die bisher in der Forschung eingesetzten Sprachbiografie-Modelle enthalten detaillierte Vorgaben darüber, was von den Probanden über den eigenen Spracherwerb zu erzählen ist. In den vorliegenden Studien wurden die Probanden nicht in ihrer Sprachwahl eingegrenzt, d. h. sie durften die Darstellungssprache aus ihrem Sprachenrepertoire frei wählen; allerdings gab es eine Einschränkung: Schon am Anfang wurden die Sprachen der Fragebögen und Interviews festgelegt, weil ich als Bearbeiterin des Projektes die Migrantensprache Georgisch muttersprachlich beherrsche und außerdem noch muttersprachliche resp. fortgeschrittene Kompetenzen in den zwei Dachsprachen Russisch und Deutsch vorweisen kann. Die Migrantensprache Armenisch musste hier jedoch als Befragungssprache entfallen, weil ich ihrer nicht mächtig bin. Bei den mündlichen Interviews wurde den Probanden noch die Möglichkeit geboten, die anfangs gewählte Sprache zu wechseln. Damit gibt es drei Originalsprachen, in denen die Daten generiert werden können: Georgisch, Russisch, Deutsch. Für die Auswertung müssen die original russischen und georgischen Daten ins Deutsche übersetzt werden, während die deutschen unverändert bleiben. Diese komplexe Situation verpflichtet zu methodischer Strenge, da eine genaue Betrachtung der Übersetzungsäquivalente aus dem Georgischen und dem Russischen in die Wiedergabesprache Deutsch sowie jeweils unter den drei Sprachen unabdingbar ist. Dies wiederum erfordert hohe Kompetenzen in allen drei Sprachen. So ist etwa genau zu prüfen, inwieweit die Begriffe dt. *Muttersprache* – russ. *родной язык* (*radnoi jazik* wtl. „einheimische Sprache"; aber auch „Enge Familiensprache", „Geburtssprache", „Verwandtensprache") und georg. მშობლიური ენა (*mschobliuri ena* „Heimatsprache") semantisch tatsächlich äquivalent sind bzw. welche konzeptuellen Unterschiede bestehen und welche Auswirkungen diese auf die Beantwortung der Fragen haben. Die Problematik der Untersuchungssprache und ganz besonders die konzeptuellen Äquivalenzen bei etwaiger Übersetzung werden in ähnlichen Studien bisher kaum berücksichtigt.

Die oben geschilderte Modifizierung der Herangehensweise hat sich im weiteren Verlauf der Forschung als positiv erwiesen. Die weiche Art des Interviews (Lamnek 2010, S. 313) und die methodische Flexibilität sowie die Beherrschung von drei Sprachen durch meine Person, die es den Probanden ermöglicht, ihre eigene Identität durch eine oder mehrere Sprachen zu reflektieren, haben in Georgien die anfänglichen Zweifel der Interviewten gemildert. Auch in Deutschland wurden auf diese Weise ähnlich produktive Interviewergebnisse erzielt.

3 Theoretischer Hintergrund

3.1 Identität

Im Fokus der Studie steht die soziale Identität, welche samt individueller Merkmale und der Zugehörigkeit zu bestimmten Gruppen in der Gesellschaft als Selbstkonzept verstanden werden soll (Tajfel 1982, S. 2).

> Während persönliche Identität so etwas wie die Kontinuität des Ichs in der Folge der wechselnden Zustände der Lebensgeschichte garantiert, wahrt soziale Identität die Einheit in der Mannigfaltigkeit verschiedener Rollensysteme, die zur gleichen Zeit gekonnt sein müssen (Habermas 1973, S. 131).

Auch Vertreter des interaktionistischen Symbolismus unterstreichen die Relevanz der gesellschaftlichen Dimension der Identität und sind der Ansicht, dass eine Identität nur in der Interaktion mit anderen konstruiert wird (Goffman 1967; Krappmann 1978). Denn für die Identitätsarbeit ist nicht nur die Selbstwahrnehmung, sondern auch die Fremdwahrnehmung von Wichtigkeit. Man denke nur an die Zwei-Phasen-Einteilung von Mead in *I* und *me*, wo *me* die Einstellungen der anderen und *I* „die individuelle Antwort auf die Erwartung der anderen" darstellt (Krappmann 1978, S. 39). Dies wird besonders relevant im Migrationsprozess. In seinem Beitrag „Sinn, Kultur und Ich-Identität" verdeutlicht Brunner die konstitutive Bedeutsamkeit der durch die Herkunftskultur angeeigneten Erwartungen für die eigene Identifizierung (Brunner 2003; vgl. a. Bhabha 1994).

Neuere Konzepte sehen die Konstruktion der Identität nicht mehr als eine Entwicklung in kontinuierlichen Stufenmodellen bis zur Entstehung eines inneren Kerns, wie es Erikson annahm (Erikson 1964, S. 86), sondern in der Spätmoderne „als Prozessgeschehen beständiger alltäglicher Identitätsarbeit, als permanente Passungsarbeit zwischen inneren und äußeren Welten" (Keupp 2013, S. 9).

Identitätsentwicklung ist damit ein im Subjekt stattfindender Prozess, der auf einem *Aushandlungsprozess* des Subjekts mit seiner sozialen Umwelt basiert.

Identität wird in diesem Prozess mit dem Mittel der Selbstnarration erreicht. Keupp verweist darauf, dass die narrativen Strukturen keine reinen Eigenschöpfungen des Individuums, sondern im sozialen Kontext verankert und von ihm beeinflusst sind. Selbstnarrationen sind nicht stabil, sondern verändern sich in eben jenen sozialen Aushandlungsprozessen. Selbsterzählungen sollen also Antworten auf die Frage „Wer bin ich" geben und somit eine Person verstehbar für die „anderen" machen (Keupp 2013, S. 190–194). An diesen theoretischen Ansatz angelehnt zeigte der methodische Einsatz der Sprachbiografie in der vorliegenden Studie spannende Ergebnisse.

Die Beobachtung, dass dieser stetige Prozess der Identitätsbildung jedoch durchaus mit Problemen behaftet sein kann, hat zu dem Konzept der sog. *beschädigten Identität* geführt, das sich auch in den Daten der Studie belegen lässt.

3.2 Beschädigte Identität

Dem durch Habermas geprägten Begriff „Ich-Identität", der sich auf eine gelungene „Aufrechterhaltung der persönlichen und sozialen Identität" bezieht, steht der Begriff der sogenannten „beschädigten" Identität gegenüber (Habermas 1973, S. 131). Das kann bedeuten, dass Identitätsbildung ein schwieriger Prozess ist, während dessen die Individuen in wechselndem Verhältnis ihre Identitäten als *krisenhaft* oder *gelungen* ausbilden.

In seinem Buch „Stigma. Über Techniken der Bewältigung beschädigter Identität" beschreibt Erving Goffmann die beschädigte Identität als Ergebnis gesellschaftlicher Stigmatisierung (Goffman 1967). Ein Stigma, als soziales Merkmal, das eine Person als *nicht normal* in der Gesellschaft erscheinen lässt, sorgt dafür, dass Individuen oder gar Gruppen von der Mehrheitsgesellschaft ausgesondert oder abgelehnt werden (Goffman 1967). Dies lässt sich oft im Migrationsfall beobachten. Die vorliegende Studie weist Beispiele einer derartigen Beschädigung von Identitäten auf. Bei der anfänglichen Suche nach Probanden, die eine gründliche Recherche verlangte, stieß ich bei armenischsprachigen/ armenischstämmigen Personen mehrfach auf eine totale Leugnung der eigenen historischen Herkunft. Aufgrund einer offiziellen Namensänderung war die armenische Familiengeschichte nicht mehr transparent. Eine umfassende Nachforschung ergab, dass in den 1990er Jahren sowohl armenische als auch andere Minderheiten in Georgien indirekt aufgefordert worden waren, das Land „den Georgiern" zu überlassen.[2] Aus diesem

[2] Während der Regierung von Zwiad Gamsachurdia kam ein großes Nationalgefühl auf, welches die ethnischen Minderheiten in Georgien geistig unterdrückte. „Georgien ist ein Land für Georgier, deshalb dürfen auf allen politischen und führenden Positionen nur Geor-

Grund hatten viele Minderheiten als Schutz ihre Nachnamen geändert. Durch die hohe georgische Sprachkompetenz mancher Personen dieser Gruppe ist ein Bezug auf ihre armenischen Wurzeln heutzutage schwer von außen herstellbar. Handelt es sich hier um einen Schutzfaktor, eine vollkommene Assimilation oder eine sprachlich und sozial gelungene Identität?

4 Sprache und Identität

> Identität ist Kultur, Geschichte, Bräuche, das, was wir von unseren Vorfahren haben und die Sprache ist ein Verbinder für all das (Interviewter aus Achalqalaqi, Grenzstadt zwischen Georgien und Armenien).

Sprache gehört konstitutiv zum Menschen. Sie ist nicht nur ein kommunikatives Mittel, um die eigene Identität zu behaupten, sondern auch ein Gruppenzugehörigkeitsmerkmal, weil sie mit anderen geteilt wird. Als Unterscheidungsinstrument ist Sprache für die Konstruktion der individuellen und der kollektiven Identität sehr wichtig (Burke 1994; Löffler 1998). Wenn Menschen sich als Mitglieder bestimmter sozialen Gruppen (wie z. B. Ethnien, Nationen) betrachten, dient hier Sprache als ein hervorragendes Unterscheidungsinstrument, an dem die Gruppenmitgliedschaft der Menschen festgemacht werden kann.

Heinrich Löffler vergleicht die Sprache in diesem Sinne mit einer Tracht, welche man trägt, „wenn man nach außen als Gruppe erscheinen will oder wie ein Abzeichen, wenn es nur darum geht, sich Gleichgesinnten zu erkennen zu geben" (Löffler 1998, S. 11; Burke 1994, S. 12). Identität und Identifikation, die „mit der Sprache verknüpft sind, beziehen sich immer auf die Gruppenidentität, auf mehrere Menschen also, welche gemeinsame Merkmale besitzen und die sich auf Grund dieser gemeinsamen Merkmale als zusammengehörig, als Gruppe fühlen. Ein solches Merkmal kann eben auch die Sprache sein" (Löffler 1998, S. 19).

Wenn man also davon ausgeht, dass Sprache und Identität direkt miteinander zusammenhängen, dass eine Identität auch durch Sprache konstruiert wird, dann sollten mehrere Sprachen zu mehreren Identitäten oder zu gemischten Identitäten führen. In diesem Kontext wird es zunächst wichtig, sich mit dem Begriff der sog. gemischten/ *hybriden Identität,* angelehnt an Homi Bhabha (1994), kritisch auseinanderzusetzen.

gier agieren" (Zwiad Gamsachurdia in einem seiner Demonstrationsauftritte 1990, übers. NK). Es entstand eine sog. Armenophobie, welche viele Jahre subtil andauerte, aber nie laut ausgesprochen wurde, doch sich z. B. in Witzen bemerkbar machte. Am 15. Februar 2013 wurde zum ersten Mal die *Armenophobie* im georgischen Internet Radio-Fernsehen „Unabhängiges Georgien" thematisiert („Armenophobie" 2013; Interview mit Nationalisten 2013).

4.1 Hybride Identität

Der Begriff kommt ursprünglich aus dem Bereich der Pflanzenbiologie und meint dabei den Prozess der Kreuzung und Vermischung von verschiedenen Sorten von Pflanzen, woraus eine neue Sorte entsteht. *Hybridität* als kulturwissenschaftliches Konzept zur Beschreibung von Verflechtung und Vermischung wurde von dem Postkolonialismus-Forscher Homi K. Bhabha (1994) geprägt. Er versteht Hybridität zunächst jedoch nicht nur als eine Vermischung und Verflechtung von Kulturen (kolonialen und kolonisierten), sondern auch als eine selektive und strategische Aneignung von Bedeutungen. In Bhabhas Sinne könnte Hybridität als ein Prozess der Aushandlung verstanden werden, in welcher es Platz für die Differenz ohne übernommene Hierarchien gibt. Kulturelle Differenzen werden anerkannt, jedoch gibt es keine fixen Repräsentationen oder Bedeutungen; vielmehr sind auch die Kulturen immer im Fluss wie sich bewegende, niemals an einem Punkt anhaltende Kreise.

Nach Bhabha werden durch koloniale Situationen Identitäten gespalten, wodurch es der kolonialen Autorität nicht mehr gelingt, kulturelle Differenzen zu identifizieren und sie für sich zu vereinnahmen. Diese gespaltenen Identitäten entsprechen nie nur der einen oder der anderen Kultur, sondern einem „in-between", verstanden als der sogenannte dritte Raum (*Third Place*) (Bhabha 2011, S. 88) (Abb. 1).

Im „Dritten Raum" können die kulturellen Symbole neu verhandelt, d. h. mit neuen Bedeutungen belegt und re-interpretiert werden. Der „Dritte Raum", so Bhabha, „zerstört den Spiegel der Repräsentationen, der Wissen als allgemeingültig und uniform darstellt" (Bhabha 2011, S. 67).[3]

In Folgenden soll anhand ausgewählter Zitate aus dem Datenkorpus der Studie gezeigt werden, inwieweit sich das Hybriditätskonzept von Bhabha in Bezug

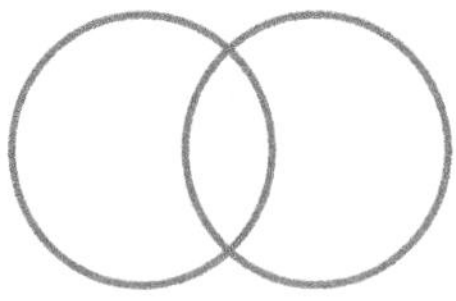

Abb. 1 Zwei Kreise stellen zwei Kulturen dar. Durch In-Kontakt-Treten der Kulturen entsteht ein dritter Raum. Eigene Abbildung zur Veranschaulichung von Bhabhas *Third Place*

[3] An Bhabhas Konzept wurde bemängelt, dass es keinen Bezug zur Praxis hat und Parameter wie Gender, Klasse und koloniale Machtunterschiede keine Beachtung finden (Babka et al. 2012).

auf die sprachliche Identität hier belegen lässt. Wichtig ist dabei, die Selbst- und Fremdwahrnehmungsebenen zu unterscheiden.

5 Migranten sprechen: Selbstdefinierung – Fremddefinierung sprachlicher Identität/en

> Man kann die Sprache oft nicht auswählen. Der Wohnsitz bestimmt das. Man kann niemandem diktieren, was und wie man zu sprechen hat (Auszug aus einem Interview).

Sieht man genau hin, wird offensichtlich, wie widersprüchlich das Zitat ist, denn einmal bestimmt der Wohnsitz die Sprache, und später wiederum nicht. Damit wird die Ambivalenz des Russischen in Georgien deutlich. Als die Sprache in der ehemaligen Sowjetunion als „Kommunikationssprache" bestimmt wurde, wurde auch „diktiert", wie zu sprechen sei. Doch wiederum weiß man Eigenes zu schützen, indem man sich nicht verbieten lässt, seine eigene(n) Sprache(n) zu sprechen.

Um den Wandel des Russischen als der sog. *Dachsprache* in Georgien besser beobachten zu können, wurden die Probanden in der Studie nach dem Auswahlkriterium „Alter" rekrutiert und untersucht. Dies erwies sich als sehr hilfreich, denn so konnte durch die Identifizierung oder Nicht-Identifizierung mit dem Russischen als „verbindende" Dachsprache von Armenischsprachigen in drei „Generationen"[4] hervorragend auch die sprachpolitische Lage zusätzlich mitdokumentiert werden. Vor allen Dingen aber war es spannend zu sehen, wie unterschiedlich die Identitätskonstruktion und die Reflexion über die eigene Identität je nach Altersgruppe und Migrationstyp[5] war. Die Daten reflektieren kein einheitliches Identitätskonzept, sondern eher individuelle Konzepte. Eine Gemeinsamkeit war lediglich, dass Sprache an sich von allen Probanden als identitätsstiftendes Merkmal gesehen wurde. Welche dies jeweils war und in welcher Weise sie identitätsstiftend wirkte, unterschied sich dagegen von Fall zu Fall. Ein paar Beispiele sollen hier einen Einblick gewähren.

Da die Probanden zum Teil in Georgien geborene Armenier sind (bzw. Personen, die früher in ihren sowjetischen Pässen als solche aufgenommen waren), sind

[4] Ich unterscheide die Altersgruppen folgendermaßen: Zwischen 60 und 80 Jahren nenne ich sie „1.Generation", zwischen 40 und 60 Jahren „2.Generation" und unter 30 Jahren „3.Generation". Da das Wort GENERATION in der deutschen Migrationsforschung etwas anders besetzt ist, z. B. bei Gastarbeitern und ihren Nachkommen, setze ich es jeweils in Anführungszeichen.

[5] Ob die Migration gezwungen oder selbstinitiiert war.

sie oft bi- oder multilingual.[6] Mehrsprachigkeit wird in heutigen Gesellschaften (sowohl im Westen als auch im Kaukasus) als Positivum aufgenommen, im Gegensatz zu früher, und sorgt unter einsprachigen Sprechern meist für Bewunderung. Was allerdings von außen als großer „Schatz" gesehen wird, gilt für die hier untersuchten multilingualen Sprecher offensichtlich häufig als Normalität, vor allem in einer Umgebung, in der dies kein Einzelfall ist, wie in der Kaukasusregion, die anders als das westliche Europa seit alters durch Vielsprachigkeit geprägt ist.

> …in drei Sprachen zu sprechen ist für mich nichts Besonderes und warum soll ich mich anders fühlen, wenn ich von einer meiner Sprachen in die andere wechsle? (Proband 1. Originalsprache des Zitats – Georgisch).

oder:

> Ich spreche vier Sprachen und das ist für mich normal. Es ist überhaupt kein Problem für mich, diesen Sprachgruppen gleichzeitig anzugehören (Proband 2. Originalsprache des Zitats – Georgisch).

oder:

> Ich kann mich mit allen meinen Sprachen identifizieren… und das sind drei (Proband 3. Originalsprache des Zitats – Russisch).

In diesen Beispielen wird außerdem deutlich, dass manche nicht einmal die Unterscheidung zwischen Mutter-, Erst- oder Zweitsprache machen. Doch wenn man die Frage der emotionalen Bindung an die einzelnen Sprachen in den Blick nimmt, werden sehr wohl Unterschiede deutlich. So sagt etwa der oben zitierte Proband 3:

> Zum Georgischen fühle ich, dass es die Sprache meiner Heimat und meiner Kindheit ist. Armenisch ist die Sprache meines Fleisches und Blutes und ich schätze und liebe sie sehr. Das Russische finde ich sehr reich[7] (Proband 3. Originalsprache des Zitats – Georgisch).

oder:

> Ich persönlich liebe meine Sprache Armenisch als erstes. Georgisch ist auch sehr schön, aber jeder Mensch soll erst die eigene Sprache lieben und respektieren (Proband 5. Originalsprache des Zitats – Russisch).

[6] bi- = armenisch-russisch/-georgisch; multi- = alle drei, zum Teil mit dem Englischen in Georgien und mit dem Deutschen in Deutschland.

[7] Womöglich auch mit der ökonomischen Situation verbunden, denn Russland war der gewünschte Arbeitgeber der ehemaligen Sowjetunion und nach dem Zerfall des Systems der größte Markt für den Handel.

oder:

> Ja, Armenisch ist meins, aber ich liebe auch Georgisch (Proband 6. Originalsprache – Russisch-Georgisch).

oder:

> Ich liebe Georgisch. Ich bin hier geboren und es gab für mich niemals eine Frage, ob es meine Muttersprache ist. Selbstverständlich ist es das… Dennoch wenn ich auf Armenisch kommuniziere, ist das für mich Erholung. Georgisch bedeutet – Arbeiten (Proband 7. Originalsprache des Zitats – Georgisch).

Der Proband des letzten Zitats verbindet seine Sprachen mit bestimmten sozialen Handlungen. Im weiteren Verlauf des Interviews erläutert er, dass Jerewan (Armenien) für ihn mit Urlaub und Tiflis (Georgien) mit Arbeit assoziiert ist. Womöglich identifiziert er sich über die Sprache mit bestimmten Handlungen, weil er offensichtlich gelernt hat, dass seine Arbeitschancen durch die Beherrschung des Georgischen steigen.[8] Sehr spannend beim Interview war der Kontext, d. h. Umgebung und Atmosphäre, denn es wurde in einem Lebensmittelgeschäft der Grenzstadt Achalziche geführt, wo auch eine armenischsprachige Verkäuferin interviewt wurde. Die Bemerkung des zitierten Probanden über „wir" und „sie" war besonders aufschlussreich. Denn offensichtlich nimmt er sich durch seine Sprachkompetenz eher als „georgisch" wahr als die Verkäuferin, die des „akademischen Georgisch" nicht so mächtig ist wie er. Die armenischsprachige Verkäuferin empfindet sich aber vielleicht auch deshalb als mehr „armenisch" als „georgisch", weil die geografische Nähe und ein stärkerer Kontakt mit Armenien sie in ihrer Armenisch-Sein-Entscheidung bestärken.

Ein wichtiges Unterscheidungsmerkmal in der Selbstidentifikation ist die durch den Bildungsgrad beeinflusste Reflexionsfähigkeit, was das Beispiel eines „georgischsprachigen" armenischen Schriftstellers zeigt.

> … ich schreibe auf Georgisch. Also, ich bin ein georgischer Schriftsteller, aber ein armenischer Mann. Ich musste meine historische Muttersprache erst auf der Straße erlernen, die mein Vater mir nicht beigebracht hatte… Und wenn wir Matriarchat hätten, müsste ich jetzt ein „Georgier" sein. Gemischte Familien und viele Sprachen im Hof aber ist typisch für Tiflis (Proband 8. Originalsprache des Zitats – Georgisch).

---

[8] Nach dem Zerfall der Sowjetunion und der Abschwächung des Gebrauchs des Russischen als Kommunikationssprache in Georgien haben die armenischsprachigen Bürger begriffen, wie wichtig für das Bestehen und Arbeiten im Lande Georgisch wurde. Aktuell übernimmt Georgisch die Funktionen des Russischen. Es ist die Bildungssprache und diejenige Sprache, die Anderssprachigen Arbeitschancen gibt, eine Funktion, die früher das Russische hatte.

Dies ist eine äußerst spannende Beobachtung des Probanden bezüglich seiner einmaligen *persönlichen Identität* als „armenischer Mann“ und seiner *sozialen Identität* als „georgischer Schriftsteller“ (vgl. Goffman 1967). Er macht eine bewusste Trennung bzw. Selbstzuschreibung seiner Identitäten zu seinem Eigenen und zu dem Gemeinsamen, das er mit der Gesellschaft teilt.

Geht man von dem Zitat am Anfang aus, stellt die sprachpolitische Konstellation der Länder für einige Migranten bzw. einige Generationen durchaus einen Glücksfall dar, denn es ist fraglich, ob der Proband jemals so einfach an seine historische Muttersprache herangekommen wäre, wenn er in einem geografisch fern gelegenen Land aufgewachsen wäre, auf dessen Hof keine armenischsprachigen Kinder gespielt hätten.

> Mein eigenes Muttersprachliches war mir fremd geworden. Mit der Zeit und viel Mühe habe ich erst jetzt die Emotion zu meiner eigenen Muttersprache erreicht. Ich stehe erst jetzt da, wo ich alles verstehen, wiedergeben und mich mit der Sprache identifizieren kann. Quasi identische Liebe fühle, wie zur meiner historischen Heimat. So war das… (Proband 8).

Dieser Proband scheint eine mit der Zeit puzzlehaft rekonstruierte Identität zu haben, so dass er nach vielen Jahren „Identitätsarbeit“ emotional da steht, wo manche mehrsprachigen Personen, wie die in Zitaten 2 und 3 oben, gleich von Anfang an eine „Vollkommenheit“ oder vielleicht eine „lückenhafte Vollkommenheit“ empfunden haben.

Hybridisierung in Bhabhas Sinne ist in Georgien nicht auf der Ebene der Identität zu erkennen; es gibt keinen neuen Dritten Raum.

> Ich spreche 3 Sprachen. Aber ich bin eine Person (lacht) (Proband 9. Originalsprache des Zitats – Georgisch).

Ganz im Gegensatz scheint hier die Mehrsprachigkeit eine Normalität darzustellen. Man setzt sie in der Alltagsbewältigung lediglich als ein Instrument ein. Sie scheint die Identitätskonstruktion trotz der oben erläuterten teilweise widrigen sprachpolitischen Umstände auch nicht immer in dem Maße zu beeinflussen, dass man vom Fall einer beschädigten sprachlichen Identität im Sinne von Habermas sprechen könnte.

> Ich bin zwar armenischer Nationalität, fühle mich aber mit Georgisch und Armenisch beiden identisch (Proband 10. Originalsprache des Zitats – Georgisch).

Die Positionierung zur armenischen Nationalität als solche wird hier nicht mit dem Sprachlichen gleichgesetzt, obwohl dieses als relevant empfunden wird. Die Aufteilung der Zuneigung und Liebe zu den eigenen Sprachen verläuft nicht direkt proportional zur Liebe der Herkunft.

> Wie ich schon sagte, ich bin ein Georgier. Ich spreche kein Armenisch mehr. Auch zu Hause nicht. Ich bin hier in Batumi geboren und meine Eltern sind schon tot[9] (Proband 11. Originalsprache des Zitats – Russisch).

Aber auch als die Eltern noch am Leben waren, *musste* er Georgisch lernen. Der sprachliche Hintergrund des Interviewten war so zusammengesetzt, dass außer seinen Großeltern niemand mehr Armenisch sprach und vor allem weitertradierte. Nicht einmal das Leben im armenischen Viertel half ihm, seine historische Muttersprache zu erlernen. Nach seinen Aussagen war dort die Kommunikationssprache selbst unter Armeniern durchgehend Russisch. Heute fühlt sich der Proband georgisch, aber sehr verbunden mit der russischen Sprache als seiner Bildungssprache, die ihn oft, im Prinzip bis heute, „sein Brot verdienen" lässt. Für ihn scheint Russisch auch die Sprache geworden zu sein, in der er sich am besten ausdrücken kann und in der er sich wohler fühlt. Dies gilt insbesondere dann, wenn Russisch auch eine Kommunikationssprache in der historischen Heimat wird, weil ihm hier seine mangelnde Kompetenz der weiteren Muttersprache Armenisch nichts nützt. Zwar scheint das Russische zwischen den Georgiern und den Armenischsprachigen nicht mehr die Hauptkommunikationssprache zu sein, dennoch ist es für manche eine Verständigungsstütze in der historischen Heimat Armenien geworden, wo das Russische noch stärker verankert ist.[10] Dieses Beispiel zeigt sehr gut die Verschiebung der Funktionen der *Dachsprache*, der Lokal- und Muttersprachen.

6 Ausblick

Sprache als identitätsstiftendes Merkmal konnte in der Studie verifiziert werden. Mehrere Sprachen beeinflussen jedoch die Identitätskonstruktion auf unterschiedliche Weise. Am Fallbeispiel der armenischsprachigen Migranten in Georgien konnte gezeigt werden, dass Personen in der Migration nicht immer ähnliche sprachliche Identitätsgerüste ausbilden, sondern individuelle Strukturen im sozialen Diskurs schaffen. Zentral für die vorliegende Untersuchung war die sprachpolitische Konstellation und Auswanderungsform (selbstinitiiert oder gezwungen) für 3 Generationen. Die Breite der Identitätsbildung reicht von der Assimilation, die in der Mehrheitsgesellschaft durch krisenhafte Beschädigung verursacht worden ist, bis hin zur bewussten Zurückeroberung der verlorenen Teilidentität in der Sprache.

[9] Ich glaube, eine gewisse Hemmung der Preisgabe von Armenischkenntnissen beobachtet zu haben; womöglich als Schutz vor unangenehmen politischen Fragen, die man oft in Georgien mit der nationalistischen Geschichte der 1990er Jahre verbindet.

[10] Wie subversiv auch die Dachsprache Russisch gewesen sein mag, sie scheint nach der politischen Veränderung und Wandel eine weitere Rolle übernommen zu haben.

Die Identifizierung mit einer oder (der) anderen Sprache(n) ist so komplex und vielfältig, wie die Mehrsprachigkeit selbst. Wenn manche sich mit allen ihren Sprachen (Armenisch, Georgisch, Russisch) gleich identifizieren, verspüren trotzdem nicht alle die gleiche Liebe und Emotion zu allen Sprachen. Noch mehr lieben sie die „eigene" (Armenisch) und finden die andere (Georgisch) schön, fühlen sich in der *Dachsprache* (Russisch) wohler durch hohe Sprachkompetenz.

Die Vermischung der Sprachen bildet bei den mehrsprachigen Migranten in den Fallbeispielen in Georgien keine hybriden Identitäten in Bhabhas Sinne aus. Es werden Unterscheidungen zwischen Mutter-, Lieblings- und anderen Sprachen gemacht. Die Selbstreflexion und Positionierung zu den eigenen Sprachen ist differenziert. Nur Armenisch bekommt den Status „meins". Niemand fühlt sich negativ gemischt, sondern dankbar dafür, denn:

> Je mehr Sprachen du sprichst, desto mehr bist du Mensch (Ein Sprichwort zitiert von fünf Interviewten sowohl auf Georgisch als auch Russisch).

Meint das, dass es ganz normal ist mehrere Sprachen zu sprechen? Steht das vielleicht im Kontrast zur Hybridität als „unnormal, neu"? Also, eher Vollständigkeit als Mischung? Vielleicht zeigt sich hier ein fundamentaler Unterschied zum traditionell einsprachigen europäischen Verständnis, wo mehrere Sprachen zu sprechen gerade lange für die Identität als problematisch galt.

Eine Vermischung bzw. Hybridisierung kann es jedoch auf unterschiedlichen Ebenen geben, sehr deutlich auf der Sprachgebrauchsebene im Sinne von Hinnenkamps languaging (Hinnenkamp 2000; s. a. dieser Band). Dies zeigt sich aber offenbar besonders in Migrationssituationen in traditionell einsprachiger Umgebung wie in Deutschland, wo eine solche Hybridisierung eine besondere Funktion als Alleinstellungsmerkmal hat.

In der weiteren Studie wird zu überprüfen sein, ob sich möglicherweise im neuen Kontext der sukzessiven Migration nach Deutschland auf der Ebene der sprachlichen Identität sogenannte neue „Räume", „Hybridisierungen" oder „Aushandlungen" auftun, welche die Mehrsprachigkeit im traditionell einsprachigen Deutschland im anderen, „neuen" Licht erscheinen lässt.

Literatur

„Armenophobie" (2013) http://www.radiotavisupleba.ge/content/red-zone/24903569.html. Zugegriffen: 19. Februar 2013

Auer P, Wei L (Hrsg) (2007) Handbook of multilingualism and multilingual communication. Mouton de Gruyter, Berlin, New York

Babka A, Malle J, Schmidt M (2012) Dritte Räume. Homi K. Bhabhas Kulturtheorie. Kritik. Anwendungen. Reflexion. Turia + Kant, Wien, Berlin
Bhabha HK (Hrsg) (1994) The location of culture. Routledge, London, New York
Bhabha HK (Hrsg) (2011) Die Verortung der Kultur. 2. Aufl. Stauffenburg, Tübingen
Brunner J (2003) Self-making narratives. In: Fivush R, Haden CA (Hrsg) Autobiographical memory and the construction of a narrative self. Developmental and cultural perspectives. Lawrence Erlbaum, Mahwah, S 209–225
Burke P (1994) Reden und Schweigen: zur Geschichte sprachlicher Identität. Wagenbach, Berlin
De Florio-Hansen I, Hu A (Hrsg) (2007) Pluralität und Identität. Zur Selbst- und Fremdwahrnehmung mehrsprachiger Menschen. Stauffenburg, Tübingen
Erikson EH (1964) Einsicht und Verantwortung. Klett, Stuttgart
Franceschini R, Mieczrinkowski J (Hrsg) (2004) Leben mit mehreren Sprachen. Sprachbiographien. Vive avec plusieurs languages. Biographies langagiéres. Peter Lang, Bern
Goffman E (1967) Stigma: über Techniken der Bewältigung beschädigter Identität. Suhrkamp, Frankfurt am Main
Grunow D (1978) Stichworte. In: Fuchs W, Klima R, Lautmann R, Rammstedt O, Wienold H (Hrsg) Lexikon zur Soziologie. Rowohlt, Reinbek
Habermas J (1973) Stichworte zur Theorie des Sozialisation. In: Habermas J (Hrsg) Kultur und Kritik. Verstreute Aufsätze. Suhrkamp, Frankfurt am Main, S 118–194
Hinnenkamp V (2000) „Gemischt sprechen" von Migrantenjugendlichen als Ausdruck ihrer Identität. Der Deutschunterricht 5:96–107
Interview mit Nationalisten (2013) http://opinion.ge/archives/6170. Zugegriffen: 1. März 2013
Jörissen B, Zifras J (Hrsg) (2010) Schlüsselbegriffe der Identitätsforschung. Springer VS, Wiesbaden
Kabatek J, Pusch C (Hrsg) (2009) Spanische Sprachwissenschaft. Narr, Tübingen
Keupp H (2013) Identitätskonstruktionen. Das Patchwork der Identitäten in der Spätmoderne. Rowohlts Enzyklopädie, Reinbek bei Hamburg
Krappmann L (1978) Soziologische Dimensionen der Identität: strukturelle Bedingungen für die Teilnahme an Interaktionsprozessen. Klett-Cotta, Stuttgart
Krefeld T (2004) Einführung in die Migrationslinguistik. Narr, Tübingen
Kuckartz U, Dresing T, Rädiker S, Stefer C (2008) Qualitative Evaluation. Der Einstieg in die Praxis. Springer VS, Wiesbaden
Lamnek S (2010) Qualitative Sozialforschung. 5. Aufl. Belt, Basel
Löffler H (1998) Sprache als Mittel der Identifikation und Distanzierung in der viersprachigen Schweiz. In: Reiher R, Kramer U (Hrsg) Sprache als Mittel von Identifikation und Distanzierung. Peter Lang, Frankfurt am Main, S 11–37
Meng K (2004) Russlanddeutsche Sprachbiographien. In: Franceschini R, Miecznikowski J (Hrsg) (2004) Leben mit mehreren Sprachen. Sprachbiographien. Vivre avec plusieurs languages. Biographies langagiéres, Peter Lang, Bern
Stehl T (Hrsg) (2011) Sprachen in mobilisierten Kulturen. Aspekte der Migrationslinguistik. Universitätsverlag, Potsdam
Tajfel H (1982) Introduction. In: Tajfel H (Hrsg) Social identity and intergroup relations. Cambridge University Press, Cambridge, S 1–11

Nina Kreher M.A., Stipendiatin des Graduiertenkollegs „Migration" der Katholischen Universität Eichstätt-Ingolstadt (2011–2014) mit dem Forschungsprojekt „Who speaks what language to whom – and why? Sprachwahl und sprachliche Identifikation bei armenischen Migranten in Georgien und armenischen und georgischen Migranten in Deutschland" (PD Dr. Kerstin Kazzazi), Deutsche Sprachwissenschaft.

„*Ja sam ti ono pola-pola,* wie das Gericht beim Kroaten": Sprachidentität und -struktur der zweiten Generation ex-jugoslawischer Migrantennachkommen in Deutschland

Daniel Romić

Zusammenfassung

The paper presents some historical and statistical data about a large population of heritage speakers, the emigrants from former Yugoslavia and their descendants living in Germany. On the basis of these data, the author underlines the relevance of the study of the heritage languages of these speakers and presents the empirical results of a pilot study which is based on the analysis of spoken language. The study includes questionnaire and naturalistic interview data provided by second generation speakers of Bosnian, Croatian, and Serbian. The aim of this paper is to offer a brief insight into the characteristics of this language that is spoken by the second generation immigrants in Germany.

Schlüsselwörter

Migration · Sprache · Sprachstruktur · Sprachkontakt · Muttersprache · Bosnisch/Kroatisch/Serbisch · Identität · Jugoslawisch · Migrantennachkommen · Zweite Generation · Gastarbeiter

D. Romić (✉)
Katholische Universität Eichstätt-Ingolstadt, Eichstätt, Deutschland
E-Mail: daniel.romic@ku.de

K. Kazzazi et al. (Hrsg.), *Migration – Religion – Identität. Aspekte transkultureller Prozesse,* DOI 10.1007/978-3-658-06510-2_10

1 Einleitung oder *„Ja sam ti ono pola-pola*, wie das Gericht beim Kroaten"[1]

Diese im Jahr 2010 von einem Nachkommen serbischer Eltern in einer niederbayerischen Gaststätte gegebene Antwort auf die Frage, welcher Kultur er sich eher zugehörig fühle, der deutschen oder der serbischen, exemplifiziert den im Titel genannten Untersuchungsgegenstand in treffend komprimierter Weise. Die im Satz zum Ausdruck gebrachte sprachlich-strukturelle Hybridität sowie das polykulturelle Selbstverständnis der zweiten Generation jugoslawischer Migranten – einer sozial distinkten Gruppe von über 300.000 in Deutschland lebenden Personen – bilden das Zentrum des Forschungsinteresses dieses Beitrages. Dabei wird als vorläufiges Endergebnis einer noch teilweise vor der Geburt der befragten Personen erfolgten Migration das migrantenspezifische Sprachverhalten und die Sprachstruktur der ‚Muttersprache' in den Mittelpunkt der Untersuchung gestellt. Hier kommen in deutlicher Weise polykulturelles Selbstverständnis, kulturelles Zerwürfnis, Hybridität[2] oder auch das „Zwischen-den-Stühlen-Sein" dieses Personenkreises markant zum Ausdruck. Verwunderlich ist, dass die Sprache der kroatischen, bosnischen und serbischen Migranten in Deutschland weitgehend unerforscht ist (Hinrichs 2013, S. 197). Der vorliegende Beitrag soll folglich einen ersten, kurzen Abriss zur Frage der Besonderheiten des Bosnischen, Kroatischen und Serbischen, wie sie heute in der Bundesrepublik Deutschland gesprochen werden, geben. Anders ausgedrückt: Was passiert mit der Sprache in der Migration? Was geschieht mit der „mitgebrachten" Sprache, wie ändert sich diese unter dem massiven Einfluss der Sprache der neuen Umgebung und wie wirken und manifestieren sich diese Veränderungen im Individuum, in der Familie und in der Gesell-

[1] Übersetzung: „Ich bin so halb-halb, wie das Gericht beim Kroaten." Anmerkung: „Pola-Pola" ist ein in ex-jugoslawischen Gaststätten Deutschlands verbreitetes Gericht, bestehend aus einem Schweinefiletspieß und drei Cevapcici (ćevapčići). „Pola-Pola" wird es deshalb genannt, weil jedes dieser Teile auch als Einzelgericht bestellbar ist. Wenn man beides haben möchte, d. h. sich nicht mit dem einen zufrieden gibt, bestellt man das Beste aus beiden Gerichten. Die Analogie zu kultureller „Best Practice" ist sehr treffend und amüsant. Es entsteht ein hybrides Neues, nämlich ein Gericht, das es so nur im neuen Raum der Migration, in Deutschland gibt: Denn das Gericht „Pola-Pola" existiert offenbar nur in ex-jugoslawischen Gaststätten Deutschlands bzw. wurde wieder von Deutschland aus nach Ex-Jugoslawien importiert. Ähnliches gilt für das heutige in Deutschland gesprochene „BKS" (s. u. FN 5).

[2] Im Rahmen dieses Beitrages wird – einem breiteren interdisziplinären Publikum zuliebe – auf genuin linguistisch-theoretische Begriffsauseinandersetzungen bewusst verzichtet. Alle hier verwendeten Begriffe besitzen eine breite inhaltliche Schnittmenge und unterscheiden sich, wenn überhaupt, in peripheren Bereichen.

schaft? Dass dieser Abriss hier nur kursorisch geleistet werden kann, liegt an der Breite und Tiefe des noch wenig erforschten Gegenstandes.

Die Erläuterung der historischen Rahmenbedingungen sowie der Ursachen der Migration bildet den ersten Teil dieses Beitrages. Im zweiten Teil werden die sprachlichen Bedingungen umrissen, unter welchen die zweite Generation aufgewachsen ist. Das soziolinguistische Verhalten, welches mittels einer aktuellen Fragebogenanalyse (2012–2014, $n=109$) erhoben worden ist, sowie die Sprachstruktur der ‚migrierten Ursprungssprache', die mit Hilfe von naturalistischen Interviews ($n=15$) untersucht worden ist, werden den dritten Teil des Beitrages einnehmen.

2 Quantitative Dimension und Ursachen der Migration

Die Migration aus dem Territorium des ehemaligen Jugoslawien ist ein soziales *longue durée*-Phänomen (Brunnbauer 2009, S. 17), dessen Ursprünge bis in das späte 19. Jahrhundert zurückverfolgt werden können. Als Initialursache kann die ökonomische Zwangslage im Heimatland, verbunden mit der Erwartung einer materiellen Besserstellung der emigrierenden Individuen im Zielland, ausgemacht werden. Bis zur Weltwirtschaftskrise von 1929 waren primäre Zielländer dieser Migrationswellen die USA, gefolgt von Argentinien und Kanada, danach und bis zum 2. Weltkrieg wurden Deutschland, Österreich und Frankreich zu den wichtigsten Zielländern jugoslawischer Migranten.

Auch etwa zwanzig Jahre später, während der für die vorliegende Arbeit relevanten *Gastarbeiter*-Migration (etwa 1961–1973), war der Impuls, aus Jugoslawien auszuwandern, anscheinend derselbe: schlechte Aussicht auf Arbeit oder ‚schlechte' Arbeit im Heimatland und diesbezüglich vielversprechende Möglichkeiten im Ausland. Die Migrationsbewegungen aus Jugoslawien alleine durch den ökonomischen *push*-Faktor „Arbeitslosigkeit" erklären zu wollen, ist allerdings unzutreffend, denn der Großteil der jugoslawischen *Gastarbeiter* wurde „zur Abwanderung nicht unmittelbar durch Arbeitslosigkeit motiviert" (Haberl 1978, S. 72). Tatsächlich ergab ein diesbezüglicher Zensus des Jahres 1971, dass nur 7,2 % aller jugoslawischen Gastarbeiter aus dem Arbeitslosensektor kamen (Brunnbauer 2009, S. 31). Vielmehr war das zwischen Westeuropa und Jugoslawien herrschende Lohngefälle (BRD und Jugoslawien mehr als 3:1) in den meisten Fällen der ausschlaggebende Grund, Jugoslawien in Richtung Westeuropa zu verlassen. So kam es vor, dass dieser *pull*-Faktor auch gut ausgebildete und für jugoslawische Verhältnisse gut verdienende Arbeitskräfte in Richtung Deutschland wandern ließ.

Das Lohngefälle zwischen den beiden Ländern und die damit verbundene materielle Besserstellung der im Ausland – besonders in der Bundesrepublik Deutschland – arbeitenden Personen schuf mit der Zeit zudem einen neuen *pull*-Faktor besonderer Art. Die durch im Ausland arbeitende Personen nach Jugoslawien importierten Güter führten bei der jugoslawischen Bevölkerung in gewisser Weise zur *Bedarfsweckung* und dadurch wiederum zu neuem Prestigedenken. Mit einem heißbegehrten *Mercedes Benz* aus der Fremde in die Heimat zu fahren, wurde für viele Gastarbeiter ein wichtiges Ziel ihrer Anstrengungen (Brunnbauer 2009, S. 34). Die dadurch erreichte Statusaufwertung konnte nur durch den höheren Lohn im Ausland erreicht und aufrechterhalten werden, so dass sich viele in Jugoslawien Beschäftigte entschieden, die Möglichkeit zu nutzen, in der Fremde mehr zu verdienen. Für so manchen jungen, männlichen Arbeiter in Jugoslawien war die Liberalisierung der Arbeitsmigrationsgesetze zu den oben genannten *pull*-Faktoren Arbeitslosigkeit, Lohnunterschied, Prestige ferner gleichbedeutend mit der Möglichkeit, ein „Abenteuer Westeuropa" zu beginnen. Einmal im Ausland etabliert, wurde dadurch für die in Jugoslawien Verbliebenen die Entscheidung, auch zu emigrieren, noch zusätzlich erleichtert, indem diese sich nicht in das völlig Ungewisse und Neue begeben mussten. Positive Berichte aus der „Neuen Welt" und diesbezüglich in Form ausländischer Güter erbrachte Beweise, verbunden mit dem Wissen, dass am Zielort Starthilfe schon dort arbeitender Landsleute zu erwarten war, spielten bei manchem zukünftigen Gastarbeiter positiv in den Entschluss mit hinein, nach Westeuropa zu emigrieren. Es entstanden in den Zieldestinationen nationale Netzwerke mit Tendenzen zur Bildung einer neuen Diaspora und einer neuen Sprachvarietät.

Von Anfang an war die BRD das wichtigste Zielland der jugoslawischen Abwanderung. 1971 waren etwa 411.503 jugoslawische Staatsbürger (61 % aller jugoslawischen Arbeitsemigranten) in der BRD registriert. Weitere wichtige Zielländer waren Österreich (12 %), Australien (6 %), Frankreich (5 %) und die Schweiz (3 %) (Brunnbauer 2009, S. 23). Den Höhepunkt erreichte die Migrationswelle 1973, als etwa 535.000 jugoslawische *Gastarbeiter* in der BRD lebten (Novišćak 2009, S. 125). Trotz der globalen Rezession des Jahres 1973 und dem damit verbundenen Anwerbestopp stieg – bedingt durch den Familiennachzug – in der Folgezeit die Zahl der jugoslawischen Bürger in der BRD.

Die idealisierte Zielsetzung der meisten Gastarbeiter, die in diesem Zeitraum nach Westeuropa auswanderten, war, nach „ein paar Jahren" Beschäftigung im Ausland, mit ausreichend Erspartem wieder die Heimreise anzutreten. Dieses persönliche Vorhaben korrespondierte mit den staatlichen Einstellungen beider Länder hinsichtlich der Arbeitsmigration, die in den Bezeichnungen „Gastarbeiter" auf deutscher und „Radnik na privremenom radu u inozemstvu" (zeitweilig im

Ausland Beschäftigter) auf jugoslawischer Seite zum Ausdruck gebracht wurden. Die Betonung des temporären Charakters des Aufenthaltes auf beiden Seiten sollte deutlich machen, dass die Personen, obwohl im Ausland bzw. Inland beschäftigt, noch zur jugoslawischen Gesellschaft gehörten und ihre Rückkehr in das Heimatland nur eine Frage der Zeit war (Novišćak 2009, S. 127; auch Brunnbauer 2009, S. 25). Der Aspekt des Temporären hatte allerdings politisch und rechtlich keinen zeitlichen Zielpunkt. Zwar ergaben Umfragen, dass die meisten Gastarbeiter etwa vier Jahre in der BRD zu verweilen planten (Baučić und Groß 1987, S. 58–70)[3], das Zeitinterwall unterlag jedoch keinen politischen Eingrenzungen, so dass die Mehrheit der jugoslawischen „temporär im Ausland Beschäftigten" einen neuen, dauerhaften Gesellschaftsteil der Bundesrepublik bildeten.

Der Unterschied der Migrationsbewegung nach 1991 zu der zuvor beschriebenen Gastarbeitermigration betrifft vor allem zwei Punkte. Der erste war die Ursache der Migration, die ihre Wurzeln in den lebensbedrohlichen Gefahren des Bürgerkrieges (1991–1995) hatte und somit nicht auf Freiwilligkeit basierte. Der zweite Aspekt betraf die neue offizielle Identität als Bosnier, Kroaten oder Serben, die sich vormals allesamt als Jugoslawen verstanden hatten und Serbo-Kroatisch[4] als ihre gemeinsame, strukturell gleiche Sprache sprachen. Und was im Kielwasser der neuen politischen Ordnungen und ethnischen Identifikationen mit angeschwommen kam, war die Neuauflage des nationalen Einheitscredos „eine Nation, eine Sprache", welches heute unter der unhandlichen und linguistisch so fragwürdigen Bezeichnung „BKS"[5] eher schlecht als recht von den Universitäten Europas

[3] Von etwa 1000 befragten jugoslawischen Gastarbeitern des Jahres 1982 gaben 55,6 % an, nur einige Jahre in der BRD bleiben zu wollen; 36,8 % hatten keine genaue Vorstellung über die Aufenthaltsdauer und nur 2,7 % wollten für immer ihren Lebensmittelpunkt in der Bundesrepublik sehen (Baučić und Groß 1987, S. 58–70).

[4] „Na standardološkoj razini, hrvatski, srpski, bosanski, pa i crnogorski jezik različiti su varijeteti, ali istoga jezika. Dakle, na čisto lingvističkoj razini, odnosno na genetskoj razini, na tipološkoj razini, radi se o jednom jeziku i to treba jasno reći." I. Pranjković, Hrvatski i srpskisujedanjezik, in: kultura@slobodnadalmacija.hr., 7.2.2006 („Auf der Standardebene sind das Kroatische, Serbische, Bosnische, ja auch das Montenegrinische verschiedene Varietäten derselben Sprache. D. h., auf rein sprachlicher Ebene bzw. auf genetischer, typologischer Ebene handelt es sich um eine Sprache und dies muss deutlich gesagt werden.") [Eigene Übersetzung].

[5] „BKS" (Bosnisch-Kroatisch-Serbisch) ist die in Deutschland und Österreich verwendete Bezeichnung für das ehemalige Serbo-Kroatisch, das von 1954 bis 1992 eine der Amtssprachen im ehemaligen Jugoslawien war. Seit dem Zerfall Jugoslawiens wird in den Nachfolgestaaten versucht, die betreffenden Sprachstandards aus politisch motivierten Gründen auseinander zu entwickeln, was durch die konsequente Anwendung der Bezeichnungen Bosnisch, Kroatisch, Serbisch (und immer öfter auch Montenegrinisch) unterstrichen wird. Der Status der Standardvarietäten des Serbokroatischen als voneinander unabhängige Sprachen

gehandhabt wird. Was nun die heutige zweite Generation über den Unterschied zwischen diesen drei Idiomen denkt, wurde mittels Fragebögen erfasst; das Ergebnis (Abb. 1) kann (als Exkurs) für sich sprechen.

Heute ist für viele Gastarbeiter der ersten Generation Deutschland ihre zweite Heimat. Doch die dauerhafte Rückkehr dieser ‚Elterngeneration' nach Ex-Jugoslawien scheint gegenwärtig immer häufiger vorzukommen. Sobald das Rentenalter erreicht ist, kommt es vor, dass die Eltern ihren Lebensmittelpunkt *wieder* dauerhaft „nach unten" (*dole*) zurückverlegen. Mit einer über 40 Jahre hinweg erwirtschafteten deutschen Rente verlassen sie nun das Land ihrer Kinder und Enkelkinder – letztere sind oft der Grund, warum andere doch in Deutschland bleiben – und schaffen somit *wieder* neue familiäre transregionale Existenzen.

Für ihre Kinder (Stölting 1980) und Enkelkinder – im besten Fall noch „zwischen zwei Welten lebend" – mit ihrem Freundeskreis und dem seit 30 Jahren im Durchschnitt praktizierten Lebensstil wurde die ‚ursprüngliche' Heimat zur nostalgischen Ferien- und Besuchsdestination. An eine freiwillige, dauerhafte Rückkehr in das Heimatland der Eltern glaubt so gut wie keines der in Deutschland groß gewordenen Kinder; und wenn doch, dann nur in utopisch-theoretischen Ansätzen,

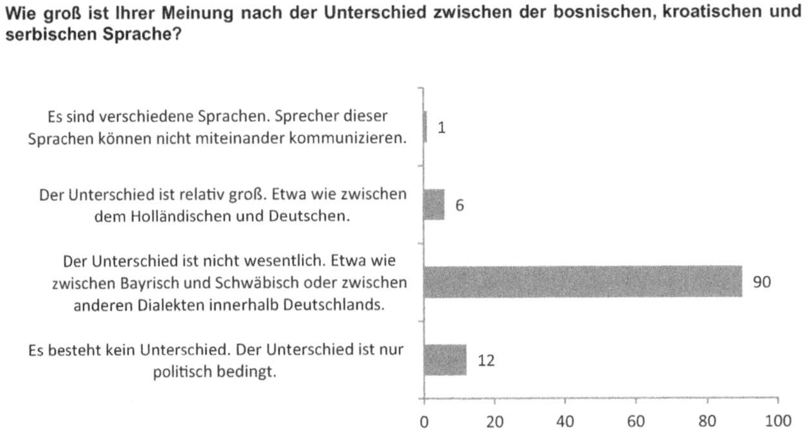

Abb. 1 Eigene Erhebung und Abbildung

ist sprachwissenschaftlich allerdings unhaltbar. Das politisch bedingte Paradoxon wurde auf unübertreffliche Art und Weise schon 1993 von der künstlerisch-humoristischen Vereinigung *Nadrealsiti* karikiert (Top Lista Nadrealista, Jezici). In eigenen Worten: Politiker müssen sich bemühen, politisch korrekt zu sein; Linguisten müssen bemüht sein, linguistisch korrekt zu bleiben!

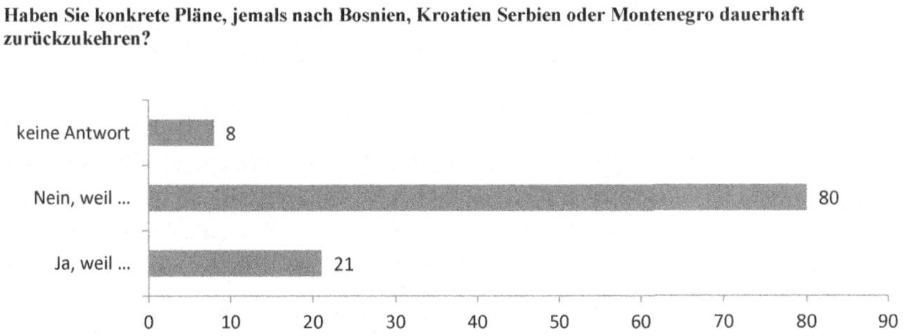

Abb. 2 Eigene Erhebung und Abbildung

ohne ernsthaft praktische Schritte in Richtung „Heimat"-Rückkehr zu unternehmen (s. Abb. 2).

Die zwischen 2012 und 2014 durchgeführte Befragung der zweiten Generation[6] ergab hinsichtlich der Frage nach einer möglichen Rückkehr Folgendes:

Die Begründungen für den Verbleib in Deutschland bewegten sich dabei zwischen diesen Aussagen:

> Nein, weil…
> Sowohl die politische als auch gesellschaftliche Situation nicht meinen Vorstellungen entsprechen. /Die Kultur, die Lebensweise, die Mentalität und das Arbeitsumfeld zu ungewohnt sind. /Ich in Deutschland fest verwurzelt bin. /Dort mich nix hält. /Ich will nicht wieder von Null anfangen. Meine Heimat ist hier. /Ich seit meiner Geburt hier lebe und mir nicht vorstellen kann dort zu leben.

Die bejahenden Antworten wurden wie folgt begründet:

> Ja, weil…
> Ich nie vergessen werde, woher ich komme und dort auch dauerhaft leben will, wenn ich alt bin. /Es meine Heimat ist und ich möchte, dass meine Kinder dort aufwachsen. /Ich mich dort nicht als Ausländer fühle. /Wenn ich in Rente gehe. /Im Alter das Leben dort schöner ist. /Dort das Wetter/Klima besser ist. /Es meine Heimat ist, auch wenn ich in Deutschland geboren bin. /Mir der Lebensstil viel besser gefällt.

Ob die 19 % Rückkehrwilligen ihre Intention tatsächlich realisieren, darf bezweifelt werden.

[6] Die Distinktheit der zweiten Generation ergibt sich aus folgenden Eigenschaften: 1. In Deutschland geboren oder vor dem dritten Lebensjahr nach Deutschland immigriert. 2. Beide Elternteile monolinguale „BKS"-Sprecher zur Zeit der Immigration. 3. Kein Aufenthalt in Bosnien, Kroatien oder Serbien länger als drei Monate in den letzten fünf Jahren. 4. Simultaner Erwerb von B/K/S und D (L1… L2). 5. Formaler Unterricht in Deutsch (Kindergarten, Schule…). 6. Standard-Štokavisch Sprecher.

3 Die „BKS"-Diaspora in Deutschland und die „diaspora language" – Einstellung der zweiten Generation

Um dem Verständnis des gegenwärtigen Ist-Zustands sowohl der Sprachbeherrschung und Einstellung als auch der kulturellen Verortung der zweiten Generation genügend Rechnung zu tragen, ist es notwendig, das soziale, kulturelle und sprachliche Umfeld, in dem die zweite Generation jugoslawischer Migrantennachkommen in Deutschland aufwuchs, nachzuzeichnen. Im Rahmen dieses Beitrages kann dies nur kursorisch geleistet werden. Der Blick auf die mögliche Quantität und Qualität des sprachlichen Inputs sowie die Determinanten, die diese Faktoren beeinflussen, sind hier von zentralem Interesse, jedoch relativ schwer erfassbar. Mittels der Fragebogenumfrage wird in der weiteren Ausführung auch der Bezug zu der gegenwärtigen Ist-Situation des Sprachverhaltens hergestellt.

Der Diasporisierungsprozess, der Mitte der sechziger Jahre begann, wurde erst zehn Jahre später deutlich wahrnehmbar, als sich der Status der ersten Generation der Gastarbeitermigranten unmerklich und wohl weitgehend unbewusst von temporär im Ausland Beschäftigten zum dauerhaften neuen Teil einer neuen Gesellschaft wandelte.

Waren zu Beginn des Migrationsprozesses die meisten jugoslawischen Migranten in Deutschland einzelne Arbeiter, wandelte sich das Bild in der zweiten Hälfte der siebziger Jahre anhaltend, als immer mehr Paare und Frauen, dann auch gesamte Familien nach Deutschland zogen. Die charakteristische Lebensphilosophie der ersten Generation der ‚Gastarbeiter' dieser Zeit war: ‚Arbeiten jetzt – leben irgendwann später' (Pavkovic 1993, S. 36). Da die wirtschaftliche Unabhängigkeit der Frau in Jugoslawien weit fortgeschritten war, waren auch verhältnismäßig viele jugoslawische Frauen in Deutschland berufstätig (Viehböck und Bratić 1994, S. 86), was sprachliche Folgen für die nach Deutschland mitgebrachten Kinder hatte.

Im Zuge der Diasporisierung jugoslawischer Migranten entstand in Deutschland eine Reihe ‚jugoslawischer' kultureller Einrichtungen. Wie in jeder größeren Stadt Deutschlands gab es alleine in München im Jahr 1984 etwa 50 jugoslawische Vereine und Klubs, die oft Bezeichnungen wie „Kultur- und Sportverein" trugen (Pavkovic 1993, S. 36 ff.). Oft wurden solche Vereine von Arbeitnehmern innerhalb eines Betriebes gegründet. Allerdings sollten die vielfach neu gegründeten Klubs und Vereine sowie jugoslawische Presse und Radio/Fernsehsendungen die Anbindung der Gastarbeiter in Deutschland an Jugoslawien stützen. Sie sollten ihre temporäre Situation hervorheben und gleichzeitig ein soziales Umfeld in Deutschland schaffen, um die geplante Rückkehr zu erleichtern.

Das koordinierte Organ aller Münchener Vereine und Klubs war das sogenannte „Jugoslawische Zentrum", welches wiederum dem Dachverband „Verein der jugoslawischen Clubs in Südbayern" angehörte. Das „Jugoslawische Zentrum" zählte 1984 etwa 2000 (aktive) zahlende Mitglieder und etwa 2000 bis 3000 nicht beitragspflichtige Jugendliche bis 18 Jahre. Sportveranstaltungen, Folklore und gemeinsame Freizeitgestaltung (Kino, Musik u. ä.) zählten zu den Hauptaktivitäten des Vereins (Mihelič 1984, S. 24 f.). In einer 1987 durchgeführten repräsentativen Befragung gab rund ein Drittel der Befragten an, einem jugoslawischen Verein anzugehören; 10 % gaben an, in einem deutschen Verein aktiv zu sein (Baučić und Groß 1987, S. 53). Obwohl München die höchste Zahl an jugoslawischen Migranten verzeichnete, kann es zumindest exemplarisch für die Großstadtstruktur der jugoslawischen Diaspora in der gesamten Bundesrepublik angesehen werden. Über das *Sprachverhalten* innerhalb solcher Vereine in den siebziger und achtziger Jahren liegen keine Untersuchungen oder Daten vor. Dass die Tendenz zu einer monolingualen Verwendung des Serbokroatischen im Vordergrund stand, kann bezweifelt werden. Vielmehr ist davon auszugehen, dass, vergleichbar mit heutigen bosnischen, kroatischen oder serbischen Vereinen, bereits in den siebziger und achtziger Jahren ein markantes Code-Switching-Verhalten bei der zweiten Generation bemerkbar war. Der Sprachinput, dem die zweite Generation ausgesetzt war, d. h. der Sprachoutput der *ersten* Generation, war wohl Serbo-Kroatisch. Wie oft sie diesem Input ausgesetzt waren, d. h. wie rege das Angebot solcher Vereine tatsächlich von den Kindern, die sich ja vorwiegend in einem bikulturellen Umfeld bewegten, in Anspruch genommen worden ist, kann schwer geschätzt werden. Die aktuelle Befragung von Personen der zweiten Generation hat ergeben, dass auch heute nur ein geringer Teil von ihnen in einem „BKS"-Verein Mitglied ist (Abb. 3 und 4):

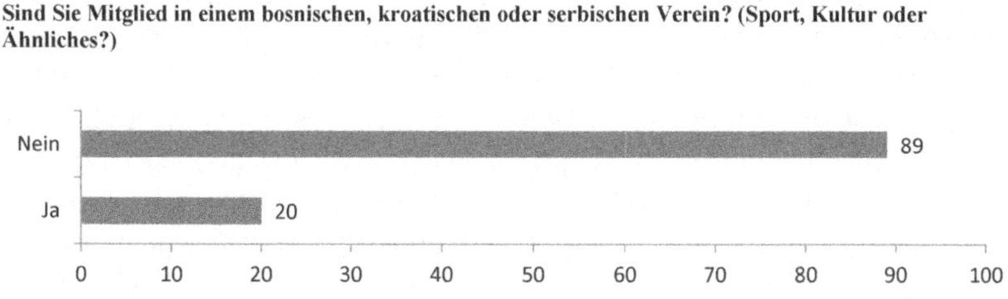

Abb. 3 Eigene Erhebung und Abbildung

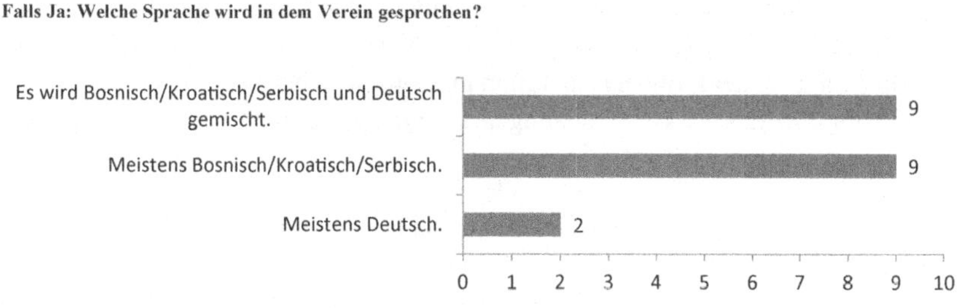

Abb. 4 Eigene Erhebung und Abbildung

Eine ausführliche Darstellung aller Vereine würde den Rahmen dieser Arbeit sprengen, trotzdem ist hinsichtlich der hier aufgeworfenen Fragestellung – kulturelle und sprachliche Hybridität der zweiten Generation – ein exemplarischer Blick zumindest auf manche „BKS"-Vereine lohnend. Als eine Art Dachverband kroatischer Vereine und Körperschaften in der Bundesrepublik Deutschland fungiert der 1994 gegründete Kroatische Weltkongress in Deutschland e. V.. Seine Aufgabe sehen die Mitglieder darin, den Integrationsprozess „im Gast- und neuen Heimatland zu fördern, aber auch das kulturelle und geistige Erbe der Kroaten zu bewahren". Schon dieses auf der zweisprachigen Internetseite zu findende zentrale Credo des Vereins macht die hybride Orientierung der in Deutschland lebenden Kroaten deutlich (das Gleiche kann für Bosnier und Serben angenommen werden). Auch aus der Außenperspektive, d. h. von Kroaten im Ursprungsland gesehen, wird die zweite Generation nicht vorwiegend als kroatisch, sondern als kulturell, mithin auch sprachlich, hybrid angesehen. Prägnant kommt dies in Kommentaren kroatischer Fußballfunktionäre zur Qualität junger kroatischer Spieler aus Deutschland zum Ausdruck:

> Hrvatski talenat, vic, ideja, protkana njemačkom upornošću i disciplinom koje gaje vaši igrači idealan su spoj." („Kroatisches Talent, Witz und Idee, gepaart mit deutschem Ehrgeiz und Disziplin, sind die ideale Mischung, die eure Spieler mitbringen." [Eigene Übersetzung])[7]

Dass hier auf Nationalstereotype (Romić 2013) Bezug genommen wird, ist zweitrangig. Viel interessanter ist, dass den jungen Spielern Eigenschaften aus beiden Kulturen offen zugesprochen werden und dass dieser kulturellen „Best Practice" auch aus der ‚Außensicht' etwas Positives abzugewinnen ist.

Als ein weiterer sichtbarer und nicht zu vernachlässigender Aspekt der ex-jugoslawischen Diaspora in Hinsicht auf den Sprachinput der zweiten Generation sind die jugoslawischen oder auch „Balkan"- Restaurants zu nennen. In den achtziger und frühen neunziger Jahren gab es in jeder größeren Ortschaft mindestens ein solches Gasthaus, in dem sich vorwiegend die Gastarbeiter und ihre Nachkommen zum ‚Stammtisch' trafen (Rossig 2008, S. 14 f.). Auch heute noch ist die Zahl solcher Restaurants beträchtlich. Das Personal ist dominant „BKS"-sprachig. In den Küchen dieser Gasthäuser wird meist monolingual „BKS" gesprochen. Doch auch hier ist man mit der Schwierigkeit konfrontiert, wie diese Tatsache bezüglich des Sprachinputs der zweiten Generation im Ganzen zu beurteilen ist. Während der hierfür durchgeführten Untersuchungen konnten zwei Fälle beobachtet werden,

---

[7] http://www.crowc.org/njemaka/330-odlian-nastup-mladih-nogometauea-hsk-a-na-turniru-u-vukovaru

die jeweils als Endpunkte eines Kontinuums zu verstehen sind. Im ersten Fall handelt es sich um einen Jugendlichen von 16 Jahren, der bis zu fünfmal in der Woche im Restaurant seines Vaters mitarbeitet. Während des ganzen Abends kommt er mit verschiedenen „BKS"-sprachigen Personen in Kontakt. In der Küche und mit dem Personal wird nur „BKS" gesprochen. Code-Switching kommt sehr selten vor. Im zweiten Fall arbeiten beide Elternteile im eigenen Restaurant, das Küchenpersonal ist monolingual „BKS"-sprachig und dennoch sprechen die Kinder fast ausschließlich Deutsch. Zwar ist eine passive Kompetenz vorhanden, allerdings ist die aktive Kompetenz in ihrer ‚Muttersprache' bzw. der *Sprache der Eltern* (Raecke 2006, S. 375–398, 2007, S. 151–159) eher gering. Eine generalisierende Schlussfolgerung ist auf dieser Basis selbstredend noch nicht möglich, aber die Frage des Zusammenhangs von sprachlicher Umgebung, Einstellung und Sprachkompetenz bzw. Sprachverwendung bleibt weiter untersuchenswert.

4 Sprachverhalten und Sprachstruktur bei der zweiten Generation

Der letztgenannte Fall zeigt das erste (für die Beteiligten oft bittere) Ergebnis bezüglich der Sprache in der Migration: Die aktive Kompetenz der Eltern im Deutschen ist quantitativ und qualitativ gesehen vergleichbar mit der aktiven Kompetenz der Kinder in der ‚Ursprungssprache', in unserem Fall des „BKS". Und umgekehrt entspricht die passive Kompetenz der Eltern im Deutschen etwa der passiven Kompetenz der Kinder im „BKS". Anders ausgedrückt: Innerhalb nur einer Generation entsteht eine Lücke zwischen den Kindern und den Eltern in Bezug auf ihre Kommunikations*tiefe*. Eltern sprechen besser „BKS", ihre Kinder besser Deutsch, oder negativ gewendet, Eltern sprechen schlechter Deutsch, ihre Kinder schlechter „BKS". Wenn ein kommunikativer Fluss aufrechterhalten werden soll, dann *müssen* die Betroffenen unter *einem* Dach *zwei* Sprachen verwenden. Und dies tun sie nicht nur durch das auf der Oberfläche sichtbare und funktional bewusste Code-Switching, sondern auch durch eine unbewusste strukturelle Mischung zweier sprachlicher Codes (Kazzazi 2010). Die aktuelle Befragung der Probanden nach dem Sprachverhalten, also welche Sprache mit welchen Personen gesprochen wird (s. u. Abb. 5, 6, 7, 8), zeigt deutlich, dass zwischen den Eltern und den Kindern, wenn man so will, größtenteils eine kommunikative *Konfusion* herrscht.

Deutlich wird, dass etwa die Hälfte der befragten Kinder mit ihren Eltern zwei Sprachen mischt. Die erläuterte mangelnde Fähigkeit, innerhalb der engsten Familie ‚flüssig' miteinander zu kommunizieren, ist ein bislang wenig erforschter Aspekt der *Sprache in der Migration*. Die psychologischen Implikationen sind weitreichend. Es mag behauptet werden, dass das Mischen zweier Codes für die

In welcher Sprache sprechen Sie/sprachen Sie mit Ihrer Mutter?

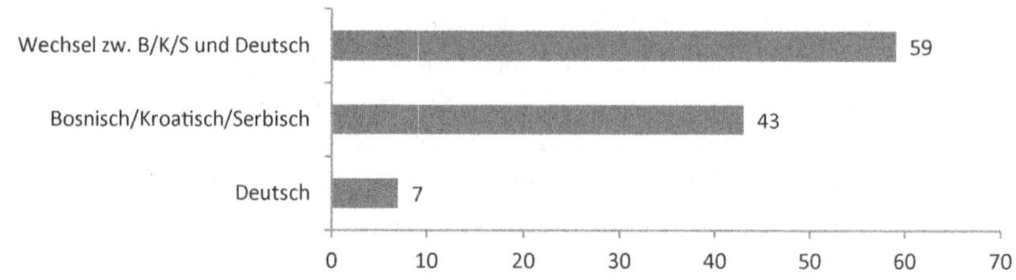

Abb. 5 Eigene Erhebung und Abbildung

In welcher Sprache sprechen Sie/sprachen Sie mit Ihrem Vater?

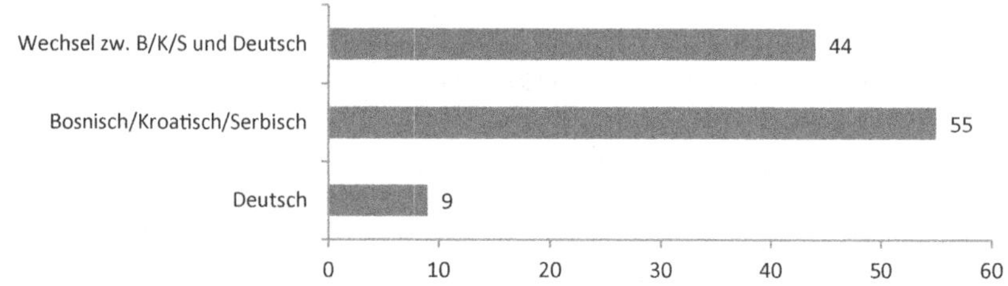

Abb. 6 Eigene Erhebung und Abbildung

In welcher Sprache spricht/sprach Ihre Mutter mit Ihnen?

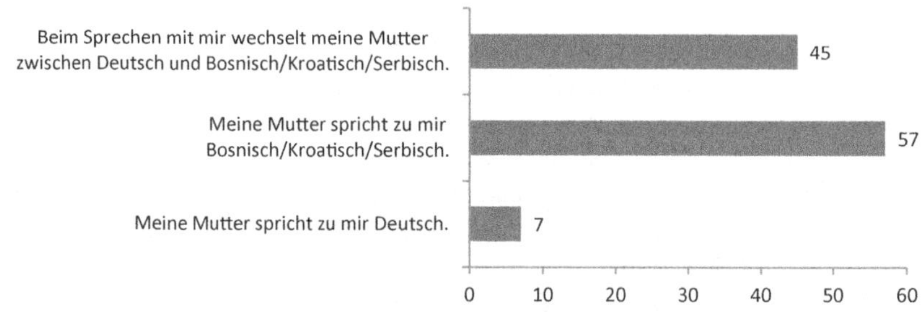

Abb. 7 Eigene Erhebung und Abbildung

Kommunikation keinen Nachteil darstellt, aber die vorgefundene Realität innerhalb der Familien spricht zu oft dagegen. Freilich sind die passiven Kompetenzen sowohl der Eltern als auch der Kinder in den jeweils dominanten Sprachen so weit ausgeprägt, dass es zumindest im Kindesalter zu keinen Kommunikationsstörun-

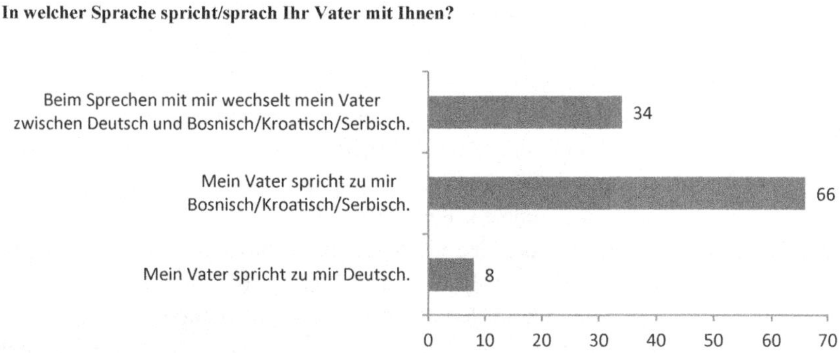

Abb. 8 Eigene Erhebung und Abbildung

gen kommt. Im Erwachsenenalter wird aber der Mangel an verschiedenen Sprachregistern und an Ausdrucksfülle immer deutlicher. Inhaltliche Tiefe der Kommunikation kann deshalb oft nicht realisiert werden.

Für viele Gastarbeiterkinder wurde die Diskrepanz in der Sprachbeherrschung und zwischen den kulturellen Gewohnheiten und Wertorientierungen ihrer Eltern und den deutschen Normen mit der Zeit zu einem Problem. Zwar haben auch deutsche Kinder deutscher Eltern mit der zeitlichen Kluft der Normen und Werte der Elterngeneration zu kämpfen („Also, als ich jung war…"), im Falle der Gastarbeiterkinder sind es aber außerdem noch diejenigen eines anderen Landes bzw. eines gänzlich anderen Kulturkreises (Cropley 1982, S. 71).

> Unter diesen Umständen können Überlieferungen, Volksbräuche, religiöse Überzeugen, ja sogar alltägliche Gewohnheiten, die für die Eltern eine zentrale Wichtigkeit haben, den Kindern als absurd oder „töricht" erscheinen. Daraus kann sich leicht eine tiefe Entfremdung der Kinder von den Eltern ergeben (Cropley 1982, S. 73).

Fehlende Zuwendung in den prägenden Jahren, in welchen sich die Kinder mit ihrer Bikulturalität auseinandersetzen, begünstigten vielleicht noch die Entfremdung der zweiten Generation vom Ursprungsland, d. h. sowohl von den Werten und Normen als auch von der Sprache ihrer Eltern (Kukolj 2010, S. 79). Je nach Individuum war jedoch die Marginalisierung der Sprache und Kultur der Eltern unterschiedlich stark ausgeprägt, wie in den Beispielen der Balkan-Restaurants geschildert wurde.

Durch die Konfrontation nicht nur mit zwei Sprachen, sondern mit zwei weitgehend distinkten Wertsystemen und den damit verbundenen Sozialisationskräften (Elternhaus und Diaspora vs. Lehrer, Freunde, Medien), die beide für die soziale Entwicklung des Kindes wichtige Faktoren darstellen, werden Kinder in die Lage versetzt, zwischen zwei kollidierenden, aber bedeutenden Einflussquellen wählen zu müssen, mit der möglichen Folge einer geschwächten Persönlichkeitsentwicklung und einer Identitätskrise; so zumindest die Theorie (Cropley 1982, S. 74; Viehböck und Bratić 1994, S. 95).

Perpetuiert werden kann die Psychodynamik der Entfremdung vom Kulturkreis des Elternhauses und die damit einhergehende Identitätskrise noch durch eine Aporie der Eltern: Denn je mehr sie ihre Nachkommen ermutigen, die Werte der Aufnahmegesellschaft anzunehmen, umso mehr ermutigen sie sie dazu, diejenigen der Eltern abzulehnen; oder sie retardieren die Anpassung an die Aufnahmegesellschaft und bleiben der Sozialisationsmittelpunkt, fördern aber dadurch das Fremd-Sein der Nachkommen in der neuen Gesellschaft (Cropley 1982, S. 75). Selbstverständlich kann dieses polarisierende *Entweder-Oder*-Bild in Bezug auf die zweite Generation jugoslawischer Nachkommen nicht generalisiert werden. Nichtsdestoweniger sind das Vorhandensein einer kulturellen und sprachlichen Dichotomie und die daraus möglichen psychodynamischen Resultate für die betreffenden Individuen nicht von der Hand zu weisen.

Sprachliche Folgen solch einer gestörten Entwicklung sind unter dem Begriff der *doppelten Halbsprachigkeit* oder *Semilingualismus*[8] bekannt geworden; dieses Konzept wird jedoch gegenwärtig vom Großteil der linguistischen Gemeinde kritisiert und hinterfragt (Hinnenkamp 2005, S. 88; auch Riehl 2004, S. 65).

Erschwerend für die Identifikation mit dem Elternhaus war zudem noch die vermittelnde Position der zweiten Generation zwischen Elternhaus und deutscher Gesellschaft, die oft den Kindern wegen ihrer Sprachkompetenz zukam.

> Die Jugendlichen werden als Dolmetscher zur deutschsprachigen Außenwelt eingesetzt und gewinnen dadurch eine Rolle, die im Herkunftsland dem Vater als Verbindungsglied zwischen Familie – Außenwelt zustand. Der Vater verliert Teile dieser Vertreterfunktion nach außen. Da der Jugendliche in diesem Alter eine Identifikationsfigur braucht, orientiert er sich an medialen Angeboten, an Musik und Film (Viehböck und Bratić 1994, S. 95).

Die jahrzehntelange Belehrung durch Politiker und Medien, Deutschland sei kein Einwanderungsland, und der nur durch den Status als Arbeitskraft legitimierte Aufenthalt auf der einen Seite, sowie auch die permanente Warnung vor einer „Germanisierung" seitens jugoslawischer Konsulate, Kirchen, Vereine, muttersprachlicher Pädagogen u. a. mit dem Appell, die (jugoslawische) Authentizität zu wahren, auf der anderen Seite, verkannten die bikulturelle Realität der Familien im Allgemeinen und der zweiten Generation im Speziellen. Die Betroffenen selbst spürten zwar

[8] Diese beruhen auf der Annahme, dass Migrantenkinder in der neuen Umgebung einen Teil der Erstsprache verlieren, gleichzeitig aber nur Teilkompetenzen in der neuen Sprache erwerben, womit sie im Ergebnis keine der zwei Sprachen ausreichend beherrschen.

die mit der Zeit einsetzende Veränderung ihrer selbst und der Familien, eine tiefgreifende Reflexion oder gar Handlungsansätze, diese in ein positives Selbstbild zu integrieren, blieben jedoch aus (Pavkovic 1993, S. 36 ff.).

Während die erste Generation die Zeit in der Fremde noch durch den Traum von einer Rückkehr zu bewältigen oder zu rechtfertigen versucht war, gestaltete sich die Ausgangslage der zweiten Generation deutlich schwieriger. Da für sie eine ‚Rückkehr' die eigentliche Migration bedeuten würde, waren sie die Ersten, die sich mit den Schwierigkeiten des „Gastarbeiter"-Daseins gezielt auseinandersetzen mussten und die Ersten, die ihren Status des kulturellen Hybridseins mehr oder minder bewusst akzeptierten (Viehböck und Bratić 1994, S. 115).

Die Selbstverortung der zweiten Generation heute stellt sich wie in Abb. 9 (s. u.) dar.

Obwohl sie alle als in Deutschland geboren gelten, gaben hier nur 10 % der Befragten an, sich eher als Deutscher zu fühlen, auch unabhängig von der Sprachkompetenz oder anderen Faktoren. Ca. 30 % entschieden sich, die nationale/kulturelle Identität ihrer Eltern beizubehalten. Etwa 60 % (Antworten 2–4 zusammengenommen) fühlen sich nicht eindeutig zuordenbar, also in gewisser Weise hybrid.

Interessant wird nun auch der vergleichende Blick des Sprachverhaltens zwischen Geschwistern und innerhalb des bilingualen Freundeskreises (Abb. 10, 11).

Während etwa 40 % aller Befragten angeben, mit den Geschwistern Deutsch (!) zu sprechen, verwendet nur ein marginaler Anteil (5 %) „BKS" in der Kommunikation mit den Geschwistern. Im Vergleich zu der Kommunikation mit den Eltern drehen sich die Verhältnisse nahezu um. In der Praxis kann man sich das wie folgt vorstellen: Während des gemeinsamen Mittagstisches sprechen die El-

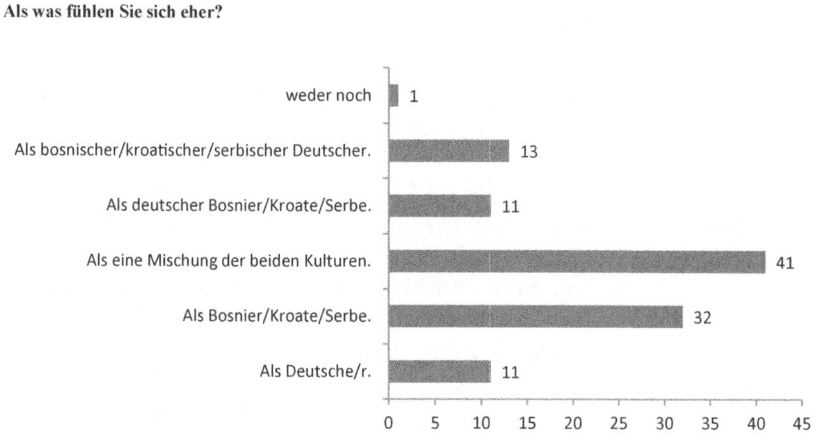

Abb. 9 Eigene Erhebung und Abbildung

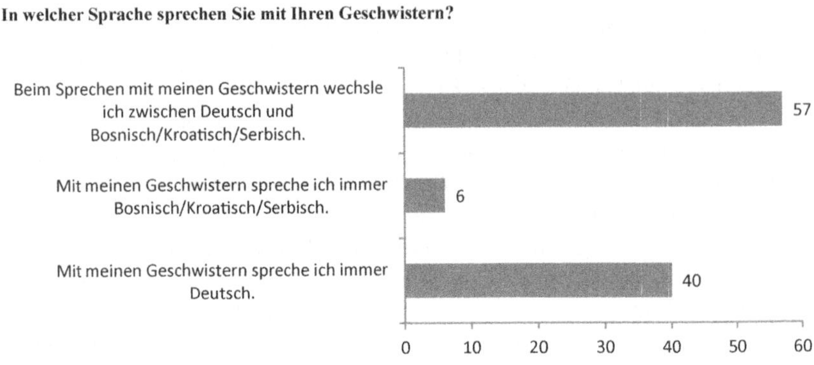

Abb. 10 Eigene Erhebung und Abbildung

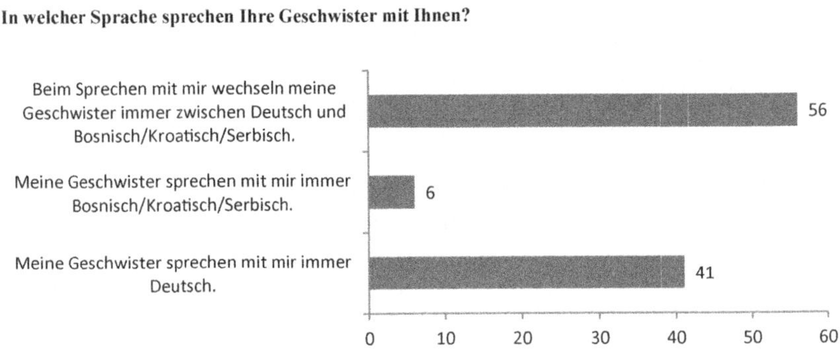

Abb. 11 Eigene Erhebung und Abbildung

tern untereinander „BKS“; an die Kinder wenden sich die Eltern auch in „BKS“, bei Bedarf in beiden Sprachen. Die Kinder verwenden in Richtung der Eltern beide Sprachen und wohl auch in Anwesenheit der Eltern untereinander beide Sprachen. Aber sobald die Geschwister alleine sind, wird in 76 % der Fälle – mit Sicherheit auch mit einer gewissen kognitiven Erleichterung – ins Deutsche geschwenkt. Linguistisch kann von einer *familieninternen Diglossie* gesprochen werden.

Da nun ein Teil des Freundeskreises aus bilingualen Individuen besteht und somit sprachlich vergleichbar mit den Geschwistern ist, könnte erwartet werden, dass auch hier die dominante Sprache das Deutsche ist (s. u. Abb. 12).

Das Ergebnis ist allerdings überraschend. Über 71 % der zweiten Generation verwenden in der Kommunikation mit den bilingualen Freunden – also mit „ihresgleichen“ – beide Sprachen gleichzeitig und das, obwohl das Deutsche (16 % im

Wenn Sie in Deutschland mit Freunden aus dem ehemaligen Jugoslawien zusammen sind, welche Sprache sprechen Sie dann?

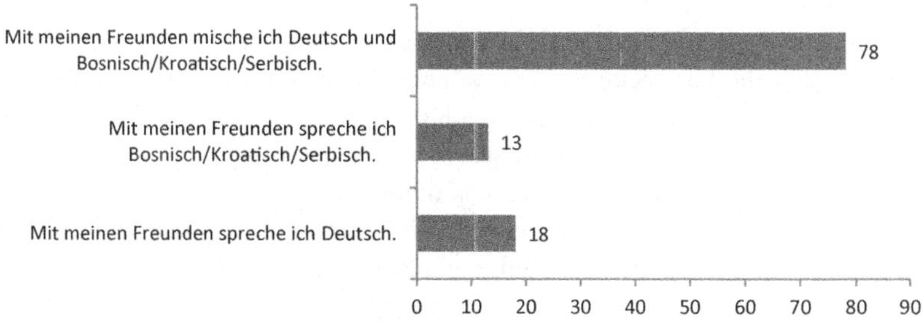

Abb. 12 Eigene Erhebung und Abbildung

Vergleich zu 76 % mit Geschwistern) die Sprache ist, die sie auf einem mit monolingualen Sprechern vergleichbaren Niveau beherrschen. D. h. sie könnten auf Deutsch einwandfrei miteinander kommunizieren, tun es aber nicht; auch nicht in Fällen, in denen die „BKS"-Kompetenzen nur spärlich vorhanden sind. Die Erklärung für dieses Phänomen fasst Volker Hinnenkamp folgendermaßen treffend zusammen:

> ‚Gemischt sprechen' ist die Ausdrucksweise einer transnationalen sozialen Identität. Sie stellt nicht sprachliche Elemente nebeneinander, sondern mischt sie auf, komponiert sie neu, entwickelt hybride Formen und füllt damit einen bislang semantisch unbestimmten Raum. Sie reflektiert einen eigenen, exklusiven Weg mit Mitteln der Sprachenwahl, der Sprachvermischung und Sprachaneignung aus beiden ‚Sprachgemeinschaften' und beiden ‚Kulturen' [...] (Hinnenkamp 2005, S. 91).

Anders ausgedrückt:

Das „gemischt Sprechen" ist ein Distinktheitsmerkmal, ein besonderer In-Group-Style (Stanisavljević 2010, S. 285) von Personen mit gleichem bzw. ähnlichem sozialen Hintergrund. Mit dem mal stärker, mal weniger frequenten Mischen zweier Sprachen möchte man einerseits beiden kulturellen Teilen entsprechen und andererseits die eigenen, besonderen sprachlichen Fähigkeiten unter Beweis stellen.

Wie solch eine Mischung zweier Sprachen[9], der „we-code", aussehen kann, soll der folgende kurze Abschnitt demonstrieren.

> *Pa znam, e znaš nisam ni ja,* eigentlich ne... *slušaj, nisam ja neki koji će tude jebote dizad tepih svaki dan, jebote kužiš, ...* so ist es nicht, *razumiješ, jebote ne! Niti je to meni ono, ja ženi, onaj, ona je ... kak da kažem ...* sie hat ehm *... ne da je ona neu-*

[9] Der klassische, in der Linguistik verwendete Begriff für das Phänomen ist Code-Switching (Haugen 1956; Poplack 1980; Appel und Muysken 1987; Riehl 2004).

redna, nego sie hat keine Ordnung, *znaš,* sie hat kein System *jebote. (). Ja njoj kažem, pa ti bih se mogla na to () milijun puta* viel leichter *jebote kad bi ... vilice su tude, kašike* – blöde gesagt – *maramice su ti ovde, krpe su ti ovde.*[10]

Zwar beherrscht die betreffende Person beide Sprachen auf einem sehr guten Niveau[11], aber die komplette Sequenz könnte sie auch auf Deutsch ausdrücken, was für alle in dieser Studie untersuchten Fälle gilt. Mehr noch, auch in Fällen, in denen die „BKS"-Kompetenzen eher spärlich vorhanden sind, wird immer wieder die Synthese der Sprachen als Kommunikationsstil bemüht.

Dieses Vermischen zweier Systeme in einer schnellen, mühelosen, präzisen und kreativen Art und Weise ist kognitiv gesehen eine Höchstleistung, da sie kein schlichtes „Mixtum compositum" aus L1 und L2 ist (Földes 2005, S. 68). Wenn man so will, sind alle Migrantenjugendlichen, die unter den aufgezeigten bilingualen und bikulturellen Bedingungen aufgewachsen, *Sprach-DJs* mit zwei unterschiedlichen Schallplatten auf zwei Schallplattenspielern mit einem leistungsfähigen Mischpult dazwischen. Und je nach eigener Kreativität, nach eigenen Bedürfnissen und denen des Publikums können sie nach Lust und Laune mal nur die eine oder die andere Platte abspielen, oder gleichzeitig zwischen den Platten *switchen,* durch Synthese etwas Neues, Eigenständiges erschaffend (Abb. 13).

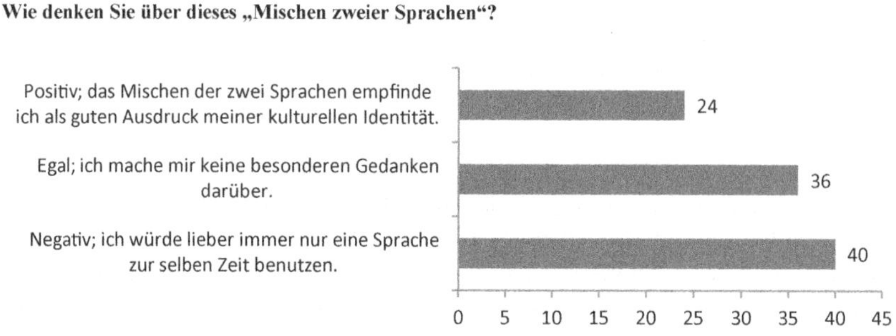

Abb. 13 Eigene Erhebung und Abbildung

[10] *Also ich weiß, weißt du ich bin auch nicht, eigentlich ne... hör mal, ich bin nicht einer, der jetzt, fuck, den Teppich jeden Tag heben wird, verstehst du ... so ist es nicht, verstehst, fuck nee! Es ist mir auch nicht so, zu meiner Frau, sie ist ... wie soll ich es sagen ehmm... es ist nicht so, dass sie unordentlich ist, sondern sie hat keine Ordnung, weißt du, sie hat kein System, fuck.*

[11] Dieser Proband ist sogar bilingual im Sinne der starken, heute eigentlich als veraltet geltenden bloomfieldischen Definition von Bilingualismus: „native-like control of two languages" (Bloomfield 1933, S. 55).

Doch der lebenslange Sprachkontakt von Migrantenjugendlichen erschafft nicht nur auf der Oberfläche gut sichtbare Spuren, wie den eben aufgezeigten „dritten Weg". Der dauerhafte Input und Output zweier Sprachen sowie die Synthese davon bewirkt, dass sich die ‚Muttersprache' oder – weniger konnotiert – die Erstsprache der Individuen auch maßgeblich verändert und zwar auf eine eher unbewusste und weniger präsente Art und Weise. Geht man davon aus, dass die erste Generation der Migranten in Deutschland noch heute kompetente Sprecher des Standard[12]-Bosnischen, -Kroatischen oder -Serbischen (zur Zeit der Migration noch Serbo-Kroatischen) sind, unterscheidet sich die Sprache ihrer Kinder nicht nur in der lexikalischen Kompetenz, sondern auch in der Struktur (vgl. auch Hansen, Romić, Kolaković 2013) teilweise erheblich.[13] Richtet man den Blick auf das von der zweiten Generation gesprochene „BKS", wird eine Fülle an Merkmalen offensichtlich, die Bente Karl „nicht materieller Transfer" (Bente Karl 2012, S. 85) nennt. Diese Sprachveränderungen können nicht an der phonetischen oder graphischen Form, also auf der physischen Oberfläche, unmittelbar erkannt werden und betreffen wohl die unbewusste und im Vergleich zum obigen Mischen – Code-Switching (Banaz 2002; Schlund 2006) – ungewollte Art der sprachlichen Veränderungen.

Anschauliche Beispiele für verschiedene Ebenen des nicht materiellen Transfers finden sich durchgängig im untersuchten Korpus, und das sowohl bei denjenigen, die hohe bilinguale Sprachkompetenz aufwiesen, als auch bei denjenigen, die entweder durch Erosion oder durch unvollkommenes Erlernen wenige Kompetenzen in der Erstsprache hatten:

Beispiele

Beispiel 1

A: Koliko ga puta onda vidiš sedmično?

Deutsch: Wie oft siehst Du ihn wöchentlich?

B: letzte Woche warn's / (.) ahm prošle nedelje su bili dva puta ove jednom

Deutsch: ahm, letzte Woche waren es zwei Mal

[12] Was eine Standardsprache ist, ob die Elterngeneration dem „Standard" entsprachen, kann an dieser Stelle nur hinterfragt werden. Um eine Antwort wird sich an einer anderen Stelle bemüht.

[13] Auch die Sprachstruktur der ersten Generation unterliegt nach jahrzehntelangem Sprachkontakt ähnlichen strukturellen Veränderungen. Die systematische Untersuchung der Sprache (L1) der ersten Generation ist allerdings ein ausstehendes Untersuchungsgebiet.

Beispiel 2

A: znaš u čemu je problem

(--) nemam više puno veze sa dole, znaš

Deutsch: ich habe nicht mehr viel Bezug zu Unten, weißt du

Beispiel 3

tako da je to (.) meni *više bolje* nego ovdje
Deutsch: So dass das für mich *viel besser* ist als hier

Beispiel 4

Mogu ići *kao mittlere reife da prave pa na fos* i
Deutsch: Die können *so die Mittlere Reife machen, dann auf FOS*

Beispiel 5

Oće kao tu hauptschule i::realschule da sastave *ili šta*?
Deutsch: Die wollen so die Hauptschule und Realschule zusammenlegen, *oder was*?

Beispiel 6

Koji će na primer kasnije ići studirati ili ići *na preko* mittlere reife *na fos* i eto
Deutsch: welche z. B. später studieren werden *oder über die* Mittlere Reife *auf die FOS* gehen

Beispiel 7

Sad *pravi* majstorsku školu subotom
Deutsch: jetzt *macht er* die Meisterschule

Beispiel 8

Šta sam ja čuo kroz ono *kroz (drugu) ruku*
Deutsch: das was ich gehört habe, *durch zweite Hand*

Beispiel 9

dobro *to meni u redu leži*, znaš ono
Deutsch: gut, *das liegt mir gut*, weißt schon

Beispiel 10
A: Zašto si uopće uzimo njemačko državljanstvo?
Deutsch: Warum hast du überhaupt die deutsche Staatsbürgerschaft angenommen?
B: *Zato* što *dole nisam ništa izgubio.* Nebi se nikad vratio dole!
Deutsch: *Weil ich da unten nichts verloren habe.* Ich würde niemals nach unten zurückkehren!

Alle aufgeführten Beispiele haben gemeinsam, dass mittels „BKS"-*Materials* unbewusst sprachliche Strukturen (Wortstellung, Phraseologie, Semantik...) des Deutschen nachbildet oder kopiert werden.[14] Die Phonetik und Morphologie dagegen sind in den obigen Sätzen nicht (oder kaum) von monolingualen Sprechern des „BKS" zu unterscheiden.[15]

Reacke charakterisiert zugespitzt diese ‚Varietät' als „Deutsch mit bosnischen, kroatischen, montenegrinischen oder serbischen Wörtern" (Raecke 2007, S. 387).[16] Hinrichs spricht von einer neu erschaffenen Varietät und nennt sie Deutschland-Jugoslawisch (Hinrichs 2013, S. 201). Die genaue Untersuchung ebendieses Aspekts der Sprache in der Migration ist bis dato weitgehend ausgeblieben. Eine genaue Analyse aller möglichen Veränderungen wird gegenwärtig an einer anderen Stelle vorgenommen.

5 Resümee

Wie schon im Titel dieses Beitrags die kulturelle Hybridität der zweiten Generation pointiert durch die Stimme eines Vertreters eben dieser Gruppe dargelegt wurde,

> *Ja sam ti ono pola-pola,* wie das Gericht beim Kroaten.
> (Ich bin so halb-halb, wie das Gericht beim Kroaten.)

so eignet sich komplementär dazu das letzte oben aufgeführte Beispiel hervorragend, um eine Schlusspointe zum tendenziellen Ist-Zustand der bosnischen,

[14] Ein aktuelles und prominentes Beispiel aus der englisch beeinflussten deutschen Sprache: „Das macht keinen Sinn." (*That makes no sense.*) statt „Das ergibt keinen Sinn."

[15] Die gleiche Art von Transfer funktioniert natürlich auch in die andere Richtung. Noch lange, nachdem die deutsche Phonetik des Autors kaum von der seines deutschen Freundeskreises zu unterscheiden war, waren noch Präpositionsfehler ein Markenzeichen seiner Sprache: Fahren wir *auf* Tankstelle? – „BKS": Hajdemo *na* benzinsku?

[16] So auch der Titel des in der Zeitschrift Lahor 2006 erschienenen Artikels: Hrvatski u Njemačkoj: njemački s hrvatskim riječima?

kroatischen, serbischen Sprache und der kulturellen Verortung ihrer Verwender in Deutschland zu setzen:

> A: Zašto si uopće uzimo njemačko državljanstvo?
> (Warum hast du überhaupt die deutsche Staatsbürgerschaft angenommen?)
> B: *Zato što dole nisam ništa izgubio.* Nebi se nikad vratio dole!
> (*Weil ich da unten nichts verloren habe.* Ich würde niemals nach unten zurückkehren!)

Auf die Frage, warum sie mit etwa 19 Jahren die deutsche Staatsbürgerschaft angenommen hat, antwortet die in Deutschland geborene Testperson sprachlich gemischt, hybrid: in einem phonetisch perfekten, akzentfreien „BKS", aber mit einer semantischen Struktur, die deckungsgleich mit einem deutschen Phraseologismus[17] ist. Und der zweite Satz definiert sehr deutlich ihr Heimatland und diesbezügliche Zukunftspläne.

Zwar kann dieses Beispiel nicht als repräsentativ für eine Gruppe von etwa 300.000 Individuen dienen, denn die Sprachkompetenzen der jeweiligen Sprecher sind unterschiedlich, von vielen Variablen abhängig und eher als Fähigkeits-Kontinuum mit hoher individueller Varianz zu verstehen.

Deutlich wird jedoch, dass schon in der zweiten Migrationsgeneration die von den Eltern mitgebrachte Sprache auf verschiedenen Ebenen stark von der Umgebungssprache durchsetzt wird und das eben auch auf Ebenen, die sich dem offenen Blick entziehen.

Was hier noch festgehalten werden darf, ist, dass die Vertreter der zweiten und dritten Generation mit ihrem bikulturellen Dasein in Deutschland ein im Schnitt positives Selbstbild besitzen. So wie sie ihre einmalige Kompetenz einer „dritten Sprache" selbstbewusst verwenden, einen neuen semantischen Raum erschaffen, der nur ihnen gehört, so spielen sie auch kreativ und eigensinnig mit dem Wissen beider Kulturen und ihren Differenzen. Social Media-Seiten wie *Jugo Betrugo*, *Jugoschwabo*, *Jugoslawische Schönheit* u. a. erfreuen sich großer Beliebtheit und die dort vorzufindenden sprachlich-visuellen Kreationen erschaffen einen privaten, überlegenen Ort, der gleichzeitig beide Kulturen und Sprachen ausgrenzt, aber diese zugleich durch etwas Eigenständiges, Erstmaliges verbindet.

Und das ohne jegliche nationale Tendenzen.

---

[17] Die deutsche Bedeutung von „unten/dort/da/hier nichts verloren zu haben" (Du hast hier nichts verloren.) ist nicht übertragbar auf das Bosnische, Kroatische, Serbische. Zwar würde ein monolingualer „BKS"-Sprecher aus dem Kontext die Bedeutung wohl verstehen, aber einem „Standard" oder der Umgangssprache entspricht sie nicht. Der Einfluss des „Deutschland-Jugoslawisch" auf die Sprache des Ursprungslandes ist ein weiteres, unbestelltes Forschungsfeld.

Literatur

Appel R, Muysken P (1987) Language Contact and Bilingualism. Edward Arnold, London, Baltimore

Banaz H (2002) Bilingualismus und Code-switching bei der zweiten türkischen Generation in der Bundesrepublik Deutschland. Redaktion LINSE, Essen

Baučić I, Groß B (1987) Rückkehr und Reintegration jugoslawischer Arbeitnehmer aus der Bundesrepublik Deutschland. Bundesminister für Arbeit und Sozialordnung, Bonn

Bente Karl K (2012) Bilinguale Lexik. Nicht materieller lexikalischer Transfer als Folge der aktuellen russisch-deutschen Zweisprachigkeit. Otto Sagner, München, Berlin

Bloomfield K (1933) Language. Henry Holt and Company, New York

Brunnbauer U (2009) Labour Emigration from the Yugoslav Region from the late 19th Century until the End of Socialism: Continuties and Changes. In: Brunnbauer U (Hrsg) Transnational Societies, Transterritorial Politics. Migrations in the (Post-)Yugoslav Area, 19th – 21st Centuries. Oldenbourg, München, S 17–50

Cropley AJ (1982) Erziehung von Gastarbeiterkindern. Kinder zwischen zwei Welten. Ehrenwirth, München

Földes C (2005) Kontaktdeutsch. Zu Theorie eines Varietätentyps unter transkulturellen Bedingungen von Mehrsprachigkeit. Narr, Tübingen

Haberl ON (1978) Die Abwanderung von Arbeitskräften aus Jugoslawien. Oldenbourg, München

Hansen B, Romić D, Kolaković Z (2013) Okviri za istraživanje sintaktičkih struktura govornika druge generacije bosanskoga, hrvatskoga i srpskoga jezika u Njemačkoj. (Zur Untersuchung der syntaktischen Strukturen des Bosnischen, Kroatischen und Serbischen als Herkunftssprachen in Deutschland: die Sprecher der Zweiten Generation.). LAHOR: časopis za hrvatski kao materinski, drugi i strani jezik 1 (15):9–45

Haugen E (1956) Bilingualism in the Americas: A Bibliography and Research Guide. University of Alabama Press, Alabama

Hinnenkamp V (2005) „Zwei zu bir miydi?" – Mischsprachliche Varietäten von Migrantenjugendlichen im Hybriditätsdiskurs. In: Hinnenkamp V, Meng K (Hrsg) Sprachgrenzen überspringen. Sprachliche Hybridität und polykulturelles Selbstverständnis. Narr, Tübingen, S 51–104

Hinrichs U (2013) Multi Kulti Deutsch. Wie Migration die deutsche Sprache verändert. C.H. Beck, München

Kazzazi K (2010) Ich brauche mix-cough: Cross-linguistic Influence Involving German, English and Farsi. International Journal of Multilingualism 8 (1) (February 2011):63–79

Kukolj K (2010) Die Südslawen und ihre Identität(en) – Eine Untersuchung in Deutschland lebender Bosnier, Kroaten und Serben. GRIN, München

Mihelič M (1984) Jugoslawische Jugendliche. Intraethnische Beziehungen und ethnisches Selbstbewußtsein. Verlag Deutsche Jugendbücherei, München

Novišćak K (2009) The Recruiting and Sending of Yugoslav 'Gastarbeiter' to Germany. In: Brunnbauer U (Hrsg) Transnational Societies, Transterritorial Politics. Migrations in the (Post-)Yugoslav Area, 19th–21st Centuries. Oldenbourg, München, S 121–144

Pavkovic G (1993) Psychosoziale Beratung von Arbeitsmigranten aus dem ehemaligen Jugoslawien. In: Lajios K (Hrsg) Die psychosoziale Situation von Ausländern in der Bundesrepublik. Integrationsprobleme ausländischer Familien und die seelischen Folgen. Leske + Budrich, Opladen, S 35–44

Poplack S (1980) „Sometimes I'll start a sentence in Spanish *y termino en español*": Toward a Typology of Code-switching. Linguistics 18 (7–8):581–618

Romić D (2013) Stereotype und nicht-stereotype sekundäre Bedeutungen von Nationen, Ländern und Ethnien im Bosnischen, Kroatischen, Serbischen. Wiener Slawistischer Almanach 72:175–230

Raecke J (2006) Hrvatski u Njemačkoj: njemački s hrvatskim riječima? LAHOR 1 (2):151–159

Raecke J (2007) Wenn Migrantenkinder als Studierende die Sprache ihrer Eltern sprechen – Was können sie dann? Zeitschrift für Slawistik 52 (4):375–398

Rossig R (2008) (Ex-) Jugos. Junge MigrantInnen aus Jugoslawien und seinen Nachfolgestaaten in Deutschland. Archiv der Jugendkulturen, Berlin

Riehl M (2004) Sprachkontaktforschung. Eine Einführung. Narr, Tübingen

Schlund K (2006) Sprachliche Determinanten bilingualer Identitätskonstruktion am Beispiel von Deutsch-Jugoslawen der Zweiten Generation: Zeitschrift für Slawistik 51 (1):74–93

Stanisavljević A (2010) Bilingualismus und Migration. Eine Untersuchung zu bosnisch/kroatisch/serbisch-deutschem Code switching in Berlin. In: Voß C, Golubović B (Hrsg) Srpska Lingvistika. Eine Bestandsaufnahme. Sagner, München, S 279–296

Stölting W (1980) Die Zweisprachigkeit jugoslawischer Schüler in der Bundesrepublik Deutschland. Harrassowitz, Wiesbaden

Viehböck E, Bratić L (1994) Die Zweite Generation. Migrantenjugendliche im deutschsprachigen Raum. Österreichischer Studien-Verlag, Innsbruck

Dipl. Volksw. Daniel Romić M.A. ist Doktorand am Institut für Slawistik der Universität Regensburg. Er hat Forschungsschwerpunkte im Bereich Migrationslinguistik, Sprachkontaktforschung, Sprachphilosophie. Forschungsprojekt: „Das ‚Bosnisch/Kroatisch/Serbische' der Zweiten Generation in Deutschland".

Teil IV
Identität(en)

How Does Experiencing Different Cultural Contexts Influence Identity Development?

Joachim Thomas, Nadja Al-Dawaf and Regina Weißmann

Abstract

This article aims at describing identity development with a focus on aspects that are characteristic of individuals growing up in a society different from that of their parents. Interaction between two or more cultures has various interesting features. First, we will introduce different theoretical concepts of identity development. Next, we will describe the role of social environment and cultural background. Finally, there will be an examination of the developmental process with the difficulties arising due to migration. As a central developmental task of adolescence, identity is investigated in this particular phase. Our central thesis is that belonging to a different culture than that of the host society represents an additional challenge for adolescents in forming an identity. Discrepancies in values, attitudes, and behavior between the juveniles' culture of origin and the

J. Thomas (✉) · N. Al-Dawaf · R. Weißmann
Psychologische Diagnostik und Interventionspsychologie, Katholische Universität Eichstätt-Ingolstadt, Eichstätt, Deutschland
e-mail: joachim.thomas@ku.de

R. Weißmann
e-mail: regina.weissmann@ku.de

N. Al-Dawaf
e-mail: nadja.al-dawaf@ku.de

K. Kazzazi et al. (Hrsg.), *Migration – Religion – Identität. Aspekte transkultureller Prozesse,* DOI 10.1007/978-3-658-06510-2_11

majority culture affect identity development. In our paper we focus on young immigrants in Germany.

Keywords

Adolescence · Identity development · Identity diffusion · Migration · Social context · Culture · Individualism · Collectivism

1 Concepts of Identity Development

Identity gives an individual's life meaning by framing it in a social and historical context. This means that a person feels he or she is the same person over time so that there is a continuous line from the past to the present. The core identity is reinforced as the same entity, but aspects can be changed. Identities are not stable, but fluid and constantly changing (McLaughlin 2012). Simon (2004) identifies self-aspects of identity as qualities that refer to generalized psychological characteristics or traits, physical features, roles, abilities, tastes, attitudes, behaviors, and explicit group membership.

Following the psycho-social theory of Erikson (1968), one of the pioneers in this field, we may conceive of identity as a more or less coherent individual construction of one's abilities, beliefs, values, and individual history (Schwartz 2001). According to Erikson (1968, 1980), development occurs in eight phases, which describe both internal and socio-contextual dimensions of human development across the whole lifespan. Each phase is characterized by a crisis, which has to be solved, in order to move on to the next phase. Identity crisis can be seen as the psycho-social aspect of the adolescent phase. *Identity achievement* marks the success of this phase. Young individuals struggle between feelings of identity and role confusion. An achieved identity has a substantial impact on one's future life. Erikson understands development from a conflict perspective and identity crisis as normative and as a substantial step in development towards a stable sense of self and a feeling of independence. This crisis takes place within the person and between persons and society. Individuals have to locate themselves in society and plan their future life in the context of vocation, relationship, family, and religious or political issues by figuring out alternative lifestyles. After each crisis, identity attains more stability. In addition, there is an increase in the capacity to follow one's own norms and that of the people to whom one relates most closely.

Identity can be regarded as a feeling based on two observations: the observation of a consistency and continuity of the self over time, and the observation that others also recognize this continuity and consistency. Accordingly, identity development can be defined as a psycho-social development, as a continuous interaction between the individual and society (Erikson 1980). Therefore, social exchanges play an important role in identity development. Reciprocally, a stable identity has a positive impact on social relationships in general (Zimmer-Gembeck and Petherick 2006). Especially the behavioral aspect of identity, which summarizes the visible components of the identity-development process on an interactional level, is salient in social interactions (Marcia 1993).

James Marcia (1966) was one of the first researchers who empirically validated and transformed Erikson's psycho-social theory of identity development. Referring to Erikson's definition, he describes it as follows:

> Occurring during late adolescence, the consolidation of identity marks the end of childhood and the beginning of adulthood. Identity formation involves a synthesis of childhood skills, beliefs and identifications into a more or less coherent, unique whole that provides the young adult with both a sense of continuity with the past and a direction for the future (Marcia 1993, p. 3).

The Identity Status Approach assumes that identity development is determined through two bipolar dimensions: exploration and commitment. Experiencing a period of exploration or crisis represents the period necessary for figuring out a picture of one's own future life. Exploration is defined as "the adolescent's period of engagement in choosing among meaningful alternatives" (Marcia 1966, p. 551). In this period individuals critically examine central life topics (for example vocation, family, politics, or religion), figure out their own position by reflecting different role models, and weigh up alternative life approaches and attitudes.

Ideally, exploration goes hand in hand with a commitment-making period, which "refers to the degree of personal investment the individual exhibits" (Marcia 1966, p. 551). Being committed means having made firm decisions within different life areas, having determined one's own goals, values and beliefs, and implementing them in one's present and future life (Archer and Waterman 1983; Marcia 1976). From the two bipolar dimensions – exploration and commitment – four identity statuses can be derived: identity diffusion, foreclosure identity, moratorium, and identity achievement. With respect to the definitions by Marcia and his research group (Marcia 1966, 1976, 1980), as well as to later modifications of the theory (Archer and Waterman 1983; Kroger 2008; Kroger et al. 2010; Luyckx et al. 2005; Meeus et al. 2010; Phinney and Ong 2007; Schwartz et al. 2011; Waterman 1988), the four identity statuses can be described as follows: Individuals in the *diffusion phase* neither show a feeling of commitment towards a certain life topic nor experience critical exploration. Actually, this phase constitutes an incomplete stage. Without going through any crisis or through an exploration period the individual seems to be more or less unconcerned about the future. Preferences in vocation and ideological or interpersonal domains are short-term and subject to fluctuation. The longer a period of identity diffusion takes, the more the individual feels disorientated, which may lead to an emotional crisis and a void. Marcia (1989) describes *developmental diffusion* as the healthiest and distinguishes it from other types. *Disturbed diffusion* is characterized by biographical violations and, accordingly, a lack of resources. Consequences may be practical failure and social isolation. *Carefree diffusion* gives the impression of successful integration and a major sense of social competency. Adolescents in this phase have a lot of contact with other young people, but without any emotional ties and continuity in the long term. They are incapable of occupational and ideological commitment. Thus, the same inner emptiness is found in both, the disturbed and the carefree diffusion. In contrast, developmental diffusion is a transitional phase only, finally leading to a successful identity (Marcia 1989, p. 291).

The *moratorium status* differs from identity diffusion in as much as the individual feels the need to change their situation by a critical examination of a certain life topic, which corresponds to experiencing a period of crisis or exploration. Dealing with different alternatives and their advantages and disadvantages, worrying about the future, and the need for a satisfying decision are specifics of this stage. In order to solve this developmental task successfully the individual has to reflect their exploration and to choose between several alternatives. This enables a person to make a commitment towards a certain vocation, form of life, or attitude. Individuals in the *status of identity achievement* show serious inner commitment towards their decisions. They have gone through an exploration period and, thus, are able to validate their decisions by experiencing different alternatives and to recognize the pros and cons of diverse life models. In this respect, *identity achievement* differs from *foreclosure identity*. In the latter stage, individuals show commitment as well. However, this commitment is strongly influenced by values and goals of people who represent an authority, such as parents, teachers, or a religious mentor, and not by a self-directed exploration. Individuals here do not explore different alternatives; they merely take over goals and values presented to them.

In contrast to Erikson's developmental theory, which assumes a fixed order of stages, the Identity Status Approach provides a complex set of different courses in identity development. Movements between the statuses may be both progressive and regressive (Kroger et al. 2010; Marcia 1976; Meeus et al. 2010; Waterman 1993). Progressive development describes the course from identity diffusion or foreclosure to identity achievement, usually initiated by an exploration period in the moratorium. Nevertheless, an individual in the status of identity achievement may again regress to the moratorium status, for example, when former decisions turn out to be misleading or unsatisfying or a critical life event has occurred. Likewise, a person in the moratorium status may regress to identity diffusion, when efforts of commitment making remain unsuccessful and explorations are abandoned. As movements between identity statuses can go in both directions, we may assume that identity development is a process covering the lifespan. Additionally, identity statuses are susceptible to biographical changes and social influences.

The number of adolescents assigned to the diffusion stage has, according to Marcia's studies, dramatically increased. This could be attributed to the fact that young people in Western societies today typically do not have stable and committed relationships, which are helpful for forming identity, like in former times. If social conditions are of a non-binding nature, it seems reasonable not to commit oneself. In professional and academic domains the ability to adapt to different settings is still required. Furthermore, individuals in temporary employment may take advantage of any opportunity, while at the same time keeping other possibilities in mind. Marcia relates this to a further type of identity diffusion, which he calls *culturally adaptive diffusion*. In a society where commitment is not valued, it is adaptive to be diffuse (Marcia 1989, p. 292). In contrast to other types of identity diffusion, individuals have a high number of friends, are socially competent and good at networking (Born 2007). It is important to remember that these results correspond to vocational and academic life areas, while in interpersonal areas, such as family and friendship, it is not recommendable to refuse any commitment. Research shows that culturally adaptive behavior is useful for vocational and academic purposes, but not in interpersonal areas. Berry and Sam (1997) differentiate between areas of public and private action. In a further subdivision, areas of public action include the political and governmental system, regulating the formal social order in the host country, labor and work, which also include education, and economic actions. In contrast, areas of private action include family and social-relationship issues, ideological attitudes in terms of religion and philosophy, and – closely connected – religious customs or principles and values (Navas et al. 2005).

2 The Role of Social and Cultural Context

Research on identity development has been expanded by the role of context (Ahnert and Haßelbeck 2014; Adams and Marshall 1996; Kagitcibasi 1996; Yoder 2000). Here, identity development is seen as an individual and social process at the same time, as identity shapes and is formed by the surrounding milieu (Adams and Marshall 1996). According to Baumeister and Muraven (1996), individual identity is an adaptation to the social context. The concept of adaptation means that individuals do not passively obtain an identity. Not only the social structure of relationships, but also culture generates a context in which identity can develop. People then actively choose and modify their identities within the context according to their needs. Social surroundings confront individuals with specific expectations. How the adolescent is performing is assessed by their environment. Whether he or she is doing well or not can be regarded as relative to cultural contexts (Erikson 1980). Desiring and achieving socially responsible behavior is considered to be an essential developmental task of adolescence (Havighurst 1982). This developmental task may be described as fidelity, in which the importance of matching personal and social standards and acting both autonomously and responsibly are emphasized (Erikson 1980).

As a lifelong socialization process, development comprises constant interactions with the socio-cultural environment. Cultural context gives perceived behavior its meaning. The same behavior may have different meanings, depending on the culture it occurs in. For instance, in societies where an authoritarian upbringing forms the standard, strong control from the parents' side would not be registered because it is regarded as "normal". To behave in an acceptable way, individuals must know and understand the social norms of the "context" they interact in (Kagitcibasi 1996). With these considerations the role of social context and how individuals conceive themselves and others become quite clear. Our understanding of what is moral and ethically good cannot be separated from specific socio-cultural conditions and interaction (McLaughlin 2012).

Conflicts may arise during identity development due to expectations of the social environment (Erikson 1980). Especially in adolescence, group opinion and image play an important role. The development of adolescents is influenced by their identification with social groups (Phinney 1993). Identity can be seen as the answer to the question "to which group do I belong?" (Hofstede and Hofstede 2005, p. 322). Differences in identity are rooted in shared practices, such as symbols, heroes, and rituals. Values represent the deepest manifestation of culture and are not visible.

Still, cultural values affect the consequences of identity differences. The culture dimension *individualism/collectivism* has a long research tradition. According to Hofstede (2001) the dimension "describes the relationship between the individual and the collectivity that prevails in a given society" (p. 209). Collectivism rather than individualism implies that identity groups separate themselves from other groups (Hofstede and Hofstede 2005). The extent to which one favors the *in-group* and distances oneself from the *out-group* determines how strongly group membership influences one's thinking and behavior (Schwartz et al. 2006). In-groups are characterized by similarities among their members. Individuals have a sense of "common fate" with members of the in-group. Furthermore, they may feel anxious when they are not with members of their in-group (Triandis 1995; Triandis et al. 1993). The family symbolizes the most important in-group. Groups that disagree on valued attributes or groups one is in conflict with can be regarded as clear out-groups (Triandis 1995).

In this regard, it is necessary to differentiate between two aspects of identity, personal and social, a distinction already introduced by Erikson (1968). *Personal identity* refers to those aspects of the self that describe continuity over time and situation and can be defined as "the individuated self – those characteristics that differentiate one individual from others within a given social context" (Brewer 1991, p. 476). *Social identity* is related to group membership and can be defined as "that part of an individual's self-concept which derives from knowledge of membership in a social group (or groups) together with the value and emotional significance attached to that membership" (Tajfel 1978, p. 63). Frable (1997) defines social identity as the individual psychological meaning of a particular categorizing system: Individuals construct their social identities themselves as gender, race, ethnic and class identity. Tajfel and Turner (1979) assume a negative relationship between social and personal identity; i.e., whenever one is highly developed the other has to be weak. In the case of a sound social identity the distinction between oneself and one's group would be relatively weak. Thus, if individuals are strongly identified with their group, their ethnic identity will be also robust, but they will not have the resources to develop an independent personal identity (Schönpflug 2005).

As identity is shaped by the roles and responsibilities a person is expected to fulfill, living in different cultural contexts at the same time could affect identity formation. Since expectations differ between societies, young immigrants must either choose which society they want to be "accepted" in. Or they have to adjust their behavior according to the context. Variation in cultural contexts involves changing profound attitudes and values that are characteristic of one's identity. For example, adolescents in certain cultures are expected to spend more time with family members, including the extended family, such as uncles, aunts, or grandparents (Mordkowitz and Ginsburg 1987). While German adolescents interpret parental control as parental rejection (Trommsdorff 1985), adolescents with more collectivistic embedding differentiate between dominating control and order-keeping control. Dominating control goes hand in hand with restrictive and interfering parenting behavior. Order-keeping control can be understood as organizational and functional parental support that allows the child to become autonomous. It can be considered as positive caring parenting behavior (Lau et al. 1990).

3 Identity Development and Cultural Identity

As a main developmental agent, culture influences both personal and social identity. When discussing *cultural identity*, we focus on the individual self-assignment that is derived from one's perceived membership in a cultural group. Cultural identity is mainly regarded as a part of social identity (Padilla and Perez 2003). It can be defined as the broad range of worldviews and behavioral practices that one shares with the members of one's community. Beside everyday practices, morals and religion take prominent roles in the individuals' conception of cultural identity. This is also shown in practices that mark the life course, such as graduating from school or marriage. However, identifying with a cultural group does not mean that the members altogether share all beliefs and practices. There is a wide variation, with culture being one of multiple developmental agents in identity formation, besides generation, social class, and specific subgroups (Jensen 2003).

While according to Erikson, identity formation involves making choices on what distinguishes the individual among the members of their own community, forming a cultural identity means deciding on the cultural group one wants to belong to. As cultural identity is also associated with the feeling of belonging to a group, it can only be developed through the perception of contrasting cultures. For adolescents experiencing a more or less uniform context of beliefs and traditions, regarding identity development, the question of cultural identity would not pose a major challenge (Portes and Rumbaut 2001). In contrast, for a person exposed to more than one culture, the identity formation process is a conscious one, in which an active decision is required (Jensen 2003; Tartakovsky 2009). Making conscious decisions means having a choice. Yet, choosing the community does not go along with basic values of collectivist cultures and the concept of in-groups. Here, people are born into the group they identify with. They do not just leave it and share a different "fate". That would not correspond with social norms. Therefore, adolescents of immigrant background face the difficulty of fulfilling the expectations of virtually diametrically opposed sides.

In the preceding sections we have shown the importance of social context and how a different cultural background influences identity development. In the following, we will discuss different issues associated with migration and how adolescents are affected by it. As explained above, conflicts may arise if expectations of the social environment do not match with the value systems of the adolescent.

4 Issues Related to Migration

In previous societies identity was largely fixed concerning social class or status. Today, on the contrary, our identity is not given; we can choose our identity in a reflecting way from various competing life aspects (Giddens 1990; McLaughlin 2012). Contemporary youth is confronted with different value systems. Traditional cultural beliefs, everyday practices, and life course transitions have changed due to globalization (Jensen 2003). Bauman (2004) argues that the concept of identity has become more interesting because identity is now deemed jeopardized. With the collapse of seemingly fixed and stable identities around gender, nation, etc., social fluidity, but also insecurity around identity has become more apparent. Globalization and other social changes and shifts in family forms can be seen as the causes. Kagitcibasi (2007, 2013) differentiates between the family patterns of independence and interdependence. Independence may usually be found in individualist cultures, where autonomy and self-regulation are emphasized. Interdependent family patterns characterize collectivist cultures. While financial or material advantages of having children decrease as a result of modernization, the emotional component of relationships between family members remains strong. As a result, the autonomy of the individual is no longer seen as harmful for the family and can coexist with emotional interdependence and strong family ties.

Identity formation is no longer simply based on one's culture of origin. The worldview of juveniles and their everyday behaviors reflect values that are derived from multiple cultures. Accordingly, there is no universal developmental pathway to adolescent cultural identity formation (Jensen 2003). Growing up in a different culture means attaining different orientations regarding individualist and collectivist societies (Schwartz et al. 2006). Due to group orientation in collectivist societies, the opinion of the individual is determined by group membership, and private life is invaded by groups (Hofstede and Hofstede 2005). From an individualist perspective, it would be difficult to understand that the focus of the individual is not only the realization of one's own goals, but also giving group interests precedence over one's own. Self-definitions of individuals are expected to reflect the values and expectations of the majority group of the country (Markus and Kitayama 1991; Matsumoto and Kupperbusch 2001). Individuals are consequently interdependent with their in-group (Mills and Clark 1982). Since family represents the most important in-group, adolescents would mostly be concerned about protecting its members and interests. The awareness about the necessity to meet one's own needs is less important because in-group harmony and personalized relationships are highly valued. Regarding immigrants of Turkish origin, for instance, parents' influence on their children's vocational choices is mainly determined by value transmission and based on the parents' role within their families. Here, adolescents take the wishes of their parents into account more seriously than adolescents of German origin (Al-Dawaf et al. 2013). In his study about value systems in 40 countries, Schwartz (1994) empirically identified two collectivist clusters, "conservation" and "harmony", and two individualist clusters, "intellectual autonomy" and "affective autonomy". The collectivist values include family security, social order, respect for tradition, honoring parents and elders, security, and politeness. In contrast, individualist values are: being curious, broad-minded, and creative and having an exciting and varied life full of pleasure.

Here, the context gains new importance because for a collectivist person, social behavior varies depending on the context. In fact, collectivists shift their behavior depending on the situation more than individualists do. Behavior depends on the question of whether a collectivist is interacting with a member of the in-group or a member of the out-group (Triandis 1972, 1995). This means that in collectivist cultures the situation determines social behavior to a larger extent than in individualist societies. For this reason, the personality is less evident in a collectivist culture (Triandis 1995). Thus, communication with strangers or members of the out-group – represented by almost all members of the majority society – would be different. The individual is outward-oriented and accords their counterpart greater importance. Moreover, social interactions are a priori seen as pleasant. Hence, people try to be agreeable and non-critical (Triandis et al. 1984). With these findings, identity among collectivists is mainly defined by relationships and group membership (Triandis 1995). Adolescents from collectivist cultures would be more open to external influences, especially from people with the same ethnic background. Hui and Yee (1994) observed a stronger vulnerability to external influences in collectivists and concluded that this could lead to a weaker manifestation of autonomy and promote foreclosure identity. In consequence, identity achievement would be difficult to accomplish.

Having to integrate multiple value systems and social norms into a coherent self (Rumbaut 1994; Phinney 1998), even young people of second and third generation migratory descent may face difficulties. This integration becomes even more challenging, the more the culture of origin and the host culture differ in their core values (Kwak 2003). Competing attitudes, for example, the wish to maintain their cultural heritage from the immigrants' side and the wish for adaptation by the host society, may lead to conflicts within and between both groups. Belonging to an obvious minority group and experiencing rejecting attitudes from members of the majority society, on the one hand, and critical attitudes of the minority group towards the majority culture, on the other hand, can lead to considerable stress. In addition, lack of institutional support (Côté 2000) may have a negative impact on identity formation. In contrast, in societies where cultural diversity is promoted, bicultural identities can be integrated more easily and the experience of discrimination should be reduced (Berry et al. 2006).

According to Marcia (1993), exploring different roles and aspects of identity marks the best way to achieve a stable identity. A traditional cultural context makes it difficult for adolescents to obtain features which are characteristic of identity achievement, since exploration would mean questioning the values of one's parents and the in-group. As Jensen (2003) has pointed out, the nature of globalization (mainly a Western ethos) emphasizes individual autonomy and secular values. Traditional cultures, in contrast, accentuate community cohesion and religious faithfulness. Commitment to an identity in which adolescents have to combine such opposing ethics confronts them with hardly related directions. Exploring principles related to secularity or leaving traditional ideals behind would barely be explored if precisely these values made up the core understanding of their cultural identity. According to Erikson and Marcia, this would hinder adolescents from achieving commitment. They would therefore either reach a foreclosure identity or identity diffusion would be prolonged. Long-lasting identity diffusion may lead to a regression of identity (Erikson 1956); individuals reject shaping their own, stable identity, which negatively influences other functions of personality. Identity diffusion may be associated with internalizing problems, for instance, depression or anxiety, as well as externalizing problem behavior, such as rule-breaking and physical aggression (Schwartz et al. 2011). In the long run, intense identity diffusion positively correlates with neuroticism and negatively with agreeableness (Leichsenring et al. 2003; Clancy and Dollinger 1993). Furthermore, problems in interpersonal areas, less academic autonomy, and less educational involvement can be found. Individuals in the status of identity diffusion are barely able to plan and execute academic efforts in a self-regulated style and lack realistic career and life plans, as well as effective life-management strategies (Berzonsky and Kuk 2000).

5 Answers and Proposals for Interventions

Our chapter shows that identity development is quite challenging for adolescents of immigrant families. When it comes to supporting young immigrants in forming their identity successfully, the question is whether there is an ideal path to reach identity achievement. Implementing the Identity Status Interview (Marcia 1966) in a recent study on adolescents of Turkish and German origin, significant differences between the two groups were observed. In contrast to adolescents of German origin, mainly assigned to identity achievement, most of the adolescents of Turkish background were allocated to foreclosure identity (Weißmann et al. 2013). It would, however, be misleading to interpret these results in such a way that adolescents of Turkish immigrant families were unable to reach identity achievement. The results rather indicate different values evoked by cultural background. Hence, this assignment reflects a traditional cultural orientation corresponding to collectivist cultures, as described above.

In a large-scale study on acculturation of young immigrants, four different strategies were identified (Berry et al. 2006). The majority of participants were classified as employing the integration strategy, according to which young people show involvement in both the heritage and the host culture. The ethnic strategy, representing the second group, shows a strong orientation to the heritage culture and a limited involvement in the host society. The third group, the national profile, describes adolescents that show a strong orientation to the host culture and a low identification with their cultural heritage. The remaining group is defined as diffuse profile with an inconsistent pattern of the (three) contradictory acculturation strategies assimilation, separation, and marginalization. Other studies show that immigrant adolescents who do not keep the values of the heritage culture have a high risk of self-destructive behavior, such as drug abuse or other deviant behavior and marginalization (Gil et al. 2000). Focusing on the heritage culture without taking the majority culture into consideration hinders young immigrants from being successful in life. On the other hand, the combination of an inner nucleus of identity that is strongly related to the heritage culture and well-developed strategies dealing with the cultural practices of the majority culture seems to be the best foundation of psychological well-being (Berry et al. 2006; Yoon et al. 2013). According to Kagitcibasi (2013), well-being of immigrant adolescents is strongly related to the two dimensions autonomy and relatedness. She describes these dimensions in her interdependent family model as the two sides of the self. *Autonomy* in the sense of self-governing is a characteristic that is recommended by the majority culture. *Relatedness* refers to the interpersonal distance between family members. In collectivist cultures, a high relatedness between family members is supported.

Adolescents of immigrant descent are confronted with the task of reconciling expectations from both the host society and the culture of origin, transmitted by their family. Both groups influence the development of cultural identity depending on how strong the individual perceives the membership in the respective group to be. Adolescents of immigrant families perceive the contrasts of two cultures; therefore, it is most essential for them to attain a cultural identity. As the family represents the most important in-group, its values and interests are of high importance. High family obligation in collectivist tradition affects identity development positively. Fuligni et al. (1999) found positive correlations between adolescents' high family obligations and positive family and peer relationships. In a cross-cultural study on adolescent-parent disagreement differences in adolescents' preferences were observed. Young men and women with a collectivist cultural background prefer to consider their parents' values and wishes (Phinney et al. 2005). Collectivist values are also considered to serve as protective factors in order to avoid identity diffusion because emotional support is given through social norms and structures (Le and Stockdale 2005).

Furthermore, it seems to be relevant that society become sensitized about essentials significant for successful identity development of immigrant adolescents. It is important that adolescents of immigrant families are offered exploration opportunities in both cultural contexts. With regard to the host society, it seems important that immigrant adolescents have access to institutional facilities, where support can be received regarding public domains like school or work (Côté 2000). Adolescents of Turkish background consider the support of teachers in Germany as most effective in issues regarding the application process for professional training positions. Even providing sufficient information about different vocations that affect professional identity could be regarded as the responsibility of the majority society because adolescents regard this support as substantial (Al-Dawaf et al. 2013). The importance of the engagement on the side of the host society becomes more evident here.

Moreover, immigrants regulate themselves in the direction of the majority culture in terms of public actions, for example, school, work, and economy. In areas of private actions, such as family, social relationships, values, and religious beliefs, they tend to rely on their culture of origin (Camilleri et al. 1997). Most of the time individuals of different cultures spend together is in public locations. In these areas, which are strongly regulated by the host society, adapting to its conventions would be, for the most part, useful and appropriate. Additionally, young immigrants adapting to their own cultural heritage should also be encouraged by the host society (Berry et al. 2006). This is particularly substantial for immigrants from the second or third generation. They have never lived in their country of origin and are interested in getting acquainted with their roots (Wessendorf 2007). In this point, the host society should encourage them to learn more about their own ethnic group, in order to have the opportunity to integrate both cultures into their identity.

References

Adams GR, Marshall SK (1996) A Developmental Social Psychology of Identity: Understanding the Person-in-Context. Journal of Adolescence 19(5):429–442

Ahnert L, Haßelbeck H (2014) Entwicklung und Kultur. In: Ahnert L (ed) Theorien in der Entwicklungspsychologie. Springer, Heidelberg, pp 26–59

Al-Dawaf N, Weißmann R, Thomas J (2013) Developing Vocational Identities of Adolescents with Migration Background as a Function of Value Orientations, Self-Efficacy and Consulting Resources. In: Blake RB, Walthrust Jones NJ (eds) Interculturalism and the Construction of Identity. Inter-Disciplinary Press, Oxford, pp 111–123

Archer SL, Waterman AS (1983) Identity in Early Adolescence: A Developmental Perspective. The Journal of Early Adolescence 3:203–214

Bauman Z (2004) Identity. Polity, Cambridge

Baumeister RF, Muraven M (1996) Identity as Adaptation to Social, Cultural, and Historical Context. Elsevier Science, Amsterdam

Berry JW, Sam DL (1997) Acculturation and Adaption. In: Berry JW, Segall MH, Kagitcibasi C (eds) Handbook of Cross-Cultural Psychology 3: Social Behaviour and Applications. Allyn & Bacon, Boston, pp 291–326

Berry JW, Phinney JS, Sam DL, Vedder P (2006) Immigrant Youth: Acculturation, Identity, and Adaptation. Applied Psychology: An International Review 55(3):303–332

Berzonsky MD, Kuk LS (2000) Identity Status, Identity Processing Style, and the Transition to University. Sage Publications, Beverly Hills

Born A (2007) Well-diffused? Identity Diffusion and Well-Being in Emerging Adulthood. In: Watzlawik M, Born A (eds) Capturing Identity: Quantitative and Qualitative Methods. University Press of America, Lanham, pp 149–161

Brewer MB (1991) The Social Self: On Being the Same and Different at the Same Time. Personality and Social Psychology Bulletin 17:475–482

Camilleri C, Malewska-Peyre H, Anugraham A, Dasen C (1997) Socialization and Identity Strategies. In: Berry JW, Dasen PR, Saraswathi TS (eds) Handbook of Cross-Cultural Psychology, 2nd edn. Allyn & Bacon, Needham Heights, MA, pp 41–67

Clancy SM, Dollinger SJ (1993) Identity, Self, and Personality: I. Identity Status and the Five-Factor Model of Personality. Journal of Research on Adolescence 3(3):227–245

Côté J (2000) Arrested Adulthood; The Changing Nature of Maturity and Identity. University Press, New York

Erikson EH (1956) The Problem of Ego Identity. Journal of the American Psychoanalytic Association 4:56–121

Erikson EH (1968) Identity, Youth and Crisis. W.W. Norton. Inc, New York

Erikson EH (1980) Identity and the Life Cycle. W.W. Norton Inc, New York

Frable DES (1997) Gender, Racial, Ethnic, Sexual, and Class Identities. Annual Review of Psychology 48:139–162

Fuligni AJ, Tseng V, Lam M (1999) Attitudes toward Family Obligations among American Adolescents with Asian, Latin American, and European Backgrounds. Blackwell Publishing, Hoboken

Giddens A (1990) The Consequence of Modernity. Stanford University Press, Stanford

Gil AG, Wagner EF, Vega WA (2000) Acculturation, Familialism and Alcohol Use among Latino Adolescent Males: Longitudinal Relations. Journal of Community Psychology 28(4):443–458

Havighurst RJ (1982) Developmental Tasks and Education. Longman, New York

Hofstede G (2001) Culture's Consequences: Comparing Values, Behaviors, Institutions and Organizations Across Nations. Sage Publications, Thousand Oaks

Hofstede G, Hofstede G-J (2005) Cultures and Organizations: Software of the Mind. McGraw, Hill-USA

Hui CH, Yee C (1994) The Shortened Individualism-Collectivism Scale: Its Relationship to Demographic and Work-Related Variables. Elsevier Science, Amsterdam

Jensen LA (2003) Coming of Age in a Multicultural World: Globalization and Adolescent Cultural Identity Formation. Lawrence Erlbaum, Mahwah
Kagitcibasi C (1996) Family and Human Development Across Cultures: A View from the Other Side. Lawrence Erlbaum, Hillsdale
Kagitcibasi C (2007) Family, Self, and Human Development Across Cultures: Theory and Applications, 2nd edn. Lawrence Erlbaum, Mahwah
Kagitcibasi C (2013) Adolescent Autonomy-Relatedness and the Family in Cultural Context: What is Optimal? Journal of Research on Adolescence 23 (2):223–235.
Kroger J (2008) Identity Development During Adolescence. In: Gerald R Adams MDB (ed) Blackwell Handbook of Adolescence. Blackwell Publishing Ltd, Oxford, pp 205–226
Kroger J, Martinussen M, Marcia JE (2010) Identity Status Change during adolescence and Young Adulthood: A Meta-Analysis. Journal of Adolescence 33:683–698
Kwak K (2003) Adolescents and Their Parents: A Review of Intergenerational Family Relations for Immigrant and Non-Immigrant Families. Karger, Basel
Lau S, Lew WJF, Hau K-T, Cheung PC, Berndt TJ (1990) Relations among Perceived Parental Control, Warmth, Indulgence, and Family Harmony of Chinese in Mainland China. American Psychological Association, Washington
Le TN, Stockdale GD (2005) Individualism, Collectivism, and Delinquency in Asian American Adolescents. Lawrence Erlbaum, Mahwah
Leichsenring F, Kunst H, Hoyer J (2003) Borderline Personality Organization in Violent Offenders: Correlations of Identity Diffusion and Primitive Defense Mechanisms with Antisocial Features, Neuroticism, and Interpersonal Problems. Bulletin of the Menninger Clinic 67(4):314–327
Luyckx K, Goossens L, Soenens B, Beyers W, Vansteenkiste M (2005) Identity Statuses Based on 4 Rather Than 2 Identity Dimensions: Extending and Refining Marcia's Paradigm. Journal of Youth and Adolescence 34(6):605–618
Marcia JE (1966) Development and Validation of Ego-Identity Status. Journal of Personality and Social Psychology 3(5):551–558
Marcia JE (1976) Identity Six Years After: A Follow-up Study. Journal of Youth and Adolescence 5(2):145–160
Marcia JE (1980) Identity in Adolescence. In: Adelson J (ed) Handbook of Adolescent Psychology. Wiley & Sons, New York, pp 109–137
Marcia JE (1989) Identity Diffusion Differentiated. In: Luszcz MA, Nettelbeck T (eds) Psychological Development across the Life-Span. Elsevier, North-Holland, pp 289–295
Marcia JE (1993) The Ego Identity Status Approach to Ego Identity. In: Marcia JE, Waterman AS, Matteson DR, Archer SL, Orlofsky JL (eds) Ego Identity – A Handbook for Psychosocial Research. Springer, New York, pp 3–21
Markus HR, Kitayama S (1991) Culture and the Self: Implications for Cognition, Emotion, and Motivation. American Psychological Association, Washington
Matsumoto D, Kupperbusch C (2001) Idiocentric and Allocentric Differences in Emotional Expression, Experience, and the Coherence between Expression and Experience. Blackwell Publishing, Hoboken
McLaughlin K (2012) Surviving Identity: Vulnerability and the Psychology of Recognition. Routledge, London
Meeus W, van de Schoot R, Keijsers L, Schwartz SJ, Branje S (2010) On the Progression and Stability of Adolescent Identity Formation: A Five-Wave Longitudinal Study in Early-to-Middle and Middle-to-Late Adolescence. Child Development 81(5):1565–1581

Mills J, Clark MS (1982) Exchange and Communal Relationships. In: Wheeler L (ed) Review of Personality and Social Psychology. Sage, Beverly Hills, pp 121–144
Mordkowitz ER, Ginsburg HP (1987) Early Academic Sozialization of Successful Asian American College Students. Quarterly Newsletter of the Laboratory of Comparative Human Cognitions 9(2):85–91
Navas M, Garcia MC, Sanchez J, Rojas AJ, Pumares P, Fernandez JS (2005) Relative Acculturation Extended Model (RAEM): New Contributions with Regard to the Study of Acculturation. Elsevier Science, Amsterdam
Padilla AM, Perez W (2003) Acculturation, Social Identity, and Social Cognition: A New Perspective. Hispanic Journal of Behavioral Science 25(1):35–55
Phinney JS (1993) A Three-Stage Model of Ethnic Identity Development in Adolescence. In: Bernal ME, Knight GP (eds) United States Hispanic Studies. State University of New York Press, Albany, pp 61–79
Phinney JS (1998) Ethnic Identity and Acculturation. Paper Presented at the International Conference on Acculturation, University of San Francisco, St Fulton
Phinney JS, Ong AD (2007) Conceptualization and Measurement of Ethnic Identity: Current Status and Future Directions. Journal of Counseling Psychology 54(3):271–281
Phinney JS, Kim-Jo T, Osorio S, Vilhjalmsdottir P (2005) Autonomy and Relatedness in Adolescent-Parent Disagreements: Ethnic and Developmental Factors. Sage Publications, Beverly Hills
Portes AR, Rumbaut RG (2001) Legacies: The Story of the Immigrant Second Generation. University of California Press, Berkeley
Rumbaut RG (1994) The Crucible Within: Ethnic Identity, Self-Esteem, and Segmented Assimilation among Children of Immigrants. International Migration Review 28(4):748–794
Schönpflug U (2005) Ethnische Identität und Integration. In: Fuhrer U, Uslucan HH (eds) Familie, Akkulturation und Erziehung. Kohlhammer, Stuttgart, pp 206–225
Schwartz SJ (1994) Are there Universal Aspects in the Structure and Contents of Human Values? Blackwell Publishing, Hoboken
Schwartz SJ (2001) The Evolution of Eriksonian and Neo-Eriksonian Identity Theory and Research: A Review and Integration. Identity: An International Journal of Theory and Research 1:7–58
Schwartz SJ, Montgomery MJ, Briones E (2006) The Role of Identity in Acculturation among Immigrant People: Theoretical Propositions, Empirical Questions, and Applied Recommendations. Human Development 49(1):1–30
Schwartz SJ, Luyckx K, Vignoles V (2011) Handbook of Identity Theory and Research. Springer, New York
Simon B (2004) Identity in Modern Society: A Social and Psychological Perspective. Blackwell Publishing, Oxford
Tajfel H (1978) Differentiation between Social Groups. Studies in the Social Psychology of Intergroup Relations. Academic Press, London
Tajfel H, Turner JC (1979) An Integrative Theory of Intergroup Conflict. In: Austin WG, Worchel S (eds) The Social Psychology of Intergroup Relations. Brooks-Cole, Monterey, pp 33–47
Tartakovsky E (2009) Cultural Identities of Adolescent Immigrants: A Three-Year Longitudinal Study Including the Pre-Migration Period. Journal of Youth and Adolescence 38(5):654–671
Triandis HC (1972) The Analysis of Subjective Culture. Wiley-Interscience, Oxford, England

Triandis HC (1995) Individualism & Collectivism. New Directions in Social Psychology. Westview Press, Boulder

Triandis HC, Marin G, Lisansky J, Betancourt H (1984) Simpatia as a Cultural Script of Hispanics. American Psychological Association, Washington

Triandis HC, McCusker C, Betancourt H, Iwao S, Leung K, Salazar JM, Setiadi B, Sinha JBP, Touzard H, Zaleski Z (1993) An Etic-Emic Analysis of Individualism and Collectivism. Sage Publications, Beverly Hills

Trommsdorff G (1985) Some Comparative Aspects of Socialization in Japan and Germany. In: Reyes Lagunes I, Poortinga YH (eds) From a Different Perspective: Studies of Behavior across Cultures. Swets & Zeitlinger, Amsterdam, pp 231–240

Waterman AS (1988) Identity Status Theory and Erikson's Theory: Commonalities and Differences. Developmental Review 8:186–208

Waterman AS (1993) Overview of the Identity Status Scoring Criteria. In: Marcia JE, Waterman AS, Matteson DR, Archer SL, Orlofsky JL (eds) Ego Identity – A Handbook for Psychological Research. Springer, New York, pp 156–176

Weißmann R, Al-Dawaf N, Thomas J (2013) Identity Development of Adolescents with Turkish Migration Background: A Replication of the Identity Status Interview. In: Blake RB, Walthrust Jones NJ (eds) Interculturalism and the Construction of Identity. Inter-Disciplinary Press, Oxford, pp 83–97

Wessendorf S (2007) 'Roots Migrants': Transnationalism and 'Return' among Second-Generation Italians in Switzerland. Journal of Ethnic & Migration Studies 33(7):1083–1102

Yoder AE (2000) Barriers to Ego Identity Status Formation: A Contextual Qualification of Marcia's Identity Status Paradigm. Journal of Adolescence 23:95–106

Yoon E, Chang C-T, Kim S, Clawson A, Cleary SE, Hansen M, Bruner JP, Chan TK, Gomes AM (2013) A Meta-Analysis of Acculturation/Enculturation and Mental Health. Journal of Counseling Psychology 60(1):15–30

Zimmer-Gembeck MJ, Petherick J (2006) Intimacy Dating Goals and Relationship Satisfaction during Adolescence and Emerging Adulthood: Identity Formation, Age and Sex as Moderators. International Journal of Behavioral Development 30(2):167–177

Prof. Dr. Joachim Thomas is professor of psychology at the Catholic University of Eichstaett-Ingolstadt, where he holds the Chair of Psychological Diagnostics and Assessment. He researches in the fields of migration, adolescence and vocational rehabilitation.

Nadja Al-Dawaf, dipl. psych., graduated from the Catholic University of Eichstaett-Ingolstadt with a degree in psychology. She holds a doctoral scholarship at the Graduate School "Migration". Research project: "Developing vocational identities of adolescent children of Turkish immigrants" (Prof. Dr. Joachim Thomas), Chair of Psychological Diagnostics and Assessment.

Regina Weißmann graduated from the Catholic University of Eichstaett-Ingolstadt with a degree in school psychology. She holds a doctoral scholarship at the Graduate School 'Migration'. Research project: "Lifestyles of adolescent children of Turkish immigrants – influences of cultural background, religion, and social surroundings on identity development and objectives for living in the majority society" (Prof. Dr. Joachim Thomas), Chair of Psychological Diagnostics and Assessment.

Family, Self and Well-being of Immigrant Youth

Cigdem Kagitcibasi

Abstract

This chapter provides a social psychological perspective to the study of immigrant youth in Europe, and more specifically in Germany. In particular, family, self, and identity of immigrant youth are examined. A contextual perspective is used, focusing especially on the country of immigration, but also considering the country of emigration to develop a better understanding of the factors involved. The immigrant self develops in the immigrant family, therefore both the self and the family, and their interface need to be studied extensively. In such research insights developed from the theory of family change (Kagitcibasi) promise to shed light on the underlying processes. Similarly the construct of the 'autonomous related self' is helpful in analyzing change and continuity in the immigration context. Finally the myriad factors in both the emigration and the immigration countries need to be taken into consideration for a thorough understanding of the processes involved and especially for deriving their policy implications.

Keywords

Autonomy · Relatedness · Autonomous-related self · Migration · Immigrant family · Model of psychological interdependence · Parental control/warmth

C. Kagitcibasi (✉)
Center for Gender and Women's Studies, Koc University, Istanbul, Turkey
e-mail: CKAGIT@ku.edu.tr

K. Kazzazi et al. (Hrsg.), *Migration – Religion – Identität. Aspekte transkultureller Prozesse,* DOI 10.1007/978-3-658-06510-2_12

1 Introduction

Urbanization of populations is a global human phenomenon of great significance. Rural to urban and international migration is the underlying cause. Such social change brings about modifications in life styles and creates new demands on people to adapt to their new environments. Social scientists like demographers, economists, and sociologists have studied this phenomenon for some time. Psychological scientists are somewhat newcomers to this realm of research, which is rather curious, since it is human beings who go through these processes of change, and their adaptation is of key importance.

2 The Immigrant Family

Starting with the family in the context of international migration, there is a common pattern of change from the country of origin to the country of immigration. This is a shift from the background collectivistic *culture of relatedness* to the individualistic host *culture of separateness* (Kagitcibasi 1990, 2007, 2011). What are the implications for the adaptation of the immigrant?

A common assumption is that this change involves a shift from the *interdependent* family and self to the *independent* family and self. Even though modernization theory, the original proponent, has been much criticized, this assumption is tenacious. In other words, it is expected that the immigrant family would change in such a way as to resemble the 'Western' middle class family, reflecting another general assumption that such change accompanies global shifts in families through the process of socio-economic development. Is this really the trend?

Research challenges these assumptions. For example, ethnic minority research in the U.S. points to rather different family patterns than those typical of Western middle classes, for example in manifesting close-knit family relations (warmth) together with strong parental control (discipline) (Chao 1994; Smetana and Gaines 1990; Jose et al. 2000; Kwak 2003; Lansford et al. 2003). A European study by Dekovic, Pels and Model (2006) examined five major ethnic groups in the Netherlands and found that parents who used strong discipline (authoritarian control) were also warm and supportive. The researchers called this 'an unlikely combination' because of the assumption that strong parental discipline implies hostility, and that the Western pattern of (more) permissive parenting is more healthy. However, in the culture of relatedness strong parental control is normative, and it tends to co-exist with parental warmth.

I developed a theory of family change (Kagitcibasi 1990, 1996, 2005, 2007) concerning the connections among the different aspects of the cultural and socio-economic environment and life styles; family structure and family systems; family interactions and child rearing; and the development of the self in the family. Briefly, it proposes a general model of family in context (Kagitcibasi 2007, p. 134). Two aspects of this context are 'culture' and 'living conditions'. The former entails mainly a culture of separateness – culture of relatedness (individualism – collectivism) dimension; the latter involves urban-rural and SES (socio-economic status) variations (affluence). Three different prototypical family models are proposed. *The family model of (total) interdependence* is prototypical of the collectivistic rural agrarian family and is also prevalent in urban low-income groups with limited resources, where children have utilitarian-economic value and are sources of old age security for their parents. In such a family system, the autonomy of the child is not desired, since an autonomous child may develop into an independent youth and may separate him/herself from the family, endangering family integrity and survival. Thus, obedience-oriented child rearing is common and upholds close-knit family relations. The contrasting family model is *independence*, which is prototypical of the individualistic Western affluent middle class urban society. It entails autonomy and self-reliance orientation in child rearing, since individual autonomy is adaptive in this context, and separation of the adult offspring is not a threat to the family livelihood.

As mentioned before, it is often assumed that there is a shift from the family model of interdependence to the family model of independence with increased urbanization and affluence in the Majority World. However, research shows that this may not be the case. What appears to happen is that material interdependence across generations in the family (including old age security value of the child) **decreases** with urban life styles and affluence, but psychological interdependence continues to be valued, given the continuing collectivistic culture of relatedness.

This third pattern is the *family model of psychological/emotional interdependence* (Kagitcibasi 1990, 2005, 2007). Here autonomy enters into child rearing because the offspring's autonomy is no longer a threat to family livelihood, since material dependence on adult offspring has decreased with increased affluence. Autonomy is also highly adaptive in urbanized life styles. However, the value of close-knit ties (relatedness) and parental control are maintained, since the separation of the growing child is not valued. Combination of autonomy with relatedness leads to the emergence of the *autonomous-related self*. There is increasing research evidence for this model (Kim et al. 2005; Koutrelakos 2004; Lubiewska 2008; Mayer 2013; Mayer et al. 2012; McShane et al. 2009; Schwarz et al. 2005; see Kagitcibasi 2007 for an extensive review).

From a psychological perspective the shift toward the third model, the family model of psychological interdependence and the autonomous-related self, is a healthy one. This is because 'relatedness' and 'autonomy' are two basic human needs, as commonly accepted by psychologists (Guisinger and Blatt 1994; Kagitcibasi 1996; Ryan and Lynch 1989). Thus, it appears that in the individualistic cultures, the need for autonomy is well recognized and supported, but the need for relatedness appears to be ignored to some extent. In the collectivistic cultures the opposite is the case – while relatedness is supported, autonomy is not. Both leave something to be desired. The family model of psychological interdependence which combines relatedness with autonomy is the more optimal family-self model. This theory is used in this chapter as a general framework for understanding the plight of the immigrants.

3 The Immigrant Self

With changing life styles in the context of immigration, the important question is: Does autonomy enter into child rearing? In other words, is there a shift from the traditional family culture of interdependence to the family culture of psychological interdependence, where autonomy and parental warmth and control can coexist?

Studies point to the prevalence of the psychological value attributed to children and interpersonal connectedness in the family model of psychological interdependence (Kagitcibasi 2005, 2007; Mayer et al. 2012). When autonomy enters into child rearing, then the self that develops in such a family tends to be both related and autonomous – the *autonomous-related self* (Kagitcibasi 1996, 2005). This is a healthy model of self because relatedness and autonomy are basic human needs (Kagitcibasi 1996, 2005; Ryan and Deci 2000; Ryan and Lynch 1989). Nevertheless, even though autonomy and relatedness are considered to be basic needs, they are also considered to be conflicting. This has been the case ever since the 'Conflict Theories of Personality' (Angyal 1951; Bakan 1966). Thus, relatedness is seen as incompatible with autonomy, or separation from others is seen as necessary for autonomy. This is the basic thesis of the psychoanalytically informed "Separation-Individuation" hypothesis (e.g. Mahler 1972; Steinberg and Silverberg 1986). This perspective continues in 'individualization' theory in sociology as well (e.g. Crockett and Silbereisen 2000).

What is the underlying reason? It is not evolutionary: evolution rather stresses the survival value of cooperation and relatedness in humans and other primates (Euler et al. 2001; Guisinger and Blatt 1994). It is cultural … Western individualism serves as a 'cultural affordance' (Kitayama 2002; Poortinga 1992).

Yet, it is neither logically nor psychologically necessary for autonomy to mean separateness if we recognize the existence of two distinct dimensions, *agency* and *interpersonal distance* which I proposed in a theory of self (Kagitcibasi 1996, 2005, 2007). Agency extends from autonomy to heteronomy (dependency), and interpersonal distance extends from separateness to relatedness. Given the fact that these are two independent dimensions, either pole of each can co-exist with either pole of the other, thus rendering 'autonomous-related self' possible.

Since the family model of psychological interdependence includes both relatedness (warmth) and granting of autonomy to the growing child and youth, 'autonomous-related self' is likely to develop in this family model. As indicated earlier, this model is a healthy synthesis, since both autonomy and relatedness are basic human needs. Additionally, as mentioned before, contemporary urban living conditions render autonomy adaptive, for example for success in school and specialized employment, while relatedness is not incompatible with urban life styles. This would appear to be especially important in the context of international migration, since relatedness provides a much needed psychological support to the immigrant.

4 Family, Self, and Environmental Conditions

These are theoretical perspectives and foresights, and research provides empirical evidence for them (Mayer et al. 2012; see Kagitcibasi 2007; Kagitcibasi and Yalin 2014 for extensive reviews). Autonomous-related self and psychologically interdependent family model are conducive to positive child/youth development. However, it appears that for the family model of psychological interdependence and the autonomous-related self to emerge, certain conditions must exist. Some, in particular, seem to be quite important:

- Nurturing environments are needed. Optimal family change and self development would come about in positive environmental conditions which would support them by providing resources for adaptation to change.
- There should not be extraneous interfering factors. Factors beyond 'normal' socio-economic development and urbanization can hinder or slow down the expected optimal family and self development. Perceived prejudice and discrimination would be examples.
- Individualistic ideology and practices should not be dictating a shift to the independence family model and the autonomous-separate self, rather than to the psychological interdependence model and the autonomous-related self.

- There should not be 'culture lag' on the part of the immigrants. For example, maintaining traditional obedience-oriented child rearing, which is not conducive to the development of autonomy, would not help adaptation to change.

Thus, the 'normal' socio-economic developmental processes should be in effect, and values and norms should be in line with socio-economic development. They may not emerge if traditional culture persists or even becomes stronger in response to extraneous negative factors, and also if individualism prevails and serves as an ideal to be emulated. In the former case relatedness would be reinforced but not autonomy; and in the latter case the reverse would happen – autonomy would be maintained but not relatedness. These extraneous factors may be present in both the country of immigration and the country of emigration. What is the situation? Research and observations show that currently numerous factors in the immigration country as well as back in the emigration country play a role, mostly negative.

4.1 Factors in the Emigration Country

The "Conservative Shift" in Turkey is an extraneous factor which serves as a barrier to the theoretically expected change in the family toward the psychological interdependence model. Families in Turkey but also immigrant Turkish families are influenced. In particular, religious mobilization reinforces traditional patriarchal world views, obedience-oriented (rather than autonomy-granting) child rearing patterns, and the (totally) interdependent family model.

The background of the significant trends in Turkey can be traced to the 1950s. Multi-party democratization brought about progressively increasing manipulation of religious sentiments in party politics. Religion was becoming a political matter. A series of Islamist political parties emerged, entering coalition governments, particularly starting in the 1970s. In 2002 (and twice thereafter), an Islamist party, AKP, came to power. This trend has been named 'Democratic Paradox' (Arat 2010) (i.e., religious revival starting with democratization and multi-party politics), referring to the fact that religious sentiments of the population are vulnerable to exploitation.

In many cases women have been the targets of re-Islamization efforts, since women are seen as 'culture carriers'. Head covering is a controversial and visible manifestation of the intertwining of religion and politics in Turkey, as well as in Europe. Debates regarding whether it is a human right or a symbol of women's subordination have been continuing. Educational policies have reinforced this trend. Even though women can not be clergy in Islam, girls have been accepted into religious vocational schools, often with scholarships; today there are more girls than boys in religious vocational schools. Similarly, Koranic courses have mushroomed, again serving more girls than boys. All these concerted efforts have reinforced patriarchal world views and conservatism, with the improbable outcome of young population emerging as more religious than old population (Esmer 2003).

International triggering factors have been noted by political scientists, such as the background of the Cold War leading to the construction of the 'Green Belt' (against communism). The construct of 'Mild Islam' appears to be its current extension. Internal and international Islamic influences and economic interests are also noted. Whatever factors may have been significant for these developments, the human aspects have not been conducive to the development of the psychologically interdependent family and the autonomous-related self. The European scene has also been influenced. Some claim that it has even fueled these trends, given the support of some European governments to religious groups' activities, to be considered next.

4.2 Factors in the Immigration Countries

A great deal of social science research has examined the immigration contexts in Europe, and while a late comer, psychological research has focussed on acculturation issues. Only some issues that are relevant to the topic of the chapter can be addressed here.

An edited volume (Grillo 2008) of research focusing on the immigrant family in several European countries provides insights into the situation. A general theme is the 'problematization' of the immigrant family: A perception of the 'failure of immigrants to integrate, for which their culture and especially the family is held responsible' (Grillo 2008, p. 72). The researchers note that 'blaming the victim' is widespread in public discourse while the contextual factors and especially the characteristics and policies of the receiving society are rarely considered to play a role in this 'failure'.

There is serious debate regarding the orientations and policies of European governments and societies not providing a new 'sense of belonging', and not assuming 'ownership' of the immigrant. Thus, Hagelund refers to Norwegian anthropologist Wikan's study, *Toward a New Norwegian Underclass,* elaborated in English as *Generous Betrayal* (2002). Hagelund notes that

> 'A misconceived "respect for culture" causes authorities to shy away from intervening in and making claims on immigrant families, resulting in poor language skills, and high unemployment and social welfare dependency [...] with particularly detrimental results for women and children' (Hagelund 2008, p. 75).

Women seem to be 'ignored', and children are not adequately prepared for school from early on.

To a large extent immigrant families are left to rely on their own resources, turning inward (separation); integration into the dominant society is not facilitated. The trend toward separation is also reinforced by increasing Islamization. There is some evidence that migrants become more religious after migration; religiosity and in-group identity appear to increase as a *consequence* of perceived prejudice (even if subtle) and discrimination (Baumgartl 1994). Patriarchal orientations are also strengthened by religion and the conservative shift. Women lose relative status, becoming less autonomous and more home-bound.

The general public in the immigration society tends to essentialize religion and to attribute an overall Moslem identity to the immigrant. Such a perception is not sensitive to the national, ethnic, social class or other variations within this global grouping. In this way the social construction of the "Moslem Identity" becomes a "reality" for all, including the immigrants themselves. Thus, the Moslem identity of the immigrant is strengthened in response to this attribution; as a reaction to perceived discrimination; as a (political) protest; as a means of segregation; and even as a self-enhancement process (since by definition a religious person's religion is the 'best').

This process tends to lead to the co-construction of this identity and to perpetuate a separatist perspective stressing the 'otherness' of the immigrant. A reality that tends to confirm, reaffirm, and strengthen their 'different & out-group' identity.

5 Social Psychological Research on Acculturation

Yet difference is problematic. Ever since the 1920s (Bogardus 1925), research has shown that greater 'social distance' is attributed to others who are seen as more different from the in-group (Arends-Toth and van de Vijver 2006; Malevska-Peyre 1980; Mirdal and Ryynnen-Karjalainen 2004; Schalk-Soekar and van de Vivjer 2004). Separation is also problematic. As has been evidenced by much research on race relations in the U.S., 'separate but equal' doesn't work, for example in education.

Acculturation studies have used Berry's (1997, 2006) four-fold model of *assimilation, integration, separation,* and *marginalization*, based on the extent to which the home culture is maintained and the host culture is accepted. Though there are some criticisms of the model, and other strategies such as 'fusion' are proposed (Arends-Toth and van de Vijver 2006), studies show that more integrated bi-culturals report fewer instances of discrimination; feel less stressed by their bicultural identity and have more positive feelings toward it; and show better psychological and social adjustment (Nguyen and Benet-Martínez 2007; Downie et al. 2004). In other words, positive acculturation experiences are associated with integration (Cheng and Lee 2013; see Berry et al. 2002; Kagitcibasi 2007 for reviews).

However, domains of behavior also make a difference. For example, research with Turkish migrants has shown a preference for separation from the dominant culture and identification with the original culture within the private sphere (home), but a preference for integration in the public realm (Arends-Toth and Van de Vijver 2006). Furthermore, while the former acculturation strategy is found to contribute to psychological well-being and less stress, the latter contributes to better socio-cultural adaptation (higher achievement in the public sphere) (Arends-Toth and Van de Vijver 2006; Phalet and Swyngedouw 2004).

Research also points to the quality of the inter-group relationships in the immigration country as having an influence on bi-culturals' acculturation strategies (Schwartz et al. 2010). In particular, when the mainstream society is more friendly toward the ethnic minority group and more open to different values and cultures, members of the ethnic minority are more likely to have bi-cultural identification and integration strategies. However, in immigration contexts where the immigrants feel rejected, 'separation' from the dominant culture and identifying with family and home culture can provide a refuge (Lopez and Contreras 2005).

6 Discussion and Policy Implications

This chapter started with a discussion of the family and the self, and proposed a healthy model of each, based on research. These are the family model of psychological interdependence and the autonomous-related self, respectively. It is proposed that both this family model and this self model are healthy because they uphold the two basic needs for relatedness and autonomy. They develop in nurturant contexts. Clearly, contexts that are not nurturing, that do not provide the resources needed for well-being are not conducive to the development of optimal family and self dynamics. I have drawn attention to some contextual (extraneous) factors in the countries of emigration and immigration that can prevent such optimal development.

Much can be done to counteract such negative influences, mainly in the immigration country (Kagitcibasi 2010; Masten et al. 2011). Policies that support the immigrant as well as the receiving society can go a long way toward creating positive outcomes. Focussing on the immigrant youth and its autonomy and relatedness, there is a special need to enhance autonomy in order to help adaptation to urban industrial/post-industrial life styles. Providing immigrants with a sense of belonging, supportive education/training, and equal treatment in the public sphere (schools, etc.) would be most valuable.

In particular, children and youth need to be supported through education and training to develop and realize their full potentials for success in the immigration society. A great deal of research points to the importance of early childhood education for lifelong achievement (e.g. Britto et al. 2013; Young 2002). For example, a longitudinal early childhood intervention study conducted in Turkey with rural to urban migrants demonstrated long term benefits into adolescence and young adulthood (Kagitcibasi et al. 2009).

The benefits of early childhood education would be especially marked in immigration where a second language has to be mastered. The current standing of immigrant children and youth in educational institutions in Germany and other European countries leaves much to be desired. Early childhood enrichment programs, involving language learning and school preparation need to be provided to immigrant children universally. Such services would help them to start school on a par with the children of the host society and ensure that they pursue studies in line with their interests and potentials.

Beyond policies upholding early childhood education, concerted efforts, policies and practices are needed for maintaining and supporting mixed schools and immersion programs, not separate ethnic/religious schools. Ethnic/religious schooling may be demanded by immigrants' organizations, often in response to negative experiences in mixed schools, such as low expectations of teachers from Turkish children, based on stereotyping; school failure; and low levels of school belonging. Yet, as mentioned earlier, 'separate' cannot be 'equal'. Furthermore, separate schooling does not enhance the social inclusion and social participation of immigrant youth in society, creating a vicious cycle of separation and disadvantage – 'A New Underclass' (Hagelund 2008). Finally, religious education tends to reinforce traditional family patterns and patriarchal ideology which challenge the autonomy of women and youth.

Educational achievement and social participation of immigrant youth would reinforce their autonomy and self confidence, which in turn would further promote their *socio-cultural success* (Ward and Kennedy 1996). This would be a valuable contribution of the immigration country to immigrant youth's well-being. And more successful immigrant youth, in turn, would be a great asset to the immigration country. Another route for promoting youth's autonomy would be encouraging immigrant parents to grant autonomy to children in their childrearing orientations and behaviors. They can be helped to understand that autonomy of the growing child does not mean lack of respect for parents, but in fact it is an asset for success in urban industrial society. Here policies are needed for the provision of training and support programs leading to greater involvement, participation and empowerment of women; and generally, more concerted efforts to help youth, women, and families to become integral parts of society.

As for *relatedness*, the picture is rather different, since relatedness is inherent to the home culture and family of the immigrant with closely-knit human ties. While it is valuable to introduce autonomy into the family, supporting the family's shift to the optimal model of *psychological interdependence*, this model also includes relatedness, which the family already has. Therefore, relatedness needs to be maintained. Indeed, this family model and the autonomous-related self, doing justice to the two basic human needs, can serve as an example for the host society. In particular, it would demonstrate that relatedness is a basic need and need not imply lack of autonomy. In this way, while immigrants would benefit and learn from the dominant society, the dominant society could also benefit from the immigrants.

Thus it appears to be important to raise public awareness in the host society regarding the contributions of immigrants as citizens; the immigrants' basic humanity (despite cultural differences); and immigrants' valuable family relatedness (psychologically interdependent family). Immigration is basically a culture contact and a culture learning experience. It involves two-way reciprocal interaction. If such interaction indeed takes place between equals, in an atmosphere of acceptance, it can bring valuable benefits to all concerned.

References

Angyal A (1951) A theoretical model for personality studies. Journal of Personality 20:131–142

Arat Y (2010) Religion, politics and gender equality in Turkey: Implications of a democratic paradox? Third World Quarterly 31(6):869–884

Arends-Tóth JV, van de Vijver FJ (2006) Issues in conceptualization and assessment of acculturation. In: Bornstein MH, Cote LR (eds) Acculturation and parent-child relationships: Measurement and development. Lawrence Erlbaum, Mahwah, pp 33–62

Bakan D (1966) The duality of human existence. Rand McNally, Chicago

Baumgartl B (1994) Xenophobia and racism in Europe. Paper presented at the Conference on Today's Youth and Xenophobia: Breaking the Cycle, Netherlands Institute for Advanced Study, Wassenaar, The Netherlands

Berry JW (1997) Immigration, acculturation, and adaptation. Applied Psychology 46(1):5–34

Berry JW (2006) Acculturation: A conceptual overview. In: Bornstein MH, Cote LR (eds) Acculturation and parent-child relationships: Measurement and development. Erlbaum, Mahwah, pp 13–30

Berry JW, Poortinga YH, Segall MH, Dasen PR (2002) Cross-cultural psychology: research and applications, 2nd edn. Cambridge University Press, Cambridge

Bogardus ES (1925) Measuring social distance. Journal of Applied Sociology 9(2):299–308

Britto PR, Engle PL, Super CM (eds) (2013) Handbook of early childhood development research and its impact on global policy. Oxford University Press, Oxford, New York

Chao RK (1994) Beyond parental control and authoritarian parenting style: Understanding Chinese parenting through the cultural notion of training. Child Development 65(4):1111–1119

Cheng C-Y, Lee F (2013) The malleability of bicultural identity integration. Journal of Cross Cultural Psychology 44(8):1235–1240

Crockett LJ, Silbereisen RK (eds) (2000). Negotiating adolescence in times of social change. Cambridge University Press, Cambridge

Dekovic M, Pels T, Model S (eds) (2006) Unity and diversity in child rearing: Family life in a multicultural society. The Edwin Mellen Press, Lewiston, USA

Downie M, Koestner R, ElGeledi S, Cree K (2004) The impact of cultural internalization and integration on well-being among tricultural individuals. Personality and Social Psychology Bulletin 30(3):305–314

Esmer Y (2003) Is there an Islamic civilization? Comparative Sociology 1(3–4):265–298

Euler H, Hoier S, Rohde P (2001) Relationship-specific closeness of intergenerational family ties. Journal of Cross-Cultural Psychology 32:147–158

Grillo R (ed) (2008) The family in question: Immigrant and ethnic minorities in multicultural Europe. Amsterdam University Press, Amsterdam

Guisinger S, Blatt SJ (1994) Individuality and relatedness: Evolution of a fundamental dialectic. American Psychologist 49:104–111

Hagelund A (2008) 'For women and children!' The family and immigration politics in Scandinavia. In: Grillo R (ed) The family in question: Immigrant and ethnic minorities in multicultural Europe. Amsterdam University Press, Amsterdam, pp 71–88

Jose PE, Huntsinger CS, Huntsinger PR, Liaw F-R (2000) Parental values and practices relevant to young children's social development in Taiwan and the United States. Journal of Cross-Cultural Psychology 31:677–702

Kagitcibasi C (1990) Family and socialization in cross-cultural perspective: A model of change. In: Berman J (ed) Cross-cultural perspectives: Nebraska symposium on motivation 1989. Nebraska University Press, Lincoln, Neb., pp 135–200

Kagitcibasi C (1996) Family and human development across cultures: A view from the other side. Lawrence Erlbaum, Hillsdale

Kagitcibasi C (2005) Autonomy and relatedness in cultural context: Implications for self and family. Journal of Cross-Cultural Psychology 36:403–422

Kagitcibasi C (2007) Family, self and human development across cultures: Theory and applications. Lawrence Erlbaum, Mahwah

Kagitcibasi C (2010) Changing lifestyles, changing competencies: Turkish migrant youth in Europe. Historical Social Research 35(2):151–168

Kagitcibasi C (2011) Is family the question? Review of 'The family in question' by Grillo R (ed). Journal of Multilingual & Multicultural Development 32(4):415–416

Kagitcibasi C, Yalin C (2014) Family in adolescence: Autonomy and relatedness across cultures. In: Jensen LA (ed) The Oxford handbook of human development and culture: An interdisciplinary perspective. Oxford University Press, Oxford, New York

Kagitcibasi C, Sunar D, Bekman S, Baydar N, Cemalcilar Z (2009) Continuing effects of early intervention in adult life: The Turkish early enrichment project 22 years later. Journal of Applied Developmental Psychology 30:764–779

Kim U, Park Y-S, Kwon Y-E, Koo J (2005) Values of children, parent-child relationship, and social change in Korea: Indigenous, cultural, and psychological analysis. Applied Psychology: An International Review 54:338–355

Kitayama S (2002) Cultural psychology of the self: A renewed look at independence and interdependence. In: von Hofsten C, Backman L (eds) Psychology at the Turn of the Millennium 2:305–322

Koutrelakos J (2004) Acculturation of Greek Americans: Change and continuity in cognitive schemas guiding intimate relationships. International Journal of Psychology 39(2):95–105

Kwak K (2003) Adolescents and their parents: A review of intergenerational family relations for immigrant and non-immigrant families. Human Development 46:15–36

Lansford JE, Criss MM, Pettit GS, Dodge KA, Bates JE (2003) Friendship quality, peer group affiliation, and peer antisocial behavior as moderators of the link between negative parenting and adolescent externalizing behavior. Journal of Research on Adolescence 13(2):161–184

Lopez IR, Contreras JM (2005) The best of both worlds: Biculturality, acculturation, and adjustment among young mainland Puerto Rican mothers. Journal of Cross Cultural Psychology 36:192–208

Lubiewska K (2008) Family model in Poland. Paper presented at the 29th International Congress of Psychology, International Congress Centrum, Berlin, 20–25 July 2008

Malevska-Peyre H (1980) Conflictual cultural identity of second generation immigrants. Paper presented at the 2nd European Science Foundation workshop on cultural identity and structural marginalization of migrant workers, Bochum, 8–10 December 1980

Mahler M (1972) On the first three phases of the separation-individuation process. International Journal of Psychoanalysis 53:333–338

Masten AS, Liebkind K, Hernandez DJ (eds) (2011) Capitalizing on migration: The potential of immigrant youth. Cambridge University Press, Cambridge

Mayer B (2013) Family change theory: A preliminary evaluation on the basis of recent cross-cultural studies. In: Albert I, Ferring D (eds) Intergenerational relations: European perspectives on family and society. Policy Press, Cambridge, pp 167–187

Mayer B, Trommsdorff G, Mishra RC, Kagitcibasi C (2012) Family models of independence/interdependence and their intergenerational similarity in Germany, Turkey, and India. Family Science 3(1):64–74. doi: 10.1080/19424620.2011.671503

McShane KE, Hastings PD, Smylie JK, Prince C, Tungasuvvingat Inuit Family Resource Center (2009) Examining evidence for autonomy and relatedness in urban Inuit parenting. Culture & Psychology 15(4):411–431

Mirdal GM, Ryynnen-Karjalainen I (2004) Migration and transcultural identities. ESF Forward Look Report 2. European Science Foundation, Strasbourg, France

Nguyen AMD, Benet-Martínez V (2007) Biculturalism unpacked: Components, measurement, individual differences, and outcomes. Social and Personality Psychology Compass 1(1):101–114

Phalet K, Swyngedouw M (2004) A cross-cultural analysis of immigrant and host acculturation and value orientations. In: Vinken H, Soeters G, Ester P (eds) Comparing cultures. Brill, Leiden, pp 183–212

Poortinga YH (1992) Towards a conceptualization of culture for psychology. In: Iwawaki S, Kashima Y, Leung K (eds): Innovations in cross-cultural psychology. Swets & Zeitlinger, Lisse, Netherlands, pp 3–17

Ryan RM, Deci EL (2000) Self-determination theory and the facilitation of intrinsic motivation, social development and well-being. American Psychologist 55:68–78
Ryan RM, Lynch JH (1989) Emotional autonomy versus detachment: Revisiting the vicissitudes of adolescence and young adulthood. Child Development 60:340–356
Schalk-Soekar RGS, van de Vijver FJR (2004) Attitudes toward multiculturalism of immigrants and majority members in the Netherlands. International Journal of Intercultural Relations 28:533–550
Schwartz SJ, Unger JB, Zamboanga BL, Szapocznik J (2010) Rethinking the concept of acculturation: Implications for theory and research. American Psychologist 65:237-251
Schwarz B, Trommsdorff G, Albert I, Mayer B (2005) Adult parent–child relationships: Relationship quality, support, and reciprocity. Applied Psychology 54(3):396–417
Smetana J, Gaines C (1999) Adolescent-parent conflict in middle-class African American families. Child Development 70(6):1447–1463
Steinberg L, Silverberg SB (1986) The vicissitudes of autonomy in early adolescence. Child Development 57: 841–851
Ward C, Kennedy A (1996) Crossing cultures: The relationship between psychological and sociocultural dimensions of cross-cultural adjustment. In: Pandey J, Sinha D, Bhawuk DPS (eds) Asian contributions to cross-cultural psychology. Sage, New Delhi, pp 289–306
Wikan U (2002) Generous betrayal: Politics of culture in the new Europe. University of Chicago Press, Chicago
Young ME (ed) (2002) From early child development to human development: Investing in our children's future. The World Bank, Washington DC

Prof. Dr. Cigdem Kagitcibasi is professor of psychology at Koc University, Istanbul. She is past president and fellow of the International Association for Cross-Cultural Psychology and was the vice-president of International Social Science Council and International Union of Psychological Science. Her theoretical and applied work spans the areas of social and cross-cultural psychology from a developmental perspective, extending to policy-relevant applications.

„Transnational positioniert und transkulturell verflochten“: Zur Frage der Konstitution und Konstruktion von Zugehörigkeiten in Migrationsprozessen

Minna-Kristiina Ruokonen-Engler

Abstract

Dealing scientifically with the question of belonging is a classic field of sociological migration research. However, in the era of globalization, increasing migration and transnationalization of social structures, this question appears in a new light. Whereas the classic assimilation- and integration-oriented research approaches focus on integration into and identification with the immigration society, the approaches of transnationalism and transculturalism allow for a wider perspective on the question of the constitution and construction of multiple ways of belonging across national borders. The following contribution deals with the constitution and construction of multiple ways of belonging in the context of migration. The critical appraisal of the concept of belonging is followed by a presentation of transnational and transcultural perspectives, which broaden the conceptualization of multiple ways of belonging beyond unambiguous national-ethnic-cultural attributions. In order to indicate the procedural character, the contextual-structural and temporal conditionality of such multiple ways of belonging as well as their embeddedness in the subjectification processes and agency, the constitution and construction of the transnational social spaces of action and belonging are discussed from the biographical perspective. Finally, the empirically grounded concept of transnational positioning is illustrated with the help of some examples as a complex biographical construction of belon-

M.-K. Ruokonen-Engler (✉)
Frankfurt am Main, Deutschland
E-Mail: ruokonen-engler@soz.uni-frankfurt.de

K. Kazzazi et al. (Hrsg.), *Migration – Religion – Identität. Aspekte transkultureller Prozesse,* DOI 10.1007/978-3-658-06510-2_13

ging, which involves the biographical process of negotiation between structural identity constraints and subjective power of agency beyond unambiguous attributions and identifications.

Schlüsselwörter
Zugehörigkeit · Transkulturalität · Transnationalität · Biographie · transnationale Positionierung · Migration

1 Einführung

Die Frage der Zugehörigkeit stellt wissenschaftshistorisch gesehen eine der zentralen Forschungsfragen der Migrationsforschung dar. Anhand von verschiedenen theoretischen Modellen wurde in zahlreichen Studien erklärt, wie gesellschaftliche Eingliederungs- oder Integrationsprozesse von MigrantInnen in der jeweiligen Ankunftsgesellschaft stattfinden. Nicht selten taucht in diesem Zusammenhang die soziokulturelle Zugehörigkeit als ein zentrales Erklärungsmuster für den mehr oder weniger gelungenen Integrationsprozess auf. Zudem haben z. B. handlungstheoretische Ansätze Erklärungsmodelle geboten, wie die Assimilation von MigrantInnen in die Aufnahmegesellschaft auf der strukturellen, kognitiven, soziokulturellen etc. Ebene (Esser 1980) erfolgt. Aus dieser Perspektive, die die gesellschaftliche und soziokulturelle Eingliederung der MigrantInnen in den jeweiligen Nationalstaat anstrebt, stellt sich die Identifikation mit der jeweiligen Ankunftsgesellschaft als notwendig dar. Dies wird dadurch noch verstärkt, dass in rassistischen und Angst generierenden Diskursen, wie z. B. die Benennung von Wohngebieten der MigrantInnen als Ghettos und die Darstellung verschiedener Lebenspraxen als Parallelgesellschaften, ein Bild vom kulturell Anderen und Nicht-Zugehörigen konstruiert wird. Auch hier wird identifikatorische Assimilation an die Ankunftsgesellschaft zur Voraussetzung konstruiert, um eine soziokulturelle Segregation zu verhindern. Solche diskriminierenden Diskurse lassen sich auf die Konstruktion einer Nationalkultur als klar definierbare, eindeutige, geschlossene ontologische Größe zurückführen, die sich von anderen Nationalkulturen unterscheidet (vgl. Welsch 2010). Dies trägt dazu dabei, eine nationale „imagined community" (Anderson 1988), die durch Homogenität gekennzeichnet ist, zu konstruieren und die Augen vor der vorhandenen soziokulturellen Vielfalt zu verschließen. Denn, wie Wolfgang Welsch (2010) erklärt hat, kann heute nicht mehr von eindeutigen, Kulturdifferenz konstruierenden Erklärungsmodellen ausgegangen werden, die immer wieder das Bild von klar gegeneinander abgegrenzten Kulturen reproduzieren.

Eine mononationale und ethnozentrische Betrachtungsweise führt vielmehr zu verzerrten und unzulänglichen Interpretationen und reproduziert dadurch die Vorstellung von eindeutigen, natio-ethno-kulturellen Zugehörigkeitsordnungen (Mecheril 2003a). Zugleich negiert sie die transkulturellen Ressourcen und transnationalen Netzwerke, durch die globalisierte und transnationalisierte Gesellschaften heute gekennzeichnet sind. Vielmehr stellt sich die Frage der Notwendigkeit der Dekonstruktion solcher ethno-nationalen Bilder und der entsprechenden Zugehörigkeitsregime.

Im Folgenden werde ich mich der Frage der Zugehörigkeit im Kontext von Migration aus einer Perspektive nähern, welche den Schwerpunkt auf die Uneindeutigkeit, Unreinheit (Mecheril 2003b) und Prozesshaftigkeit von Kulturen und Zugehörigkeiten setzt und somit sich von einer mononationalen und monokulturellen Betrachtungs- und Deutungsweise entfernt. Ich widme mich zunächst der Problematisierung einer eindeutigen Konzeption von natio-ethno-kultureller Zugehörigkeit (Mecheril 2003a) und plädiere anschließend aus mikrosoziologischer, biographieanalytischer Perspektive für die Konzeptualisierung von Zugehörigkeit als transnationale Positionierung (Ruokonen-Engler 2012) und transkulturelle Verflechtung.

2 Problematisierung der Frage der Zugehörigkeit

Bevor ich mich mit der Definition der Zugehörigkeit auseinandersetze, möchte ich meine Ausführungen mit einem Interviewausschnitt aus einem biographisch-narrativen Interview, das im Forschungskontext zu Bildungsbiographien von Studierenden mit Migrationshintergrund erhoben wurde, beginnen:

> Interviewerin: Bist du gerne in Deutschland?
> Interviewte: Was heißt gerne? Ich kenne es nicht anders. Es ist eine schwierige Frage. Was heißt gerne?
> Interviewerin: Fühlst du dich willkommen?
> Interviewte: Ahm...das ist eine schwierige Frage. Es ist eine//es ist eine schwierige Frage, *weil was heißt willkommen*? Wenn ich mir die Medien ansehe – nein! Wenn ich mir mein Alltagsleben ansehe – ja! **Aber gar nicht überall**, aber das hat gar nichts damit zu tun, wie ich mich in diesem Land willkommen fühle, sondern fühle ich mich gerade in dieser Gesellschaft willkommen oder nicht! Fühle ich mich mit den Leuten willkommen, mit denen ich gerade sitze, oder nicht! Das ist eher das. Ich finde die Frage so schwierig zu beantworten, weil (—) ich nicht darum gebeten habe, willkommen geheißen zu werden. Ich bin hier geboren ich bin hier groß geworden. Ich fände es irgendwie lächerlich hier zu sagen, heißt mich willkommen! **Weil ganz ehrlich** ich bin noch lange hier, wie ein anderer. Denn ich glaube//wenn ich jetzt jemand fragen würde, im gleichen Alter, fühlst du dich von uns willkommen gehei-

> ßen, frage ich mich//das genau dasselbe könntest du mich fragen. Das ist eine Frage, die ich so schwierig finde, weil ich//weil es etwas ist//**weil ich nicht mal erwarte**. Weil es lächerlich wäre, das zu erwarten, weil ich in dem Moment sagen würde – ich gehöre hier nicht hin! Aber wenn ich hier nicht hingehören würde, wohin denn dann![1]

Dieser Interviewauszug bringt die Komplexität der Frage der Zugehörigkeit auf den Punkt. Die Interviewte wird hier mit einer Zugehörigkeitsfrage konfrontiert, die sich als solche nicht für sie stellen lässt. Vielmehr wundert sich die Interviewte über die Frage nach dem „Sich-Willkommen-Fühlen in Deutschland" und bringt ihre Irritation zum Ausdruck mit dem Kommentar „Das ist eine Frage, die ich so schwierig finde, weil ich//weil es etwas ist//**weil ich nicht mal erwarte**. Weil es lächerlich wäre, das zu erwarten, dass ich in dem Moment sagen würde – ich gehöre hier nicht hin! Aber wenn ich hier nicht hingehören würde, wohin denn dann!" Die Interviewte weist auf die Multiperspektivität dieser Frage hin: zum einen auf die Erwartungshaltung der Anderen und zum anderen auf die Eigenwahrnehmung. Solche Zugehörigkeitszuschreibungen – Zuschreibung von außen und Selbstzuschreibung von innen – stehen hier in einem kontrastiven Verhältnis zueinander, weil sie keine klar definierbare „reine" Zugehörigkeit (Mecheril 2003b) zulassen. Zudem zeigt dieses Interviewzitat, wie auf verschiedene hegemoniale und gegenhegemoniale Argumentationspositionen und Diskurse nicht nur in der Erzählung, sondern auch in der Kommunikation der Interviewsituation zurückgegriffen wird. Die Interviewerin, selbst eine Bildungsmigrantin aus Bulgarien, verfolgt paradoxerweise in ihrer Interviewführung eine Logik des „Othering", also der „Veranderung", und sieht in ihrem Gegenüber einen „body out of place" (Ahmad 2000). Dies zeigt sich darin, dass sie die Person ihr gegenüber nicht als Deutsche und zu Deutschland zugehörig wahrnimmt, sondern eher als eine Fremde, die sich nach der Logik der Zugehörigkeitsregime nicht am richtigen Ort aufhält.

Entsprechend dieser Konstruktion des Fremden oder der Konstruktion der „Anderen Deutschen"[2] unterstellt die Interviewerin die Überschreitung von Zugehörigkeitsmaximen als Konfliktpotential, welches die Exklusionserfahrungen in Bezug auf das „Willkommensein" in Deutschland beinhaltet. Die Interviewte dagegen, eine kopftuchtragende deutsche Studentin, die in Deutschland als Kind von Eltern, die aus Pakistan nach Deutschland geflüchtet waren, geboren wurde, bestätigt zum

[1] Anmerkung zu den Transkriptionsnotationen: *kursiv* (Betonung), **Fettdruck** (laut gesprochen), – (mit Stimme Luft holen), — (kurze Pause), //(Selbstkorrektur).

[2] Paul Mecheril (1997, S. 177) definiert „Andere Deutsche" als: „Menschen, die wesentliche Teile ihrer Sozialisation in Deutschland absolviert haben und die Erfahrung gemacht haben und machen, aufgrund sozialer oder physiognomischer Merkmale nicht dem fiktiven Idealtyp des oder der „Standard-Deutschen" zu entsprechen, weil ihre Eltern oder nur ein Elternteil als aus einem anderem Kulturkreis stammend betrachtet werden."

einen diesen Verdacht, widersetzt sich aber gleichzeitig dieser Logik des „Othering". Letztendlich führt sie die Absurdität der ihr gestellten Frage nach dem „Willkommen-Sein" der Interviewerin vor Augen. Die existenzielle Bedrohung, die dieser Frage innewohnt, zeigt sich in der Gegenfrage: „Aber wenn ich hier nicht hingehören würde, wohin denn dann?" In diesem Interviewzitat kommt implizit das lange beharrende Selbstverständnis zum Ausdruck, dass Deutschland kein Einwanderungsland sei.[3] In dieser Logik wurden und werden MigrantInnen entlang der nationalstaatlichen Kategorisierung als „das Andere des deutschen Selbst" (Heidenreich 1999, S. 10), als AusländerInnen und somit auch als Gegenstände des „Ausländerdiskurses" (a. a. O., S. 9) konstruiert. Der „Ausländerdiskurs", der auf einer nationalstaatlichen Logik basiert, legt nicht nur die Zweiteilung in Deutsche und AusländerInnen fest, sondern impliziert ebenfalls die Diskriminierung und den Ausschluss der AusländerInnen aus der deutschen Gesellschaft, dem „deutschen Volk". Diese Gegenüberstellung verschleiert die vorhandene gesellschaftliche Heterogenität, wie dies im Kommentar der Interviewten und in ihrem Status als Deutsche mit „Migrationshintergrund", jedoch ohne eigene Migrationserfahrung, zum Ausdruck kommt. Trotzdem wird die Interviewte in dieser Gesprächssituation von einer minoritätsangehörigen Interviewerin als Deutschland nicht zugehörig wahrgenommen. Interessanterweise übernimmt die Interviewerin hier eine hegemoniale Sprechweise und reproduziert somit die natio-ethno-kulturelle Logik des herrschenden Zugehörigkeitsregimes.

Vor diesem Hintergrund kann berechtigterweise gefragt werden, ob sich die Frage nach der Zugehörigkeit in diesem Zusammenhang selbst ad absurdum führt. Denn die Frage bezüglich des „Willkommen-Seins" scheint hier ein Problem zu produzieren, das als solches gar nicht existiert bzw. nicht existieren sollte. Oder kann die Frage des „Willkommen-Seins" nur als „Problem" existieren? Denn der Sprechakt „jemanden willkommen heißen" beinhaltet eine Einladung der Einen und impliziert die Ausladung der Anderen, also „jemanden nicht willkommen hei-

[3] Die Tatsache, dass die BRD spätestens seit der unmittelbaren Nachkriegszeit ein Einwanderungsland war, wurde lange Zeit geleugnet. Erst in den 1980er Jahren wurde in der wissenschaftlichen Literatur das erste Mal über die BRD als „Einwanderungsland" (Heckmann 1981) gesprochen. Einen politisch-rechtlichen Wendepunkt markierte das Jahr 2000, als das neue Staatsangehörigkeitsrecht in Kraft trat. Klaus J. Bade und Rainer Münz wiesen im Migrationsreport 2000 darauf hin, dass „Deutschland [...] an einer Wende in Sachen Migration und Integration [steht], in der öffentlichen Diskussion noch mehr als in der politischen Gestaltung. Erstmals erleben wir in Deutschland im Ansatz eine positive Migrationsdiskussion. Es geht dabei weniger um die Eindämmung als um die Förderung von Zuwanderung. Herkömmliche oder nur semantisch veränderte Positionen treffen auf tiefgreifende rechtliche Veränderungen, auf erst schwer einschätzbare politische Initiativen und institutionelle Überlegungen" (Bade und Münz 2000, S. 7).

ßen". Jacques Derrida weist mit dem von ihm geführten Neologismus der „différance" darauf hin, wie Gegensätze als Relation bestimmt werden, in dem das Eine immer auf das Andere, das Verdrängte, verweist (Stötzer 2004, S. 119) und demzufolge jeder Begriff eines Gegensatzpaares eine konstitutive Bedingung für den anderen darstellt.

In der Frage des „Willkommen-Seins" im Migrationskontext konkretisiert sich die Frage der Zugehörigkeit. Bin ich hier willkommen? Bin ich hier zu-gehörig? Oder bin ich hier eine Fremde/ein Fremder? Die Beantwortung dieser Fragen setzt voraus, dass es eine Kollektivität bzw. Mehrheitsgesellschaft gibt, die nicht nur über Vorstellungen, sondern auch über Regeln und Normierungen, über die Inklusion und die Exklusion bestimmt und dadurch die Konstruktion kollektiver Zugehörigkeit reguliert. Denn der Begriff „Zugehörigkeit" gibt noch keine Auskunft über den Bedeutungsinhalt. Aus einer sprachphilosophischen und semiotischen Perspektive betrachtet kann der Begriff „Zugehörigkeit" als ein Zusammenkommen von Signifiant und Signifié (im Sinne des Zeichenmodells von de Saussure) verstanden werden. Der Begriff der Zugehörigkeit stellt zunächst nur ein leeres Signifiant („empty signifier"), also ein bezeichnendes Lautbild dar. Das Signifié, also das Bezeichnete, muss mit einer inhaltlichen Vorstellung gefüllt werden, damit dieser Begriff eine Erklärungsmacht gewinnt. Entgegen dieser Kongruenz der Schrift und Sprache weist Derrida auf die Historisierung der Schrift und deren Bedeutung hin. Denn die Bedeutungen entstehen als Spuren aus vergangenen Spuren und verweisen auf künftige (Gutiérrez Rodríguez 1999, S. 54 in Anlehnung an Jacques Derrida). Hieraus stellt sich die Notwendigkeit dar, Bedeutungen auf ihre Geschichte und Kontextualität hin zu untersuchen und diese Bedeutungen zu dekonstruieren. Dies wiederum weist darauf hin, dass es keine eindeutige Zugehörigkeitsdefinition geben kann, vielmehr muss sie in Bezug auf ihre Zeitlichkeit und Kontextualisierung hin untersucht werden.

Es kann zusammenfassend festgestellt werden, dass die von der Interviewerin evozierte Auseinandersetzung mit der Frage der Zugehörigkeit das grundlegende Ordnungsschema von Nationalstaaten offenbart, das auf verschiedenen Ebenen und durch verschiedene Praktiken zwischen denen, die dazugehören, und denen, die nicht dazugehören, unterscheidet. Paul Mecheril und Britta Hoffarth (2009, S. 252) sprechen in diesem Zusammenhang von Zugehörigkeitsordnungen, die sich als machtvolle Zusammenhänge verstehen lassen und „die durch eine komplexe Form der Ermöglichung und Reglementierung, der symbolischen, kulturellen, politischen und biographischen Einbeziehung und Ausgrenzung auf den und die Einzelne produktiv Einfluss nehmen, diese konstituieren" (Mecheril und Hoffarth 2009, S. 252). Dementsprechend wird die Zugehörigkeit nicht nur subjektiv bestimmt, sondern diese ist auch immer damit verbunden, ob die Zugehörigkeit in den jeweiligen Kontexten durch die Mehrheitsgesellschaft und durch jeweilige Zugehörigkeitsordnungen anerkannt und akzeptiert wird oder nicht. Somit lässt sich die Zugehörigkeit einerseits als Konstrukt und andererseits als konstitutives Element des gesellschaftlichen Subjektivierungsprozesses betrachten. Während die Perspektive auf die Konstruktion den strukturellen Bezeichnungsrahmen z. B. im Sinne von diskursiven staatlichen Anrufungspraktiken und Subjektivierung in den Blick nimmt, fragt die Perspektive der Konstitution nach materieller und psychischer Wirksamkeit der Konstruktion im Subjekt (siehe dazu Gutiérrez Rodríguez 1999, S. 96 f.).[4] Dementsprechend beeinflussen Diskurse sowie Selbst- und Fremdzuschreibungen die Konstitution einer Zugehörigkeit, die wiederum eine biographische Wirkmächtigkeit erlangen kann.

3 Globalisierung und Transnationalisierung der Nationalstaaten

Nachdem ich bis jetzt die Frage der Zugehörigkeit im Allgemeinen problematisiert und die ersten Versuche unternommen habe, die Zugehörigkeit als Verhältnis von Konstruktion und Konstitution zu erläutern, möchte ich mich jetzt der Frage der Zugehörigkeit im Zeitalter der Globalisierung zuwenden.

Wie oben angedeutet, stellt sich die Frage der Zugehörigkeit im Zeitalter der Globalisierung, zunehmender Migration und Transnationalisierung der gesellschaftlichen Strukturen heute neu. Denn die Globalisierung führt nicht nur zur Intensivierung der Verbindungen zwischen Staaten und Gesellschaften, sondern, so Ulrich Beck (1997, S. 46), „das Gefüge der Grundannahmen", in denen Staaten und Gesellschaften als „territoriale, gegeneinander abgegrenzte Einheiten" angesehen, organisiert und gelebt wurden, bricht auseinander. Dies zerrüttet auch die Vorstellung einer Einheit des Nationalstaates, wodurch sich „neuartige Macht- und Konkurrenzverhältnisse, Konflikte und Überschneidungen zwischen nationalstaatlichen Einheiten und Akteuren einerseits, transnationalen Akteuren, Identitäten, sozialen Räumen, Lagen und Prozessen andererseits" (Beck 1997, S. 47) herausbilden. Während der Globalisierungsaspekt in den letzten Jahren meistens im Zusammenhang mit politischen und ökonomischen Prozessen diskutiert worden ist, hat der Begriff der Transnationalität (Hannerz 1995, 1996) in die kultur- und

[4] Anhand von Biographieanalysen zeigt Encarnación Gutíerrez Rodríguez in ihrer Studie „Intellektuelle Migrantinnen – Subjektivitäten im Zeitalter von Globalisierung" (1999) auf, dass strukturelle Bedingungen im Sinne von diskursiven staatlichen Anrufungspraktiken unterschiedliche „materielle und einverleibte Wirksamkeit" haben und somit unterschiedliche Subjektivitäten hervorbringen.

sozialwissenschaftliche Migrationsforschung Eingang gefunden, um den Einfluss der Globalisierung auf der Ebene des Sozialen und Kulturellen erklären zu können. Die Transnationalitätsperspektive ist durch den Versuch gekennzeichnet, jene gesellschaftlichen und kulturellen Phänomene zu erklären, die nationalstaatliche Bewegungs- und Deutungsräume überwinden und die auf Beziehungen, Bindungen, Praktiken und Vernetzungen verweisen, die über die geographischen Grenzen wirken.[5] Zum einen rücken jene die nationalstaatlichen Grenzen überschreitenden Vernetzungen von Akteuren und Praktiken, andererseits die Wechselwirkungen zwischen den globalisierten Prozessen und ihrer Lokalisierung in den Alltagswelten aus einer handlungs- und subjektorientierten Perspektive ins Zentrum des wissenschaftlichen Interesses (Hess 2005, S. 29; Smith und Guarnizo 1998).[6]

Da sich nun die innergesellschaftlichen sozialen Verhältnisse und Lebenswelten nicht nur durch die internationale und transnationale Migration, sondern auch durch EU, Globalisierung, Transnationalisierung und -kulturalisierung der gesellschaftlichen Strukturen verändern, stellen diese neue Herausforderungen an das Verstehen und die Konzeption von Subjektivierung, Identitätsformation und Zugehörigkeiten dar. Denn es kann behauptet werden, dass sich die Identitäten und Zugehörigkeiten nicht nur kulturell und spezifisch ethnisch orientiert formen, sondern in zunehmendem Maße auch transkulturell, translokal und multipel (Schlehe 2000, S. 7). Soziale Wirklichkeiten, Zugehörigkeiten und Handlungspraxen können daher nicht mehr allein im Rahmen eines Nationalstaates und einer eindeutigen nationalstaatlichen Integration und Zugehörigkeit adäquat untersucht werden. Vielmehr müssen sie im Kontext von Migrationsprozessen, vielfältigen sozialen Wirklichkeiten, transnationaler Vergesellschaftung, globalisierten Ökonomien, Handlungsbedingungen und Zugehörigkeiten, die auf gleichzeitige und synthetisierende Verortungen und Netzwerke über die nationalstaatlichen Grenzen hinaus verweisen, betrachtet und analysiert werden.

4 Transnationalität und Transkulturalität

Sozial- und kulturwissenschaftliche Transnationalitäts-[7], aber auch kulturwissenschaftliche Transkulturalitätsansätze eröffnen neue Perspektiven auf die Untersuchung von Migrations- und Zugehörigkeitsprozessen in einer globalisierten Welt.

[5] Siehe z. B. Pries 1997, 1998; Glick Schiller et al. 1992.

[6] Für die theoretische und methodische Ausdifferenzierung der Transnationalitätsansätze im Bereich der Kulturanthropologie siehe z. B. Appadurai 1996, 1998; Clifford 1997; Burawoy 2000.

[7] Siehe dazu z. B. Hannerz 1996; Glick Schiller et al. 1992, 1997; Pries 1997, 1998; Faist 2000a, b.

Im Bereich der kultur- und sozialwissenschaftlichen Migrationsforschung haben sie einen Paradigmenwechsel in der Konzeptualisierung von Migrations- und Identitätsprozessen hervorgebracht und dabei die Berücksichtigung der Raumdimension unterstrichen.

Der Transnationalitätsansatz hebt die Entkoppelung von geographischem Flächenraum und sozialem Raum hervor und stellt dabei nationalstaatliches Denken in Behälterräumen und kulturell homogenen und geschlossenen Einheiten in Frage. Diese Entkoppelung zieht sich durch die Prozesse der Globalisierung, der global operierenden Konzerne, der internationalen Migrationsprozesse, der verbesserten Kommunikations- und Transportmöglichkeiten und des Ferntourismus, die die Entstehung von nationalstaatliche Grenzen überschreitenden Beziehungen und Verstrickungen fördern. Dementsprechend findet neben der „Aufstapelung" unterschiedlicher sozialer Räume im gleichen Flächenraum eine „Ausdehnung" sozialer Räume über mehrere Flächenräume statt (Pries 1997, S. 17). Sie können als eine Art von „transnationalen Erfahrungshorizonten" bezeichnet werden, die geographisch delokalisiert, d. h. räumlich vielschichtig sind und gleichzeitig die Lebensentwürfe, die alltägliche Lebenspraxis und die individuellen und kollektiven Identifikationsmomente von Menschen bestimmen (Pries 1997, 1998). Dabei entstehen transnationale soziale Räume und transnationale Lebenswirklichkeiten, die den klassischen Vorstellungen von in sich geschlossenen Kulturen und ebensolchen Identitäten und Biographien entkommen (Pries 1997, 1998). Unter transnationalen sozialen Räumen versteht Ludger Pries „neue ‚soziale Verflechtungszusammenhänge' (Elias 1986), die geographisch-räumlich diffus bzw. ‚de-lokalisiert' sind" (Pries 1998, S. 74 f.). Dabei stützt sich Pries (1998, S. 75) auf Pierre Bourdieus (1982, 1985) Theorie über soziale Räume. Für Bourdieu sind soziale Räume als Kombinationen sozialer Positionen und Lebensstile, die durch Kapitalvolumen, Kapitalstruktur (ökonomisches, kulturelles, soziales und symbolisches Kapital) sowie durch die zeitliche Entwicklung im Lebenslauf bestimmt sind, zu verstehen. Somit stellen transnationale soziale Räume für Menschen, nach Pries (1998, S. 75), eine wichtige Referenzstruktur sozialer Positionen und Positionierungen dar, die über den Sozialzusammenhang von Nationalgesellschaften hinausweist. Dabei bestimmt diese Referenzstruktur die alltagsweltliche Lebenspraxis, die (erwerbs-)biographischen Projekte und Identitäten der Menschen.

Um die Konstitution transnationaler sozialer Räume im Kontext internationaler Migration untersuchen zu können, stellt Pries (1998, S. 75) ein analytisches Modell vor, das den Einfluss des politisch-legalen Rahmens, der materialen Infrastruktur, von sozialen Strukturen und Institutionen sowie Identitäten und Lebensprojekten bei der Konstitution der transnationalen Lebenswelten berücksichtigt (s. auch Pries 2008). Jedoch eignet sich das Konzept der transnationalen sozialen Räume nicht nur für die Untersuchung von Migrationsprozessen, sondern auch für die Analyse unterschiedlicher Formen von nationalstaatliche Grenzen überschreitenden Austauschprozessen, Netzwerken, Strömen (*flows*) usw. (Osterhammel 2001, S. 474 ff.). Diese können z. B. im Bereich von Religion, Wissenschaft, Wissensformen, kollektiven Leitbildern und sozialen Bewegungen stattfinden und, nach Kaelble et al. (2002, S. 10), die nationale Integrationskraft transzendieren und in ihren Semantiken sogar zivilisationsprägende Wirkung haben.

Aus der Transnationalitätsperspektive betrachtet, stellt sich jedoch zunächst die Frage, wie sich das soziale Feld des Transnationalen konstituiert. Damit wird bei der Untersuchung des Transnationalen die Feldkonstruktion selbst, also das „Entdecken" der transnationalen Phänomene, zu einem zentralen Ausgangspunkt des Erkenntnisinteresses (Hess 2005, S. 30). Dabei muss der Erkenntnis- und Interpretationsraum in Bezug auf das Kulturelle und Soziale über die nationalstaatlichen, statischen und homogenen Vorstellungen vom Kulturellen und Sozialen hinaus erweitert werden. Denn plurilokale soziale Wirklichkeiten bestehen aus transnationalen Verbindungen, die sich zu einer eigenständigen, transnationalen sozialen Wirklichkeit jenseits der geographischen Orte verdichten können. Diese bringen die Vorstellungen von im territorialen Rahmen des Nationalstaates in sich geschlossenen Kulturen und Räumen und die damit einhergehenden Identitäts- und Zugehörigkeitskonstruktionen und Vergesellschaftungsprozesse zunehmend ins Wanken. Traditionelle Konzeptionen von Migrationen, die diese nur als unidirektionale Aus- und Einwanderungsprozesse betrachten, haben mögliche transnationale und mehrortige Lebensweisen von MigrantInnen durch die normativen Analysen der Assimilation und Integration zwangsweise vereindeutigt bzw. mitunter als traditionell und rückkehrorientiert interpretiert (Hess 2005, S. 31). Somit stellt die Transnationalitätsperspektive nach Sabine Hess einen „überfälligen ‚Normalisierungsdiskurs' mehrortiger, uneindeutiger migrantischer Praktiken dar" (Hess 2005, S. 31), die die Perspektive auf das „transnationale Kontinuum migrantischer Lebensstrategien" eröffnet. Dies ermöglicht z. B. die Untersuchung des Lebens von MigrantInnen und die geographischen Grenzen überschreitende lebensweltliche Orientierung in unterschiedlichen Gesellschaften und Erfahrungshorizonten.[8] Aus dieser Perspektive wird Migration nicht nur als Akkulturation oder Integration an einem Ort betrachtet, sondern mit verschiedenen Arten von Zugehörigkeiten, nationale Grenzen überspannenden Netzwerken und Aktivitäten in Verbindung gebracht (Glick Schiller et al. 1997, S. 81). Der Blick wird darauf gerichtet, wie sich MigrantInnen „zeitlich variabel mehr auf der einen oder anderen Seite [verorten] oder (…) auch über Jahre imaginative, virtuelle Verbindungen zu ihren Angehö-

[8] Siehe z. B. die biographieanalytische Studie von Siouti 2013.

rigen, FreundInnen und sozialen Kontexten, die neben dem Herkunftsland weitere Migrationsdestinationen mit einschließen können, [unterhalten] " (Hess 2005, S. 31, u. a. Salih 2000, S. 75–92).

Obwohl im Konzept des Transnationalen die Silbe „trans" eine Transformation oder eine Vermischung des Nationalen und Lokalen sowie die Entstehung des Neuen suggeriert, bleiben die Subjekte selber körperlich und materiell mit den nationalen Orten und Territorien, gesetzlichen Regulationen sowie den Zuschreibungspraxen und Diskursen verbunden bzw. unterworfen. Hiermit bewahrt das Konzept der Transnationalität in bestimmtem Maß zwar das Kulturelle und das Nationale, sofern die Subjekte rechtlich in nationalstaatliche Regulationen eingebunden sind, es wird jedoch gleichzeitig auch die Herstellung von transkulturellen und transnationalen sozialen Wirklichkeiten, Erfahrungshorizonten, Wissensbeständen, Identitäten und Zugehörigkeiten innerhalb bestehender nationaler Kontexte berücksichtigt. Somit werden, aus der Transnationalitätsperspektive betrachtet, nationale und transnationale Formationen nicht, wie oft behauptet, als sich wechselseitig ausschließende, sondern sich gegenseitig konstituierende soziale Ordnungen gefasst.

Jedoch lässt sich das Konzept der Transnationalität, wie Helma Lutz konstatiert, „fast als ‚Kampfbegriff' gegen Konzepte nationaler Homogenität mit den damit verbundenen Prämissen sozialer und kultureller Schließung verstehen, der versucht, der Heterogenität und dem polyphonen Charakter der durch Migrationsbewegungen veränderten Gesellschaften gerecht zu werden" (Lutz 2002, S. 86).

Auch das Konzept der Transkulturalität, wie Wolfgang Welsch dieses angewandt hat, kann als ‚Kampfbegriff' gegen den ‚traditionellen' totalitätsorientierten Herderschen Kulturbegriff[9], der Kulturen als Gemeinschaft von Menschen und deren Ideensystemen begreift (Reckwitz 2001), verstanden werden. Während dieser eine ethnische Fundierung, Homogenisierung und interkulturelle Abgrenzung (Welsch 2004, S. 317 f.) beinhaltet und maßgeblich die Nationalstaatsbildung prägte, rückt die Transkulturalitätsperspektive die Verflechtungen und Vernetzungen bei der Konstitution des Kulturellen sowohl auf der Makro- als auch auf der Mikroebene der Gesellschaft ins Zentrum der Betrachtung. Die Konzeption des Transkulturellen verweist auf die externe Vernetzung der Kulturen, ihren inneren Hybriditätscharakter, die Auflösung der Eigen-Fremd-Differenzen wie auf die transkulturelle Prägung der Individuen sowie auf die Entkopplung von kultureller und nationaler Identität (Welsch 2004, S. 323 ff.). Mathias Hildebrandt (2004, S. 349) weist jedoch darauf hin, dass die Transkulturationsprozesse nicht zur „Uniformierung und Homogenisierung eines kulturellen Raumes, sondern zur Auflösung alter sowie zur Herstellung neuer Differenzen" führen: „Mit anderen Worten, die kulturellen

[9] S. kritisch dazu Kramer 1994, 1996.

Prozesse der symbolischen Selbstauslegung des Menschen in Gesellschaft und Geschichte, die sich auch in den lebensweltlichen Praktiken der vielfältigen Felder menschlicher Existenz und Praxis widerspiegeln, produzieren ein vielsichtiges, komplexes und steten Wandlungsprozessen ausgesetztes Netz von Differenzen und Transdifferenzen, in denen die Menschen ihre Existenz fortwährend neu auslegen und praktisch gestalten" (Hildebrandt 2004, S. 349 f.). Somit kann im Kontext der Transkulturation von der Auflösung eindeutiger „Identifikation zwischen übersubjektiven Sinnsystemen (Wissensordnungen, kulturellen Schemata) und Gruppen und Gemeinschaften" (Reckwitz 2001, S. 180) gesprochen werden.

Zusammenfassend kann hier festgehalten werden, dass die Konzeptionen von Transnationalität und Transkulturalität hilfreiche Konzeptionen darstellen, um die Partizipation und Identifikation von Subjekten an verschiedenen Wissens- und Symbolsystemen über eine bestimmte Gemeinschaft hinaus zu verstehen.

Nachdem ich nun die Frage der Zugehörigkeit in Hinsicht auf die transnationale und die transkulturelle Perspektive diskutiert und auf die Komplexität solcher Zugehörigkeitsordnungen hingewiesen habe, werde ich mich im Folgenden der empirischen Untersuchung von Zugehörigkeit mit biographieanalytischem Ansatz zuwenden.

5 Biographische Perspektive auf die Konstitution und Konstruktion von Zugehörigkeiten in der Migration

Generell ermöglicht die Erhebung von biographisch-narrativen Interviews und deren rekonstruktive Biographieanalyse die Rekonstruktion von sozialen Wirklichkeiten und „biographischen Erfahrungsaufschichtungen" (Dausien 2000, S. 102). Diese bestehen aus Lebenserfahrungen, die im Laufe des Gesamtlebens erworben wurden und sich zu einem biographischen Wissen verdichtet haben. Durch neue Erfahrungen wird das biographische Wissen jedoch kontinuierlich reflektiert und überarbeitet und dementsprechend die Biographie immer wieder neu (re)konstruiert. Deshalb sind Biographien als soziale Konstruktionen zu verstehen, die sich im Spannungsfeld von Struktur und Handeln entfalten (Dausien 2000; Fischer und Kohli 1987). Dabei kommt die gesellschaftliche Konstruktion von Subjektivität sowie die subjektive Aneignung und Konstruktion von Gesellschaft zum Ausdruck (Dausien 1994, S. 152). Biographie und die Fähigkeit, das eigene Leben zu reflektieren, kann in den westlichen Kulturen z. B. als eine Sozialisationsinstanz angesehen werden. Denn Sozialisation, aus einer biographischen Perspektive betrachtet, ist ein dauerhafter Prozess, in dem Subjekte ihre Identitäten bzw. Biographien aushandeln und reflektieren (Hoerning 2000, S. 7). Dieses biographisch bedingte dauerhafte Aushandeln und Reflektieren stellt insbesondere in transkulturellen und transnationalen Zusammenhängen eine Notwendigkeit dar, da eine transnationale und transkulturelle biographische Verortung quer zu den homogenisierenden und eindeutigen Vorstellungen über Kultur, Zugehörigkeit und Identität verläuft. Aus der biographischen Perspektive betrachtet, gestaltet sich die Transnationalität und Transkulturalität dadurch, wie Menschen über die geographischen, nationalstaatlichen Grenzen hinweg handeln und ihre Zugehörigkeiten konstruieren (s. dazu Apitzsch 2003; Ruokonen-Engler 2005; Apitzsch und Siouti 2008). Nach Ursula Apitzsch sind in den Biographien rekonstruierbare transnationale Räume „unsichtbare Strukturen vielfach vernetzter staatlicher, rechtlicher und kultureller Übergänge, an denen die Individuen sich biographisch orientierten und in die sie zugleich als Erfahrungskollektiv verstrickt sind" (Apitzsch 2003, S. 69). Hiermit können mit der Biographieanalyse Einblicke gewonnen werden, welche strukturellen Bedingungen und biographischen Erfahrungen und deren Bearbeitung zur jeweiligen Konstituierung geführt haben.[10] Dabei gibt die Rekonstruktion biographischer Erfahrungsstrukturen und Transformationsprozesse Aufschluss über gesellschaftliche und diskursive Differenz- und Zugehörigkeitskonstruktionen sowie über die individuell-biographischen Auseinandersetzung mit diesen. Dies ermöglicht es, gesellschaftliche Differenzachsen wie z. B. Geschlecht, Klasse, Ethnizität und Generation und ihre intersektionellen Verschränkungen zu rekonstruieren und der Frage nachzugehen, welchen konstitutionellen, handlungsleitenden bzw. -verhindernden Wirkungen diese Konstruktionen für das Handeln der Subjekte aus der lebensgeschichtlichen Perspektive erlangen (Ruokonen-Engler 2012; Siouti 2013). Dabei ist es von besonderem Interesse, den Einfluss von gesellschaftsstrukturellen sowie intersubjektiven Macht- und Herrschaftsverhältnissen bei der Konstitution von Zugehörigkeit zu untersuchen. So zeigt sich, dass die Identitäts- und Zugehörigkeitskonstruktionen als Resultat biographischer Aushandlungsprozesse zwischen strukturellem Identitätszwang und subjektiver Handlungsfähigkeit zu verstehen sind. Zudem stellen die Migrationsbiographien die defizitäre Vorstellung der Zerrissenheit zwischen zwei Kulturen in Frage. Eine Zugehörigkeit, die quer zu einer nationalstaatlich geprägten und kulturell homogenen Zugehörigkeitsvorstellung läuft, besteht aus Vermischung von lokalen, translokalen, transnationa-

[10] Siehe die Veröffentlichung meiner Dissertation (Ruokonen-Engler 2012) über die Konstitution von Migrationsprozessen und die Konstruktionen von Migrantinsein am Beispiel der Biographien von Frauen finnischer Herkunft. In dieser Arbeit habe ich die Transnationalitätsperspektive mit der biographieanalytischen Perspektive verknüpft, um Migrationsprozesse und Subjektkonstruktionen in ihrer Komplexität jenseits der kulturalisierenden und nationalstaatlich begrenzten Assimilations- und Akkulturationsvorstellungen untersuchen zu können.

len, imaginären sowie konkreten biographischen Verortungen. Diese Verortungen stehen in einem engen Zusammenhang mit der Handlungsfähigkeit der Subjekte. Im Prinzip kann es vielfältige Beweggründe dafür geben, warum Subjekte transnationale Lebensweisen entwickeln und sich transnational verorten. Beispielsweise zeigte die Biographieanalyse von Migrationsprozessen und Subjektkonstruktionen von Migrantinnen finnischer Herkunft (Ruokonen-Engler 2012), dass die Herstellung eines transnationalen Handlungs- und Zugehörigkeitsraumes als biographische Bewältigungs- und Handlungsstrategie fungierte. Dabei spielte eine transnationale Orientierung bei der Aufrechthaltung der subjektiven Handlungsfähigkeit eine wichtige Rolle. Um diesen Zusammenhang zu erläutern, möchte ich auf ein kleines Beispiel eingehen.[11]

Seija, eine Migrantin finnischer Herkunft, konnte ich als Interviewte im Rahmen meiner Dissertation gewinnen. Das Interview mit ihr fand in Deutschland, kurz vor ihrer Auswanderung in die Schweiz, statt. In Seijas Biographie lassen sich verschiedene Migrationsprojekte zwischen Finnland, Großbritannien, Deutschland und der Schweiz rekonstruieren. Jedes von diesen Migrationsprojekten ist aus verschiedenen Gründen entstanden, findet in verschiedenen biographischen Lebensphasen statt und beinhaltet verschiedene Zugehörigkeitskonstruktionen.

Seijas Migration begann, als sie als „Heiratsmigrantin" nach Großbritannien migrierte. Sie hatte in Finnland ihren zukünftigen Mann, einen Briten indischer Herkunft, kennengelernt und nach einer mehrjährigen transnationalen Liebesbeziehung, die sich zwischen Finnland und Großbritannien erstreckte, entschieden sich die beiden, gegen den Willen der Schwiegereltern von Seija, zu heiraten. Die Heiratsentscheidung führte zu einem Bruch in der Familientradition von Seijas Mann, Ravi, die eine arrangierte Ehe innerhalb der gleichen ethnischen und religiösen Gruppe vorsah. In diesem Traditionsbruch kann nicht nur die Individualisierung von Seijas Ehemann, sondern auch der kulturelle Einfluss der Mehrheitsgesellschaft vermutet werden. Denn die Ehe zwischen Seija und Ravi löste einen innerfamiliären Transformationsprozess aus, der zum Bruch in der Fortsetzung der Institution der arrangierten Ehe führte, denn auch die Geschwister von Ravi folgten seinem Beispiel und heirateten selbstbestimmt und „interethnisch". Seija war jedoch als eine in eine ethnische Minderheit eingeheiratete ausländische Frau mit der Forderung ihrer Schwiegereltern konfrontiert, ihren Vornamen, ihren Kleidungsstil, ihre Sitten und ihre Religion an die Tradition der Familie anzupassen. Während diese Forderungen Seija unvorstellbar und als ihre Handlungsautonomie beschränkend erschienen, stellte sich ihr die Annahme des Nachnamens ihres

[11] S. Ruokonen-Engler (2012) für eine ausführlichere Darstellung von Fall Seija sowie für weitere Fälle und Beweggründe zur Entstehung transnationaler Positionierung.

zukünftigen Ehemannes als eine Selbstverständlichkeit dar. Der Verzicht auf den eigenen Namen, den, so Seija, eventuell keiner richtig schreiben und aussprechen könnte, lässt sich hier als Seijas Anpassung an die britische Einwanderungsgesellschaft verstehen. In diesem Kontext stellte der indische Nachname im Vergleich zum finnischen ein anderes semantisches Feld dar, das durch die kolonialen und transnationalen Verbindungen mit Indien sowie durch die Anwesenheit der indischen MigrantInnen in der postkolonialen Situation eine höhere Legitimation aufwies. Die Übernahme des neuen Nachnamens steht hier als ein Symbol für den transkulturellen Prozess, der durch die Migration einerseits und die Ehe andererseits ausgelöst wurde und z. B. in der Mehrsprachigkeit und der transkulturellen Arbeits- und Lebenswelt zum Ausdruck kam. Interessanterweise kann in Seijas Biographie neben dem Prozess der Transkulturalisation auch eine transnationale Dimension festgestellt werden. Denn als Seija nicht bereit war, die Traditionen der Familie ihres Mannes als Teil ihres Lebensentwurfes aufzugreifen, distanzierte sie sich von ihren Schwiegereltern durch eine Selbstethnisierung und transnationale Verortung über die geographischen Grenzen hinaus, obwohl ihr damaliger Lebensmittelpunkt in Großbritannien war.

> Seija: (…) während der ersten fünf bis sechs Jahre bin ich zweimal im Jahr nach Finnland gefahren, obwohl meine beiden Eltern schon gestorben waren. Aber ich habe meine Schwester besucht oder ich ging dann meine Freunde besuchen. Und es war so, dass man einen richtigen Hunger auf das Finnische hatte. Dann musste man finnisches Fernsehen schauen, finnisches Radio hören und ich habe Antiquariate besucht. Ich habe dort stapelweise Bücher zum Lesen in England gekauft und sie als Postpakete dorthin geschickt. Und meine Koffer waren voll von finnischer Musik, Aarikka und sonst./Ich hatte das Bedürfnis, eine Finnin zu sein/(lächelnd). Insbesondere deswegen, weil meine Schwiegereltern es verneinen wollten.
> I: Hm.
> S: Ich hatte so ein -//wahrscheinlich hatte das, was die Schwiegereltern dachten, keine Bedeutung. Aber ich hatte auf jeden Fall ein schreckliches Heimweh.[12]

Durch die Herstellung einer „counter-belongingness" entlang der ethnischen Zugehörigkeit als „eine finnische Frau" gewann Seija in der Familie und in der multikulturellen Community eine Legitimation für ihr „rebellisches" Verhalten. Die Selbstethnisierung fungierte in Seijas Fall als biographische Bewältigungsstrategie, um die Machtverhältnisse zwischen ihr selbst und ihren Schwiegereltern aushandeln zu können. Seija konstruierte eine folkloristische, symbolische, emotionale und imaginierte ethnische Zugehörigkeit, die ihr eine Rechtfertigung für ihr Verhalten

[12] Anmerkung zu den Transkriptionsnotationen: - (mit Stimme Luft holen), //(Selbstkorrektur) und /xxx/ (besondere Betonung durch Beschreibung).

gab und somit zu einem wichtigen Teil ihrer biographischen Handlungsfähigkeit in einem multi- und transkulturellen Kontext wurde. Somit ist, aus der biographischen Perspektive betrachtet, die Herstellung des transnationalen Handlungs- und Zugehörigkeitsraums zwischen Finnland und Großbritannien ein Korrektiv der biographisch konfliktreichen Lebenssituation, die das biographische Handlungsschema des Subjekts bedrohte und schließlich zu einem kreativen biographischen Transformationsprozess und zu einer Erweiterung des Handlungsspielraumes führte. Interessanterweise lässt sich in der biographischen Erzählung von Seija über die später erfolgte transnationale Pendelmigration zwischen Deutschland und Großbritannien, die Identifizierung mit mehreren Orten und Zugehörigkeitskontexten noch weiter vertiefen. Obwohl die vor der Migration nach Deutschland erfolgte zweijährige transnationale Pendelmigration das Einleben in ihrem neuen „Zuhause" erleichterte, hatte Seija Anpassungsschwierigkeiten, da sie über keine Deutschkenntnisse verfügte, nicht erwerbstätig war und ihr Freundeskreis sich vor allem in England befand. Diese Situation führte dazu, dass Seija zwischen Deutschland und Großbritannien, wo sie noch ihr Haus hatten, pendelte. In dem Pendeln konkretisiert sich die Entwicklung eines biographischen Bezugs auf mehrere Orte. Dabei lösen die konkreten, aber auch imaginären und konstruierten Bezüge zu unterschiedlichen Lebenskontexten unterschiedliche Identifizierungsmomente und Selbstdeutungen aus.

Dieser kleine Auszug aus Seijas Biographie zeigt, wie sich durch die Migration ein neuer transkultureller Erfahrungs- und Erinnerungsraum, der nationalstaatliche Grenzen überschreitet, eröffnete und daraus auch neue biographische Selbstkonstruktionen, die durch Uneindeutigkeit und Prozesshaftigkeit gekennzeichnet sind, erfolgten. Aus der biographischen Perspektive betrachtet, kann in Seijas Fall die Entwicklung einer transnationalen Lebensstrategie und Zugehörigkeit rekonstruiert werden, die eine bipolare Zeichnung von Zugehörigkeit oder Nicht-Zugehörigkeit in einem mononationalen Kontext überwindet und somit als transnationale Positionierung (Ruokonen-Engler 2009, 2012) bezeichnet werden kann. Stattdessen zeigt sich in Seijas Fall, wie Zugehörigkeitskonstruktionen prozesshaft, vielfältig, zeit- und raumgebunden und mit Macht- und Herrschaftsverhältnissen verstrickt sind. Dabei entsteht eine transnationale Positionierung als Ergebnis einer Auseinandersetzung mit biographischen Erfahrungen, Diskursen und gesellschaftsstrukturellen Bedingungen und stellt somit eine biographische Bewältigungsstrategie dar. Damit ist es möglich, den Blick auf die biographische Konstituierung von grenzüberschreitenden Verbindungen, sowohl auf der Ebene der jeweiligen Zugehörigkeitskonstruktionen, als auch auf der Ebene der Handlungsfähigkeit zu richten und dabei zu untersuchen, wie subjektive und kollektive Konstruktionen und die Konstitution von Zugehörigkeit mit der Handlungsfähigkeit der Subjekte einhergehen.

Die in der Biographieanalyse festgestellte „transnationale Positionierung" kann als Resultat eines biographischen Transformationsprozesses in der Migration verstanden werden, der in einer Auseinandersetzung mit den individuellen und kollektiven Ressourcen und gesellschaftlich-strukturellen Macht- und Herrschaftsverhältnissen geführt worden ist. Zudem unterstreicht das Konzept der „transnationalen Positionierung" den konstitutiven Einfluss der jeweilig zugeschriebenen Zugehörigkeitskonstruktionen auf die Handlungsfähigkeit des Einzelnen. In verschiedenen Lebenssituationen können geographische grenzüberschreitende biographische Erfahrungen und das biographische Wissen eine biographische Ressource darstellen, die eine transnationale Positionierung zulässt. Die Anerkennung solcher Zugehörigkeit setzt wiederum eine Gesellschaft voraus, die nicht die Frage der Zugehörigkeit z. B. im Sinne von Integration in das Gegebene voraussetzt, sondern eine gesellschaftliche Teilhabe ermöglicht, die ein Kontinuum von transkulturellen Verflechtungen und transnationalen Lebensstrategien zulässt.

Literatur

Ahmad S (2000) Strange Encounters. Embodied Others in Post-Coloniality. Routledge, London, New York

Anderson B (1988) Die Erfindung der Nation. Zur Karriere eines folgenreiches Konzeptes. Campus, Frankfurt am Main

Apitzsch U (2003) Migrationsbiographien als Orte transnationaler Räume. In: Apitzsch U, Jansen M (Hrsg) Migration, Biographie und Geschlechterverhältnisse. Westfälisches Dampfboot, Münster, S 65–80

Apitzsch U, Siouti I (2008) Transnationale Biographien. In: Homfeldt H-G, Schröer W, Schweppe C (Hrsg) Soziale Arbeit und Transnationalität. Herausforderungen eines spannungsreichen Bezugs. Juventa, Weinheim, München, S 97–111

Appadurai A (1996) Modernity at Large. Cultural Dimensions of Globalization. University of Minnesota Press, Minneapolis

Appadurai A (1998) Globale ethnische Räume. In: Beck U (Hrsg) Perspektiven der Weltgesellschaft. Suhrkamp, Frankfurt am Main, S 11–40

Bade KJ, Münz R (Hrsg) (2000) Einführung: Migration und Integration – Herausforderung für Deutschland. In: Bade KJ, Münz R (Hrsg): Migrationsreport 2000. Fakten – Analysen – Perspektiven. Campus, Frankfurt am Main, S 7–22

Beck U (1997) Was ist Globalisierung? Suhrkamp, Frankfurt am Main

Clifford J (1997) Routes. Travel and Translation in the Late Twentieth Century. Harvard University Press, Cambridge, London

Bourdieu P (1982) Die feinen Unterschiede. Kritik der gesellschaftlichen Urteilskraft. Suhrkamp, Frankfurt am Main

Bourdieu P (1985) Sozialer Raum und „Klassen". Leçon sur la leçon. Zwei Vorlesungen. Suhrkamp, Frankfurt am Main

Burawoy M (2000) Introduction: Reaching for the Global. In: Burawoy M, Blum JA, George S, Gille Z, Thayer M, Gowan T, Haney L, Klawiter M, Lopez SH, Ó Riain S. (Hrsg) Global Ethnography. Forces, Connections, and Imaginations in a Postmodern World. University of California Press, Berkley, Los Angeles, London, S 1–40

Dausien B (1994) Biographieforschung als „Königinnenweg"? Überlegungen zur Relevanz biographischer Ansätze in der Frauenforschung. In: Diezinger A, Kitzer H, Anker I, Bingel I, Haas E, Odierna S (Hrsg) Erfahrung mit Methode. Wege sozialwissenschaftlicher Frauenforschung. Kore, Freiburg, S 129–153

Dausien B (2000) „Biographie" als rekonstruktiver Zugang zu „Geschlecht". Perspektiven der Biographieforschung. In: Lemmermöhle D, Fischer D, Schüter A (Hrsg) Lesarten des Geschlechts. Zur De-Konstruktionsdebatte in der Erziehungswissenschaftlichen Geschlechterforschung. Leske + Budrich, Opladen, S 96–115

Elias N (1986) Was ist Soziologie? Juventa Verlag, Weinheim, München

Esser H (1980) Aspekte der Wanderungssoziologie. Assimilation und Integration von Wanderern, ethnischen Gruppen und Minderheiten. Eine handlungstheoretische Analyse. Luchterhand, Darmstadt, Neuwied

Faist T (2000a) The Volume and Dynamics of International Migration and Transnational Social Spaces. Oxford University Press, Oxford

Faist T (2000b) Transstaatliche Räume. Politik, Wirtschaft und Kultur in und zwischen Deutschland und der Türkei. Transcript, Bielefeld

Fischer W, Kohli M (1987) Biographieforschung. In: Voges W (Hrsg) Methoden der Biographie- und Lebenslaufforschung. Leske + Budrich, Opladen, S 25–49

Glick Schiller N, Basch L, Blanc-Szanton C (1992) Towards a Transnational Perspective on Migration: Race, Class, Ethnicity, and Nationalism Reconsidered. New York Academy of Sciences, New York

Glick Schiller N, Basch L, Szanton Blanc C (1997) Transnationalismus: Ein neuer analytischer Rahmen zum Verständnis von Migration. In: Kleger H (Hrsg) Transnationale Staatsbürgerschaft. Campus, Frankfurt am Main, S 81–107

Gutiérrez Rodrìguez E (1999) Intellektuelle Migrantinnen – Subjektivitäten im Zeitalter von Globalisierung. Leske + Budrich, Opladen

Hannerz U (1995) Kultur in einer vernetzten Welt. Zur Revision eines ethnologischen Begriffes. In: Kaschuba W (Hrsg): Kulturen – Identitäten – Diskurse. Perspektiven einer Europäischen Ethnologie. Akademie Verlag, Berlin, S 64–85

Hannerz U (1996) Transnational Connections. Routledge, London, New York

Heckmann F (1981) Die Bundesrepublik – Ein Einwanderungsland? Zur Soziologie der Gastarbeiterbevölkerung als Einwandererminorität. Klett-Cotta, Stuttgart

Heidenreich N (1999) Zuhause in den Unterschieden? Implikationen des Ausländerdiskurses für feministische Theoriebildung. In: Potsdamer Studien zur Frauen- und Geschlechterforschung 3 (2):6–20

Hess S (2005) Globalisierte Hausarbeit. Au-pair als Migrationsstrategie von Frauen aus Osteuropa. Springer VS, Wiesbaden

Hildebrandt M (2004) Von der Transkulturalität zur Transdifferenz. In: Allolio-Näcke L, Kalscheuer B, Manzeschke A (Hrsg) Differenzen anders denken. Bausteine zu einer Kulturtheorie der Transdifferenz. Campus, Frankfurt am Main, New York, S 342–352

Hoerning EM (2000) Biographische Sozialisation. Theoretische und forschungspraktische Verankerung. In: Hoerning EM (Hrsg) Biographische Sozialisation. Lucius & Lucius, Stuttgart, S 1–20

Kaelble H, Kirsch M, Schmidt-Gernig A (Hrsg) (2002) Transnationale Öffentlichkeiten und Identitäten im 20. Jahrhundert. Campus, Frankfurt am Main
Kramer D (1994) Menschenrechtsdiskussion und Ethnologen. Info-Blatt der Gesellschaft für Ethnographie 9:27–42
Kramer D (1996) Die Ressource ‚kulturelle Vielfalt' und die Transkulturalität. Bemerkungen zu Wolfgang Welsch und Johan Gottfried Herder. Kunst und Kultur 9:14–15
Lutz H (2002) Transnationalität im Haushalt. In: Gather C, Geissler B, Rerrich MS (Hrsg) Weltmarkt Privathaushalt. Westfälisches Dampfboot, Münster, S 86–102
Mecheril P (1997) Rassismuserfahrungen von Anderen Deutschen – eine Einzelfallbetrachtung. In: Mecheril P, Teo T (Hrsg) Psychologie und Rassismus. Rowohlt, Reinbek bei Hamburg, S 175–200
Mecheril P (2003a) Pre^käre Verhältnisse. Über natio-ethno-kulturelle (Mehrfach-)Zugehörigkeit. Waxmann, Münster
Mecheril P (2003b) Politik der Reinheit. Ein Essay über Hybridität. Passagen Verlag, Wien
Mecheril P, Hoffarth B (2009) Adoleszenz und Migration. Zur Bedeutung von Zugehörigkeitsordnungen. In: King V, Koller C (Hrsg) Adoleszenz – Migration – Bildung. 2. erweiterte Aufl. Springer VS, Wiesbaden, S 239–258
Osterhammel J (2001) Transnationale Gesellschaftsgeschichte. Geschichte und Gesellschaft 27 (3):464–479
Pries L (1997) Neue Migration im transnationalen Raum. In: Pries L (Hrsg) Transnationale Migration. Soziale Welt (= Sonderband 12), S 15–46
Pries L (1998) Transnationale Soziale Räume. In: Beck U (Hrsg) Perspektiven der Weltgesellschaft. Suhrkamp, Frankfurt am Main, S 55–86
Pries L (2008) Die Transnationalisierung der sozialen Welt. Suhrkamp, Frankfurt am Main
Reckwitz A (2001) Multikulturalismustheorien und der Kulturbegriff. Vom Homogenitätsmodell zum Modell kultureller Interferenzen. Berliner Journal für Soziologie 11 (2):179–200
Ruokonen-Engler M-K (2005) Grenzüberschreitungen und biographische Verortungen: Überlegungen zur Konstitution von Transnationalen Sozialen Räumen und Öffentlichkeiten. In: Lettow S, Manz U, Sarkowsky K (Hrsg) Öffentlichkeiten und Geschlechterverhältnisse. Erfahrungen, Politiken, Subjekte. Ulrike Helmer Verlag, Königstein, S 57–71
Ruokonen-Engler M-K (2009) De/Constructing Difference: A Biographical Perspective on Constructions of Ethnicity as Transnational Positionality. In: Rosenthal G, Bogner A (Hrsg) Ethnicity, Belonging and Biography: Ethnographical and Biographical Perspectives. Lit Verlag, Münster, S 251–265
Ruokonen-Engler M-K (2012) „Unsichtbare" Migration? Transnationale Positionierungen finnischer Migrantinnen. Eine biographieanalytische Studie. Transcript, Bielefeld
Salih R (2000) Towards an Understanding of Gender and Transnationalism: Moroccan Migrant Women's Movement Across the Mediterranean. Anthropological Journal on European Cultures 9 (2):75–91
Schlehe J (2000) Gender als transkulturelle Konstruktion. In: Schlehe J (Hrsg) Zwischen den Kulturen – zwischen den Geschlechtern. Kulturkontakte und Genderkontakte. Waxmann, Münster, S 7–16
Siouti I (2013) Transnationale Biographien. Eine biographieanalytische Studie über Transmigrationsprozesse bei der Nachfolgegeneration griechischer Arbeitsmigranten. Transcript, Bielefeld

Smith MP, Guarnizo LE (1998) The Locations of Transnationalism. In: Smith MP, Guarnizo LE (Hrsg) Transnationalism from below. Transaction Publishers, New Brunswick, New Jersey, S 3–34

Stötzer B (2004) InDifferenzen. Feministische Theorie in der antirassistischen Kritik. Argument Verlag, Hamburg

Welsch W (2004) Auf dem Weg zu transkulturellen Gesellschaften. In: Allolio-Näcke L, Kalscheuer B, Manzeschke A (Hrsg) Differenzen anders denken. Bausteine zu einer Kulturtheorie der Transdifferenz. Campus, Frankfurt am Main, New York, S 314–341

Welsch W (2010) Was ist eigentlich Transkulturalität? In: Darowska L, Lüttenberg T, Machhold C (Hrsg) Hochschule als transkultureller Raum? Kultur, Bildung und Differenz in der Universität. Transcript, Bielefeld, S 39–66

Dr. Minna-Kristiina Ruokonen-Engler, Soziologin und wissenschaftliche Mitarbeiterin am Institut für Soziologie im Fachbereich Gesellschaftswissenschaften an der Goethe-Universität Frankfurt am Main. Forschungsschwerpunkte sind: Migrations- und Transnationalisierungsforschung, soziale Ungleichheits-, Geschlechter- und Rassismusforschung, kritische Diversitätsforschung, qualitative Bildungsforschung und qualitativ-interpretative Methoden.

Zur Konstruktion von urbanen Identitäten im Migrationskontext: Diskurse in Städten und über Raum

Anke Breitung und Hans Hopfinger

Zusammenfassung

In the context of guidelines, support programmes and aims, urban districts and quarters play an important role. They are important, too, for the process of defining identity. Urban districts with a high percentage of people with a foreign nationality receive particular focus here. Building and designing public space is often used as an instrument for supporting integration and multicultural understanding.

This article exemplifies the physical and social-space related references to the daily negotiation and constructions of personal identities of residents. The complexity of transnational and multi-local constructions of identities of migrant people and their influence on the development of different, potentially heterotope, spaces are of interest. Furthermore, the impact of the public discourse on the perception and construction of public urban space by residents with a foreign nationality is shown in the article by using examples from an empirical research study.

A. Breitung (✉) · H. Hopfinger
Lehrstuhl Kulturgeographie, Katholische Universität Eichstätt-Ingolstadt, Ostenstr.
Eichstätt, Deutschland
E-Mail: anke.breitung@ku.de

H. Hopfinger
E-Mail: hans.hopfinger@gmx.de

K. Kazzazi et al. (Hrsg.), *Migration – Religion – Identität. Aspekte transkultureller Prozesse,* DOI 10.1007/978-3-658-06510-2_14

Schlüsselwörter
Stadt · Diskurs · Identität · Raum · Heterotopien · Nürnberg · Wahrnehmung · Identitätskonstruktion · Migration

1 Einführung

Der Anteil an Menschen mit Migrationshintergrund an der deutschen Bevölkerung ist im Laufe der letzten Jahrzehnte stetig gewachsen. Diese Personen kommen aus den unterschiedlichsten Gründen in die Bundesrepublik. Obwohl man davon ausgehen kann, dass sie durch ihre kulturelle Vielfalt das gesellschaftliche Leben in Deutschland bereichern, wird vielerorts der Zuzug von MigrantInnen nicht nur als positiv wahrgenommen. Vielmehr werden Probleme und Hindernisse in den Vordergrund gestellt, die das Zusammenleben der Bevölkerung erschweren. Dies scheint gerade in den dicht besiedelten deutschen Städten der Fall zu sein, wo auf engstem Raum zahlreiche und ganz unterschiedliche sozio-kulturelle Hintergründe, Biographien, Werte, Normen und Utopien aufeinander treffen.

Trotz dieser Entwicklung zur kulturellen Heterogenisierung vor allem der städtischen Gesellschaft ist weltweit zu beobachten, wie sich das Gesicht der Innenstädte mehr und mehr angleicht. In einer Studie der *new economics foundation* wird diese Art von Städten als ‚Clone Cities' bezeichnet und folgendermaßen beschrieben: „Throw in a bit of social history and a bit of popular culture – a football stadium fit to grace the Premier League, say, or a state-of-the art concert venue – and there you have it, a shiny, thrusting new municipal identity" (Potts et al. 2005).

Die Homogenisierung von Innenstädten führt auch dazu, dass klassische urbane Raumbindungen verloren gehen und somit auch die Identifikation mit dem Wohnort schwächer wird (Hauser 2007). Städteplanung und Städtepolitik versuchen, diesem Trend mithilfe enormer Investitionen und in zahlreichen sozialen Projekten gegenzusteuern. Es sollen attraktive und erlebbare Räume geschaffen bzw. erhalten werden, um die BewohnerInnen wieder an ihren Wohnort zu binden, mit dem sie sich identifizieren sollen. Gerade Stadtteile mit einem hohen Anteil an Menschen mit Migrationshintergrund gelten oft als problembehaftet und stehen deshalb im Fokus sogenannter Soziale-Stadt-Maßnahmen: Städtebauliche Eingriffe und soziale Projekte sollen den Menschen helfen, den Raum der Stadt wieder zu einem wichtigen Teil ihrer Identitätskonstruktion zu machen. Aus Sicht der Geographie ist die Konstruktion von Identitäten schon immer eng mit der Komponente des Raums verknüpft und mit zwei grundlegenden Fragen verbunden, die im Mittelpunkt eines Forschungsprojekts stehen, über das im Folgenden berichtet wird: Wie prägen subjektive Wahrnehmungen, individuelle Gestaltungs- und Aneignungsprozesse sowie übergreifende Machtstrukturen und Grenzen den Raum einer Stadt? Wie beeinflusst umgekehrt der Raum das Subjekt und somit die Konstruktion seiner Identitäten?

2 Untersuchungsgebiet und Methodik

Als Untersuchungsraum fungiert die sogenannte „Südstadt" von Nürnberg. Die Auswahl des Stadtteils erfolgte zum einen aufgrund des relativ hohen Anteils an MigrantInnen an der Bevölkerung. Ein zweiter Gesichtspunkt war die damit in Verbindung stehende vielschichtige historische Entwicklung des Stadtteils. So gibt es auch keine genaue Definition des meist nur umgangssprachlich verwendeten Begriffs für das Gebiet der Südstadt (Beer 2004, S. 14). Dieses entspricht keinem statistisch abgegrenzten Gebiet, sondern ist aus mehreren statistischen Bezirken Nürnbergs zusammengesetzt, deren genaue Anzahl und verwaltungsräumliche Zugehörigkeit nicht einheitlich definiert sind. Das bedeutet, dass es sich bei der Zugehörigkeit zur Südstadt eher um ein Konzept der Bewusstseinshaltung der BewohnerInnen handelt: Der durch das in der zweiten Hälfte des 19. Jahrhunderts einsetzende städtische und industrielle Wachstum entstandene Teil der Stadt Nürnberg war lange Zeit durch das Selbstverständnis der dort lebenden einheimischen Arbeiterklasse geprägt. Durch die stete Zuwanderung von GastarbeiterInnen und deren Familien hat sich das Gebiet in den letzten Jahrzehnten jedoch zu einem multikulturell geprägten Stadtteil entwickelt. Die Bezeichnung Südstadt ist aber weiterhin in den Köpfen sowohl der BewohnerInnen als auch der Nürnberger Bevölkerung fest verankert. Der Begriff der Südstadt entspringt also einer diskursiven Praxis, die im Laufe der Zeit das hervorgebracht hat, was sie bezeichnet, nämlich einen Stadtteil, der formal nicht existiert, aber im Bewusstsein der Nürnberger BewohnerInnen einen festen Platz einnimmt.

Die Triangulation verschiedener Methoden wie qualitative Interviews, Mental Maps, Tageszeitenprotokolle und fotografische Dokumentation ermöglicht es, die individuell konstruierten sozialen Räume von MigrantInnen im städtischen Raum darzustellen und zu beschreiben. Gleichzeitig wird im Rahmen einer Diskursanalyse der Einfluss der Medien auf die Produktion des städtischen Raums aufgezeigt. Hierzu werden alle Zeitungsartikel aus den ‚Nürnberger Nachrichten', dem ‚Nürnberger Stadtanzeiger' und dem ‚Sonntagsblitz' aus den Jahren 1990 bis 2011 herangezogen, die zum Thema Südstadt erschienen sind. Die insgesamt 8465 Artikel werden mittels lexikometrischer Verfahren untersucht. Mit Hilfe dieser Verfahren können die quantitativen Beziehungen zwischen lexikalischen Elementen in geschlossenen Textkorpora analysiert werden. Ziel ist es, großflächige Strukturen der Sinn- und Bedeutungskonstitution in Textkorpora zu erfassen (Mattissek 2007,

S. 90). Des Weiteren werden die Textkorpora mit dem sogenannten *corpus-driven*-Verfahren untersucht, das die Möglichkeit bietet, explorativ an die Texte heranzugehen, um übergeordnete Strukturen identifizieren zu können (Dzudzek et al. 2009, S. 233).

3 *Raum im Kopf*

Um einen Einblick in die unterschiedlichen Wahrnehmungen von Raum zu bekommen, wurden sogenannte *Mental Maps* mit den Befragten angefertigt. Mit ihnen soll aufgezeigt werden, mit welch unterschiedlichen Bedeutungen der öffentliche Raum einer Stadt, abhängig von der jeweiligen subjektiven Wahrnehmung, aufgeladen sein kann.

Räume werden von Autoren wie Lefebvre, Foucault oder De Certeau als Produkte sozialer Aushandlungsprozesse, Machtdiskurse sowie kultureller und gesellschaftlicher Praktiken beschrieben. So verstandene Räume können von der Vorstellung des ursprünglichen physisch-materiellen Raums beträchtlich abweichen. Raum kann als ein Produkt verstanden werden: Jede Gesellschaft, jede Ansammlung von Menschen produziert eigene Räume, beispielsweise dadurch, dass sich Menschen einen Raum individuell aneignen oder ihn zu beherrschen versuchen (Lefebvre 2007, S. 330 ff.). Aber nicht nur Gesellschaften als Kollektiv, sondern ebenso Subjekte als Individuen schaffen durch bewusstes Abgrenzen oder dadurch, dass sie sich verschiedenen Lebenswelten und -konzepten, gesellschaftlichen Gruppen zuordnen, individuell gestaltete Räume.

Die folgende *Mental Map* (Abb. 1) stammt von Milad, einem neunjährigen Jungen, der in Nürnberg geboren ist. Seine Eltern kommen aus dem Irak. Milad

Abb. 1 Mental Map von Milad

besucht regelmäßig einen Jugendtreff in der Nähe seiner Wohnung. Seine *Mental Map* zeigt nur zwei Gebäude, von denen das eine sein Wohnhaus und das andere das Haus nebenan darstellen soll. Die Umgebung des Wohnortes und auch der Jugendtreff kommen in seiner Karte nicht vor. Vielmehr malt er eine Blume zwischen die Gebäude, die einen kleinen Hof repräsentiert. Diese Blume wird im Gespräch mit ihm mit vielen Bedeutungen aufgeladen: Es kommen Freunde, Freizeit und seine Familie darin vor. Auf die Frage, ob ihm die Südstadt gefalle, antwortete er, dass er es sehr schön finde, vor allem weil dort so viele Hindernisse und Verstecke vorhanden seien.

Räume können, worauf immer wieder hingewiesen wird (Pott 2007), als individuelle und kollektive Identitätsanker fungieren und sie werden je nach gegebenen Machtverhältnissen ausgehandelt. Räume können also als Medium zur Herstellung und Veränderung von Identitäten fungieren, machen aber gleichzeitig auch Identitäten sichtbar, z. B. durch Grenzen. Wichtig bei dieser Art der Betrachtung ist „die Brille des Betrachters", denn raumbezogene Identitäten entstehen auch nur dann, wenn Beobachter sie entstehen lassen (Pott 2007).

Abbildung 2 zeigt die *Mental Map* von Althaia. Sie ist 28 Jahre alt und in Griechenland geboren. Zum Studium kam sie nach Deutschland; seit 2007 wohnt sie in Nürnberg. Insgesamt ist sie seit 15 Jahren in Deutschland. Erst vor kurzem ist sie in die Südstadt gezogen. Ihre *Mental Map* hat sie absichtlich einfarbig in einem grau-braunen Ton gezeichnet, weil sie Grün in der Südstadt vermisst und ihre Umgebung ziemlich dreckig findet. Die grauen und ungepflegten Fassaden der Wohnhäuser dominieren ihr Bild des Stadtteils. Sie sagt dazu:

> [...] also ich betrachte alles ziemlich ohne Farbe hier.

Der einzige Baum, den sie malt, soll eine kleine Grünfläche darstellen. Dort hat eine politische Partei Patenschaften für einige Bäume übernommen, was Althaia sehr freut und was sie als sehr wichtig erachtet. Ihr fallen auch die vielen Kinder

Abb. 2 Mental Map von Althaia

im Stadtbild auf, die meist einen Migrationshintergrund haben. Dazu kommentiert sie:

> Ich sehe zum Beispiel in der Früh auch Mütter oder Väter, meistens mit Migrationshintergrund, die auch ihre Kinder dann in die Schule bringen. Die unterhalten sich, also die kommunizieren miteinander, die sind happy. In Sprachen, die ich, also ich verstehe dann nichts. Aber das macht mir nichts aus.

Als Grund für den Umzug in die Südstadt nennt sie die gute Verkehrsanbindung mit öffentlichen Verkehrsmitteln und die guten Einkaufsmöglichkeiten direkt in der Nähe, aber ihr ganz persönlicher und vordringlicher Wunsch war es nicht, dorthin zu ziehen. Grundsätzlich nimmt sie ihren neuen Wohnort eher negativ wahr:

> Also vom alltäglichen Gefühl oder visuell, was ich wahrnehme, wenn ich aus der Wohnung heraus gehe, sind hohe, dreckige Gebäude, viel Autos, Menschen, Gruppen von Menschen, also mit Migrationshintergrund, das ist aber ok, das ist ja für mich kein Thema. Es ist laut, die parken halt [...]. Es könnte schöner sein.

MigrantInnen bewegen sich innerhalb verschiedenartiger kultureller Kontexte, woraus komplexe transnationale und multilokale Identitätskonstruktionen entstehen. So haben besonders MigrantInnen späterer Generationen meist mit einer mehr oder weniger tiefen kulturellen Gespaltenheit und Zerrissenheit zu kämpfen. Bhabha (Eickelpasch und Rademacher 2010, S. 65 f.) thematisiert dies, indem er darauf hinweist, dass sich für sie die Grenze zwischen der Heimat und der Fremde auflöst. Sie ringen permanent mit der Aushandlung und Verortung ihres Selbst und befinden sich metaphorisch in einem sogenannten „dritten Raum" bzw. einem Raum des Dazwischen. Durch soziale, ideelle oder beispielsweise berufliche Gemeinsamkeiten ist es jedoch möglich, dass „transnationale soziale Räume" (Pries 1998) entstehen, die den MigrantInnen die Verortung ihres Selbst erleichtern können (Eickelpasch und Rademacher 2010, S. 65 f.).

Die Komplexität der Identitätskonstruktionen von MigrantInnen ist ein Faktor, der wesentlich dazu beiträgt, dass Räume entstehen, die mit unzähligen Bedeutungen, Werten und Normen aufgeladen, aber dennoch an einem realen Ort verankert sind. An diesem realen Ort überlagern sich die verschiedenen individuell konstruierten Räume der BewohnerInnen.

4 *Raum im Bild*

Basis für die Überlegungen zur Rolle von Raum bei der Konstruktion von Identitäten in vorliegender Untersuchung bilden die Texte Michel Foucaults „Von anderen Räumen" und „Die Heterotopien" (Foucault 2005, 2007). Dort beschreibt er seine

Vorstellung von sogenannten heterotopen Räumen, die er als „Gegenorte" und „lokalisierte Utopien" (Foucault 2005, S. 10) bezeichnet.[1] Demnach bringen sowohl Gesellschaften als auch Individuen in ihren Utopien, Gedanken, Vorstellungen, die in übergreifende Diskurse einfließen und diese konstituieren, Räume hervor, die in ihrer Bedeutung grundverschieden, aber dennoch an ein und demselben Ort verankert sind. Diese Räume unterliegen ebenso wie die Diskurse und Utopien einem permanenten zeitlichen Wandel. Sie können sich verändern, sich ganz auflösen oder auch neu entstehen (Foucault 2007).

Foucault nennt in seinen Texten übergreifende Aspekte, die sein Konzept von Heterotopien zu beschreiben vermögen. Dazu gehört, dass alle Gesellschaften ihre eigenen Heterotopien schaffen, welche ihrerseits völlig unterschiedliche Formen annehmen können. Foucault geht sogar so weit, dass er dieses Phänomen als eine Konstante aller menschlichen Gruppen bezeichnet. Des Weiteren unterliegen Heterotopien nach seinen Vorstellungen zwingend einem zeitlichen Wandel. Es kann jedoch auch Heterotopien geben, die für einen begrenzten Zeitraum entstehen können, wenn sie z. B. an ein bestimmtes Ereignis gebunden sind. Alle Heterotopien haben nach Foucault zudem gemein, dass sie nur durch ein System der Öffnung und Schließung betreten werden können. Ein solches System wird nicht nur an physisch realen Grenzen sichtbar, wie im Falle eines Gefängnisses (auch das ein Beispiel für einen heterotopen Ort). Vielmehr kann es auch ein System sein, das aus Ritualen oder sozialen Handlungen und Interaktionen besteht und den Zugang regelt. Als Beispiel hierfür führt Foucault ein orientalisches Badehaus (Hamam) an (Foucault 2005, S. 11 ff.).

Denkt man Foucaults konzeptionelle Ansätze weiter und überträgt diese auf den städtischen Raum, so wird deutlich, wie schwierig es ist, eindeutig definierte oder mit gesellschaftlich-allgemeingültigen Normen aufgeladene Räume zu identifizieren. Dadurch, dass die heutige Gesellschaft postmodern, individuell und multikulturell geprägt ist, ist es schwierig, auf Fragen zu antworten wie: Wer ist *die* Gesellschaft? Was sind *die* Werte und Normen? Wer sind *die* BewohnerInnen?

Innerhalb einer Stadt entstehen durch die Komplexität der transnationalen und multilokalen Identitätskonstruktionen der BewohnerInnen Räume, die mit unzähligen Bedeutungen, Werten und Normen aufgeladen, aber dennoch an einem realen Ort verankert sind.

[1] Exemplarisch für einen solchen „Gegenort" nennt Foucault das Ehebett der Eltern: „Auf diesem Bett entdeckt man das Meer, weil man zwischen den Decken schwimmen kann. Aber das Bett ist auch der Himmel, weil man auf den Federn springen kann. Es ist der Wald, weil man sich darin versteckt. Es ist die Nacht, weil man unter den Laken zum Geist wird. Und es ist schließlich die Lust, denn wenn die Eltern zurückkommen, wird man bestraft werden" (Foucault 2005, S. 10).

Das Element, welches alle diese Räume miteinander verbindet, ist der physisch-greifbare Raum der Stadt. Diese Räume können – im Sinne von Foucault – als heterotope Stadträume bezeichnet werden. Sie werden durch die individuellen Identitätskonstruktionen der BewohnerInnen und auch der BeobachterInnen gestaltet.

In der vorliegenden Untersuchung wird versucht, das Zusammenspiel von Identitätskonstruktion und Raum auf mehrere Arten sichtbar zu machen. Dazu gehört auch eine Fotodokumentation der Befragten zu denjenigen Orten und Räumen innerhalb des Stadtteils, die für sie besonders wichtig sind.

Um einen Einblick zu bekommen, welche Rolle räumliche Bezüge bei der Aushandlung von Identitäten spielen, wird im Folgenden das Beispiel von Abadi und die von ihm gezeichnete *Mental Map* (Abb. 3) vorgestellt. Abadi ist männlich, stammt aus Antananarivo, der Hauptstadt Madagaskars, ist 28 Jahre alt und lebt seit zwei Jahren in der Nürnberger Südstadt. Er studiert Deutsch als Fremdsprache an der Universität Erlangen-Nürnberg und arbeitet wöchentlich als Betreuer in einem Jugendtreff inmitten der Südstadt zusammen mit Kindern aus Migrantenfamilien. Im Zentrum der Wahrnehmung seines Stadtteils stehen die Funktionen Arbeiten und Versorgung. Das lässt sich an den gezeichneten Gebäuden Bäcker, Jugendtreff, Warenhaus Kaufhof und Supermarkt Aldi festmachen. Menschen oder Bezugspersonen kommen auf seiner *Mental Map* und in seiner Beschreibung dazu nicht vor, ebenso wenig seine Wohnung. Im Interview wurde auch deutlich, dass er kaum auf ein soziales Netz zurückgreifen kann, es jedoch auch nicht vermisst.

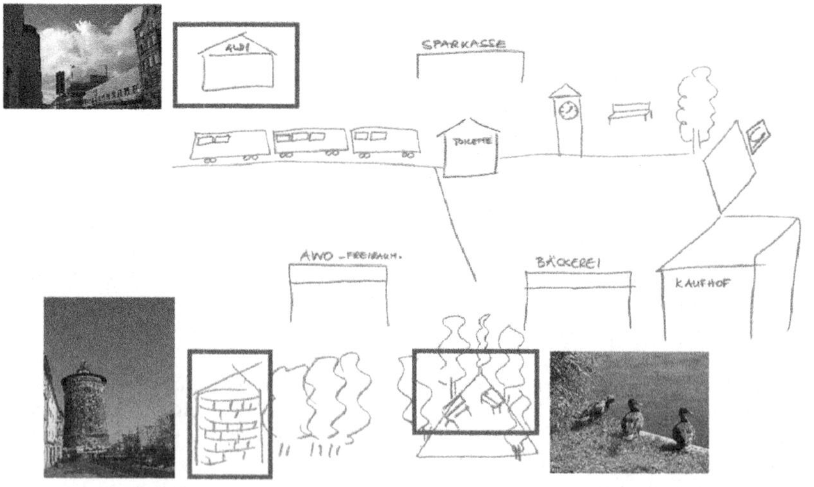

Abb. 3 Mental Map von Abadi

Abadi fühlt sich aber nach seinen eigenen Worten sehr wohl in Nürnberg und in der Südstadt. Seinen ersten Tag in der Südstadt beschreibt er folgendermaßen:

> Es gab vor dem Gebäude, in das ich eingezogen bin, einen kleinen Platz. Der ist sehr klein, sieht aus wie ein Dreieck und außenrum sind Linden und Bänke. Dort hab ich mich dann an dem Tag an dem ich eingezogen bin hingesetzt und dann hab ich mich wohlgefühlt, weil der Platz einfach schön ist.

Um einen Einblick in Abadis Raumwahrnehmung zu bekommen, sind drei Fotos in die Abbildung seiner *Mental Map* integriert:

Das Foto links oben in Abb. 3 zeigt den Supermarkt Aldi, der von Abadi zumeist als Versorgungszentrum genutzt wird. Dies unterstreicht die Bedeutung, die Abadi der Tätigkeit des Einkaufens in seinem Alltagsleben zuweist. Besonders interessant bei der genauen Betrachtung des Fotos ist ebenfalls, dass er bewusst die Straße und die Menschen vor dem Supermarkt abschneidet, was dahingehend interpretiert werden kann, dass sie keine oder zumindest keine große Bedeutung für ihn haben. Im Gespräch wird deutlich, dass ihn Architektur und Fassade des Gebäudes zur Aufnahme des Fotos bewogen haben:

> Abadi: „Das ist auch wieder dieser Gegensatz. Also eine sehr schöne Fassade aus der Moderne und dann plötzlich so ein hässliches Gebäude. Aber trotzdem funktional sehr wichtig für mich, weil wegen dem Einkaufen, da geh ich einkaufen."
> Interviewer: „Ist sonst noch irgendwas auf dem Bild zu sehen, dass für Dich relevant ist? Der Himmel?"
> Abadi: „Nein, ich wollte einfach diesen Gegensatz hervorheben und dann vor allem die Tatsache, dass ich da einkaufen kann."

Auf dem Foto rechts unten (in Abb. 3) sind Enten an einem nahe gelegenen See zu sehen. Bemerkenswert ist hier Abadis Erklärung für den Grund der Aufnahme:

> Abadi: „[...]Tiere finde ich einfach schön, dass Tiere friedlich mit Menschen hier zusammen leben können oder dürfen, das finde ich schon schön. Ach ja und dann, da hätte ich noch was dazu zu sagen, weil ich weiß nicht, aber ich bin immer der Meinung, wenn die (deutet auf die Enten) bei uns gewesen wären, die Leute hätten die dann schon geschnappt und dann geschlachtet für die Beilage (lacht). Deswegen ist das für mich hier sehr besonders, weil die friedlich leben können mit Menschen. Die werden nicht gejagt."

Seine Herkunft und sein kultureller Hintergrund sind die Erklärung für die Aufmerksamkeit, die er den Tieren und auch den Grünanlagen im Stadtgebiet widmet. Ist dies für andere BewohnerInnen eine Selbstverständlichkeit, so sieht er darin eine Besonderheit, die die Wahrnehmung seiner Wohnumgebung prägt.

Das linke untere Foto (in Abb. 3) zeigt die Umgebung von Abadis ehemaliger Wohnung in Nürnberg. Er hat auch hier wieder bewusst auf die Aufnahme von Menschen verzichtet. Noch eindrucksvoller ist die Tatsache, dass seine damalige Wohnung nicht auf dem Bild zu sehen ist. Den Grund für die Aufnahme beschreibt er folgendermaßen:

> Abadi: „Das ist am Rathenauplatz. Da habe ich damals gewohnt und dieser Turm ist doch sehr symbolisch für Nürnberg. Also es gibt verschiedene Türme, so ähnliche Türme."
> Interviewer: „Sieht man darauf Deine Wohnung?"
> Abadi: „Nein meine Wohnung ist hier so. Meine Wohnung ist, wenn man hier so ein Stück vorläuft, dann wäre das hier auf der rechten Seite."
> Interviewer: „Also nicht auf dem Bild zu sehen. Du fandest also hauptsächlich den Turm wichtig?"
> Abadi: „Ja, den finde ich sehr schön. Also historisch sehr schön, im Gegensatz zu den anderen Gebäuden."

Wichtiges Augenmerk bei der Wahrnehmung seiner räumlichen Umgebung legt Abadi also anscheinend auf die Gestalt und das Aussehen von Gebäuden. Die städtebauliche Struktur ist für ihn am interessantesten. Auch Grünflächen scheinen für ihn, wohl aufgrund seiner städtisch geprägten Herkunft, eine besondere Rolle zu spielen. Auf keinem seiner Fotos sind Menschen zu sehen oder bewusst Menschen aufgenommen worden. Die Anzahl seiner sozialen Beziehungen ist eher gering. Obwohl er an der Universität und bei der Arbeit im Jugendtreff mit vielen Personen in Kontakt kommt, spielen diese in der Wahrnehmung seiner täglichen Lebenswelt keine bedeutende Rolle. Erholung und Ausgleich von seiner täglichen Arbeit sucht er fast immer bei Tätigkeiten, die er alleine ausübt, wie z. B. Spazierengehen.

Anhand dieses Beispiels ist gut zu erkennen, wie der Raum durch die individuellen Wahrnehmungen und Handlungen darin konstruiert wird.

5 *Raum durch Sprache*

Jenseits der individuellen internen Wahrnehmungsebene gibt es allerdings auch noch die Makroebene, die eher externe Ebene, von der aus ebenso machtvoll Raum gestaltet und konstruiert wird: die Ebene des öffentlichen Diskurses.

Ein Diskurs wird im Sinne von Foucault als eine Anordnung von Zeichen innerhalb einer Kultur verstanden, die das Verständnis der Wirklichkeit zu einer bestimmten Zeit und an einem bestimmten Ort sichtbar machen. Entstanden in der Sprachwissenschaft, steht der Terminus Diskurs als Konzept im Sinne Kellers (Keller 1997, zitiert aus Bublitz 2003, S. 53) auch für institutionalisierte und geregelte Redeweisen, deren Grundeinheiten Aussagen sind und deren Bedeutung in der Konstitution von Wirklichkeit durch Sprache liegt (Bublitz 2003). Foucault geht hier noch einen Schritt weiter und versteht Diskurse nicht nur im unmittelbar sprachlichen Sinne. Er beschreibt seine Vorstellung von Diskursen als institutionalisierte und geregelte Redeweisen und konzentriert sich dabei auf die Konstruktion von Wirklichkeit durch Sprache und deren Bedeutungen (Foucault 1973). Diskurse bestehen demnach zwar aus Zeichen und Wörtern, aber diese werden für viel mehr als nur zur Bezeichnung von Dingen genutzt. Dieses *Mehr* ist es, was Foucault interessiert (Strüver 2009).

Judith Butler (1993) geht ebenso wie Foucault von der Annahme aus, dass Sprache oder Worte eine produktive Macht haben, ja sogar von Macht durchdrungen in der Lage sind, Dinge aus ihrer begrifflichen Substanz zu fertigen. Das heißt, sie bringen das hervor, was sie bezeichnen, sind also als „Praktiken" zu verstehen, die die Gegenstände bilden, von denen sie sprechen (Bublitz 2003, S. 55).

Im Sinne Foucaults repräsentieren Diskurse ein geradezu omnipotentes Strukturprinzip von Gesellschaften: Diskursive Praktiken versteht er daher als die „Gesamtheit von anonymen historischen, stets im Raum und in der Zeit determinierten Regeln, die in einer gegebenen Epoche und für eine gegebene soziale, ökonomische, geographische oder sprachliche Umgebung die Wirkungsbedingungen der Aussagefunktion definiert haben" (Foucault 1973). Im Sinne dieses Verständnisses von Diskurs wirken sich gesellschaftliche Prozesse materialisierend auf Subjekte und auch auf Räume aus. Räume und deren veränderbare Bedeutungen sind Teil und Medium der gesellschaftlichen Prozesse und Machtverhältnisse. „Anhand dieser [Räume] erfährt und begeht das Subjekt seine Welt" (Strüver 2009, S. 77 f.). Räume bekommen also „ihre Bedeutungen durch die gesellschaftlichen Nutzungen zugeschrieben", wobei „auch umgekehrt die Bedeutungen und dominanten Nutzungsstrukturen von Räumen wichtiger Bestandteil im Prozess von verkörperten Identitätskonstruktionen sind" (Strüver 2009, S. 79).

Inwiefern der Diskurs über den Raum die Handlungen und Praktiken des Subjektes beeinflusst, kann man gut am Beispiel der Nürnberger Südstadt sehen. Die Wahrnehmung der Nürnberger Südstadt als kriminalstatistisch besonders auffälliger und problembehafteter Stadtteil ist in den Köpfen der Nürnberger Bevölkerung und des Umlandes fest verankert, obwohl die Kriminalstatistik der bayerischen Polizei keine außergewöhnlich auffälligen Zahlen oder Veränderungen im Laufe der Zeit aufweist. Ein Befragter sagt beispielsweise hierzu:

> Also man hatte ja früher, grade wenn man ausm Nürnberger Land kommt, immer so seine Vorurteile gegen die Südstadt, aber die wurden eigentlich nicht bestätigt.

Obwohl viele der Befragten selbst ihren Wohnort als sicher bezeichnen und sich dort auch sicher fühlen, werden sie mit dem Unsicherheitsdiskurs regelmäßig konfrontiert:

> Also ich fühl mich wohl! Also ich hab kein Problem damit. Aber sobald ich jemandem sage, dass ich aus der Südstadt komme, dann sagen die: ‚Oh Gott Südstadt! Nein!‘ Die ham ja mehr Angst vor der Südstadt als vor Gostenhof, und des versteh ich ned.

Insgesamt ist die gesellschaftliche Wahrnehmung des Stadtteils durch den gesellschaftlichen Diskurs eher negativ geprägt:

> Also in Nürnberg is ja die Südstadt etz ned unbedingt a Gebiet auf des mer stolz is. Mer is stolz, aus Erlenstegen zu kommen, aber nicht aus der Südstadt.

In der medialen Berichterstattung zeigt sich allerdings auf den ersten Blick keine besonders auffällige Nutzung der Begriffe Sicherheit und Unsicherheit. Anhand Abb. 4, in der die Verteilung von Wörtern oder Wortstämmen innerhalb des gesamten Datenkorpus im Zeitverlauf nach Jahren geclustert dargestellt ist, kann man erkennen, wie sich das Sprechen über einen Raum im Laufe der Zeit verändert hat. Die Linien zeigen die absoluten Häufigkeiten des Auftretens der Wortbestandteile *„unsicherh*“*, *„sicherh*“* und *„polizei*“* im gesamten Beobachtungszeitraum von 1990 bis 2011.

Insgesamt ist ersichtlich, dass die Wortbestandteile *„unsicherh*“* und *„sicherh*“* im gesamten Zeitverlauf ähnlich häufig oft in den Zeitungsartikeln genannt werden. Das bedeutet, dass sich die öffentliche Wahrnehmung dieses Kom-

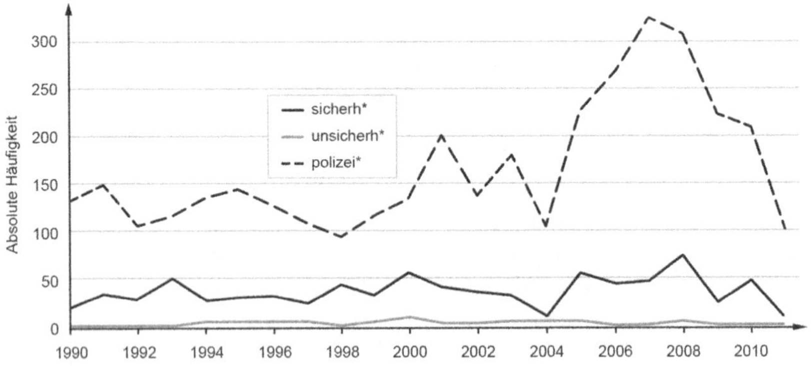

Abb. 4 Absolute Häufigkeiten der Wortbestandteile *„unsicherh*“*, *„sicherh*“* und *„polizei*“* im Beobachtungszeitraum von 1990 bis 2011. (Quelle: Nürnberger Nachrichten, Nürnberger Anzeiger, Sonntagsblitz, 1990 bis 2011. Kartographie: Sandra Bauer)

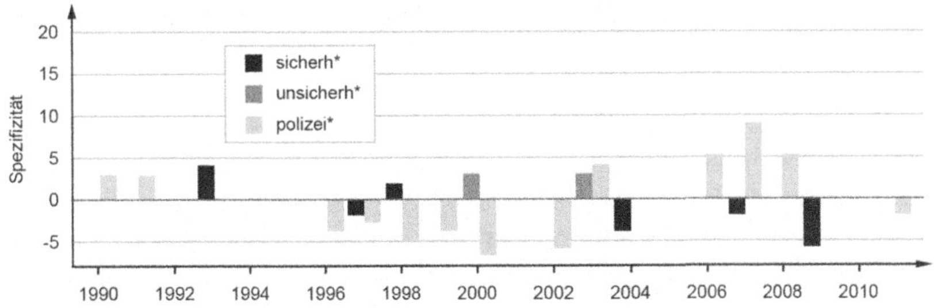

Abb. 5 Spezifizität der Wortbestandteile *„unsicherh*"*, *„sicherh*"* und *„polizei*"* im Beobachtungszeitraum von 1990 bis 2011. (Quelle: Nürnberger Nachrichten, Nürnberger Anzeiger, Sonntagsblitz, 1990 bis 2011. Kartographie: Sandra Bauer)

plexes nicht verändert hat, obwohl es eine massive Förderung von Bau- und sozialen Maßnahmen gab, deren Ziel es unter anderem war, die Sicherheit und das Sicherheitsempfinden der Bevölkerung zu verbessern. Tendenziell steigt die Anzahl der Nennungen gegen Ende der Nullerjahre sogar an. Ebenso kann aus der Grafik entnommen werden, dass das Wort *„polizei*"* allein oder in Kombination relativ häufig auftritt, was aber daran liegen könnte, dass der Anteil der polizeilichen Berichterstattung in Lokalnachrichten oft traditionell recht hoch ist. Betrachtet man nun die statistische Auswertung der in Abb. 5 enthaltenen Grafik, die die sogenannte Spezifizität[2] (Scholz oJ, S. 4 ff.) der Wortstämme anzeigt, dann kann man gut erkennen, dass alle bereits genannten Wortbestandteile in nur wenigen Fällen über- oder unterrepräsentiert sind.

Eine verlässliche Aussage darüber, ob der Sicherheits- bzw. Unsicherheitsdiskurs über die Nürnberger Südstadt deutlich ausgeprägter als in anderen Stadtteilen oder der Gesamtstadt Nürnbergs ist, könnte man nur über einen Vergleich der vorliegenden Daten zur Südstadt mit anderen Stadtteilen oder der Gesamtstadt treffen.

[2] Die Funktion ***Spezifität*** (*Spécificités*) des verwendeten Auswertungsprogrammes ermittelt charakteristische Formen, indem die Lexik einer Partition, einer einzelnen Form oder eines wiederholten Segments mit der Lexik der anderen Partitionen verglichen wird. Für das gesamte Korpus wird mittels Wahrscheinlichkeitsrechnung ein Wert errechnet, der die durchschnittliche Repräsentativität der untersuchten Form im Korpus wiedergibt. Befindet sich die Repräsentativität der Form im Bereich des Durchschnittswertes, spricht man von einer banalen Repräsentativität der Form (S=0). Ist eine Form in allen Teilen des Korpus banal, so gehört sie zum Basisvokabular des Korpus.Der errechnete Durchschnittswert dient als Grenzwert für die Berechnung der Unter- bzw. Überrepräsentativität (S– bzw. S+) einer Form in einer Partition des Korpus. Wenn S einen negativen Wert wiedergibt, ist die jeweilige Form im gewählten Textteil im Vergleich zu den übrigen Partitionen unterrepräsentiert. Wenn S jedoch einen positiven Wert wiedergibt, ist die jeweilige Form im gewählten Textteil im Vergleich zu den übrigen Partitionen überrepräsentiert. (Scholz oJ, S. 4 ff.).

Leider liegen diese Daten nicht vor. Vergleicht man allerdings die numerisch vorliegenden Daten mit den qualitativen Aussagen der Befragten, dann scheint es doch so zu sein, dass die Berichterstattung über polizeilich verfolgte Ereignisse die negative Wahrnehmung der Nürnberger Südstadt mitprägt. Auffallend in Abb. 5 ist allerdings, dass in den letzten Jahren der Nullerjahre die Anzahl der Nennungen der Wortbestandteile *„polizei*"* sowie *„sicherh*"* rückläufig sind.

Ein weiteres Beispiel dafür, wie das Sprechen über einen Raum die Wahrnehmung der Subjekte und umgekehrt beeinflusst, lässt sich aus dem Anteil der Bevölkerung mit Migrationshintergrund im Stadtteil ableiten. Die Südstadt hat einen MigrantInnenanteil von ca. 30 % (Stadt Nürnberg/Amt für Stadtforschung und Statistik für Nürnberg und Fürth 2013) und ist innerhalb Nürnbergs und Umgebung als interkultureller Stadtteil bekannt. Spannend ist im Vergleich hierzu, welche Selbstwahrnehmung die Befragten haben, die mehrheitlich selbst über einen Migrationshintergrund verfügen. Althaia, die ursprünglich aus Griechenland kommt, fällt im Stadtbild folgendes auf:

> Ähm, ich seh auch sehr oft, ähm, wie soll ich das sagen, ich muss das politically correct das jetzt ausdrücken, ah, Menschen mit Migrationshintergrund. Hm, also, ich sehe zum Beispiel in der Früh auch Mütter oder Väter, die auch ihre Kinder dann, also meistens mit Migrationshintergrund, die auch ihre Kinder dann in die Schule bringen. (…) Die unterhalten sich, also die sind schon, die kommunizieren miteinander, die sin' happy. In Sprachen die ich, also ich versteh dann nichts. Aber das macht mir nix aus.

Rudolf, ein älterer Herr, der in Deutschland geboren ist, zusammen mit seiner Frau schon seit langem in der Südstadt lebt und die Entwicklung des Stadtteils deshalb schon seit vielen Jahren beobachten kann, sagt zur Veränderung der Strukturen in der Südstadt:

> Und so is mit die Gschäfte, wenn einer zumacht, was isch drin? Wieder a Ausländer, ne? Ich hab a scho bei Ausländern einkauft. Da vorne war mal a Obstladen, der war sehr gut. Zwei warn da. Aber die ham a mittlerweilen zugmacht.

Die aus der Nähe von Nürnberg stammende Monika, die einen Partner aus dem Irak hat, sieht die Interkulturalität in der Südstadt besonders positiv:

> Aber ich persönlich finde die Südstadt schon schön, weil sie wirklich, äh, ja wirklich multikulturell ist und (…) meine Kinder ham in der Klasse Freunde und auch Kameraden von Afghanistan bis Türkei, bis Russland, bis Polen, bis (…) ganz verschiedene Nationen und ich denk des öffnet a ihren Blick für andere Menschen, andere Kulturen. (…) Aber des is natürlich, ich arbeite ja in dem Bereich auch, von daher. Und äh der Vater von meinen Kindern kommt aus dem Irak. Also von daher ist da schon a andre Öffnung da.

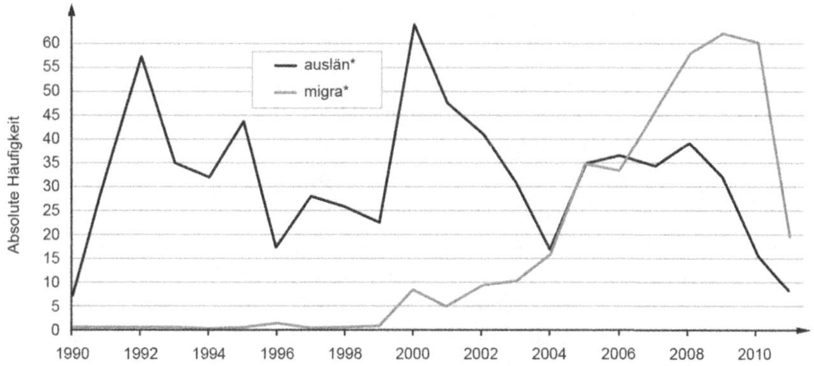

Abb. 6 Absolute Häufigkeiten der Wortbestandteile *„auslän*"* und *migra**"im Beobachtungszeitraum von 1990 bis 2011. (Quelle: Nürnberger Nachrichten, Nürnberger Anzeiger, Sonntagsblitz, 1990 bis 2011. Kartographie: Sandra Bauer)

Die Wahrnehmung des Stadtteils als interkulturell geprägtes Stadtviertel hat sich durch den massiven Zuzug von Gastarbeitern, der bereits in den 1970er Jahren erfolgte, verändert.

In Abb. 6 ist deutlich zu sehen, dass mit der einsetzenden EU-Ziel 2 Förderung der Südstadt und der Aufnahme einiger Gebiete der Südstadt in das Programm „Soziale Stadt" im Jahre 1999 die „Problematik" des hohen Ausländeranteils als Thema stark von den Medien aufgegriffen wurde. Die Grafik zeigt, wie häufig der Wortbestandteil *„auslän*"* in der Berichterstattung auftritt. Obwohl bereits in einigen Jahren zuvor der Anteil des Wortbestandteils überrepräsentativ vertreten war (s. Abb. 7), steigt er im Jahr 2000 noch einmal stark an. Gut zu sehen ist daraufhin

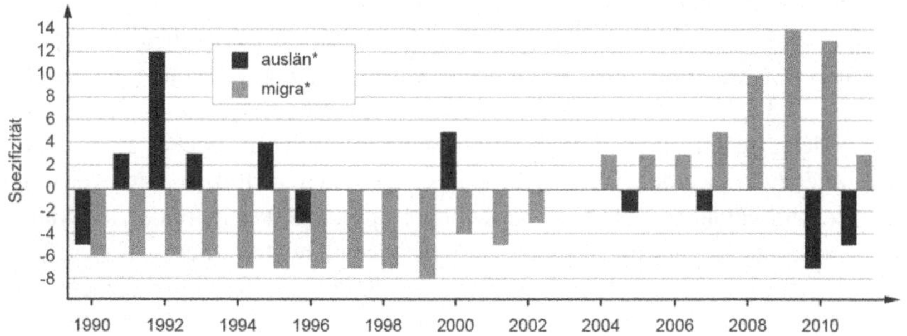

Abb. 7 Spezifizität der Wortbestandteile *„auslän*"* und *migra*"* im Beobachtungszeitraum von 1990 bis 2011. (Quelle: Nürnberger Nachrichten, Nürnberger Anzeiger, Sonntagsblitz, 1990 bis 2011. Kartographie: Sandra Bauer)

auch der Wandel im Sprechen innerhalb eines Diskurses. Anfang der Nullerjahre kommt immer häufiger der Wortbestandteil *„migra*"* vor, was mit der Einführung der politisch korrigierten Version zur Beschreibung eines Ausländers oder einer Ausländerin als *Person mit Migrationshintergrund* zusammenhängt. Darüber hinaus wird in der Grafik deutlich, wie sich die Aufnahme in Förderprogramme auf die Stigmatisierung eines Stadtteils als „MigrantInnenstadtteil" auswirken kann. Zum Sprechen über AusländerInnen kommt nun noch das Sprechen über MigrantInnen hinzu. Die Begriffe werden nämlich nicht – wie zu vermuten wäre – ersetzt oder ausgetauscht, sondern einige Jahre parallel verwendet. Daraus kann abgeleitet werden, dass eine Vervielfältigung des Sprechens über die Thematik eintritt. Erst Ende der Nullerjahre geht die Häufigkeit der Nutzung beider Wortbestandteile zurück.

6 Sprechen Macht Raum

Vorliegender Beitrag soll mit einem Zitat des Befragten Abadi abgeschlossen werden, der, wie bereits im vorangehenden Kapitel erläutert, den Sicherheitsdiskurs im Rahmen des Interviews aufgreift und sich selbst darin auf Basis seiner eigenen Herkunft und seines persönlichen Hintergrunds positioniert:

> Also ich habe keine Angst, hier nachts herum zu laufen, ich fühle mich sicher. Trotz der Gerüchte, dass die Südstadt nicht so ruhig ist oder so. Aber vielleicht wohne ich hier in einem Viertel, das noch sicherer ist als andere Stadtviertel. Ich komme aus Antananarivo, der Hauptstadt von Madagaskar, da ist es viel unsicherer als hier. Die Sicherheit weiß ich hier sehr zu schätzen, das ist hier für mich wichtig.

Im Zitat wird noch einmal deutlich, dass die Praxis der Konstruktion des Selbst und die Wahrnehmung des Stadtraums sowohl durch den eigenen biographischen Hintergrund als auch durch die Abgrenzung zum gesellschaftlichen Diskurs beeinflusst werden. Dieser Prozess unterliegt einem permanenten zeitlichen Wandel. Auf Basis der im Rahmen der Untersuchung eingesetzten methodischen Instrumente der ‚Mental Map' und der Diskursanalyse konnte als wichtige Erkenntnis herausgearbeitet werden, von welcher Vielschichtigkeit die Prozesse der Konstruktion des individuellen Selbst und des dadurch produzierten individuellen Raums im Kontext der Migration geprägt ist. Eine besondere Rolle bei wechselseitiger Beeinflussung von Individuum und Raum rsp. Raum und Individuum spielt in jedem Fall die Sprache, sowohl auf individueller als auch auf gesellschaftlich-diskursiver Ebene. Raum kann auf der einen Seite Sprache beeinflussen und Sprache hat gleichzeitig die Macht, Raum zu ‚machen'. Im Kontext der Räume des „Anderen", Räume der Heimat oder der Fremde sowie die persönliche Abgrenzung von oder Zugehörigkeit zu bestimmten Räumen entstehen subjektbezogene, individuelle Räume des Selbst. Erst diese unterschiedlichen, individuell konstruierten Räume erklären die Existenz des Phänomens, für welches in der geographischen Fachliteratur der Begriff der „heterotopen Stadträume" verwendet wird.

Literatur

Beer H (2004) Südstadtgeschichte. Aus der Vergangenheit der Nürnberger Südstadt. Ausstellung des Stadtarchivs Nürnberg vom 2. April–30. Juni 2004 im FrankenCampus. Hofmann Druck, Nürnberg

Bublitz H (2003) Diskurs. Transcript-Verlag, Bielefeld

Butler J (1993) Für ein sorgfältiges Lesen. In: Benhabib S, Butler J, Cornell D, Fraser N (Hrsg) Der Streit um Differenz, Feminismus und Postmoderne in der Gegenwart. Fischer, Frankfurt am Main, S 122–132

Dzudzek I, Glasze G, Mattissek A, Schirmel H (2009) Verfahren der lexikometrischen Analyse von Textkorpora. In: Glasze G (Hrsg) Handbuch Diskurs und Raum. Theorien und Methoden für die Humangeographie sowie die sozial- und kulturwissenschaftliche Raumforschung. Transcript-Verlag, Bielefeld, S 233–260

Eickelpasch R, Rademacher C (2010) Identität. 3., unveränderte Aufl. Transcript-Verlag, Bielefeld

Foucault M (1973) Archäologie des Wissens. Suhrkamp, Frankfurt am Main

Foucault M (2005) Die Heterotopien. Zweisprachige Ausgabe, Suhrkamp, Frankfurt am Main

Foucault M (2007) Von anderen Räumen. In: Dünne J (Hrsg) Raumtheorie. Grundlagentexte aus Philosophie und Kulturwissenschaften. 3. Aufl. Suhrkamp (= Suhrkamp-Taschenbuch Wissenschaft 1800). Frankfurt am Main, S 317–329

Hauser S (2007) Über Städte, Identität und Identifikationen. In: Kröncke M, Mey K (Hrsg) Kultureller Umbau. Transcript-Verlag, Bielefeld, S 29–41

Keller R (1997) Diskursanalyse. In: Hitzler R, Honer A (Hrsg) Sozialwissenschaftliche Hermeneutik. UTB, Opladen, S 309–333

Lefebvre H (2007) Die Produktion des Raums. In: Dünne J (Hrsg) Raumtheorie. Grundlagentexte aus Philosophie und Kulturwissenschaften. 3. Aufl. Suhrkamp (= Suhrkamp-Taschenbuch Wissenschaft 1800), Frankfurt am Main, S 330–342

Mattissek A (2007) Diskursive Konstitution städtischer Identität. Das Beispiel Frankfurt am Main. In: Berndt C (Hrsg) Kulturelle Geographien. Zur Beschäftigung mit Raum und Ort nach dem Cultural Turn. Transcript-Verlag, Bielefeld, S 83–111

Pries L (1998) Transnationale soziale Räume. In: Beck U (Hrsg) Perspektiven der Weltgesellschaft. Suhrkamp, Frankfurt am Main, S 55–86

Pott A (2007) Identität und Raum. Perspektiven nach dem cultural turn. In: Berndt C (Hrsg) Kulturelle Geographien. Zur Beschäftigung mit Raum und Ort nach dem Cultural Turn. Transcript-Verlag, Bielefeld, S 27–52

Potts R, Simms A, Kjell P (2005) Clone Town Britain. The groundbreaking investigation into the effects of chain stores on our high streets. New Economics Foundation. http://s.bsd.net/nefoundation/default/page/-/files/Clone_Town_Britain.pdf. Zuletzt aktualisiert am 16.05.2005. Zugegriffen: 20. November 2013

Scholz (oJ): Korpuslinguistik und Lexikometrie. Universität Magdeburg. www.uni-magdeburg.de/fgse/diwipo/Scholz1107.doc. Zugegriffen: 07. Juli 2014

Stadt Nürnberg/Amt für Stadtforschung und Statistik für Nürnberg und Fürth (Hrsg) (2013): Nürnberg in Zahlen 2013. Nürnberg. http://www.nuernberg.de/imperia/md/statistik/dokumente/veroeffentlichungen/berichte/niz/nuernberg_in_zahlen_2013.pdf. Zugegriffen: 20. Juni 2014

Strüver A (2009) Grundlagen und zentrale Begriffe der Foucault'schen Diskurstheorie. In: Glasze G (Hrsg) Handbuch Diskurs und Raum. Theorien und Methoden für die Humangeographie sowie die sozial- und kulturwissenschaftliche Raumforschung. Transcript-Verlag, Bielefeld, S 61–81

Anke Breitung, Dipl. Geogr., B.A. Soz., wissenschaftliche Mitarbeiterin am Lehrstuhl für Kulturgeographie der Katholischen Universität Eichstätt-Ingolstadt und Stipendiatin des Graduiertenkollegs „Migration“ mit dem Forschungsprojekt: „Identitätsbildung im Stadtteil. Bedeutung von Migration und Interkulturalität für die Entstehung heterotoper Stadträume“ (Prof. Dr. Hans Hopfinger), Lehrstuhl für Kulturgeographie.

Prof. Dr. Hans Hopfinger ist Inhaber des Lehrstuhls für Kulturgeographie an der Katholischen Universität Eichstätt-Ingolstadt. Zu seinen Forschungsschwerpunkten gehören u.a. die anwendungsbezogene Entwicklungsforschung, insbesondere in Nahost und Nordafrika, sowie der Bereich Freizeit und Tourismus.

Teil V
Perspektiven

Die Dezentrierung der Migrationsforschung

Boris Nieswand

Zusammenfassung

In the last two decades migration research has experienced a significant boom that entailed the criticism of established categories and a pluralisation of theoretical and methodological approaches. Within this context a broader theoretical shift towards a *decentering* of migration studies can be observed. By decentering I understand the tendency towards focus less exclusively on migrants and ‚ethnic others' and more inclusively on mainstream social actors and institutions. The tendency towards decentering can be identified in a variety of recent theoretical approaches of migration studies. I will exemplify it by presenting insights from my ethnographic research on transnational Ghanaian migrants and on youth welfare practice in a diverse German city. As is empirically shown, the meta-theoretical figure of decentering facilitates a reflexive epistemological stance that allows for relating different methodological perspectives on migration processes and a variety of objects of study. Instead of leading to a coherent theoretical approach to *migration,* it facilitates modes of integrating a theoretical and methodological pluralism which is equipped to approach the increased complexity and diversity of migration-related phenomena.

B. Nieswand (✉)
Institut für Soziologie, Universität Tübingen, Tübingen, Deutschland
E-Mail: boris.nieswand@uni-tuebingen.de

K. Kazzazi et al. (Hrsg.), *Migration – Religion – Identität. Aspekte transkultureller Prozesse,* DOI 10.1007/978-3-658-06510-2_15

Schlüsselwörter
Migration · Theorie · Dezentrierung · Diversität · Transnationalität · Jugendamt · Paradox der Migration

In den letzten beiden Jahrzehnten hat die Migrations- und Diversitätsforschung einen Boom erlebt, der mit einer Pluralisierung von Forschungsansätzen einherging. Ansatzübergreifend zeigte sich dabei eine metatheoretische Bewegung, die ich hier als Dezentrierung beschreibe. Diese Entwicklung werde ich zunächst theoretisch skizzieren, um dann anhand zweier ethnografischer Fallbeispiele zu zeigen, was sie praktisch bedeutet.[1] Ich argumentiere, dass sich der Zusammenhang dieser beiden Forschungsprojekte, aber auch vieler anderer nur dann erschließt, wenn man in Erwägung zieht, dass eine Dezentrierung der Migrationsforschung stattgefunden hat.

Allgemein verstehe ich unter Dezentrierung die Tendenz innerhalb der neueren sozial- und kulturwissenschaftlichen Migrations- und Diversitätsforschung, sich weniger ausschließlich mit Migrantinnen zu beschäftigen und stattdessen stärker die sozialen Ordnungen zu fokussieren, in denen Migration eine Dynamik entfaltet. Der Zusammenhang von Migration und Ordnungsbildung rückt dabei in den Mittelpunkt der Aufmerksamkeit. Dabei variiert die Einheit dessen, was als soziale Ordnung gilt, stärker als jemals zuvor in der Migrationsforschung. Es kann um Nationalstaaten, Städte, Organisationen, soziale Felder, Systeme, Regionen, Regime, Diasporas oder *global ethnoscapes* gehen, um nur einige der Ordnungsbegriffe der letzten Jahrzehnte zu nennen. Zugespitzt lässt sich formulieren: Dezentrierung bedeutet, dass die Migrationsforschung sich einer allgemeinen Kultur- und Gesellschaftsforschung gegenüber öffnet. Das geht mit einer Pluralisierung dessen einher, was unter Gesellschaft, Kultur oder deren Teilaspekten verstanden wird (Nieswand und Drotbohm 2014). Im Anschluss daran entfernen sich immer größere Teile der Migrationsforschung von den klassischen Paradigmen der Integrations- und Ungleichheitsforschung (Esser 2001, 2004; Heckmann 1981, 2005) sowie deren kritischen (Bukow 2000 [1992]; Scherr 2000) und pluralistischen Gegenentwürfen (Elwert 1982; Kymlicka 2003 [1995]; Taylor 2009 [1993]).

1 Pfade der Dezentrierung

Ein Diskurszusammenhang, in dem sich die Dezentrierung besonders deutlich zeigt, ist der Transnationalismusansatz (Basch et al. 1994; Pries 2007, 2010; Vertovec 2009). In den frühen Phasen des Ansatzes ging es vor allem darum, die Be-

[1] Um sprachlichen Verkomplizierungen vorzubeugen, werden, wenn Personen unterschiedlichen Geschlechts gemeint sind, abwechselnd feminine und maskuline Formen verwendet.

schränkungen nationalstaatlich orientierter Forschungsansätze zu verdeutlichen (Kearney 1991; Glick Schiller et al. 1992; Appadurai 1996). Dabei fokussierten sich Transnationalismusstudien empirisch vor allem auf jene Beziehungen und Netzwerke, die nationalstaatliche Grenzen überschritten. Wie prominente Autorinnen mittlerweile einräumen, kam es dabei zu einigen Übertreibungen, die sich vor allem aus der Opposition zu den bis dahin dominanten Paradigmen ergaben (Glick Schiller 2014). Dies betraf unter anderem die Einschätzung des Ausmaßes fortgesetzter grenzüberschreitender Mobilität von Migrantinnen und der Neuheit der beobachteten Phänomene.

Fragen *lokaler Ordnung* interessierten die Autoren in den Anfangsphasen vor allem in einer metaphorischen Weise. So entwickelten Ludger Pries und Thomas Faist die Konzepte der transnationalen bzw. transstaatlichen Räume (vgl. Faist 2000a; Pries 2001, 2010), um die Strukturmerkmale grenzüberschreitender Formen von Sozialität zu konzeptionalisieren. In den letzten zehn Jahren hat sich das Verhältnis wichtiger Vertreterinnen dieses Ansatzes zu lokalen Ordnungen gewandelt. Mittlerweile gehen viele davon aus, dass verschiedene Pfade, Muster oder Typen der Inklusion in verschiedenen sozialräumlichen Kontexten parallel zueinander existieren, die sich sowohl wechselseitig verstärken als auch behindern können. Die Stichworte, die diesbezüglich von verschiedenen Autorinnen ins Spiel gebracht wurden, sind *simultaneous incorporation* (Glick Schiller et al. 2005), *simultaneous embeddedness* (Levitt und Jaworsky 2007), *double engagement* (Grillo und Mazzucato 2008), *multiple Inklusion* (Nieswand 2008) oder *multiple Sozialraumbezüge* (Pries 2010, S. 62). Konzeptionell geht es nun neben der Grenzüberschreitung auch um die Frage, wie die Inklusion in einem Kontext mit der Inklusion in einem anderen zusammenhängt und welche Auswirkungen dies für die jeweiligen Kontexte hat. Bei Ludger Pries führte die Einsicht in die Multireferentialität migrantischer Sozialbezüge zu einer soziologischen Sozialraumtheorie und der Differenzierung von idealtypischen Migrationsformen (Pries 2007, 2010), bei Nina Glick Schiller und ihren Kollegen zu einer prozesstheoretischen Konzeptionalisierung unterschiedlicher *pathways of incorporation* (Levitt und Glick Schiller 2004; Glick Schiller et al. 2005, 2006).

Eine wahrscheinlich nicht direkt intendierte Konsequenz des Transnationalismusansatzes war, dass dadurch neue Personengruppen in den Fokus der Migrationsforschung gerieten. Dies betrifft insbesondere Daheimgebliebene, die Beziehungen zu Migrantinnen unterhalten. Zentrale Konzepte, wie transnationale Felder (Glick Schiller 2004) oder Räume (Faist 2000b), *transnational ways of living* (Glick Schiller und Fouron 2001) oder *transnational communities* (Vertovec 1999), haben allesamt gemein, dass sie sich nicht ausschließlich auf Migranten beziehen. Vielmehr zielen sie darauf ab, Netzwerke sowie Austausch- und Kommunikationsformen analytisch zugänglich zu machen, an denen auch Nicht-Migrantinnen teilhaben. Durch diese tendenzielle *Symmetrisierung* verliert Migration als distinktives Merkmal an Signifikanz. Sie bleibt Bezugspunkt, rückt aber aus dem Zentrum der Beobachtung und wird eingliedert in ein umfassenderes analytisches Projekt: nämlich den Charakter und die Auswirkungen der „Transnationalisierung der sozialen Welt" (Pries 2007) zu bestimmen. Diese graduelle Verschiebung der analytischen Optik beschreibe ich als Dezentrierung.

Dezentrierungen lassen sich aber auch innerhalb einer eher konventionell ausgerichteten soziologischen Migrationsforschung feststellen. So argumentieren Richard Alba und Victor Nee (2003), dass sich Migrantinnen, indem sie sich an den Mainstream einer Gesellschaft anpassen, diesen gleichzeitig auch verändern. In diesem Sinne geht es um das *remaking of the American mainstream*. In letzter Konsequenz folgt aus diesem Ansatz, dass die Untersuchung der Eingliederung von Migrantinnen in eine Untersuchung der Herstellung und Reproduktion des gesellschaftlichen Mainstreams übergeht.

Ein verwandtes Argument in einem anderen Theorie-Kontext findet sich in den neueren Arbeiten von Nina Glick Schiller und Ayse Çağlar zu Stadt und Migration (Glick Schiller und Çağlar 2009, 2011). Diese beiden Autorinnen interessieren sich vor allem für die Beziehung zwischen Migration und der Positionierung von Städten in einem globalen Bezugssystem. In Anlehnung an den Sozialgeographen Neil Brenner (2011) argumentieren sie, dass eine partielle Desintegration und Deregulierung *nationalstaatlicher* Ordnung dazu geführt hat, dass Städte in einer exponierteren Position sind. Dies führt zu einem verstärkten Wettbewerb der Städte untereinander um Kapital und Arbeit sowie zu einer wachsenden Ungleichheit zwischen Städten. Auf das hierarchisierte Verhältnis zwischen den Städten sowie das Verhältnis von Städten zu anderen Ebenen gesellschaftlicher Ordnung, wie dem Nationalstaat oder weltwirtschaftlicher Zusammenhänge, verweisen die Autorinnen mit dem Konzept der *scale* oder dem *scaling*. Den Bezug zwischen *scale* und Migration verstehen sie als wechselseitig. Die *scale* beeinflusst die Opportunitätsstrukturen für Migranten und erzeugt selektive Zuwanderung. Gleichzeitig sind Migrantinnen auch *scale-makers* und tragen aktiv zur Herstellung jener Strukturen bei, denen sie unterworfen sind. Analog zu Alba und Nees *remaking of the mainstream* sprechen Glick Schiller und Çağlar von einem *rescaling of the city*, an dem Migranten wie Nicht-Migrantinnen gleichermaßen beteiligt sind.

Eine vierte Form der Dezentrierung der Migrationsforschung zeigt sich im Diskurs um migrationsbezogene Diversifizierung (Vertovec 2007, 2012; Römhild 2014). Vertovec (2007) argumentiert, dass sich in London – aber dies gilt auch für andere westeuropäische Großstädte – seit den 1980er Jahren eine Diversifizierung bereits vorhandener Formen migrationsbezogener Diversität vollzogen hat. Bis dahin wurden Migrationsmuster nach Westeuropa davon dominiert, dass eher große Gruppen von Migrantinnen aus wenigen Herkunftsländern in wenige Zielländer migriert sind, wie es zum Beispiel für die sogenannte Gastarbeitermigration nach Deutschland typisch war. Seit den 1970er Jahren ist zu beobachten, dass zusehends kleinere und mittlere Gruppen von Migranten in eine größere Zahl von Zuwanderungsländern migrieren. Migration wird tendenziell globaler und multilateraler. Bei dem Versuch, die Auswirkungen von Diversifizierung auf die Stadt London zu beschreiben, verweist Vertovec darauf, dass Nationalität bzw. Zugehörigkeit zu einer ethnisch-nationalen Community an Aussagekraft verloren hat. Um der Komplexität dieser neuen *superdiversity* gerecht zu werden, müssten noch weitere Differenzdimensionen hinzu gezogen werden wie Geschlecht, Religion, Klasse, Bildungshintergrund, Generation, Aufenthaltsstatus, Aufenthaltsdauer oder Umfang transnationaler Beziehungen. Diese Differenzdimensionen sind aber nur teilweise spezifisch für Migranten, teilweise verlaufen sie quer zu der Unterscheidung zwischen eingesessenen und zugewanderten Teilen der Bevölkerung. Auch wenn Vertovec Veränderungen von Migrationsprozessen beschreiben wollte, führt sein Argument, wie in den bereits beschriebenen Ansätzen, darüber hinaus. Die Diversifizierung der Großstädte betrifft letztlich die gesamte Bevölkerung, nicht nur Migrantinnen.

Die migrationsbezogene Institutionen- und Regimeforschung ist ein fünfter Dezentrierungsstrang. Der Gegenstand dieser Forschungen sind staatliche Praktiken, Organisationen und Institutionen, wie Grenzen, Lager, Staatsbürgerschaften, Pässe, Zensus, Asylverfahren oder Deportationen. Ausgehend nicht zuletzt von Michel Foucaults (1983, 1991) Gedanken über Macht, Gouvernementalität und Biopolitik drehen Autoren wie John Torpey (2000), Nicholas de Genova (2002, 2010), William Walters (2010), Mirijam Ticktin (2011), Sabine Hess und Vassilis Tsianos (2007) das Bezugsproblem der Migrationsforschung um. Es geht nicht darum, wie kulturell und ethnisch differente Migrantinnen sich an eine Zuwanderungsgesellschaft anpassen oder von ihr marginalisiert werden, sondern um die wissens- und machtsoziologische Analyse dessen, wie staatliche Organisationsformen und institutionelle Regime die Phänomene von Migration, Diversität oder Flucht *hervorbringen*. De Genova (2014, S. 1) formulierte dies zuspitzend für den Fall der Grenze: „*If there were no borders, there would be no migrants – only mobility.*" Auch in diesem Diskursstrang zeigt sich jene argumentative Figur, die ich mit dem Begriff der Dezentrierung beschrieben habe: Der Ausgangspunkt ist die Analyse von migrationsbezogenen Phänomenen, wie dem nationalen und supranationalen Grenzregime, dies geht dann über in die Frage nach den Anteilen von staatlicher Regulierung von Migration für die Konstitution gesellschaftlicher Ordnung im Allgemeinen. Territoriale Grenzen regulieren eben nicht nur Migration, sondern konstituieren auch Staaten. Diese allgemeinen Eigenschaften, und nicht die Eigenschaften von Migranten, stehen dann im Zentrum des Interesses. Im Folgenden möchte ich die Bedeutung der theoretischen Dezentrierung anhand zweier Fallbeispiele aus meiner Forschung veranschaulichen.

2 Das Statusparadox der Migration

Unter dem Statusparadox verstehe ich eine Dynamik, innerhalb derer Arbeitsmigrantinnen aus dem globalen Süden in den Zuwanderungsländern des globalen Nordens Status verlieren, während sie relational dazu im Herkunftsland Status gewinnen (Nieswand 2011). Migrantinnen, für die das Statusparadox zutrifft, arbeiten im Zuwanderungskontext vor allem im Niedriglohnsektor, können aber aufgrund des Transfers von Ressourcen in den Herkunftsländern Teile der etablierten Mittelschichten überholen. Das Statusparadox ist tief in globalen Ungleichheitsstrukturen verankert. Es wird ermöglicht durch die relative Stabilität großer Wohlstandsunterschiede zwischen Staaten und Weltregionen (Bornschier 2010). In einer Welt, in der Grenzregime Personen sehr unterschiedliche Mobilitäts-, Aufenthalts- und Beschäftigungsrechte zuweisen, ist die Möglichkeit, sich frei über Ungleichheitsgrenzen hinwegzubewegen und zu entscheiden, wo Geld verdient oder Bildung erworben wird und von welcher Seite einer Ungleichheitsgrenze Ressourcen auf die andere Seite transferiert werden, zusehends zu einer Handlungsressource eigener Art geworden. Diese lässt sich in Anlehnung an Bourdieu als Transgressionskapital bezeichnen.

Die Statusgewinne, die Migranten durch den Transfer von Ressourcen über Ungleichheitsgrenzen hinweg erzielen können, treten als Paradoxie in Erscheinung, weil sie konventionellen Legitimationen zuwiderlaufen. Ein Statuszuwachs in Ghana basierend auf Transgressionskapital und oft wenig prestigeträchtigen Beschäftigungen in Europa kann im Herkunftskontext weder nach sogenannten modernen Standards, wie Bildung, noch nach sogenannten traditionellen Standards, wie der Zugehörigkeit zu einer Abstammungsgruppe, legitimiert werden. Gerade aber aufgrund dieses Legitimationsdefizits stellt der relative Wohlstand der transnationalen Migrantinnen eine Irritation für die lokale Statusordnung der Herkunftsländer dar. In Ghana wird die Klasse transnationaler Migranten, für die das Statusparadox gilt und die seit den 1980er Jahren in Erscheinung getreten ist, als *Burger* bezeichnet (Nieswand 2014a). Aufgrund von Neubauaktivitäten und der Unterstützung von Familienangehörigen in den Herkunftsregionen bleibt der Statusgewinn der *Burger* auch dann sichtbar, wenn die Migrantinnen gar nicht selbst vor Ort sind (Pellow 2003; Mazzucato et al. 2006).

Der Wert des Transgressionskapitals, das durch Migration von Ghana nach Deutschland erzielt werden kann, wird sichtbar, wenn man Lohnunterschiede zwischen Ghana und Deutschland betrachtet. So verdienten Personen mit tertiärer Bildung in Ghana 2012 durchschnittlich umgerechnet etwa 1 € pro Stunde, während Personen mit Sekundärschulbildung, zu der viele der von mir untersuchten Migranten gehörten, durchschnittlich 0,44 € pro Stunde verdienten (Besamusca und Tijdens 2012). Im Vergleich dazu betrug der Mindestlohn für Gebäudereiniger in Westdeutschland, wo die meisten Ghanaerinnen leben, 2014 9,31 €. Diese Unterschiede sagen relativ wenig über den effektiven Lebensstandard dieser Personen nach lokalen Maßstäben aus, deuten aber den Wert von Transgressionskapital an; d. h. die Wertsteigerung, die erreicht werden kann, wenn man Ressourcen von Westeuropa nach Ghana transferiert.

Vor diesem Hintergrund bekommt die alltagsweltliche Figur des *Burgers* eine soziostrukturelle Kontur. *Burger* rekrutieren sich vor allem aus einem Segment der Bevölkerung, das einen nach ghanaischen Standards überdurchschnittlichen, aber keinen hohen Bildungsabschluss hat, der allerdings auf dem Arbeitsmarkt des Herkunftslandes einen relativ geringen Wert besitzt. Trotzdem konnte diese Personengruppe Statusansprüche über modernistische Bildungsversprechen legitimieren. Migration nach Europa erwies sich als unvollständige Lösung des Ausgangsproblems und führte oft zu jener Situation, die ich als transnationale Statusparadoxie beschrieben habe.

Der relative materielle Erfolgs der *Burger* in Ghana, der aufgrund des durch erfolgreiche Migration erworbenen Transgressionskapital erzielt werden kann, übt insbesondere auf Heranwachsende, die nach Perspektiven suchen, eigene Lebensentwürfe zu verwirklichen, eine Attraktion aus. Sukzessive und eher unintendiert haben sich deshalb transnationale Formen des Statuserwerbs in den letzten Jahrzehnten zu einem, zumindest der Idee nach, konturierten Handlungsskript weiterentwickelt, welches als eine Option neben anderen diskutiert und abgewogen werden kann. Dabei bleibt die Figur des *Burgers* allerdings ambivalent. Gerade Personen mit hohem kulturellen Kapital und einem legitimen Mittelklassestatus in Ghana sehen sich von dem Wohlstand der *Burger* sozial bedrängt. Gleichzeitig fühlen sie sich aber den *Burgern* überlegen. Die *Burger* transformieren die lokale Statusordnung nicht fundamental, sondern setzen sie unter Spannung. Transnationalisierung zeigt sich nicht als linearer Prozess, der einfach ältere Formen ersetzt, sondern als neue Dimension der Komplexität der lokalen Ungleichheitsordnung. Die Konsequenzen sind uneindeutig. So zielte der Erwerb konventioneller Statussymbole durch die *Burger*, wie Häuser oder aufwändig inszenierte Lebenszyklus-Rituale, und die Umverteilung von Ressourcen unter Verwandten gerade nicht auf die Herausforderung der bestehenden Statusordnung ab, sondern affirmierte einige ihrer Grundlagen. Gleichzeitig wird die lokale Ordnung durch die migrationsbezogene Transnationalisierung der ghanaischen Gesellschaft aber auch verändert. Es entstehen neue transnationale Skripte des Statuserwerbs, die in einem Spannungsverhältnis zu den etablierten stehen und Legitimitätsfragen aufwerfen sowie Ablehnung und Verunsicherung hervorrufen.

3 Diversität und jugendamtliche Praxis

Aus der bereits skizzierten Diversitätsperspektive sind deutsche Jugendämter interessant, weil sie einen sehr spezialisierten und gleichzeitig sehr weitreichenden Zugriff auf lokale Bevölkerungen haben. Spezialisiert sind Jugendämter, da sie als Einheiten der kommunalen Verwaltungen primär für die Kinder- und Jugendhilfe zuständig sind. Weitreichend ist ihr Zugriff, weil sie für die gesamte Wohnbevölkerung in einem administrativ festgelegten Bezirk verantwortlich sind. Aufgrund des besonderen grundrechtlichen Stellenwertes des Kindeswohls wird in der jugendamtlichen Praxis die „Wohlfahrtsstaatsbürgerschaft" (Bommes 2008), also der formal gleichberechtigte Zugang zu wohlfahrtsstaatlichen Leistungen, sehr weit ausgelegt und rechtliche Unterschiede zwischen deutschen Staatsbürgern und anderen Personen weitgehend nivelliert. Unterhalb der Ebene institutioneller Strukturen spielen im Jugendamt aber, wie in vielen sogenannten *streetlevel bureaucracies* (Lipsky 1980), Referenzen auf nationale, ethnisch-kulturelle oder religiöse Differenzen auf der Interaktionsebene eine Rolle (Graham 2002; Jubany 2011). Sie lassen sich oft durch den Namen, den Sprachduktus, das Auftreten oder den Habitus einer Person schnell eruieren und sind in ihrem Bedeutungsgehalt so dehnbar, dass sie auf eine große Anzahl sehr unterschiedlicher Fälle und Klienten anwendbar sind.

Die mehr oder minder durchgängige Möglichkeit, auf ethnisch-kulturelle Merkmale zuzugreifen, wird praktisch vor allem dadurch strukturiert und limitiert, dass das Ziel der Mitarbeiterinnen des Jugendamtes darin besteht, Verfahren jugendamtlicher Praxis zu etablieren, aufrecht zu erhalten und zu Ende zu führen. In diesem Zusammenhang erweisen sich ethnisch-kulturelle Kategorien aufgrund ihres im Vergleich zu anderen personenbezogenen Differenzen schwachen Institutionalisierungsgrades als wenig durchsetzungsstark. Medizinische, psychologische, juristische oder verwaltungsinterne Kategorisierungen von Personen sind in der Regel mächtiger und zielführender. Wenn ein Kind etwa von einem Arzt als seelisch behindert nach den Kriterien des Internationalen Klassifikationsschemas für Krankheiten (ICD-10) klassifiziert wird, ist das Jugendamt nach § 35 des achten Buchs des Sozialgesetzes dazu rechtlich verpflichtet, der Familie Hilfen zur Verfügung zu stellen; eine sogenannte 8a-Meldung (Kindeswohlgefährdung) verlangt eine umgehenden Aktivität des Jugendamtes; die Beratung von geschiedenen Elternteilen muss gerichtliche Sorgerechtsregelungen beachten usw.

Ob eine migrationsbezogene Differenz eine Rolle spielt, zeigt sich oft erst im Verlauf eines jugendamtlichen Verfahrens. Dies ist aber keine Besonderheit von migrationsbezogenen Unterschieden, sondern charakteristisch für den Umgang mit den meisten personenbezogenen Differenzen. Die Komplexität familiärer Situationen machte es notwendig, dass Fallkonstellationen erst einmal anhand von Verfahrenskategorien aufgeschlüsselt werden mussten, bevor klar wurde, welche Unterschiede verfahrensrelevant sind. Ist ein Kind krank oder behindert? Gibt es eine Drogen- oder eine Gewaltproblematik in der Familie? Existiert beispielsweise sorgerechtspezifischer Klärungsbedarf?

Das analytische Potential des Diversitätskonzepts für das Verständnis von ethnisch-kulturellen Differenzen im Kontext jugendamtlicher Praxis besteht vor allem darin, dass es erlaubt, nach dem Verhältnis von verschiedenartigen personenbezogenen Differenzen zu fragen (Römhild 2014; Nieswand 2014b). Diese wissenschaftliche Frage kommt der praktischen Aufgabe der Jugendamtsmitarbeiterinnen recht nahe. Auch sie müssen herausfinden, welche Unterschiede ihrer Klientinnen relevant sind und diese im Verlauf eines Verfahrens in Beziehung zu einander konfigurieren. Empirisch sticht eine Differenzierung von Unterschieden besonders heraus. Dabei handelt es sich nicht, wie man aus der Perspektive der Migrationsforschung vermuten könnte, um jene zwischen ethnisch Deutschen und Migrantinnen, sondern zwischen Verfahrenskategorien und „alltagsweltlichen" Kategorien. Bei ersteren handelt es sich um institutionell verankerte, vorfabrizierte und teilweise verrechtlichte Klassifikationen. Sie beziehen sich auf medizinisches, juristisches, psychologisches, sozialarbeiterisches oder verwaltungstechnisches Spezialwissen bzw. auf Kombinationen dieser Wissenstypen. Über Verfahrenskategorien können interne Routinen im Jugendamt in Gang gesetzt und Kommunikation mit anderen Organisationen gesteuert werden. Daneben aber existiert ein vielfältiges alltägliches Klassifikationswissen, das Sozialarbeiter einsetzen, um in Interaktionen einzuschätzen, mit wem sie es zu tun haben. Ist eine Klientin vertrauenswürdig oder nicht? Welcher Sprachcode scheint angemessen? Was kann als geteiltes Wissen vorausgesetzt werden? Hierbei handelt es sich oft um eher vage Einschätzungen, die lose an Vorerfahrungen anknüpfen und die von Emotionen oder Bildern, die Klienten bei den Sozialarbeiterinnen evozieren, durchdrungen sind. In der Jugendhilfe und im Jugendschutz besitzen migrationsbezogene Differenzen als Verfahrenskategorien in aller Regel nur eine geringe Relevanz. Als Alltagsklassifikation hingegen können sie mitunter sehr wichtig werden. Aufgrund ihrer semantischen Offenheit und ihrer Bildhaftigkeit sind ethnische oder auch religiöse Zuschreibungen gut geeignet, um trotz unvollständiger Informationslage subjektiv ausreichend stimmige Bilder von Familien zu kreieren, die wiederum Entscheidungen beeinflussen können. Es handelt sich, neutral formuliert, um hermeneutische Ressourcen, die im

Fallhintergrund abrufbar bleiben und an verschiedenen Stellen eines Verfahrens aktualisiert werden können (oder nicht). Diese Eigenschaft als Hintergrundkategorie und die geringe institutionelle Verankerung führt dazu, dass die Relevanz von migrationsbezogenen Merkmalen schwer zu kalkulieren ist und hoch kontingent wird. In einem Kinderschutzfall wurde zum Beispiel argumentiert, dass der Elternteil, bei dem die Kinder lebten, *aufgrund* seines Mangels an deutschen Sprachkenntnissen und Unvertrautheit mit der „deutschen Kultur" die psychosozialen Probleme der Kinder nicht ausreichend auffangen könne. Dies führte später im familiengerichtlichen Verfahren zum Verlust des Aufenthaltsbestimmungsrechts und zur Unterbringung eines Kindes in einer stationären Einrichtung. In vielen anderen Fällen hingegen konnten Sozialarbeiterinnen nicht einmal einfache Nachfragen zu den Migrationshintergründen ihrer Klientinnen beantworten, weil sie im Verfahren keine Rolle spielten.

Das jugendamtliche Clearingverfahren im Fall von unbegleiteten minderjährigen Flüchtlingen, das ich bis Oktober begleitet habe, bildet dazu einen Kontrastfall. Es richtet sich an Minderjährige, die ohne Papiere als Flüchtlinge nach Frankfurt kommen, keinen gesetzlichen Vertreter in Deutschland haben und keine amtlichen Vorgeschichten besitzen, an die Verfahrenskategorien andocken könnten. Selbst basale amtliche Klassifikationen, wie das Geburtsdatum oder der Name, sind, da sie auf Selbstauskünften beruhen, aus behördlicher Sicht problematisch. Der eklatante Mangel an durch Verwaltungen vorkonstruierte Verfahrenskategorien führt in der Praxis dazu, dass es insbesondere zu Beginn eines Clearingverfahrens zu einer starken Aufwertung von gruppenbezogenen Interaktionskategorien im Allgemeinen und nationalen bzw. ethnisch-kulturellen Kategorien im Besonderen kommt. Personen waren zunächst „Somalis" oder „Afghanen" und erst im Verlaufe des Verfahrens wurden diese Kategorisierungen durch individualisierende Zuschreibungen ergänzt. Ethnisch-nationale Klassifikationen strukturierten aber nicht nur das Reden und das Wahrnehmen der Flüchtlinge, sondern hatten auch Einfluss auf die Unterbringung der Jugendlichen in Jugendhilfeeinrichtungen. So herrschte darüber Konsens, dass es einerseits ungünstig war, wenn ein Jugendlicher als einziger Vertreter „seiner Nationalität" untergebracht wurde, aber auch wenn zu viele Personen der gleichen Nationalität in einer Einrichtung lebten. Auch gab es bestimmte Kombinationen von Nationalitäten, die als ungünstig empfunden wurden, was mit kulturalistischen Argumenten begründet wurde. Wie bereits angedeutet, scheint ein Grund für den hohen Stellenwert von ethnischen Kategorien im Kontext des Clearingverfahrens darin zu liegen, dass zunächst kaum Verfahrenskategorien zur Verfügung stehen, die den Fall strukturieren könnten, und diejenigen, die vorliegen, es nicht erlauben, zwischen den unbegleiteten Minderjährigen Unterscheidungen zu treffen. Der Regelbetrieb ist hingegen für gewöhnlich viel stärker durch die administrative Vorgeschichte von Kindern und Familien sowie deren diagnostizierte und individualisierte Bedarfslagen geprägt. In diesem Sinne kann im Regelbetrieb des Jugendamtes tendenziell ein eher kontingenter Einsatz von ethnischen Kategorien beobachtet werden, während er in der Arbeit mit unbegleiteten minderjährigen Flüchtlingen eher systematisch angelegt ist. Dies hat etwas mit den jeweils unterschiedlichen Diversitätskonfigurationen zu tun, innerhalb derer auf ethnisch-kulturelle Differenzen referiert wird.

Im Rahmen der Jugendamtsstudie sind zwei Dezentrierungen vollzogen worden. Einerseits habe ich, aus der Migrationsforschung kommend, eine staatliche Organisation beobachtet, die nicht nur für Migrantinnen, sondern für die gesamte Bevölkerung zuständig ist. Zweitens ging es mir – dem Diversitätsparadigma folgend – darum, die Beziehung und Interaktionen von verschiedenen Differenzformen zueinander besser zu verstehen. Diversität wird in diesem Zusammenhang nicht als immanente Eigenschaft von Bevölkerungen oder Bevölkerungsgruppen verstanden, die sich aus einer gesellschaftstheoretischen Zentralperspektive beschreiben ließe. Vielmehr wird Diversität als emergente Konfiguration von Differenzen begriffen, die sich aus kontextspezifischen Aushandlungen und Problemdefinitionen ergibt.

4 Die Dezentrierung der Migrationsforschung

Eingangs habe ich vier Diskursstränge der *Dezentrierung* der Migrationsforschung aufgezeigt:

1. Das Globalisierungs- und Transnationalisierungsparadigma. In seinem Rahmen hat sich der Akzent auf multilokale und gleichzeitige Teilhabe diesseits und jenseits der Grenzen des Zuwanderungslandes verschoben. In transnationalen Feldern können Migrantinnen und Sesshafte tendenziell auf symmetrische Weise partizipieren.
2. Im Kontext einer reformierten Inklusions- und Assimilationsforschung und der neueren Stadtforschung, in der die empirischen Wechselwirkungen zwischen Migration und der Herstellung eines gesellschaftlichen Mainstreams bzw. dem *scaling* von Städten beobachtet werden.
3. In der Diversitäts- und Komplexitätsdiskussion, innerhalb derer Differenzkonfigurationen, die sowohl Bevölkerungen mit als auch ohne Migrationshintergrund umfassen, zum Gegenstand gemacht werden.
4. Im Rahmen einer sozialwissenschaftlichen Regimeforschung, die sich mit der Regulierung von Migration und Diversität als konstitutivem Element staatlicher Ordnung beschäftigt.

Allen diesen Ansätzen ist gemein, dass sie Migration und Migrantinnen als Bestandteil allgemeiner sozialer Ordnungsbildung betrachten. Dabei werden – bis auf den Sonderfall des vierten Diskursstrangs – Migranten und Nichtmigrantinnen tendenziell symmetrischer beobachtet, als dies im Kontext des Integrations- und Assimilationsparadigma der Fall war.

In den zwei Fallbeschreibungen ging es mir vor allem darum zu zeigen, dass die methodologisch-konzeptionelle Dezentrierung sehr unterschiedliche Pfade eröffnet und neue Phänomene erschließt. So entwickelte sich beispielsweise aus einer Ethnografie ghanaischer Migrantinnen eine Studie zu den Konsequenzen migrationsbedingter Transnationalisierung in Ghana. Dadurch entstanden Überlappungen zwischen der Ethnografie Afrikas, der transnationalen Migrationsforschung und der Soziologie globaler Ungleichheiten. Im Rahmen der Jugendamtsforschung führte die Öffnung der Optik dazu, das Verhältnis von Alltagskategorien und Verfahrenskategorien in behördlicher Praxis zum Gegenstand zu machen. Dadurch ergaben sich Überlappungen zwischen der Analyse von komplexen Wissensgesellschaften, Organisationssoziologie und Migrationssoziologie. In beiden Fällen führten die eingeschlagenen Pfade ethnografischer Fallanalysen über klassische Themenzuschnitte hinaus.

Der Metadiskurs, der mit der Figur der Dezentrierung angedeutet wurde, schafft Möglichkeiten, um diese unterschiedlichen gegenstandsbezogenen Zugriffe zuzulassen und intellektuelle Resonanzen und Synergien zwischen ihnen zu ermöglichen. Statt der Entwicklung *einer* Soziologie *der* Migration lassen sich vielmehr überlappende theoretische Problemstellungen, wechselseitig aufeinander bezogene Begrifflichkeiten, Strukturähnlichkeiten und geteilte Praxislogiken entdecken. Dabei öffnet sich die Migrationsforschung einer allgemeinen Gesellschaftsforschung gegenüber. In diesem Prozess verliert sie nicht ihren Gegenstand, sondern gewinnt neue Gegenstände hinzu.

Literatur

Alba R, Nee V (2003) Remaking the American Mainstream. Assimilation and Contemporary Immigration. Harvard University Press, Cambridge Mass., London

Appadurai A (1996) Modernity at Large. Cultural Dimensions of Globalization. University of Minnesota Press, Minneapolis

Basch L, Glick Schiller N, Szanton Blanc C (1994) Nations Unbound. Transnational Projects, Postcolonial Predicaments and Deterritorialized Nation-States. Gordon and Breach, London

Besamusca J, Tijdens K (2012) Wages in Ghana. Wage Indicator Survey 2012. Amsterdam Institute for Advanced Labour Studies (AIAS), Amsterdam. http://www.wageindicator.org/main/documents/publicationslist/publications-2012/AIAS_WI_countryreports_Ghana_f2f_report_final_20120908.pdf. Zugegriffen: 25. Oktober 2014

Bommes M (2008) Integration findet vor Ort statt – über die Neugestaltung kommunaler Integrationspolitik. In: Bommes M, Krüger-Potratz M (Hrsg) Migrationsreport 2008. Campus, Frankfurt am Main, S 159–194

Bornschier V (2010) On the Evolution of Inequality in the World System. In: Suter C (Hrsg) Inequality beyond Globalization. Economic Changes, Social Transformations, and the Dynamics of Inequality. Lit, Wien, Berlin, S 39–64

Brenner N (2011) The Urban Question. Some Conceptual Clarifications. In: Glick Schiller N, Çağlar A (Hrsg) Locating Migration. Rescaling Cities and Migrants. Cornell Univeristy Press, Ithaca, S 23–41

Bukow W-D (2000 [1992]) Ethnisierung und nationale Identität. In: Kapelka A (Hrsg) Rassismus und Migration in Europa. Argument Verlag, Berlin, S 133–146

De Genova N (2002) Migrant „Illegality“ and Deportability in Everyday Life. Annual Review of Anthropology 31 (1):419

De Genova N (2010) The Deportation Regime. Sovereignty, Space, and the Freedom of Movement. In: De Genova N, Peutz N (Hrsg) The Deportation Regime. Sovereignty, Space, and the Freedom of Movement. Duke University Press Books, Durham, London, S 33–69

De Genova N (2014) Biopolitics, Necropolitics, and the Regularities of Migrant „Irregularity“. Keynote Lecture Winter School „Population Management – State, Mobility and Diversity“. University of Tübingen, 18 March 2014

Elwert G (1982) Probleme der Ausländerintegration. Gesellschaftliche Integration durch Binnenintegration? Kölner Zeitschrift für Soziologie und Sozialpsychologie 34:717–731

Esser H (2001) Kulturelle Pluralisierung und strukturelle Assimilation. Das Problem der ethnischen Schichtung. Schweizerische Zeitschrift für Politikwissenschaft 7 (2):97–109

Esser H (2004) Welche Alternativen zur Assimilation gibt es eigentlich? IMIS-Beiträge 23:41–59

Faist T (2000a) Grenzen überschreiten. Das Konzept transstaatliche Räume und seine Anwendungen. In: Faist T (Hrsg) Transstaatliche Räume. Transcript, Bielefeld, S 9–56

Faist T (2000b) Transstaatliche Räume. Transcript, Bielefeld

Foucault M (1983) Sexualität und Wahrheit. Der Wille zum Wissen. Suhrkamp, Frankfurt am Main

Foucault M (1991) Governmentality. In: Burchell G, Gordon C, Miller P (Hrsg) The Foucault Effect. Studies in Governmentality. University of Chicago Press, Chicago, S 87–104

Glick Schiller N (2004) Transnationality. In: Nugent D, Vincent J (Hrsg) A Companion to the Anthropology of Politics. Blackwell, Malden (MA.), S 448–467

Glick Schiller N (2014) Transnationale Migration in globaler und historischer Perspektive. In: Nieswand B, Drotbohm H (Hrsg) Migration, Kultur, Gesellschaft. Die reflexive Wende der Migrationsforschung. Springer VS, Wiesbaden, S 153–178

Glick Schiller N, Çağlar A (2009) Towards a Comparative Theory of Locality in Migration Studies. Migrant Incorporation and City Scale. Journal of Ethnic and Migration Studies 35 (2):177–202

Glick Schiller N, Çağlar A (2011) Locality and Globality. Building a Comparative Framework in Migration and Urban Studies. In: Glick Schiller N, Çağlar A (Hrsg) Locating Migration. Rescaling Cities and Migrants. Cornell Univeristy Press, Ithaca, S 60–85

Glick Schiller N, Fouron G (2001) „I am not a problem without a solution.“ Poverty and Transnational Migration. In: Goode J, Maskovsky J (Hrsg) New Poverty Studies. The Ethnography of Power, Politics and Impoverished People in the United States. New York University Press, New York, London, S 321–363

Glick Schiller N, Basch L, Blanc-Szanton C (1992) Transnationalism. A New Analytic Framework for Understanding Migration. In: Glick Schiller N, Basch L, Blanc-Szanton C (Hrsg) Towards a Transnational Perspective on Migration. Race, Class, and Nationalism Reconsidered. New York Academy of Sciences, New York, S 1–24

Glick Schiller N, Nieswand B, Schlee G, Darieva T, Yalçin-Heckmann L, Fosztó L (2005) Pathways of Migrant Incorporation in Germany. Transit 1 (1). http://repositories.cdlib.org/ucbgerman/transit/vol1/iss1/art50911/. Zugegriffen: 25. Oktober 2014

Glick Schiller N, Çağlar A, Guldbrandsen T (2006) Beyond the Ethnic Lens. Locality, Globality, and Born-Again Incorporation. American Ethnologist 33 (4):612–633

Graham M (2002) Emotional Bureaucracies. Emotions, Civil Servants, and Immigrants in the Swedish Welfare State. Ethos 30 (3):199–226

Grillo R, Mazzucato V (2008) Africa <> Europe. A Double Engagement. Journal of Ethnic and Racial Studies 34 (2):175–198

Heckmann F (1981) Die Bundesrepublik. Ein Einwanderungsland? Zur Soziologie der Gastarbeiterbevölkerung als Einwanderungsminorität. Klett-Cotta, Stuttgart

Heckmann F (2005) Integration or Assimilation. In: Aretz HJ, Lahusen C (Hrsg) Die Ordnung der Gesellschaft. Festschrift zum 60. Geburtstag von Richard Münch. Peter Lang, Frankfurt am Main, S 271–280

Hess S, Tsianos V (2007) Europeanizing Transnationalism! Provincializing Europe! Konturen eines neuen Grenzregimes. In: Transit Migration Gruppe (Hrsg) Turbulente Ränder. Neue Perspektiven auf Migration an den Grenzen Europas. Transcript, Bielefeld, S 23–38

Jubany O (2011) Constructing Truths in a Culture of Disbelief. International Sociology 26 (1):74–94

Kearney M (1991) Borders and Boundaries of State and Self at the End of the Empire. Journal of Historical Sociology 4 (1):52–74

Kymlicka W (2003 [1995]) Multicultural Citizenship. A Liberal Theory of Minority Rights. Clarendon Press, Oxford

Levitt P, Glick Schiller N (2004) Conceptualizing Simultaneity. A Transnational Social Field Perspective on Society. International Migration Review 38 (3):1002–1039

Levitt P, Jaworsky BN (2007) Transnational Migration Studies. Past Developments and Future Trends. Annual Review of Sociology 33:129–156

Lipsky M (1980) Street Level Bureaucracy. Dilemmas of the Indiviudal in the Public Service. Russell Sage Foundation, New York

Mazzucato V, Kabki M, Smith L (2006) Transnational Migration and the Economy of Funerals. Changing Practices in Ghana. Development and Change 37 (5):1047–1072

Nieswand B (2008) Wege aus dem Dilemma zwischen Transnationalismus- und Integrationsansatz. Simultane Inklusion von migranten-initiierten charismatischen Gemeinden in Berlin. In: Lauser A, Weißköppel C (Hrsg) Migration und religiöse Dynamik. Ethnologische Religionsforschung im transnationalen Kontext. Transcript, Bielefeld, S 35–52

Nieswand B (2011) Theorising Transnational Migration. The Status Paradox of Migration. Routledge, New York

Nieswand B (2014a) The Burger's Paradox. Migration and transnationalization of social inequality in southern Ghana. Ethnography 15 (4):403–425

Nieswand B (2014b) Über die Banalität ethnischer Differenzierungen. In: Nieswand B, Drotbohm H (Hrsg) Kultur, Gesellschaft, Migration. Ethnologische und kultursoziologische Perspektiven in der Migrationsforschung. Springer VS, Wiesbaden, S 271–296

Nieswand B, Drotbohm H (Hrsg) (2014) Migration, Kultur, Gesellschaft. Die reflexive Wende der Migrationsforschung. Springer VS, Wiesbaden
Pellow D (2003) New Spaces in Accra. Transnational houses. City and Society 15 (1):59–86
Pries L (2001) The Approach of Transnational Spaces. Responding to New Configurations of the Social and the Spatial. In: Pries L (Hrsg) New Transnational Spaces. International Migration and Transnational Companies in the Early Twenty-First Century. Routledge, London, New York, S 3–36
Pries L (2007) Die Transnationalisierung der sozialen Welt. Sozialräume jenseits von Nationalgesellschaften. Suhrkamp, Frankfurt am Main
Pries L (2010) Transnationalisierung. Theorie und Empirie grenzüberschreitender Vergesellschaftung. Springer VS, Wiesbaden
Römhild R (2014) Diversität?! Postethnische Perspektiven für eine reflexive Migrationsforschung. In: Nieswand B, Drotbohm H (Hrsg) Migration, Kultur, Gesellschaft. Die reflexive Wende in der Migrationsforschung. Springer VS, Wiesbaden, S 255–270
Scherr A (2000) Ethnisierung als Ressource und Praxis. Prokla 30 (3):399–414
Taylor C (2009 [1993]) Die Politik der Anerkennung. Suhrkamp, Frankfurt am Main
Ticktin M (2011) Casualties of Care. Immigration and the Politics of Humanitarianism in France. University of California Press, Berkeley
Torpey J (2000) The Invention of the Passport. Surveillance, Citizenship and the State. Cambridge University Press, Cambridge
Vertovec S (1999) Conceiving and Researching Transnationalism. Ethnic and Racial Studies 22 (2):447–462
Vertovec S (2007) Super-diversity and its Implications. Ethnic and Racial Studies 30 (6):1024–1054
Vertovec S (2009) Transnationalism. Routledge, London
Vertovec S (2012) „Diversity" and the Social Imaginary. European Journal of Sociology 53 (3):287–312
Walters W (2010) Deportation, Expulsion, and the International Police of Aliens. In: De Genova N, Peutz N (Hrsg) The Deportation Regime: Sovereignty, Space, and the Freedom of Movement. Duke University Press Books, Durham, London, S 69–99

Prof. Dr. Boris Nieswand, Dipl. Soz., Juniorprofessor für transnationalen Kulturvergleich und Migration am Institut für Soziologie der Universität Tübingen. Derzeit arbeitet er an einem ethnografischen Forschungsprojekt über Diversität in urbanen Kontexten.

Made in the USA
Las Vegas, NV
11 November 2024

11555862R00177